가족상담 및 가족치료

최규련 · 신원정

KNOWLEDGE COMMUNITY 공동체

❙ 머리말 ❙

가족은 인간발달의 출발점이자 삶 전반에 영향을 미치는 중요한 장(場)입니다. 우리는 가족 속에서 기본적인 애착과 정서적 경험을 형성하고, 사회적 관계와 가치관을 배워나갑니다. 그러나 현대 사회의 빠른 변화와 다양한 가족형태의 등장으로 인해, 가족은 동시에 많은 갈등과 위기의 장이 되기도 합니다. 이에 따라 가족상담 및 가족치료의 필요성은 날로 증대되고 있습니다.

가족상담 및 가족치료는 개인의 심리적 어려움을 맥락 속에서 이해하고, 가족 구성원 간의 상호작용을 탐색하여 변화를 이끌어 내는 과정을 다룹니다. 이는 한 개인의 문제를 가족 전체의 역동과 연관 지어 파악하고, 관계의 변화를 통해 개인과 가족 모두가 성장할 수 있도록 돕는 중요한 실천분야입니다. 따라서 가족상담 및 가족치료는 많은 대학과 대학원에서 교과목으로 개설되어 있습니다.

이 책은 평생을 가족상담 및 가족치료 연구에 헌신하신 故 최규련 교수님께서 남기신 교재를 토대로 집필되었습니다. 최규련 교수님께서는 평생을 가족상담 및 가족치료 연구와 교육에 헌신하시며, 수많은 제자들에게 학문적 열정과 따뜻한 가르침을 전해주셨습니다. 교수님께서는 단순히 지식을 전달하는 학자가 아니라, 삶 속에서 가족을 이해하고 돌보는 방법을 몸소 보여주신 상담자이자 교육자이셨습니다. 저자는 교수님의 가르침을 가까이에서 배우고 따르며 성장할 수 있었던 것을 큰 축복이라고 생각합니다. 교수님께서 집필하신 원저는 이론적 깊이와 실천적 통찰을 고루 갖춘 귀중한 학문적 유산으로, 후학들에게 오랫동안 길잡이가 되어 왔습니다. 그러나 사회적 변화 속에서 새로운 내용의 보완이 요구되었고, 이제 저자는 스승님의 뜻을 이어받아 일부 내용을 수정·보완하였습니다.

수정과정에서는 무엇보다도 교수님의 학문적 정신을 존중하고자 하였습니다. 원고의 큰 흐름을 그대로 유지하였고 직접 상담하신 임상 연구 사례들을 현재 시대 상황에 맞게 일부 보완하였습니다.

제1부는 가족상담 및 가족치료의 기초로서 다음 3개 장으로 구성하였습니다. 제1장은 가족에 대한 이해를 위해 체계로서의 가족, 가족의 건강성과 가족발달, 가족이해에서의 성과 문화적 요인, 한국 가족문화와 가족문제 특성에 대하여 기술하였고, 제2장은 가족상담 및 가족치료를 이해하기 위한 기초로서 정의와 의의, 특성, 전제와 적용 등에 대하여 기술하였으며, 제3장에서는 가족상담 및 가족치료의 발달을 이해하기 위해 가족상담 및 가족치료의 발달에 영향을 준 이론과 발달과정을 조명하였습니다.

제2부와 제3부는 가족상담 및 가족치료의 모델을 소개하였는데 독자들의 이해를 돕기 위해 발달배경 및 주요 개념, 치료목표와 치료과정, 치료자 역할 및 치료기법, 적용 사례를 중심으로 정리하였습니다. 이 중 제2부는 초기 모델들로 구성되어 제4장은 정신역동적 가족상담 및 가족치료, 제5장은 보웬의 다세대 가족상담 및 가족치료, 제6장은 경험적 가족상담 및 가족치료, 제7장은 구조적 가족상담 및 가족치료, 제8장은 전략적 가족상담 및 가족치료, 제9장은 인지행동주의 가족상담 및 가족치료에 대해 기술하였습니다. 제3부는 후기 모델로서 제10장은 해결중심 단기 가족상담 및 가족치료, 제11장은 이야기 가족상담 및 가족치료에 대하여 기술하였습니다.

제4부는 가족상담 및 가족치료의 과정과 실제로서 가족상담 및 가족치료를 실제로 진행하는 방법들을 개관하고, 가족상담 및 가족치료 이론들을 문제에 적용하는 방법들, 그리고 가족상담 및 가족치료자로서 알아야 할 사항들을 정리하였습니다. 제12장에서는 가족상담 및 가족치료의 과정으로 초기 과정, 중기 과정, 종결 과정에 대하여 구체적인 방법들을 기

술하였고, 제13장에서는 가족상담 및 가족치료 실제로서 가족상담 형태에 대하여, 그리고 부부문제, 자녀문제, 노인문제 등을 중심으로 하는 문제유형별 가족상담 및 가족치료 실제에 대하여 기술하고 사례를 소개하였습니다. 제14장에서는 가족상담 및 가족치료자 역할로서 가족상담 및 가족치료자 역할의 특성, 가족상담 및 가족치료자 훈련과정, 가족상담 및 가족치료 윤리강령에 대하여 설명하였습니다.

이 책이 단순히 한 권의 교재에 머무르지 않고, 스승님의 학문적 열정과 따뜻한 가르침을 이어가는 작은 통로가 되기를 바랍니다. 이 책이 출간될 수 있도록 부족함이 많은 제자에게 교수님과 함께 작업할 수 있는 기회를 허락해 주신 故 최규련 교수님의 가족분들께도 감사한 마음을 전합니다. 더불어 이 책을 접하는 학생들과 실무자들이 가족을 새롭게 이해하고, 전문적인 역량을 키워가는 데 도움이 되길 기대합니다.

끝으로, 이 책이 세상에 나올 수 있도록 길을 열어주신 교수님께 깊은 존경과 감사를 드립니다. 교수님께서 남겨주신 뜻을 이어받아 앞으로도 가족상담 및 가족치료의 발전을 위해 노력할 것을 다시금 다짐해 봅니다.

2025년 9월

신원정

▌차 례▌

PART 02 초기 가족상담 및 가족치료 모델

PART 04

가족상담 및 가족치료의 과정과 실제

PART 01

가족상담 및 가족치료의 기초

가족은 본질적으로 사랑과 믿음의 토대 위에 행복과 인격성장, 자아발달을 추구하는 공동체이나 주변 환경의 변화로 혼란과 갈등을 겪는 일이 많아지고 있다. 특히 우리나라처럼 빠르게 변화하는 사회에서는 사고방식의 차이, 다양한 가치관의 혼재, 경쟁주의가 만연되어 가족원들은 과거보다 훨씬 많은 스트레스와 긴장, 갈등을 겪고 자녀의 부적응 행동과 가정폭력, 가출, 이혼 등의 문제들이 증가하는 경향을 보인다.

그에 따라 과거부터 가족이 정서적 유대감과 친척 간의 상부상조, 가족원의 인내와 희생을 기반으로 해결해 왔던 방법이 아닌 보다 전문적인 도움이 필요하게 되었다. 이런 가족의 다양한 문제에 대해 전문적 조언과 심리적 지지, 해결을 지원하기 위해 출현한 분야가 가족상담 및 가족치료이다. 우리나라를 비롯한 세계 각국에서 가족문제가 지속적으로 급증하면서 가족상담 및 가족치료 분야에 대한 사회적 수요가 증가하고 있으며, 이에 대한 전문가 양성이 필요하다.

제1부는 가족상담 및 가족치료를 이해하기 위한 기초로서 제1장은 가족의 이해, 제2장은 가족상담 및 가족치료의 이해, 제3장은 가족상담 및 가족치료의 발달을 다룬다.

01 CHAPTER 가족의 이해

가족상담 및 가족치료는 그 생성과 발달과정에서 전형적으로 일반체계이론과 사이버네틱스에 기반한 인식론에 의존하여 왔으며, 개인의 문제를 개인의 내면이 아니라 관계와 상호작용 과정에서 찾고자 하는 시각에 기초하여 발달해 왔다. 따라서 개입의 초점은 전통적인 개인상담과 달리 개인내면 문제가 아니라 관계성과 맥락이라는 상호작용 패턴에 관심을 둔다. 이 장에서는 체계로서의 가족을 이해하기 위한 기초 개념과 가족의 건강성 및 가족발달, 가족이해에서 성과 문화적 요인, 한국 가족문화와 가족문제 특성 등을 살펴보고자 한다.

1 체계로서의 가족

가족은 결혼이나 혈연, 입양의 관계로 결합되어 가족이라는 정체감과 유대감을 가지는 상호의존적인 사람들로 정의되며, 체계로서 구조(structure)와 과정(process)을 가지고 있다. 구조에는 하위체계, 경계, 항상성, 규칙, 삼각관계 등이 포함되고, 과정에는 의사소통, 순환성(circularity) 등이 포함된다.

1) 가족 하위체계

하위체계(subsystem)는 체계 내에서 특정한 기능이나 과정을 수행하는 전체 체계의 부분들이다. 각 체계는 더 큰 상위체계의 부분으로 존재하고 또한 자체적으로 하위체계들을 가진다. 가족은 가족원 개개인들이 시간과 공간, 물질을 공유하고 세대에 걸쳐 고유한 문화를 전수하는 집단으로 사회와 개인 중간에 위치한다. 그러므로 가족은 이웃, 친척, 지역사회, 학교, 직장, 국가 등 상위체계의 한 부분이 되고 또한 가족원 개개인을 포함한 많은 하위체계를 가진다. 그리고 가족은 정적 단위가 아니라 개인의 발달과 적응에 영향을 주기도 하고 이웃, 친척, 지역사회 같은 상위체계의 영향을 받기도 하는 개방적이고 역동적인 체계이다.

가족에서 하위체계는 세대, 성, 흥미, 취향 등에 따라 형성되어 부부, 부모, 형제자매, 여성, 남성 등의 여러 하위체계가 있고 가족원 개개인은 동시에 여러 개의 하위체계에 속하여 각각의 역할과 권력을 가지게 된다. 그리고 이들 하위체계 사이에 그리고 가족 외부의 상위체계와 상호 의존적 관계를 가진다.

가족의 가장 대표적인 하위체계는 부부, 부모 및 형제자매 하위체계이다. 부부 하위체계는 부부 각자에게 친밀감, 지지, 헌신 경험과 개인적 성장의 기회를 제공하고 자녀에게 결혼생활 모델과 성역할 및 상호작용 패턴을 보여준다. 만일 부부 하위체계에 역기능이 발생하면 부모 및 형제자매 하위체계도 영향을 받게 된다.

부모 하위체계는 자녀양육과 지도, 훈육에 대한 책임을 갖고 자녀의 발달에 큰 영향을 미치며 자녀 하위체계보다 더 많은 권력을 갖는 세대 간 위계구조가 존재한다. 동시에 자녀의 행동과 발달 정도, 세대 차의 극복 정도에 따라 부모의 정서적 만족과 갈등, 그리고 가족의 안정성이 영향을 받는다.

형제자매 하위체계는 아동의 또래관계에서의 애착과 경쟁과 협상, 협동 등의 대인기술과 사회성 발달에 영향을 미치고 이를 토대로 가족 외의 대인관계에도 영향을 미치게 된다.

이 외에 조부모, 부녀, 모자, 부자, 모녀, 손자녀 등의 하위체계도 가족체계에 존재하며 부부, 부모, 형제자매 등의 하위체계들과 영향을 주고받는 방식에 따라 가족의 구조적 특성과 기능이 달라진다.

2) 경 계

경계는 외부 환경으로부터 개인, 하위체계 또는 체계를 구분 짓는 것으로 개인과 개인 사이에 또는 하위체계와 하위체계, 체계와 체계 사이에 존재한다. 경계선은 체계 안과 밖으로 에너지와 정보가 흐르는 정도와 경계 안의 구성원들 간의 친밀감의 정도, 상호교류와 접촉 정도를 말한다.

가족체계의 경계선은 모호함과 딱딱함의 연속선 위에 존재한다. 효율적으로 기능하는 가족의 경계는 각 하위체계의 자율성과 통합을 보호할 정도로 분명하면서 동시에 변화에 적응할 수 있도록 충분히 투과적이어야 한다.

경계선은 모호한 경계선, 분명한 경계선, 경직된 경계선 등으로 구분한다. 가족이 모호한 경계를 가지게 되면 지나치게 개방적이어서 모든 정보가 공유되고 서로에게 지나치게 관여하며 얽혀 있는 것이 특징이다. 반면 경직된 경계는 지나치게 폐쇄적이어서 상호 간에 생각이나 감정, 정보 등을 나누지 않는다. 분명한 경계는 경계가 유연하게 존재하여 정보가 적절히 공유되고 구성원 간에 관여하는 정도가 적당하다.

대부분의 가족불안정과 역기능은 하위체계 간의 경계가 극도로 모호하거나 경직되어 있을 때 발생한다. 가족 하위체계 사이에 경계가 모호한 경우에는 가족원 간의 상호 의존이 너무 높아 가족원의 정체감과 자율성 발달에 어려움을 겪을 가능성이 많다. 반면 경계가 경직되어 있는 경우는 가족원 간에 상호 의존하지 않으며, 소원하고 분리되어 있고, 불충분한 정보로 인해 스트레스와 위기에 역기능적으로 대처하며, 심각한 경우에는 체계가 붕괴되기도 한다.

3) 가족항상성

항상성은 생물학에서 환경이 변해도 내부의 균형을 유지하려는 성질을 의미한다. 이를 가족에 적용한 것이 가족항상성으로, 가족은 위기나 변화 상황에서도 기존의 상호작용 패턴과 균형을 유지하려는 경향이 있다는 것이다.

즉, 가족은 갈등이나 위기상황에도 불구하고, 친숙한 역할과 규칙으로 돌아가려는 경향을 보인다. 따라서 항상성이 반드시 '건강한 균형'을 의미하는 것은 아니다. 예를 들어, 폭력이나 갈등이 있는 가족의 경우 가족은 그 상태를 오히려 '익숙한 균형'으로 유지하려 할 수 있다.

가족의 위기나 변화 상황에서 부적 피드백은 변화를 극소화시키면서 체계를 현상유지시키는 작용을 하고, 정적 피드백은 체계의 변화를 유도하고 다른 수준으로 조직하는 작용을 한다. 모든 가족은 의식적이든 무의식적이든 가족항상성을 유지하려는 경향을 가진다.

그러나 가족항상성을 유지하는 것이 모든 가족원에게 최선의 이익이 되지 않는 경우도 있다. 가족이 어떤 가족원에게 해가 되는 역할을 하게 함으로써 체계에 원하지 않는 변화가 일어나지 않도록 하여 가족항상성을 유지하는 경우도 있기 때문이다. 예를 들면, 부모가 싸울 때마다 한 자녀가 부모를 잃게 될까 봐 부모의 관심을 끌기 위한 증상행동을 보인다면 그 증상은 부모가 한마음으로 자녀에게 관심을 갖게 하여 싸움을 중단시키는 수단이 될 수 있다. 그런데 부모의 관심을 끌기 위해 보이는 자녀의 행동은 자녀의 정상적인 발달에 바람직하지 않은 경우가 대부분이다. 여기에서 자녀의 증상행동은 부모의 싸움으로부터 가족항상성을 지켜주는 기능을 하는 것이 되고 불행하게도 자녀는 "지적된 환자" 역할을 담당하는 것이다.

또한 가족항상성은 한 가족원의 문제가 개선되어 가는데 잘 지내던 다른 가족원에게 문제가 발생하는 경우에도 나타난다. 가족의 기본구조가 바뀌지 않은 채 한 사람의 문제가 개선되면 현재의 상태를 안정시키기 위한 피드백 기제가 작동하여 다른 구성원에게 문제가 생기는 결과를 낳는 것이다.

그러므로 가족에 개입하는 치료자의 역할은 가족원이 이전의 낡은 균형 상태나 항상성으로 되돌아가서 다시 체계가 안정되는 것을 돕는 것이 아니라 재조직화와 변화를 통하여 새로운 수준의 안정 상태와 항상성에 도달하는 해결책을 찾도록 해야 한다.

4) 가족규칙과 가족신화

어느 가족이나 가족 내에는 권력, 역할, 의사소통, 문제해결, 의식 등에 관한 규칙(rule)이 존재하며 이는 오랜 기간 반복되는 가운데 은연중에 정해진 불문율적인 성격이 강하다. 가족신화(family myth)는 가족원이 공유하는 잘못된 기대와 신념을 의미하는 것으로 주로 역기능적 가족이 현실을 왜곡하거나 합리화, 부정하는 데 활용된다. 그러므로 가족원의 지속적인 상호작용 패턴을 관찰해 보면 그들의 행동방식을 결정하는 가족규칙과 가족신화를 찾아낼 수 있다.

대부분의 사람들은 태어나고 성장한 가족에서 습득한 가족규칙이나 가족신화를 보통 때는 의식하지 못한다. 그러나 성인이 되어 결혼하고 새로 가족의 틀을 세우는 신혼기에 자신에게 익숙한 가족규칙만을 주장하고 배우자와의 차이를 존중하거나 좁히려는 노력을 하지 않음으로써 갈등이 발생하는 경우가 많다. 그리고 가족원들이 가족신화에 집착하면 가족항상성 유지를 위해 새로운 시도나 변화에 저항하게 되고 긴장을 유발할 수 있다.

역기능적 가족에서는 가족규칙이 자녀의 발달수준이나 상황 변화에 맞지 않게 경직되어 있고 가족원에게 일관적이지 않으며, 구성원의 생활을 억압하거나 피해를 주기도 한다. 바람직한 것은 가족의 규칙이 가족의 질서와 안정성을 유지하도록 돕는 일을 하지만 동시에 변화하는 상황에 따라 유연하게 바뀌어 모든 구성원의 성장과 자존감 증진에 생산적으로 작용하는 것이다. 그리고 가족규칙에 관하여 가족원 간에 분명한 의사소통을 할 수 있고, 부적절한 가족규칙을 버리거나 바꿀 수 있는 융통성이 있으며, 가족에게 암묵적이고 절대적인 영향을 미치는 신화에 의존하지 않고 합리적으로 행동하는 것이다.

5) 가족 삼각관계

보웬에 의하여 처음 제안된 것으로 세 사람의 인간관계를 기술하는 개념이다. 가족 삼각관계란 가족 구성원 두 사람 사이의 긴장이나 갈등을 제3자를 끌어들여 완화하기 위한 구조로, 이인관계에서 불안이나 긴장을 경험하는 한 사람이 충족되지 못한 욕구를 충족하기 위하여 제3자나 대상을 끌어들임으로써 긴장관계를 회피하는 행동이다. 즉, 삼각관계는 스트레스 받은 이인체계가 안정감을 얻기 위해 시도하는 공통적인 방법이라고 볼 수 있다(Hargrove, 2009). 이러한 삼각관계는 단기적으로는 안정감을 주지만, 장기적으로는 갈등이 고착될 수 있다.

가장 흔한 예는 아버지와 어머니, 자녀 세 사람으로 된 삼각관계나 또는 시어머니와 남편, 며느리로 된 삼각관계이다. 병리적이고 역기능적인 삼각관계의 전형은 부모세대와 자녀세대 사이에 형성된다. 예를 들면, 남편과 갈등을 겪는 아내가 큰딸에게 정서적으로 의존하여 긴장을 해소함으로써 가족관계가 유지되고 그 사이에 끼인 큰딸은 부모의 관계에 과도한 정서적 에너지를 소모하는 대가를 치르는 것이다.

따라서 이러한 가족에 개입하는 치료자는 부부 중 어느 한편을 들지 않으면서도 삼각관계에 연루되지 않아야, 각각의 배우자가 스스로를 분화된 개인이나 결혼파트너로 보는 것을 학습할 수 있다(Goldenberg & Goldenberg, 2003).

6) 가족 의사소통

가족체계에는 개인과 개인 간에, 하위체계 상호 간에 하나의 과정으로서 의도하든 의도하지 않든 의사소통이 존재한다. 그리고 모든 의사소통에는 언어와 비언어, 그리고 내용과 관계의 두 가지 측면이 있는데, 내용 측면은 사실적 보고를 의미하고 관계 측면은 내용 밑에 깔린 의도와 목적을 의미한다. 가족 구성원 간의 관계는 의사소통하는 사람의 단락 짓기(punctuation)에 영향을 받는다. 단락 짓기는 계속되는 의사소통 속에서 특정 원인을 찾는 것이다.

역기능적 의사소통은 언어적 메시지와 비언어적 메시지의 불일치, 이중구속 메시지, 내용과 관계수준의 불일치 등이 있다. 예를 들면, "괜찮아"라고 말하면서 얼굴 표정은 찡그리고 있는 경우 이는 불일치적 메시지를 보내는 것이다. 또 아버지가 아이에게 "이리 와" 하면서 팔을 벌리고 있는데 아이가 다가가면 "손은 씻었니? 손도 씻지 않고"라고 말하며 비난하는 태도를 보인다. 이 같은 경험이 여러 번 반복되면 다시 아버지가 아이를 부를 때 아이는 곧바로 다가가는 것을 망설이게 될 것이고, 그러면 아버지는 "넌 아빠를 좋아하지 않는구나"라고 말하며 비난하는 태도를 보인다. 아이는 자기 곁에 오라는 아버지의 요구에 응해도 응하지 않아도 모두 아버지로부터 비난을 받게 되어 있다. 이것이 이중구속 메시지이다.

또 하나의 예로 남편이 "오늘 하루 종일 일이 많아서 무척 피곤해"라고 말하면 그 내용에는 '피곤하니까 날 위해 아내가 어떻게 해주어야 해'라는 관계적 메시지가 포함된다. 이때 아내가 남편과의 관계를 어떻게 규정하느냐에 따라 반응이 달라질 수 있다. 의사소통하는 두 사람의 관계에 관한 규정이 불일치하거나 모호하면 관계문제가 발생하는 것이다. 이를 예방하기 위해서는 일치적 의사소통을 하는 노력과 아울러 상위 의사소통(mate-communication)이 필요하다. 즉, 역기능적인 의사소통을 예방하기 위해서는 솔직한 메시지를 전달하고 '그 말이 무엇을 의미하는가?', '어떻게 해주기를 원하는가?' 등의 표현이 필요하다.

역기능적 의사소통은 두 사람의 단락 짓기가 불일치한 것이다. 예를 들면, 친구와 놀고 늦게 귀가하는 아들은 어머니가 잔소리를 해서 집에 들어오기 싫다고 하는 반면 어머니는 아들이 친구와 놀고 늦게 귀가하니까 잔소리를 한다고 한다.

그러므로 바람직한 가족체계에서는 구성원 간의 의사소통에서 언어와 비언어 수준이 일치되고, 내용과 관계수준이 일치되며, 두 사람의 단락 짓기가 일치되는 특징을 보인다.

7) 순환적 인과관계

가족체계의 구성원들은 연결되어 있고 상호 영향을 미친다. 우리 속담에 시어머니 얘기를 들으면 시어머니 이야기가 맞고, 며느리 얘기를 들으면 며느리 이야기가 맞다는 말이 있듯이, 가족 내의 과정은 직선적 인과관계가 아니라 순환적 인과관계인 경우가 많다.

직선적 인과관계는 어떤 행동(A)이 있어서 반응결과(B)가 일어난다고 생각하는 것이다(A → B). 이는 어떤 현상을 파헤쳐 가면 어떤 요소로 환원하는 것이 가능하다는 과학적 환원주의 사고에 입각한 것이다. 그러므로 어떤 현상을 이해하려고 할 때 '왜'라는 의문이 중요하며 원인을 찾아가는 방향으로 문제에 접근하게 된다.

반면 순환적 인과관계는 한 사람의 행동(A)에 의하여 다른 사람의 반응(B)이 나타나고, 그 반응(B)이 또 다시 행동(A)에 작용하여 또 어떤 반응결과를 야기한다는 것이다(A ⇄ B). 예를 들면, 아내는 남편이 술 마시고 늦게 귀가하는 것이 문제라고 말하고, 남편은 아내가 집에서 잔소리를 하고 귀찮게 하니까 술 마시고 늦게 귀가한다고 말한다. 이를 도식으로 표현하면 다음과 같다.

남편이 술 마시고 늦게 귀가한다. ⇄ 아내가 잔소리를 한다.

8) 가족 외부체계

가족체계는 이웃, 친구, 친척, 교육기관, 직장, 지역사회기관, 종교기관, 의료기관, 행정기관, 법체계, 문화 등의 외부체계와 상호작용하며 영향을 받는다. 가족을 잘 이해하기 위해서는 가족과 밀접한 의존관계에 있는 외부체계 맥락을 고려하는 것이 필요하다. 예를 들어, 가정폭력 문제가 발생할 때 가해자와 피해자만이 아니라 이들을 둘러싼 확대가족, 법체계와 경찰, 쉼터, 병원, 교회, 직장 등의 외부체계의 영향을 고려하는 것이다. 부부 하위체계만이 아닌 교사, 친구, 학교규칙, 학원, 사회복지기관, 아동보호시설 등 전체 지역사회를 둘러싸고 있는 사회적 맥락을 인식하고 문화적 특성을 보아야 한다.

그러므로 가족현상을 볼 때 가족원 개개인 사이에 또는 하위체계 사이에 그리고 가족 외부체계와의 사이에 나타나는 관계성과 맥락(context)에 유의하는 것이 중요하다. 즉, 가족문제를 보는 관점이 가족 구성원들이 현재의 문제에 어떻게 관련되어 있으며 어떤 영향을 주고받고 있는지 파악하고, 전체적인 상호관계 맥락을 고려하는 것이다. 그에 따라 가족원 한 사람에게 나타나는 증상은 그 사람 자체의 문제라기보다는 체계유지에 필요한 것이고, 그 체계의 역기능을 표현하는 것으로 간주한다. 이는 두 사람의 관계에만 적용되는 것이 아니고 세 사람 이상의 관계나 친구, 일, 친척 등의 관련된 상황에서도 적용된다.

2 가족의 건강성과 가족발달

1) 가족체계의 건강성

가족체계의 건강성과 역기능성을 규정하는 것은 가족을 관찰하고 문제에 개입하여 해결을 지원하는 상담자에게는 매우 필수적인 일이다. 그러나 이때 상담자와 치료자의 주관이 작용할 수 있기 때문에 용이하지 않다. 특히 포스트모더니즘에 입각한 모델에서는 가족원의 관점에서 가족의 목표와 원하는 것에 어떻게 최선을 다하는가를 중요시한다. 또한 가족의 외부구조나 내용이 어떠한가보다는 가족과정이 가족원의 욕구충족과 잠재능력의 실현에 얼마나 기여하는가에 관심을 가진다. 그러므로 가족의 건강성과 역기능을 규정할 때는 가족의 관점, 지역사회의 기대와 문화규범, 상황적 맥락 등을 고려하는 것이 필요하다.

가족체계의 건강성에 대한 연구는 1970년대 미국에서 가족을 진단하고 치료하기 위한 목적으로 처음 이루어졌다. 1970년대 중반이 되면서 치료 차원만이 아니라 예방 및 교육 차원에서 일반 가족을 대상으로 하는 연구가 실시되었고, 1980년대에는 통제집단을 이용하는 등 과학적이고 객관적인 척도들이 개발되었다. 1990년대 이후에는 다양한 형태의 가족에 대한 건강성 연구가 행해지고 있다(유영주, 2001).

국내외 가족상담자들과 가족연구자들이 보고하는 건강한 가족(healthy family, strong family)의 특성들은 다음과 같다.

골든버그와 골든버그(Goldenberg & Goldenberg, 2001)는 다음과 같이 잘 기능하는 가족을 서술하였다.

- 세대 간 위계구조가 분명하다.
- 다세대 간에 적절한 경계를 유지하고 자율적이다.
- 가족원 간에 의사소통이 개방적이고 명확하며 직접적이다.

- 가족원 각자의 개성과 욕구가 존중된다.
- 가족원들은 효과적인 문제해결 방법을 활용한다.

벡바르와 벡바르(Becvar & Becvar, 2003)는 잘 기능하는 건강한 가족은 다음 특성을 가지고 있다고 하였다.

- 강한 부모/부부로서 연합과 적절한 세대 간 경계를 가진 위계구조
- 개인차와 성장 · 발달을 지지하는 온화한 분위기
- 예측 가능하고 안정적, 융통성 있는 가족규칙
- 가족의 공동목표/개인목표 달성을 위해 주도성, 호혜적 협동심 발휘
- 효과적 의사소통, 개방적 감정표현
- 발달적 변화와 위기에 적응력 발휘
- 초월적 가치체계와 공유된 목표, 신념
- 가족의례와 행사
- 낙관적 사고와 유머
- 활용 가능한 지지망

왈쉬(Walsh, 1998)도 건강한 가족은 변화와 위기 상황에서 유연하고 협력적으로 대처하며 적응력과 회복능력을 발휘한다고 하여 가족의 탄력성(resilience)이 건강성 회복의 열쇠라고 주장한다.

또한 스티넷 등(Stinnett, et al., 1979; Stinnett & DeFrain, 1985)은 건강한 가족의 특성을 다음과 같이 제시하였다.

- 가족원 상호 간에 감사와 존중을 표현한다.
- 가족을 소중하게 여기며 헌신한다.
- 가족원이 함께 질적 시간을 보내고 같이 즐긴다.
- 가족원 간에 개방적이고 효율적인 대화를 한다.
- 문제발생 시 위기대처 능력과 갈등해결 능력을 활용한다.
- 가족원들이 종교 지향적이고 함께 신앙생활을 한다.

이 외에 큐란(Curran, 1983), 비버즈와 햄슨(Beavers & Hampson, 1990) 등의 연구 들이 있다. 이상의 연구들에서 반복적으로 열거되는 건강한 가족의 특성은 ① 원활한 의사소통, ② 애정과 존중, ③ 성장과 행복증진을 위한 헌신, ④ 문제해결 기술, ⑤ 부모의 권위 및 세대 간의 경계 유지, ⑥ 분명한 역할 책임, ⑦ 가족규칙의 안정성과 융통성, ⑧ 공통의 가치관과 종교 공유 등으로 정리할 수 있다.

2) 가족체계의 발달적 측면

(1) 핵가족의 발달단계와 발달과제

가족체계를 이해하기 위하여 고려해야 할 요소 중의 하나가 가족체계의 발달적 측면이다. 가족생활은 상호작용하는 과정이면서 시간의 진행에 따라 계속 변화하고 발달하는 특성이 있다. 많은 가족치료자들은 병리적이거나 결함의 관점이 아닌 가족의 발달적 측면과 안정성과 연속성을 유지시키는 가족의 능력을 보는 긍정적 관점이 가족이해에 유용하다고 믿는다.

가족발달 이론에 바탕을 둔 가족생활주기와 그에 따른 발달과제는 듀발(Duvall, 1977)에 의해 처음 제시되었고 가장 많이 알려져 있다. 듀발에 의하면 8단계의 가족발달단계와 각각의 발달과제가 있다. 가족문제가 발생하는 경우는 이전 단계의 발달과제가 불충분하게 달성되었거나 이전 단계의 문제가 누적된 결과이고, 특히 단계가 바뀌는 전이기(transference period)에 가족문제가 발생하기 쉽다. 발달단계와 발달과제를 고려하는 것은 가족원 개인과 가족 전체의 시간 차원의 변화를 이해하는 데 중요하다.

우리나라 가족의 실정에는 외국 학자의 가족생활주기 구분이 적합하지 않은 면이 있기 때문에 유영주(1984)와 전효정(2007)의 연구결과를 절충한 7단계로 구분하여 발달과제를 예시하면 다음 〈표 1-1〉과 같다.

〈표 1-1〉 가족발달단계별 발달과제

가족발달단계	발달과제
신혼기 가족 (결혼~자녀출산 전)	• 역할과 책임관계의 기준 설정 • 만족스러운 소득과 지출체계 수립 • 상호 만족스러운 애정표현과 성생활 체계 수립 • 효율적인 대화체계 수립 • 친인척과의 원만한 관계 수립 • 임신과 부모됨에 적응 및 준비
유아기 자녀 가족 (자녀출산~ 첫 자녀 6세)	• 영유아 자녀를 효율적으로 양육 • 영유아 자녀의 부모역할 적응 • 시간, 에너지, 공간, 가사의 재조정 • 만족스러운 부부관계 유지 노력
학동기 자녀 가족 (첫 자녀 7세~ 첫 자녀 12세)	• 자녀의 잠재력 개발에 대한 교육적 배려 • 자녀의 학업성취 지원 • 아동이 정서안정과 소속감을 갖도록 환경조성 • 만족스러운 부부관계 유지 노력
청소년 자녀 가족 (첫 자녀 13세~ 첫 자녀 19세)	• 청소년 자녀의 자아정체감 형성, 진로선택 및 준비, 사회적 역할 획득, 학업성취, 정서적 독립 지원 • 자녀와의 생활에 적응하기 • 재정계획 실천 • 만족스러운 부부관계 유지, 중년기 준비
성년기 자녀 가족 (첫 자녀 20세~ 첫 자녀 결혼 전)	• 자녀와 인격적 관계 정립 • 자녀의 진로, 취업 지원 • 재정계획 및 실천 • 중 · 노년기 준비
자녀독립기 가족 (첫 자녀 결혼~ 막내 자녀 결혼 전)	• 자녀의 결혼과 독립 지원 • 부부관계 재정비 • 건강대책 세우기/중년기 위기감 극복 • 조부모 역할 수행/노년기 준비
노년기 가족 (막내 자녀 결혼 후~ 배우자 사망)	• 노화 및 은퇴적응/건강유지 • 부부관계 유지 및 증진 • 성인자녀, 인척, 친지와의 유대감 유지 • 배우자의 사별과 죽음에 대한 수용

출처 : Duvall(1977); 유영주(1984); 전효정(2007) 참조 재구성.

그러나 신혼기부터 가족의 형성으로 간주하고 첫 자녀를 기준으로 발달단계를 구분하는 기존의 개념은 무자녀와 이혼, 사별, 재혼이 증가하는 현대사회에 적합하지 않다는 지적을 받아왔다. 그에 따라 이를 보완하는 단계 구분이 여러 학자에 의해 제시되었다.

카터와 맥골드릭(Carter & McGoldrick, 1989)은 결혼 전기를 추가하여 결혼 전기, 결혼 적응기, 자녀 아동기, 자녀 청소년기, 자녀 독립기, 노년기의 6단계 가족발달단계와 발달과제를 제시하였다. 벡바르와 벡바르(Becvar & Becvar, 1988)는 자녀 요인을 배제하고 부부체계를 중심으로 〈표 1-2〉와 같이 4단계의 결혼생활단계와 발달과제를 제시하였다.

〈표 1-2〉 결혼생활단계별 발달과제

단 계	정서적 요구	주요 발달과제
신혼기 (0~2년)	결혼생활 몰입	• 원가족과 분화 • 부부체계 정립 • 직업적 요구에 적응 • 확대가족 및 인척, 친구와의 경계 형성
결혼 초기 (2~10년)	관계의 성숙	• 결혼생활에서 낭만 유지 • 자율성 및 개성과 결속감 · 유대감의 균형 • 결혼생활의 발전과 향상
결혼 중기 (10~25년)	은퇴 후 계획	• 중년기 변화에 적응 • 관계 재조정 • 결혼생활의 발전과 향상
결혼 후기 (25년 이상)	회고와 정리	• 부부의 기능성 유지 • 노화에 따른 가족생활의 변화에 적응 • 은퇴에 적응 • 배우자의 질병과 죽음에 대처

출처 : Becvar & Becvar(1988); 정혜정 · 이형실 공역(1997) 참조 재구성.

따라서 가족상담자는 가족발달적 관점에서 각 단계별로 요구되는 발달과제는 물론 흔히 발생하기 쉬운 사건이나 문제들을 정확하게 이해하고 가족

개입 시 점검하는 것이 필요하다. 우리나라 가족의 발달단계와 그에 따른 가족문제들을 국내외 연구결과(유영주 · 정민자, 1993: 정문자 · 김연희, 2000; Carter & McGoldrick, 1989; Duvall, 1977; Duvall & Miller, 1985)를 참고로 재구성하여 보면 다음 〈표 1-3〉과 같다.

〈표 1-3〉 가족발달단계에 따른 가족문제들

가족발달단계	자주 발생하는 문제
결혼 전기	• 결혼 관련 부모자녀 간 갈등(부모의 반대, 혼수, 예단 문제) • 미취업, 진로와 직업 관련 문제
신혼기	• 부부간 성격차 • 부부간 성적 부적응 • 인척관계 갈등 • 대화체계 및 가족규칙 정립방법의 갈등 • 가정폭력, 이혼불안
자녀 양육기	• 임신과 출산에 부적응, 아내의 우울증, 남편의 소외 • 자녀의 건강문제, 발달장애 • 경제부담, 가사분담 갈등 • 자녀양육 관련 부부갈등 • 배우자의 외도문제, 이혼위기 • 가정폭력
자녀 아동기	• 자녀의 학교생활 부적응, 성적부진, 행동문제 • 자녀의 정서적 · 신체적 건강 문제 • 자녀교육 관련 경제적 부담, 자녀에 대한 과잉기대 • 자녀지도 관련 부부갈등 • 부부간 권태기, 부부갈등 심화, 배우자 외도, 이혼위기 • 가정폭력
자녀 청소년기	• 부모자녀 간 세대차이 • 자녀의 학교생활 부적응, 성적부진, 행동문제 • 자녀의 불안, 우울 등 정서문제, 정신장애, 자살시도 • 자녀지도 관련 부부갈등 • 자녀교육 관련 경제적 부담, 정서문제 • 부부갈등 심화, 배우자 외도, 이혼위기 • 가족 간 유대 약화, 가정폭력

자녀 성년기 및 독립기	• 자녀 직업선택, 결혼 및 독립 관련 부모자녀 간 갈등 • 건강악화 위기감, 중년기 우울 • 새 가족원과의 갈등 및 삼각관계 • 명예퇴직 및 실직에 적응 • 자녀의 정신건강 문제, 노부모 부양 부담 • 부부 유대감 약화, 가정폭력, 별거, 이혼위기
노년기	• 은퇴 및 노화에 부적응 • 부부관계 악화 및 갈등심화, 가정폭력, 별거, 이혼위기 • 성인자녀와의 갈등, 조부모 역할 관련 갈등, 고부갈등 • 경제문제, 건강문제, 주거이동 문제, 배우자 간병문제 • 배우자 사별에 부적응, 죽음에 대한 두려움

(2) 재구성 과정 가족의 발달과제

이혼이 증가하고 이혼과 사별에 따른 한부모가족과 재혼가족이 많아지면서 가족상담자들은 과거보다 가족 재구성의 위기와 관련된 문제에 개입해야 할 일이 많아졌다. 그러므로 상담자는 가족에 대한 보편적인 발달단계와 발달과제를 이해하는 것만으로 불충분하며 이혼과 한부모됨, 재혼 등의 가족 재구성과 관련된 발달단계와 과제를 충분히 알고 있어야 한다.

이혼을 경험하는 가족들은 이혼 전 의사결정, 이혼 협상, 이혼, 이혼 후의 4단계를 공통적으로 경험하며 각 단계별로 요구되는 발달과제를 수행해야 한다. 카터와 맥골드릭(Carter & McGoldrick)은 이혼과정에 따른 가족의 단계별 특성과 발달과제를 다음과 같이 제시하였다.

〈표 1-4〉 이혼과 한부모됨에 따른 발달과제

단 계	발달과제
이혼 전 의사결정	• 이혼결정에 따른 실패감, 상실감, 두려움 해소 • 현실 수용 • 자기 수용
이혼 협상	• 자녀양육권, 재산분할에 관한 합리적 의사결정 • 자녀 및 확대가족과의 관계 재정립 • 배우자에 대한 애착 해소

이 혼	• 실패감, 죄책감, 상실감 해소 • 결혼생활에 대한 통합적 정리 • 재결합 환상 포기하기 • 재정, 자녀관계 재정비 • 협력적 공동 부모역할 재정비
이혼 후	• 전 배우자와의 관계 재설정 • 분노, 상실감, 외로움 해소 • 새로운 역할과 책임 수용 • 정신적 · 정서적 독립 • 경제적 문제 대처 • 자녀의 혼란과 상실감, 부적응 문제 대처 • 확대가족, 친구 등 사회적 지지체계 구축

또한 재혼가족의 경우 초혼가족과 다른 복잡한 정서적 구조와 기능을 가진다. 예를 들면, 이전 가족과의 이별 경험, 다른 가족의 역사, 즉각적인 사랑의 신화와 충성심 갈등, 두 가족에 소속된 자녀 등이 재혼가족의 특성이다(Ramsom, et al., 1979). 그에 따라 재혼가족의 발달단계와 적응을 위한 과제도 독특할 수밖에 없다. 카터와 맥골드릭에 의하면 〈표 1-5〉와 같이 재혼가족은 재혼결정, 재혼가족 설계 및 생활계획, 재혼과 가족 재구성의 3단계를 경험하며 각 단계별 발달과제를 수행해야 한다.

〈표 1-5〉 재혼가족의 발달단계

단 계	발달과제
재혼결정	• 이전의 결혼생활과 전 배우자에 대한 감정정리 • 새로운 결혼에 대한 현실적 기대 • 재혼의 동기와 문제점 검토
재혼가족 설계 및 생활계획	• 새 배우자와의 결혼관계 설계 • 자녀들이 죄책감, 충성심 갈등, 불안 등의 해소 지원 • 계부모-자녀 간 즉각적인 사랑의 신화에서 탈피 • 이전 결혼생활 문제를 반복하지 않는 노력 계획 • 별거자녀와의 관계 유지방법 모색 • 공동부모 역할 협조방법 모색

재혼과 가족 재구성	• 이전 가족과 배우자에 대한 애착 해소 • 새로운 부부체계 정립 및 친밀감 형성 • 재혼가족의 경계 형성 • 재혼가족의 통합을 위한 규칙, 의례설정 • 가족원 간 수용 및 의사소통의 효율화 노력 • 가족의 재구성에 따른 자원의 합리적 재분배 • 자녀들의 새로운 형제자매 관계 적응 • 자녀에 대한 친부모 및 계부모의 협력관계 구축 • 확대가족, 친지, 친구 등 사회적 지지체계 재구축

출처 : Carter & McGoldrick(1989); 정문자 역(1996); 박태영(2002); 장혜경 · 민가영(2001) 참조 재구성.

(3) 가족발달단계 전이기와 가족문제

가족발달적 관점에서 시간의 흐름에 따른 가족의 발달단계와 발달과제를 이해하고 동시에 체계적 관점에서 가족체계의 특성을 알게 되면 가족의 역기능 구조를 더 잘 파악할 수 있다. 또한 이에 가족 스트레스 이론을 적용하면 가족을 더 잘 이해하고 효율적 대처를 도와줄 수 있다.

특히 가족의 역기능이 심각해지고 문제가 커질 때는 가족발달단계가 바뀌는 전이기에 여러 예상치 못한 사건, 사고가 발생하고 동시에 윗세대로부터 내려오는 가족의 취약점과 문제가 작용하는 경우이다. 즉, 가족발달단계의 전이기에 예상치 못한 수평적 스트레스(예 만성질병, 사고, 경제실패, 실직, 가족원의 죽음 등)와 동시에 수직적 스트레스(예 음주문제, 폭력문제, 우울증, 외도, 가출, 자살, 가족신화 등)가 교차할 때 가족체계가 건강하지 못하면 역기능과 문제는 더 가중되는 것이다.

예를 들면, 큰 아이가 사춘기가 시작되면서 아버지가 실직을 하게 되고 아버지는 할아버지가 즐기시던 알코올에 빠지게 되면서 어머니와 아이에게 폭력을 사용하게 되고 평소 대화가 단절되었던 부자, 부부 사이가 더 벌어지게 되어 아이는 결국 가출과 비행문제를 일으키고 부모는 부부불화로 별거하는 결과로 이어지게 된다.

그러므로 가족상담자는 가족의 발달단계 전이기에 달성해야 할 발달과제를 잘 이해하고 현재의 가족 스트레스뿐만 아니라 세대에 걸쳐 내려오는 취약점인 수직적 스트레스와의 연관성에도 관심을 가져야 한다. 또한 가족을 돕기 위해서는 가족이 가지고 있고 활용 가능한 문제해결 자원과 강점들을 찾아내도록 해야 한다. 이 같은 방법은 전형적인 가족형태가 아닌 이혼, 한부모, 재혼 가족 등의 재구성 과정에 있는 가족에게도 그대로 적용된다(Rodgers & Rose, 2002). 어느 경우나 가족상담자는 가족원이 새롭게 구성되는 가족구조에 잘 적응하고 문제에 효율적으로 대처하며 발달과제를 계속 달성하면서 성장할 수 있게 도와야 한다.

3 가족이해에서의 성과 문화적 요인

1) 성인지적 관점의 가족이해

성인지적 관점이란 기존의 전통적인 가족상담 및 가족치료 모델이 체계이론의 순환성에 기초를 두면서 간과했던 부분들이 여권주의 이론에 의해 비판받으면서 생성되었다. 즉, 그동안 가족연구자나 상담자들은 가족기능에서 남성과 여성이 경험하는 가족생활이 차이가 있고, 성(gender)이 가족에서 불평등과 차별의 요인이 된다는 것을 인식하지 못하였다는 반성에서 출발하여 가족을 제대로 이해하고 도와주려면 성별 영향을 인식하는 성인지 관점을 가져야 한다는 것이다(김성천, 1993; 김영화 외, 2002; 김유순, 2000).

최근에는 남성 또한 사회화 경험의 결과 역 성차별과 역할구속으로 고통을 당한다는 시각이 영향을 미쳐서 여권주의와 함께 남성학 이론도 성인지 관점에 통합되었다. 남성들은 성역할 사회화 경험의 결과 반 여성주의, 성공, 공격성, 성 주도성, 자기의존 요소들을 남성적 가치로 추구하게 되는 결과 폭력성과 대인관계 미숙을 보인다고 설명된다(정혜정 외, 2009; Norsworthy, 2000).

그러므로 가족문제에 개입하는 상담자는 가족의 성역할, 성차, 권력, 통제, 모성이데올로기, 가부장적 가치관 등에서의 차별성과 불평등적 요소가 가족체계와 가족기능, 가족문제 등에 미치는 영향을 충분히 인식하여야 한다. 그리고 남성과 여성 모두가 내면화된 성차별적 요소를 극복하여 생물학적 성에 고정되지 않고 자유로운 선택을 할 수 있도록 도와주어야 한다.

예를 들어, 맞벌이가정에서 가사와 육아 책임 문제가 발생할 때나 노인부양 책임 문제가 발생하였을 때 가족상담자는 가족원의 상호작용 패턴만 보지 않고 상호작용의 내용과 개개인에게 주는 의미를 고려한다. 즉, 전통적 성역할 가치관과 가부장적 사고방식, 그리고 내면화된 성차별적 요소들이 가족체계와 가족원들에게 어떻게 영향을 미치는가를 파악하여, 가족 개개인의 능력에 맞고 의미를 주는 역할을 자유롭게 선택하도록 돕는다. 그 결과 가족 전체가 융통성과 평등성, 형평과 공정성, 조화로움이 실현되고 성장하는 힘을 부여받게 되는 것이다.

이와 같은 접근은 부부폭력 문제나 부부갈등 문제, 부모역할 문제, 이혼의 사결정 등의 가족문제 전반에서 역시 동일하게 적용되어야 한다. 사회 제반 영역에서 성별 경계가 약화되고 성차별이 해소되는 방향으로 가기 때문에 가족상담자가 성인지적 관점을 갖는 것이 필수적이다.

2) 가족의 문화적 요인 이해

가족상담자가 가족체계와 기능을 잘 이해하기 위해서는 가족이 속한 문화적 배경과 규범, 가치를 알아야 한다. 왜냐하면 문화는 사회화 과정을 통해 구성원 개개인의 태도와 가치체계, 신념과 정서, 행동양식 등에 영향을 미치기 때문이다(김진숙, 1998). 문화(culture)는 공동체에서 공유되고 학습된 생활방식으로 한 세대에서 다음 세대로 전달되는 것으로서 언어, 의식주생활, 가족생활, 관습, 가치규범, 통과의례 등에서 반영된다.

더욱이 결혼이주여성과 북한이탈주민, 외국인가족, 외국인근로자, 외국학생 등의 유입으로 이들 다문화가족의 문제를 예방하고 해결을 돕기 위해 다문화주의 관점을 가져야 할 필요성이 더욱 커지고 있다. 다문화주의 관점은 가족상담자들이 가족체계를 평가하고 가족문제에 개입할 때 자신에게 익숙한 문화적 배경이 영향을 미칠 수 있음을 인식하고 다양한 문화적 배경을 가진 가족에 대해 개방적이고 융통성 있는 태도를 지녀야 함을 강조한다(한재희, 2006; Sue, Ivey, & Pedersen, 1996, 김태호 외 공역, 2008).

그러므로 가족상담자들은 다문화가족만이 아니라 인종, 출생배경, 사회계층, 종교, 지역이 차이 나는 가족에 대해 그들의 문화적 배경이 가족체계와 문제에 미치는 영향을 이해하여야 하고, 자신과 다른 그들의 문화를 배우려는 태도를 가지는 것이 필요하다.

또한 다문화가족을 상담할 때 남편과 아내, 시댁식구와 며느리 간에 겪는 갈등이 서로 다른 문화적 배경에 의한 것인지, 또는 세대차이나 발달배경의 차이 때문인지, 또는 특수한 개인적 · 가족적 특성 때문인지를 우선적으로 파악하여야 한다. 만약 문화적 차이가 문제의 주된 이유로 작용하는 경우에는 가족원 상호 간의 문화적 배경 차이를 수용하고 이해하여 가족원들이 조화롭게 공존하는 방법을 찾도록 도와야 한다.

4 한국 가족문화와 가족문제 특성

우리나라 가족상담자들은 이론과 실무에서 문화적 요인을 얼마나 고려하고 있는가? 우리나라에서 가족상담이 본격적으로 시작한 것은 1990년대부터라 볼 수 있으며, 주로 외국에서 개발된 상담모델을 배우고 적용하며 이에 대한 사례연구들이 진행되어 왔다.

1) 한국 가족문화의 특성

우리나라 가족은 조선시대 통치이념이었던 유교의 영향으로 가부장적 가족주의가 지배적인 가족윤리가 되어 왔다. 따라서 남성중심의 혈연과 제사중시, 아들 및 장남 선호, 위계적 인간관계가 특징적으로 나타난다. 즉, 가족 내에서 남성이 여성에게, 부모가 자녀에게, 윗세대나 연장자가 아랫세대나 연하자에게 책임감과 자비심, 통제적, 지배적인 역할이 요구되는 권위적 존재인 반면 여성과 자녀, 아랫세대나 연하자는 순종과 복종, 충성이 강조되어 왔다(최연실, 1994; 최홍기, 1991).

그러므로 우리나라 가족은 전통적으로 조화로운 인간관계, 효행, 가족결속과 상부상조, 위계질서가 중심 가치로 강조되어 왔으며, 그 영향으로 체면의식, 우리주의(we-ness), 감정의 억제 및 간접적 표현, 연고주의, 한(恨), 정(情)을 매개로 한 인간관계 등이 우리나라 가족문화의 특성으로 지적된다(김진숙, 1998; 송성자, 1995, 2001; 엄예선, 1994; 임태섭, 1995; 최상진, 2002).

2) 현대 한국 가족문제의 특성

오늘날 현대 가족은 전통 가족과 달리 가족형태가 다양화되고 있고, 핵가족화와 개인주의, 평등주의 가치관의 영향으로 유교적 가족윤리와 가부장적 문화는 급속히 퇴색하고 있으며 가족에 대한 전통적 가치(효, 부양)의 약화로 개인의 선택과 권리가 중시되고 있다. 그러므로 현재 우리나라 가족은 가부장적 가족윤리에서 벗어나 개인주의, 평등주의적 가족윤리를 지향하고 있으나 아직 과도기여서 가족가치관이 혼재되어 있는 상태이다.

그에 따라 동일한 가족의 가족원이라 하더라도 가치관과 사고방식의 변화속도가 세대별로, 성별로 차이나는 문화지체현상을 보이고, 구성원들 사이의 조정이 필요하게 된다. 결국 그 과정에서 가족생활 전반에 걸쳐 부조화와 갈등이 발생하여 가족문제로 이어지는 일이 증가하고 있는 것이다(조은유 외, 2023; 최규련, 2004, 2005; 홍영택, 1999).

가족상담에 관한 임상경험과 관련 문헌들을 통해 우리나라 가족문제 특성과 대처방식을 다음과 같이 요약할 수 있다.

(1) 준비되지 않은 부부와 부모에게 가족문제가 비롯된다

본질적으로 결혼생활은 남성과 여성이 서로 배려하고 이해하며 서로의 약점을 보완하고 도와서 협동적인 사람의 공동체를 만들어 가는 것이고, 이를 위해서는 자신과 상대방에 대해서 충분히 이해하는 노력과 아울러 여러 문제를 대처하는 방법을 익혀야 한다. 또한 부모가 되기 위해서는 2세를 건강하게 사랑하고 평생 동안 긍정적인 관계를 맺을 수 있을 만큼 인격적으로 성숙하고, 아동발달에 대한 이해와 지도 기법을 갖추어야 한다.

최근 정보화·글로벌화·포스트모더니즘 사회가 되면서 가치관과 생활방식이 급변하여, 과거에 비해 가족의 가치와 부모됨의 가치가 경시되고, 독신주의, 만혼, 저출산이 증가하고 있다. 그에 따라 남녀 모두 개인의 자아실현과 사회활동 욕구가 크고 경쟁력이 요구됨에 따라 어릴 때는 성적과 입시에, 성인이 되어서는 취업과 직업에 많은 에너지를 집중해야 하기 때문에 결혼을 선택하더라도 결혼생활과 부모됨의 심리적 준비를 하지 않은 채 가정을 형성하는 경우가 많다.

상담실에서 만나는 가족 중 특히 남편과 아버지가 가부장적 사고방식에서 탈피하지 못하고 군림하거나 또는 미숙하게 아내와 자녀들을 끌고 가려고 할 때, 폭군 같은 사람, 무력한 존재, 분란을 일으키는 존재, 따돌림 당하는 존재가 된다. 그 결과로 아내와 자녀는 정서적으로 황폐해져서 많은 행동문제를 나타내게 되고, 남성 본인도 소외감과 실패감, 외로움에 시달려 가족 전체가 불행해지는 경우가 대부분이다. 또한 가족문제를 경험하는 여성들도 아내와 어머니로서 어떻게 남편과 자녀들을 이해하고 도와서 온 가족이 행복하고 성장하는 방향으로 노력할 것인가에 대해 사전 지식도 기술도 없는 경우가 대부분이다.

따라서 우리사회에서 급증하고 있는 부부갈등과 가족해체 문제, 그리고 다양한 자녀문제는 가족을 둘러싼 환경적인 원인도 있겠지만 대부분의 원인은 부부와 부모로서 준비되지 않은 것에서 비롯된다고 볼 수 있다.

(2) 부모자녀 간에 세대전수 되는 건강하지 못한 관계가 가족문제의 원인이 된다

한국 사회에서는 전통적으로 부모는 자녀를 독립된 개체로 여기기보다는 부모의 한을 풀어주는 수단적·종속적 존재로 여긴다. 그러므로 맹목적으로 자녀를 보호하고 간섭하며 자녀를 위해 희생하고 훌륭한 교육을 받게 하는 데 열성적이다. 동시에 부모 위주로 자녀의 장래를 계획하고 자녀의 결혼과 결혼생활에 관여하며 부모에게 순종하고 효도하기를 바란다.

반면 자녀는 부모에게서 정서적으로 독립하지 못하고 성인이 되어서도 부모의 희생과 간섭을 당연시하며 지원을 기대하는 경향이 있다. 그 결과 부모와 자녀 관계에서 호혜적 교환이 이루어진 경우는 원만한 관계를 유지하나 호혜적 교환이 되지 않고 불균형이 될 때는 갈등이 발생하게 된다. 노부모-성인자녀 관계에서도 상호 간에 기대수준의 차이로 노부모는 자녀들의 공경과 부양에 불만과 소외감을 가지며, 자녀는 부모의 과도한 의존과 통제 간섭으로 부담을 느끼게 된다. 그 결과 부모자녀 간의 갈등, 형제자매 간의 갈등이 발생하며 극단적으로는 노부모의 빈곤과 우울 문제, 노인에 대한 유기, 학대 문제, 형제간 다툼, 관계의 단절 등이 발생하는 경우가 적지 않다.

전통 사회와 달리 평등문화가 확산된 현대 사회에서는 부부 모두가 원가족에서 심리적, 경제적으로 독립하여 서로에게 적응하고 새로운 가족문화를 만들어 가야 하는 것으로 기대한다.

그러나 우리나라의 신혼부부들 대부분은 두 사람의 애정을 바탕으로 배우자를 선택하고 부모집이 아닌 새로운 주거공간에서 결혼생활을 시작하지만 그 경비가 상당하기 때문에 결국 부모가 결혼 비용과 집 마련 비용을 부담하는 경우가 많다.

(3) 가족원 간 의사소통 방법의 특성이 가족갈등과 문제 악화 요인으로 작용한다

전통적으로 가족 내 의사결정 방법은 엄격한 위계구조에 의하여 권위자가 일방적으로 결정하고 아랫사람은 순종하는 형태였다. 또한 엄격한 유교사상의 영향으로 부부, 부모자녀 사이에 감정표현이나 애정표현은 억제되었기 때문에 감정을 표현하지 않고 지내거나 은근히 간접적으로 표현하는 방법을 사용하였다.

현대 사회에서도 아내나 자녀, 아랫사람이 자신의 의견을 솔직하고 분명하게 말하는 것이 상대의 권위에 도전하는 것으로 해석하는 경우가 많고 또한 남성, 부모, 윗사람들은 이를 경청하지 않는 경우가 많아서 가족 간의 상호 이해와 친밀한 관계 유지에 장애물로 작용하고 갈등의 원인이 되고 있다. 또한 가족원 간에 감정표현을 하지 않고 표현에 서툰 문제가 상호 간 오해와 갈등의 원인으로 작용하는 경우가 상담현장에서 많이 발견되고 있다. 상담에 오는 가족들은 서로 상대방이 자신을 무시한다고 주장하며, 상대방이 자신을 이해하여 주기를 바라고 대화를 하여야 한다고 말하지만 실제로 대화를 할 수 있는 태도와 준비가 되어 있지 않은 경우가 많다.

(4) 가족문제에 대한 인식과 대처방법에서 가족주의 문화가 반영된다

우리나라 전통 사회에서는 가족주의라는 집단주의가 지배하였기 때문에 인간관계는 체면과 격식이 중요시되었고, 개인의 모든 행동은 소속된 가족이나 집단의 품격과 분위기를 반영하는 것으로 인식되었다. 그에 따라 개인의 행복과 발전, 자아실현에 비중을 두기보다는 가문의 체면에 가치기준을 두었다. 또한 집안의 조화와 화목을 주요 덕목으로 여겼기 때문에 갈등이나 흉, 근심, 걱정거리를 집밖에 노출하는 것을 수치스럽게 여겼다.

그 영향으로 부부갈등이나 자녀문제, 고부갈등 등의 가족문제가 발생하였을 때 초기에 전문가의 도움을 요청하는 경우는 극히 적고 숙명적인 것으로 생각하여 참고 견디려는 경향이 있다. 그러므로 문제가 만성화되고 심각해져서 상담실에 오는 경우가 많다. 가족문제 중 부부문제는 자녀문제보다 우선순위에서 밀려서 참고 싸우고 설득하고 모든 방법을 사용한 뒤에야 도움을 요청하는 일이 적지 않다.

또한 가족주의와 사회화 경험의 차이로 인하여 우리나라 남성과 여성의 문제인식과 대처방법이 다른 경우가 많다. 대체로 남성들은 집안문제가 발생하는 것은 가장이 무능하여 집안을 잘 다스리지 못하기 때문이라고 생각하고 외부에 도움을 요청하는 것을 매우 수치스럽게 여기며 체면이 깎이는 행동으로 간주한다. 특히 내향적인 남성들의 경우에는 슬픔과 긴장, 두려움과 불안, 분노 등의 부정적 감정들을 음주나 흡연으로 해소하거나 회피하고 참는 방법을 많이 사용하고 때로는 폭발적으로 분노를 표현하기도 한다. 여성들도 역시 갈등이나 문제를 직접 해결하기보다는 참거나 억누르고, 가까운 사람에게 푸념하는 등의 방법으로 해소하여 왔다.

그 영향으로 오늘날에도 가족문제가 발생하면 외부 도움을 요청하는 데 여성이 더 적극적인 경우가 많다. 반면 남성들은 아내나 어머니의 권유로 가족상담실에 오고 상담에 와서도 방어적이고 소극적인 모습을 보인다. 그러므로 가족상담 실무자들은 남편이 상담에 참가하지 않는 경우보다 참가하는 경우에 가족문제 해결이 더 희망적이라고 보고한다(송성자, 2001).

(5) 가족상담과 상담자에 대한 기대에서 가족주의 문화가 반영된다

오늘날에도 위계구조에 익숙한 한국인들은 가족상담자에 대해 높은 위치에서 조언하고 도움이 되는 좋은 이야기를 해주어야 한다고 생각하여 의존하는 경향이 있다. 많은 한국 사람들은 상담실에 가서 시시비비를 가리고 문제를 직접 파헤쳐서 대결하고 자기주장을 관철시키기보다는 상담자가 신속하게 문제를 진단하고 문제를 해결해 주기를 기대한다. 그리고 상담자는 전문지식과 권위를 가져서 모든 가족문제를 잘 이해하고 공정하게 중재를 잘 함으로써 가족이 조화롭게 되도록 적극적인 역할을 하기를 기대한다(송성자, 2001; 엄예선, 1994).

이들은 상담자가 주도적으로 문제해결을 잘 해줄 권위 있는 사람인가를 확인하기 위하여 상담자의 지명도, 학벌, 나이, 자격증 외에 결혼 여부, 자녀 양육경험, 가정생활 등을 알고 싶어 한다. 일단 상담자와의 신뢰관계가 형성되면 겸손한 태도로 상담자의 체면을 손상시키지 않으려 하고 인간적으로 의존하며 상담자의 보살핌을 받으려는 경향이 있다.

그리고 상당수의 내담자들은 원가족과 관련된 미해결욕구와 부모로부터 받은 정서적 상처에 대한 분노, 부모에 대한 자식 도리를 못한 데 대한 죄책감, 수치심 등이 내면에 존재한다(장성숙, 2003). 그러므로 상담자는 내담자의 특성과 가족문화 배경을 충분히 이해하고 적극적으로 접근하여, 부모와의 관계를 탐색하고 재구성하도록 도울 필요가 있다.

(6) 다양한 가족의 급증으로 인한 사회적 이해와 지원이 요구된다

한부모가족, 재혼가족, 노인단독가구, 조손가족, 분거가족, 결혼이민자 가족, 역할전환부부 등이 증가함에 따라 기존의 정상가족 기준으로 가족을 평가할 수 없게 되었다. 다양한 가족에 개입하는 상담자는 그 가족원의 역할과 기능에 대해 개방적 태도와 관점을 가지고 그들의 문화적 배경과 삶의 방식을 이해하고 존중하는 것이 중요하다. 또한 상담자는 다양한 가족의 필요와 어려움에 민감한 관심을 갖고 효과적 지원방법을 탐색해야 할 것이다.

02 CHAPTER 가족상담 및 가족치료의 이해

가족상담, 가족치료라는 용어는 가족문제가 사회문제로 부각되면서 알려지게 되었다. 사회가 급변하고 복잡해지면서 가족도 여러 사건들과 가족원 간의 갈등, 불화문제 등을 경험할 가능성이 많아졌고, 이를 슬기롭게 극복하여 가족이 성장하는 데 도움이 되는 일이 필요하게 되어 출현한 분야가 가족상담 및 가족치료이다. 이 장에서는 가족상담 및 가족치료의 정의와 의의, 특성, 전제와 적용에 대해 살펴보고자 한다.

1 가족상담 및 가족치료의 정의와 의의

1) 정 의

가족상담 및 가족치료란 가족원 개인의 부적응과 대인관계 문제, 가족원 간의 갈등과 가족의 역기능 문제를 해결하기 위하여 가족체계를 변화시키는 데 초점을 두고 직접 개입하는 것이다. 즉, 가족상담 및 가족치료는 가족원 간의 관계구조와 상호작용을 변화시켜 대인관계 기술과 적응능력을 향상시킴으로써 개인과 가족이 건강하고 기능적인 생활을 하도록 전문적인 도움을 주는 활동이라 할 수 있다.

가족상담과 가족치료는 같은 것인가 다른 것인가? 이는 '상담'과 '치료' 용어를 어떻게 정의하는가와 관련된다. 흔히 상담은 심리학, 교육학 등에서 많이 사용되고, 치료는 정신의학 분야에서 주로 사용되어 왔다. 가장 보편적인 상담에 대한 정의는 '전문훈련을 받은 상담자(counselor)가 도움을 필요로 하는 내담자(client)와의 지속적인 신뢰적 관계를 기반으로 내담자의 긍정적 변화와 적응, 성장을 돕는 과정'이라는 것이다(Burks & Stefflre, 1979). 그러므로 상담자는 내담자를 대상으로 적응력과 문제해결 능력을 높이고 성장을 촉진하는 조력자 역할과 환경을 조정하는 조정자 역할을 담당한다.

반면 치료는 '전문훈련을 받은 치료자(therapist)가 병리증상이나 정신장애 문제를 가진 환자(patient)와의 상호작용을 통해 환자의 병리증상과 장애를 완화하고 기능회복과 성격의 재구조화를 돕는 과정'으로 정의된다. 그러므로 치료자는 의학적 배경을 바탕으로 환자의 문제를 진단·분석하고 처방을 하여 지시적이고 주도적인 역할을 하게 되며 심각한 문제에 개입하는 것으로 알려져 있다.

한편 구분이 무의미하다는 견해도 있다. 즉, 상담이나 치료의 목표가 동일하고 접근방법도 중복되며 적용되는 이론도 동일하기 때문에 두 용어를 혼용해야 한다는 것이다. 이와 같이 주장은 학계에서 용어 구분보다 어떻게 효과적으로 돕는가에 관심이 더 많아진 것에서도 그 이유를 찾을 수 있다.

이와 같은 경향은 가족상담과 가족치료를 구분하는 것에서도 동일하게 나타난다. 즉, 가족상담은 '신경정신적 장애진단이 나타나지 않은 문제, 예를 들면 결혼적응, 부부관계, 부모-자녀 관계, 고부관계 등에서 발생하는 갈등이나 가족생활 관련 문제의 해결을 지원하고 가족원의 관계증진과 기능향상, 성장을 목표로 도움을 주는 방법'으로 정의된다. 반면 가족치료는 '신경정신장애 환자의 치료 목적을 위해 가족체계의 이론과 기술을 개인, 부부, 가족에 적용하는 한 가지 전문 서비스로서 증상 완화는 물론 성격의 심층적 변화와 관계증진, 가족의 기능향상을 목표로 하는 치료방법'으로 정의된다(김태현 외, 2000; 이명홍, 1986).

한편 사회복지 분야에서는 '임상실 내에서 치료에 중점을 두는 개별화된 미시적인 접근'을 가족치료라고 하고 '가족을 둘러싸고 있는 다양한 요소들을 포괄적으로 다루는 실천기술'을 가족상담이라고 하기도 한다. 즉, 가족치료는 가족의 정신건강 문제나 심리문제에 한정하여 전문가가 개입하는 것을 의미하고, 가족상담은 가족을 대상으로 한 상담 및 치료 외에 전문가들과의 협력, 가족을 위한 훈련교육 프로그램, 사례관리, 필요시 지역사회의 다양한 자원을 연계시키는 지역사회 조직, 클라이언트 옹호 같은 개입기술 등을 포함한다(김영화 외, 2002).

가족상담과 가족치료를 혼용하는 입장은 실제 가족갈등과 생활문제가 신경정신장애와 연관되어 있는 경우가 많고, 임상에서 적용되는 이론과 기법들이 공통적이기 때문에 개인문제나 가족문제 해결을 위해 하나의 체계로서 가족에 개입하는 상담 및 치료활동을 의미하는 것으로 포괄적으로 정의하고 있다(윤영숙, 1992; 이선혜 외, 2005). 실제로 대다수 학자들이 기본적으로 가족치료를 선호하고 있으나 가족상담과 가족치료를 혼용하는 것이 일반적임을 지적하고 있으므로 용어 구분은 의미가 없다는 것이다. 이는 가족치료 발달 초기에 정신과의사에 의해 기초가 정립된 이후에 부부상담가, 아동상담가, 심리학, 사회복지학, 가족학, 교육학, 간호학, 목회상담가 등 다양한 분야의 사람들이 함께 참여하면서 용어 사용의 폭이 넓어진 것과도 연관된다. 세계적으로 가족상담 및 가족치료 분야를 선도하는 미국의 흐름은 가족상담과 가족치료를 혼용하고 있으나 가족치료 용어를 더 많이 사용하는 추세이다. 미국보다 뒤늦게 가족상담 및 가족치료가 발달한 우리나라에서는 현재 두 용어에 대한 개념정리가 되지 않은 채 혼용하는 경향을 보인다. 따라서 본 서에서는 가족을 체계로 보고 문제해결을 지원하는 개입방법을 의미하는 것으로 가족상담과 가족치료를 혼용하여 사용하기로 한다.

2) 의의 및 필요성

현대인은 사회의 복잡성, 경쟁성, 미래에의 불확실성, 다양한 가치관과 정보의 범람 등의 영향으로 과거보다 더 많은 선택과 결정을 해야 하고 여러 사건과 긴장, 스트레스를 경험하는 일이 많아지고 있다. 그에 따라 사회 전반에서 조급하고(hurry), 걱정하고(worry), 화가 나는(angry) 소위 3Y 현상이 나타나 개인마다 스트레스 관리와 적응력, 문제해결 능력이 과거보다 더 필요하게 되었고, 가족에서 정서적 안정을 얻고자 하는 욕구가 많아졌다.

그러나 역시 가족도 주변 환경의 변화와 가족원 간의 가치관 차이로 인하여 세대별, 성별로 역할의 혼돈과 상충이 발생하고 대화단절과 긴장, 불안정이 증가하게 되었다. 그 결과 적응력과 대처능력이 낮은 가족들에서 부부불화, 가족원의 일탈행동, 자녀비행, 폭력, 가출, 별거 등의 문제와 알코올 문제, 우울증, 자살, 이혼위기까지 발생하는 일이 많아지고 있다. 그러므로 과거에 비해 현대인은 개인적인 정신건강 문제와 더불어 가족원 간의 갈등과 불일치, 관계위기를 겪을 가능성이 높고 이를 극복할 자원과 전략이 필요하게 되었다.

특히 과거에는 집안문제는 가족 내에서 해결방법을 찾거나 친척들의 도움과 중재, 일부 가족원의 인내와 희생 등으로 조정되거나 무마되어서 사회문제화되지 않았다. 그러나 현대 사회에서는 가족 안에 중재구조가 상실되었고 개인의 희생도 용납될 수 없으며 가족원 역시 문제해결에는 역부족이므로 전문적인 도움이 요구된다. 그러므로 이처럼 가족이 겪는 다양한 문제에 대해 대처능력과 문제해결 능력을 갖도록 전문적인 도움을 주는 가족상담 및 가족치료는 현대 사회에서 매우 필요한 분야이다.

가족상담은 흔히 가족문제를 상담해 주는 것으로 알려져 있으나 엄밀히 말하면, 개인의 문제행동과 역기능을 가족체계의 반영으로 보고 가족체계의 변화를 통해 건강한 가족관계와 개인의 적응 및 성장을 돕는 분야라 할 수 있다.

과거에는 정신질환이나 심리적 장애, 문제행동 등의 원인을 환자 개인으로 생각하였으나 오늘날에는 기질적인 결함보다 오히려 가족관계나 가족의 정서적 환경의 영향이 더 큰 원인으로 밝혀졌다. 특히 성장기 자녀의 비행행동, 정서적 · 심리적 장애, 학업성적 등은 부모의 양육행동과 결혼생활, 부모

-자녀 관계 등의 가족환경 요인의 영향을 받으며, 가족원의 우울증과 정신신체화 증상, 자살 등의 문제도 변화와 사건에 대한 가족의 대처방법과 적응력, 그리고 가족의 정서적 관계 등과 연관성이 큰 것으로 나타났다(김진희 · 김영희, 2007; 박정희, 1998; 박태원, 2012; 변영인, 2005; 송지은 · Marks, 2006; 이영숙 외, 2004; 최규련, 1996; Cunmmings & Davies, 2002).

따라서 이러한 수요에 따라 개인의 증상이나 행동에 변화를 가져오고 원만한 가족관계를 촉진시키는 개입방법으로 가족상담 및 가족치료가 대두되었다. 가족상담은 개인과 가족의 건전한 적응과 기능수행을 돕고 원만한 가족관계와 안정되고 건강한 사회를 만드는 데 기여하기 때문에 그 중요성이 더욱 강조되고 있다. 그러므로 가족상담 및 가족치료는 인간의 많은 문제의 기반이 가족체계와 연관된다는 전제를 가지며, 가족체계를 변화시켜 적응력과 문제해결 능력을 향상시킴으로써 건강하고 기능적인 가족 조성에 이바지한다는 데 그 의의가 있다.

2 가족상담 및 가족치료의 특성

1) 개인상담과 가족상담

개인상담과 가족상담은 내담자의 문제해결을 돕는다는 공통점이 있으나 돕는 방법에 많은 차이를 보인다. 개인상담은 개인의 심리적 · 내적 문제에 관심이 많고 개인을 단위로 하는 데 비해 가족상담은 개인의 환경이나 개인을 둘러싸고 있는 관계 속에서 일어나는 문제에 더 많은 관심을 가지며 가족집단을 단위로 한다.

개인상담과 가족상담의 구체적 차이를 비교하면 다음과 같다(Becvar & Becvar, 1988; 정혜정 · 이형실 공역, 1997; 최규련, 1988).

(1) 문제의 초점 차이

개인상담이나 치료는 문제의 원인을 개인에게 두고 개인의 성격발달 과정과 정신 내면의 역동에 더 많은 관심을 기울인다. 그러나 이러한 접근에는 한계가 있다. 예로 불면증 문제가 있는 부인의 경우 개인의 연령, 건강상태, 호르몬의 분비상태와 물질대사, 생리적 상태, 정신장애 등에 원인이 있을 수 있으나 이것만으로는 그다지 큰 효과를 얻을 수 없다는 것은 이미 알려진 사실이다. 예를 들면, 부인의 남편이나 자녀, 친척, 친구, 여가생활 등의 사회적 맥락 속에서 의미 있는 사람과의 상호작용 양상의 결과로 문제가 발생할 수 있는 것이다. 즉, 문제를 가진 개인에 대해 그를 둘러싼 상황을 고려하는 것이 그들의 문제를 더 잘 이해할 수 있고 도울 수 있다는 것이다. 그러므로 가족상담의 초점은 개인의 내면보다 그를 둘러싼 가족이나 사회체계에 둔다.

(2) 개입대상의 차이

개인상담에서는 개인에게 집중하여 그들의 과거와 현재에서 결함을 찾아 회복하고 변화시키는 방법을 사용한다. 반면 가족상담에서는 가족 안에서 문제시되고 있는 사람을 지적된 환자(IP : Identified Patient)로 보고 가족관계에서 나타나는 반복적인 상호작용 양상에 관심을 가지고 개입한다. 만약 상담이 성공적이라면 가족들의 관계 패턴에 변화가 있을 것이고 따라서 IP의 문제는 사라질 것이라는 가정을 가진다.

(3) 상담 단위의 차이

개인상담에서는 일반적으로 개인을 단위로 삼는 데 비해 가족상담에서는 가족 구성원이 단위가 된다. 그러나 가족상담의 경우 반드시 가족 전원을 대상으로 하는 것이 아니며, 그보다는 현재 문제와 관련되어 상호작용 양상을 바꾸는 데 꼭 필요한 가족원을 대상으로 상담을 진행할 수 있다.

(4) 상담기간의 차이

개인상담에서는 개인의 과거 경험에 기반을 두고 내면의 갈등을 해결하고자 하므로 많은 시간을 필요로 한다. 반면 가족상담에서는 현재의 역기능적인 상호작용 양상을 중심으로 치료를 시도하므로 단기간이 소요된다. 즉, 가족상담의 경우는 가족원의 오래된 내면의 갈등을 해결하기보다는 개인을 둘러싼 상호작용 관계의 문제를 해결하는 데 초점을 두기 때문에 개인상담보다는 기간이 짧다.

전통적 상담인 개인상담은 오랜 기간에 걸쳐 형성된 성격을 탐색하는 작업을 통하여 문제를 통찰하고 변화를 가져오는 것이었다. 그러나 가족치료 운동이 시작되면서 어떤 접근이 문제해결에 효과적인가에 대해 논란이 있게 되었다. 현재까지 알려진 가족상담의 장점은 가족의 관계구조가 변화하여 증상과 문제가 해소되는 결과를 가져오며, 그 효과가 빠르고 오래 지속된다는 것이다(Nichols & Schwartz, 2001; 김영애 외 공역, 2002).

(5) 문제의 진단과 해결과정의 차이

개인상담은 진단과 평가의 기준이 객관적으로 설정될 수 있다는 입장을 취한다. 따라서 DSM−5, MMPI, CBT와 같은 진단도구를 사용하며, 실증적이며 계량적인 방식으로 가치중립적 과학적 태도가 상담에 적용된다. 이에 비해 가족상담은 관계맥락과 상호작용하는 내담자에 대해 동일한 상황에서도 내담자의 인식에 따라 다르게 이해되고 경험될 수 있다고 가정하기 때문에 객관적이고 정확한 진단과 사정을 강조하지 않는다.

(6) 기본 철학과 가정의 차이

개인상담과 가족상담 중에 하나를 선택하는 것은 인간의 본질에 관한 철학적 이해에 좌우된다. 개인상담은 인간에 대해 결정론적이고 원칙에 따라 움직이며, 개인은 현실에 반응하는 존재라고 이해한다. 그러나 직선적 인과론으로서 사건 A는 사건 B의 원인이고 A는 B에 대한 책임이 있다고 본다. 즉, 현재 문제가 발생한 과거의 사건에 관심을 두고 문제해결을 위해서 개인의 구체적인 행동이나 인간의 마음속에 있는 내적 사건들에 초점을 둔다. 이런 철학과 가정을 지닌 대표적인 개인치료로는 프로이트(Freud)의 정신분석 치료와 스키너(Skinner)의 행동치료 등이 있다. 반면 가족상담 및 가족치료는 체계론에 입각하여 전통적인 개인치료와 다른 철학과 가정을 지닌다. 이를 정리하면 다음 〈표 2-1〉과 같다.

〈표 2-1〉 개인상담과 가족상담의 기본철학과 가정 차이

특 성	개인상담	가족상담
인간관	결정론적, 반응적 존재	선택적 자유, 능동적 존재
세계관	기계론, 환원주의, 물질주의	생태체계론적, 유기체적
기본가정	원인과 결과의 직선적 인과관계 이분법적	상호적, 순환적 인과관계 변증법적
증상에 대한 관점	증상의 원인 증상의 억제 증상제거	증상의 실존적 의미부여 증상의 의미해석 증상의 상호연관성
문제에 대한 관점	개인의 내면의 역동 개인의 특성 문제행동	가족의 환경인 상호관계성 가족의 기능 가족의 맥락과 환경
접근방법	주체/객체의 이원론	전체성, 상호의존적 전일성
초 점	이분법(either/or) 객관적 법칙, 외재적 실제 문제의 원인, '왜'라는 질문 과거 역사	변증법적(both/and) 주관적, 패턴 관계 패턴, 체계 내용, 사실, '무엇'이라는 질문 현재 상황(here-now)
치료과정의 관점	객관적인 진단과 평가자료 행동의 구조 변화	개인의 주관적인 마음 인식행위 해석이 중요

출처 : 최규련(1988); Becvar & Becvar(1988); 정혜정 · 이형실 공역(1997); 김혜숙(2016) 재구성.

2) 가족상담과 집단상담

가족상담과 집단상담의 공통점은 개인상담에 비해 여러 사람이 참여하여 상담자와 내담자의 관계형성이 단순하지 않고, 사회적 현실과 같이 내담자 상호 간에 반응이 나타난다는 것이다. 그러나 집단상담은 가족상담과 구별되는 특성이 있다. 즉, 집단상담은 낯선 사람들로 구성되고 동등한 존재로 참여하며 스트레스를 주는 환경에서 분리되어 있다. 한편 가족상담은 오랜 역사를 지니고 미래를 같이하려는 친밀한 사람들로 구성되고 문제 공유 면에서 관련도가 높으며, 스트레스 상황 자체가 치료대상이 되고, 집단상담과 달리 구성원들 간에 권력과 지위가 동등하지 않다.

이상의 가족상담, 개인상담, 집단상담을 상담목표, 초점, 상담자 역할, 주요 문제 등을 중심으로 비교하면 다음 〈표 2-2〉와 같다.

〈표 2-2〉 가족상담, 개인상담, 집단상담의 특성 비교

유형	상담목표	초 점	상담자 역할	주요 문제
가족 상담	가족기능 향상	의사소통 행동유형 상호작용 패턴 가족체계	적극적 참여관찰자	부부문제 부모-자녀 갈등 고부갈등 가족불화 가족 정서행동 문제
개인 상담	성격의 재구조화 행동수정, 증상제거 인지변화	무의식, 감정전이 행동학습, 기능회복 인지, 사고 개인	비지시적, 소극적 적극적, 지시적 지시적	성격, 무의식적 갈등 행동문제, 부적응 스트레스 관련 불안 정서행동 문제
집단 상담	사회적 기능 향상	집단참여 피드백 집단역동	유동적 촉진자	대인관계 문제 부적응 불안, 행동 문제

출처 : Glick & Kessler(1994). Marital and Family Therapy. NY : Grune & Stratton, p. 214 재구성.

3) 가족상담과 가족생활교육

가족상담과 가족생활교육은 공통적으로 가족에 개입하여 건강하고 기능적인 가족을 조성하는 것을 목적으로 한다. 다른 점은 가족상담이 발생한 문제에 대한 사후처리를 위한 개입인 반면 가족생활교육은 문제를 예방하는 성격이 강하다. 그러나 현장에서는 두 가지가 중복되는 점도 있다. 가족에 관여하는 정도와 영향력을 중심으로 가족상담과 가족생활교육을 연속선에 표시하면 |그림 2-1|과 같다(Doherty, 1995).

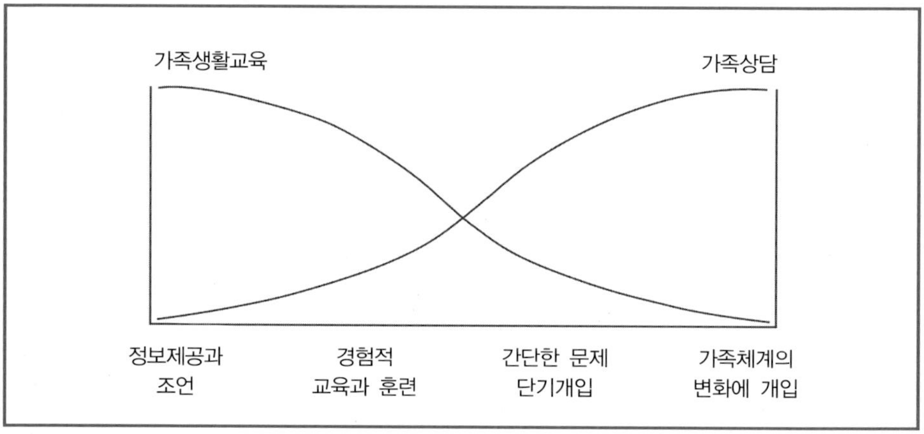

|그림 2-1| 가족상담과 가족생활교육의 특성

(1) 정보제공과 조언

가족생활과 부모역할, 인간발달에 관한 정보와 지식들을 일반 가족원을 대상으로 강연이나 1회성 워크숍으로 전달하는 것으로 가족생활교육이 여기에 속한다. 문제가 없는 많은 가족들에게 교육적 영향력을 미칠 수 있으나 정서적 · 경험적인 부분을 다루지 않고 개별토론이 적어 의미 있는 변화를 일으킬 정도의 깊이가 부족하다.

(2) 경험적 교육과 훈련

가족의 일상적 스트레스와 갈등문제를 다루고 지식과 감정 부분을 포함하여 개별토론이 있는 가족생활교육이다. 주로 의사소통 방법과 가족의 역기능을 진단하고 개선방법을 연습하게 한다. 변화를 일으킬 수 있을 만큼 영향력이 있다. 다만, 문제가 심각한 경우에 상담치료에 참여하도록 권할 필요가 있다.

(3) 단기개입

간단한 문제해결과 가족 내 상호작용 패턴의 변화를 목적으로 하는 가족생활교육과 가족상담이 혼합된 형태의 개입이다. 예를 들면, 장애인이나 만성질환자 가족의 스트레스 문제, 가족원의 의사결정 문제, 부모역할 문제, 자녀대상 분노조절 문제 등에 개입한다. 가족체계이론과 개인의 발달이론에 기초하여 가족을 돕는다. 만성적인 문제나 더 심각하고 해결에 시간이 소요되는 문제인 경우에는 가족상담 및 가족치료에 의뢰한다.

(4) 가족체계 변화에 개입

가족체계이론과 가족원 간의 상호작용 패턴에 관한 지식을 기반으로 가족을 일정 기간 면접하며, 개인과 가족의 감정과 사고를 탐색하고 변화를 가져오도록 개입한다. 이는 가족생활교육과 구분되는 부분으로 가족체계 변화를 통하여 문제해결을 시도하는 것이다.

4) 가족상담과 가족멘토링, 가족코칭

가족상담과 유사한 용어로 가족멘토링(mentoring), 가족코칭(coaching) 등이 활용되고 있는데 각각의 개념에 대해 정리하면 다음과 같다(김혜연 외, 2008; 이소희 · 서우경, 2007; http://www.asiacoach.co.kr; http://www.thefamilycoach.net).

가족멘토링은 가족생활에 대한 경험적 지혜를 갖추고 동시에 인간관계와 문제해결에 대한 전문기술을 가진 사람이 도움을 필요로 하는 사람과 의도적으로 짝이 되어 필요한 잠재력을 계발하고 셀프리더십을 발휘하도록 심리적 지지(support)를 하는 과정으로 정의된다. 도움을 주는 사람을 멘토(mentor)라 하고 도움을 받는 사람을 멘티(mentee)라 하며 과거 상처를 치유하는 성격을 갖는 상담과 달리 멘토 자신의 훌륭한 경험과 지식을 활용하여 멘티에게 일대일 관계를 갖고 가족생활에 관하여 조언하고 지도하여 기술과 정보와 안목을 갖게 한다.

한편 가족코칭은 코치(coach)가 코칭을 받는 가족(coachee)의 잠재력을 최대한 개발하고 삶의 질을 높이는 데 도움을 주는 파트너십으로 정의한다. 가족상담이 상처와 문제를 가진 가족원들을 돕는 일이라고 한다면 가족코칭은 기본적으로 건강한 상태에 있으나 성장과 변화 동기를 가진 가족원에게 미래 지향적으로 생각하고 성숙하도록 도움을 준다는 점이 차이점이다.

가족멘토링과 가족코칭은 공통적으로 일대일 관계를 가지고 변화와 잠재력 개발에 초점을 두는 성장 지향적 관계라는 유사점이 있다. 그러나 멘토링은 학습자에게 단기간 내에 기술과 정보를 주고 방향을 제시 · 지도하며 가족의 발달을 지지하는 동시에 문제의 예방과 위기극복을 통합적으로 접근하는 측면이 있고, 멘토가 멘티에게 경험과 권위에서 상급자의 성격을 지니며, 인격적 개입을 한다. 반면 코칭은 코치가 코치이와 동등한 관계에서 삶의 모든 영역의 잠재력을 개발하고 인간관계 기술과 자존감을 향상하도록 돕는 수평적 파트너십을 지니며 인격적 개입을 하지 않는다는 차이점이 있다. 그러므로 멘토링은 멘토가 전문지식과 경험을 갖추어야 하고 변화의 일차적 책임이 멘토에게 있다. 그러나 코칭에서 변화의 주체는 코치가 아니며 코치는 코치이가 변화의 주체가 되어 스스로 문제를 해결하고 변화하도록 신뢰하고 인정하고 돕는 일을 한다.

따라서 가족멘토링, 가족코칭은 가족상담과 유사하게 가족의 변화와 성장을 돕는 활동이라 할 수 있다. 그러나 가족상담은 문제해결과 가족의 기능 강화를 목적으로 하고 이론모델과 그에 따른 여러 기법을 적용하는 반면 가족멘토링과 가족코칭은 생활 전반의 개인의 경험과 지혜를 활용하여 개별적인 일대일의 관계 속에서 교육적 도움과 방향을 제공하는 성격을 지닌다. 우리나라에서는 결혼이민자가족 멘토링, 한부모가족 멘토링, 청소년 멘토링, 여성커리어 멘토링, 부모코칭, 리더십 코칭, 진로코칭, 직업코칭, 데이팅 코칭 등의 용어가 사용되고 있다.

|그림 2-2|에서 가족상담과 가족치료, 가족멘토링, 가족코칭, 가족생활교육의 특징을 비교해 볼 수 있다.

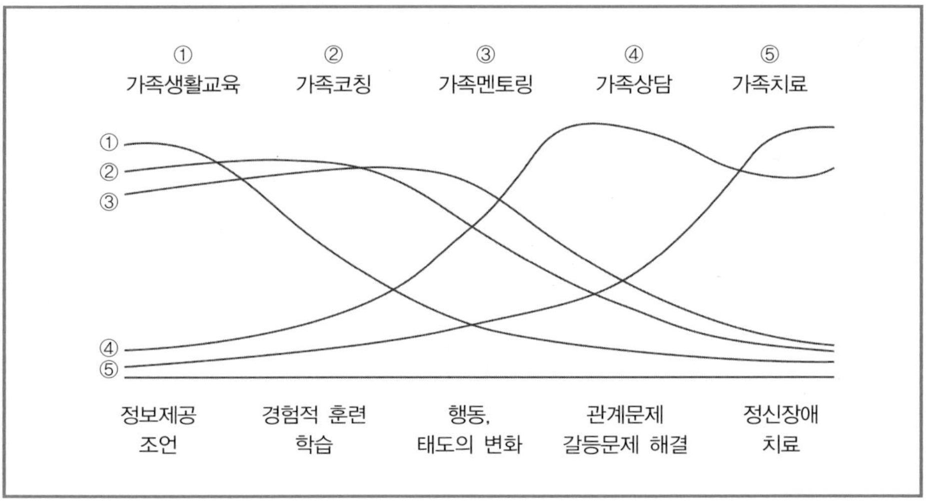

|그림 2-2| 가족상담 및 가족치료와 유사용어 특징 비교

3 가족상담 및 가족치료의 전제와 적용

1) 가족상담 및 가족치료의 전제

현존하는 가족상담 및 가족치료 모델이 여러 가지로 다양하여 가족상담에 대한 이해를 하기에 혼동될 수 있으나 대부분의 가족상담자, 가족치료자는 공통적으로 다음의 기본 전제를 가지고 있다.

- 가족은 자율적이고 목표 지향적이며 사회환경과 상호작용하는 개방된 체계로 환경변화에 적응하고 상황을 개선하려는 욕구와 능력을 가지고 있으므로 가족을 변화의 주체로 인정한다.
- 가족이 발달단계별로 고유한 발달과제를 달성하는가 여부가 가족문제와 연관되며, 가족주기의 전이기에 위기나 문제행동이 발생할 가능성이 높음을 이해한다.
- 가족 구성원들 각자는 개성과 욕구와 기대, 가치관, 문제해결 능력이 다르므로 가족원들의 차이와 인격은 존중되어야 한다.
- 가족문제나 개인의 정서적 · 행동적 문제는 한 사람의 정신병리적 측면에서 비롯되기도 하지만 대부분 가족체계와 맞물려 있으므로 문제를 심리내적 문제나 가해자–피해자의 이분법으로 보기보다 가족이라는 맥락과 체계의 문제로 이해하여야 한다.
- 가족은 가족원 간에, 그리고 외부환경과 역동적이고 상호의존적 관계이므로 가족 내 상호작용을 개선하고 외부환경의 영향이 조정되면 가족문제가 해결되고 기능이 회복될 수 있다.
- 가족상담 모델에 따라 상담목표가 차이가 있지만 모든 가족상담에서 가족의 구체적인 행동변화와 기능향상에 초점을 둔다.

2) 가족상담 및 가족치료의 적용

가족상담 및 가족치료가 적용될 수 있는 다양한 문제들에 대해 미국부부가족치료학회(AAMFT)에서 제시한 가족상담 및 가족치료의 적용대상을 한국 상황에 맞추어 제시해 보면 다음과 같다.

- 자녀의 정서·행동적 문제 및 학교 부적응 문제
- 우울증, 불안 등 정서장애
- 성적인 문제
- 가족원 간의 의사소통 문제
- 알코올과 마약 문제
- 반복되는 경제적 무절제와 낭비
- 체중과 식사패턴의 급격한 변화, 이유 없는 피로감
- 만성적 직장 부적응
- 폭력 및 강한 적개심과 분노 조절 문제
- 결혼생활 및 가정생활에 대한 지속적인 불만, 가족관계 불화와 긴장
- 부부갈등, 외도 문제
- 죽음, 이별, 질병, 실직, 별거, 이혼, 경제파탄 등의 위기극복 문제
- 결혼생활과 가정생활의 향상

한편 가족상담 및 가족치료가 바람직하지 않고 개인상담이나 치료가 필요한 경우는 다음과 같다(Brown & Brown, 2002, 김영희 외 공역, 2005; Goldenberg & Goldenberg, 2001, 김득성 외 공역, 2003).

- 가족원 간에 적대적 행동과 불신 수준이 높은 경우
- 가족원들이 모래알 가족처럼 분리되고 무관심할 때
- 의료적 주의가 필요한 만성적 정신건강 문제(우울증, 불안장애 등)
- 가족의 저항이 매우 커서 상담참여 시 정신신체화 증상이나 다른 문제 발생 가능성이 있을 때

- 외부 서비스 정보를 필요로 하는 약물남용이나 알코올 문제, 병적 폭력 문제

가족상담 및 가족치료가 실시되고 있는 기관이나 장소들은 단독이나 공동으로 개설한 상담소나 클리닉, 정신병원의 입원병동 및 외래병동, 병원 가정의학과, 지역사회 가족센터, 학교 상담실, 기업체 상담실 등이 있다.

03 CHAPTER 가족상담 및 가족치료의 발달

가족상담 및 가족치료는 개인상담 분야보다 늦게 사회적 수요에 의해 발달되었으며, 기존 상담이론의 영향을 받았고 그 당시 영향력 있는 가족학 및 사회과학 이론들과 사조의 영향을 받아 발달하여 왔다. 그러므로 가족상담 및 가족치료 이론들을 이해하기 위해서는 기존 상담이론은 물론 가족 관련 사회과학 이론들을 먼저 이해하여야 한다. 또한 서구에서 여러 분야의 선구자들에 의해 가족상담 및 가족치료 운동이 시작되고 계속 확장·발달하여 우리나라에도 영향을 주었으므로 서구의 가족상담 및 가족치료의 역사적 발달과정을 살펴보고 우리나라의 현황을 검토하는 것이 필요하다. 이는 여러 가족상담 및 가족치료 모델의 이론적 배경을 이해하고 우리나라 가족상담의 미래를 전망하는 데 도움이 될 것이다.

이 장에서는 먼저 가족상담 및 가족치료의 생성과 발달에 영향을 준 여러 이론들과 가족상담 및 가족치료의 발달과정을 살펴보고자 한다.

1 가족상담 및 가족치료의 발달에 영향을 준 이론

1) 상담이론

(1) 정신분석이론

1897년에 프로이트(S. Freud)에 의해 발전하여 1950년대까지 주도적인 영향을 미쳤고 현재도 심리치료에서 주요한 위치를 차지하고 있는 이론이다. 주요 개념으로 의식, 무의식, 생존본능(성에너지), 죽음본능(공격에너지), 성격발달단계, 본능(원초아), 자아, 초자아, 방어기제 등이 있다.

정신분석이론의 핵심은 개인의 성장기 성격발달단계에서 무의식적인 본능욕구가 충족되지 못함으로써 경험하는 좌절감과 갈등이 누적되는 결과 억압된 분노와 불안, 적개심이 현재의 부적응 행동패턴을 형성한다는 것이다. 그러므로 치료목표는 내담자로 하여금 자신을 지배하는 무의식적인 감정과 욕구패턴을 통찰하여 이에서 벗어나 의식 수준에서 자신의 욕구와 감정, 사고를 지각하고 현실적이고 성숙한 방식으로 욕구충족을 하는 건강한 자아를 갖게 하는 것이다. 기법으로 자유연상, 해석, 통찰, 직면 등이 있다.

(2) 인본주의 상담

1951년 로저스(Rogers)가 『내담자 중심 상담』 책을 발간하면서 개발되었고 나중에 '인간중심 상담', '인본주의 상담'으로 용어가 바뀌었다. 핵심 개념은, 인간은 합리적이고 생산적인 존재이며 성장과 자아실현의 잠재능력을 가지고 있는데 개인의 자아와 위협적인 경험 간에 부조화로 인해 부적응과 혼란을 겪는다는 것이다. 그러므로 상담자에 의해 성장할 수 있는 조건이 제공되면 내담자는 타고난 적응력과 자아실현 능력을 발휘하게 되어 변화하고 성장한다는 것이다. 주요 기법으로 일치성(솔직성), 무조건적 수용과 긍정적 존중, 경청과 공감적 이해 등이 있고 이것이 곧 상담에서 보편적으로 요구되는 라포(rapport)형성 기법이다.

(3) 행동치료

1940년대부터 발달하여 1960년대 초반까지 완성된 이론으로 행동주의 학습이론에 바탕을 두고 있다. 핵심개념은 인간의 행동은 거의 모두 학습된 것이며, 부적응 행동은 그 행동을 선행하는 조건에 의하여 발생되고 그 행동의 결과에 의하여 유지된다는 것이다. 그러므로 상담자는 내담자의 부적응 행동을 제거하고 바람직한 행동을 학습하게 하기 위해 행동의 맥락–선행조건이나 후속조건–을 변화시킨다.

행동의 후속조건을 조절하는 행동수정 절차로 문제행동 선정과 정의, 행동기초선 측정, 행동수정기법 적용, 행동수정효과 검증이 있고 주요 기법으로 정적 강화, 간헐강화, 부적 강화, 행동형성, 벌, 소멸, 타임아웃(time out) 등이 있다. 행동의 선행조건을 조절하는 행동치료는 주로 불안문제에 적용되는데 근육의 긴장이완, 불안위계 작성, 체계적 둔감기법, 모델링, 행동연습 등의 기법을 사용한다.

(4) 인지치료

엘리스(Ellis, 1962)가 개발한 합리적–정서적 치료(RET : Rational Emotive Therapy)와 벡(Beck, 1976)이 발표한 인지치료(CT : Cognitive Therapy)가 있다. RET는 1993년에 합리적–정서적 행동치료(REBT : Rational Emotive Behavior Therapy)로 개칭되었다.

핵심개념은 인간의 비합리적 신념과 사고방식, 인지왜곡이 정서와 행동에 크게 영향을 미친다는 것이다. 그러므로 상담자는 내담자의 비합리적 사고방식과 인지왜곡을 합리적으로 변화시킴으로써 적절한 정서와 바람직한 행동을 하게 된다는 것이다. 주요 기법으로 REBT에서는 논리적 논박, 합리적 자기진술카드, 행동실천 및 과제부여 등이 있고, CT에서는 협조적 관계형성, 인지와 정서, 행동의 관계인식, 행동실험 및 과제부여, 체험기법 등이 있다.

(5) 현실치료

글라서(Glasser, 1964)가 발표한 이론이다. 이론을 요약하면, 인간은 자신의 삶을 선택하고 선택에 책임을 지는 등 자신의 삶을 통제할 수 있을 때 행복을 느끼며, 인간의 행동은 생래적인 생존, 즐거움, 힘의 통제, 소속감, 자유에 대한 욕구(need)를 충족하기 위한 바람(want)의 표현으로 본다.

그에 따라 개인의 욕구충족을 위한 바람과 지각세계가 불일치하는 경우에 갈등이 생기면서 문제행동을 선택하므로 상담자는 내담자의 욕구와 바람을 파악하여 자기 통제력을 키워가게 함으로써 바람직한 행동을 선택하도록 도와야 한다는 것이다. 주요 기법으로는 욕구, 바람, 지각 등을 탐색하기, 활동, 생각, 감정, 생리 기능 등의 전 행동 탐색하기, 행동계획에 대한 자기평가, 계획과 계획실천 약속 등이 있다.

(6) 게슈탈트 치료

펄스(Perls, 1951)가 개발한 상담이론이다. 이는 개체와 환경을 하나의 통합체로 보는 유기체의 시각에서 출발하여 정신분석기법, 장이론, 사이코드라마, 여러 예술기법, 실존철학 등의 영향을 받아 통합된 이론이다. 게슈탈트란 개체가 아니라, 자신의 욕구나 감정, 신체, 감각, 행동이 서로 분리된 것이 아니라 하나의 의미 있는 전체로 조직화하여 지각하는 것을 의미한다. 개체가 게슈탈트 형성을 방해받거나 상황적 여건으로 이를 해결하지 못했을 때 미해결과제로 남게 되고 개체의 성장을 저해한다.

그러므로 치료자는 내담자로 하여금 자신의 욕구와 감정을 분명히 알아차리고 이를 환경과의 접촉을 통해 잘 해소할 수 있도록 도와주어야 한다. 주요 기법으로 욕구와 감정자각, 신체자각, 환경자각, 언어자각, 과장하기, 반대로 하기, 머물러 있기, 빈 의자 기법, 자아 부분들 간의 대화, 꿈 작업, 실험 등이 있다.

(7) 사이코드라마 및 집단상담

사이코드라마는 집단상담의 토대가 될 정도로 영향력이 큰 상담이론이자 기법으로 모레노(Moreno, 1921)에 의해 처음 소개되었다. 모레노는 집단 안에서 모든 사람들이 서로에게 치료적 행위자가 되며 집단 자체가 치료 잠재성이 풍부하다고 보았다. 그는 사이코드라마, 집단상담, 소시오메트리 접근을 통합시키면 집단참가자들이 새로운 치료경험을 갖게 되고 새로운 행동반응을 습득할 수 있으며 성장하게 된다고 하였다.

사이코드라마는 개인들이 놓쳤던 것들을 안전한 치료적 환경에서 다시 해볼 수 있는 기회를 제공함으로써 자신의 모든 관점과 다른 사람들과의 관계를 탐구하고 경험적으로 이해하여 새로운 행동을 습득하게 하는 데 목적이 있다. 주요 개념으로는 워밍업, 자발성, 창조성, 역할이론, 행위갈증, 소시오메트리, 지금-여기(here-new), 참만남 등이 있고, 구성요소로 주인공, 연출자, 보조자, 관객, 무대가 있으며, 주요 기법으로 역할놀이, 이중자아, 역할교대, 거울기법, 빈 의자 기법, 독백, 시간과 공간기법, 상황기법 등이 활용된다.

2) 가족학 및 사회과학이론

(1) 구조기능론

구조기능론은 구조주의와 기능주의가 혼합된 것이다. 구조주의는 인류학자인 레비스트로스(Levi-Strauss)에 의해 처음 사용되었는데, 사회의 조직구조가 구성원의 행동과 상호작용에 영향을 미친다고 주장하였다. 이를 가족에 적용하면 가족의 구조에 따라 가족관계가 달라지고, 가족구조를 바꾸면 가족문제도 개선될 수 있다고 보았다. 기능주의는 역사적 사실보다 사회집단의 현재의 상호작용에 관심을 가지고 구성원들이 집단의 기능을 위해 필요한 행동을 한다고 하였다. 이를 가족에 적용하면 가족은 가족원의 발달과 사회 유지·존속에 필요하기 때문에 존재해 왔고, 가족원의 현재 역할과 행동은 그것이 이상행동일지라도 가족집단의 균형에 필요하고 도움이 된다고 본다.

그러므로 구조기능론에 따르면 가족이 성 및 애정의 기능, 자녀출산 및 사회화 기능, 경제적 기능, 정서안정 및 지지 기능을 수행하는 것이 중요하다.

그리고 부부가 가계부양 역할, 자녀 양육 및 사회화의 역할, 친인척과의 관계유지 역할 등을 잘 수행해야 하며, 가족원 각자가 규범과 책임을 준수해야 한다.

(2) 상징적 상호작용론

상징적 상호작용론은 가족원이 주관적 입장에서 주변 환경과의 상호작용을 통하여 가치와 의미를 파악하며 지위와 역할을 획득하게 된다고 보고, 가족원 간의 언어적·비언어적 행동과 의사소통, 정서적 관계를 미시적으로 연결하여 설명한다. 그리고 모든 의사소통에는 내용과 관계의 두 가지 측면이 있고, 의사소통자 간의 관계는 단락 짓기에 의해 영향을 받으며, 모든 의사소통은 디지털과 아날로그로 구분되고, 관계를 반영한다는 공리를 가지고 있다고 본다. 부부 의사소통 유형과 가족 의사소통 유형, 의사소통과 만족도의 관계, 가족 의사소통 촉진방법, 의사소통기술 등이 연구되었다.

(3) 가족발달 이론

가족발달 이론은 시간의 흐름에 따른 가족의 변화과정에 관심을 갖고 가족이 가족생활주기 단계별로 내적으로는 구성원들의 여러 요구와 외적으로는 사회적 기대 및 주변 환경의 요구를 효과적으로 충족할수록 가족원들도 다양한 과업을 성공적으로 달성하고 발달할 것이라고 가정한다. 주요 개념으로는 가족주기, 단계, 전이, 규범, 발달과제 등이 있다.

듀발(Duvall, 1977)은 신혼기, 자녀출산 및 영아기, 유아기, 학동기, 10대 자녀기, 진수기, 중년기, 노년기 등의 8단계와 발달과제를 제시한 바 있다. 한편 우리나라에서는 유영주(1984)가 신혼기, 자녀 양육기, 자녀 교육기, 자녀 성년기, 자녀 독립기, 노년기의 6단계를 지시하였고, 전효정(2007)은 신혼기, 유아기, 학동기, 청소년기, 초기 청년기, 노년기의 6단계를 제시하였다.

이 접근은 시간 차원에 따라 가족의 변화 양상을 파악하고 그 특성과 발달과제를 규명해 주는 유효한 방법으로 알려져 있다. 그러나 다양한 가족에 포괄적으로 적용하는 데 한계가 있어서 이를 보완하기 위하여 개인 생애의 역사와 사회맥락적 경험을 포함한 생애과정(life course) 관점이 발전되었다(한경혜 외, 2006).

(4) 가족 스트레스 이론

힐(Hill)은 가족 스트레스와 위기를 설명하는 ABCX모델을 제안하였다. A는 스트레스원이고, B는 가족이 가지고 있는 자원이며, C는 가족의 스트레스원에 대한 인지나 평가이고, X는 위기를 의미한다. 즉, 가족이 여러 변화나 사건을 경험할 때 스트레스원(A요인)이 발생하는데 이에 대한 가족자원(B요인)과 인지평가(C요인)가 상호작용하여 위기(X)를 만든다는 것이다. 맥커빈과 패터슨(McCubin & Patterson)은 생활에서 스트레스 경험이 누적된다고 보고 이 모델을 확대하여 Double ABCX이론을 발표하고, 위기 전과 위기 후의 ABC 요인들이 복합적으로 작용하여 가족의 위기가 발생한다고 하였다.

(5) 건강가족 이론

1960년대부터 미국에서는 높은 이혼율, 청소년 범죄, 가정폭력, 미혼모, 알코올과 마약 등의 문제를 예방하기 위한 방법으로 건강가족의 특성과 가족강화 방법에 대한 연구가 국가적 과제가 되어 다수의 연구가 실시되었다. 우리나라에서는 1990년대부터 건강가족에 관한 연구가 시작되었다.

건강가족의 개념은 외형상 형태가 아닌 기능적 · 사회 심리적 측면에 기준을 두는 것으로 현재 가족의 건강성 척도들은 매우 다양하고 복잡하며, 주로 자기 보고식의 다차원 개념들로 구성되어 있다. 그러나 척도마다 제시하는 많은 개념들은 몇 가지로 축약될 수 있는 동일한 것이고, 연구자의 이론 성향이 반영되어 학문분야에 따라 선별적으로 사용되고 있는 상태이다.

가족건강성 척도를 개발하여 가족유형을 규명하는 시도가 여러 학자에 의해 이루어지고 있으나, 타당하고 정확한 모델을 제시하는 것이 용이하지 않을 뿐만 아니라 주관적인 측면과 가족의 다양성, 그리고 문화적 차이 등의 제한점을 가지고 있으므로 신중한 접근이 필요하다.

(6) 가정폭력 이론

다수의 가정폭력의 원인과 실태에 관한 연구를 통하여 폭력은 가해자의 권력과 통제, 그리고 피해자의 억압과 두려움을 속성으로 가지며, 개인적 요인(호르몬, 정신장애, 성격장애, 알코올, 적대감 등), 가족요인(원가족의 폭력경험, 가족스트레스, 부부관계의 질 등), 사회적 요인(가부장적 사회구조, 폭력문화, 성적 불평등 등)이 복합적으로 작용하여 폭력이 발생하는 것으로 밝혀졌다. 최근 많은 관련 이론을 통합한 생태체계 모델이 폭력을 잘 설명하는 이론으로 부각되었다(권영상 외, 2004). 그리고 다음과 같은 가정폭력에 관한 통념에서 벗어나야 한다는 전제를 바탕으로 가정폭력에 접근하고 있다(김광일, 1992; 여성부, 2003).

통 념	반 박
• 아내에 대한 폭력은 일종의 부부싸움이다.	• 폭력은 범죄이고 관계를 파괴한다.
• 아내에 대한 폭력은 낮은 사회계층에 많다.	• 사회계층에 관계없이 발생한다.
• 폭력을 가해야 아내가 순종적이 된다.	• 가부장적 의식과 여성 차별의식이다.
• 아내에게 폭력을 가하는 사람은 알코올중독자나 의처증 환자이다.	• 전부 그런 것이 아니다.
• 남편의 스트레스가 누적되어 아내에 대한 폭력이 발생한다.	• 하나의 핑계이다.
• 아내가 잘해주면 남편의 폭력행위는 없어진다.	• 폭력은 피해자에 의해 유발되는 것이 아니다.
• 폭력을 당해도 자녀를 위해 가정을 지켜야 한다.	• 폭력은 자녀에게 유해하다.
• 폭력을 당하는 아내도 문제가 있다.	• 반복적인 폭력에 의한 반응이다.

(7) 여권주의 이론

이 이론에서는 여성들이 남성지배적인 사회구조와 가족구조 속에서 차별받고 있으므로 여성들이 권리의식을 가지고 동등한 지위, 자유와 경제적 독립을 누리며, 자신의 삶과 상황을 통제해야 한다고 주장한다. 가족에 존재하는 성별에 따른 공적 · 사적 영역의 분리, 남성지배와 불평등, 갈등, 폭력 등을 공론화하였고, 이혼, 재혼, 미혼모로 인한 가족의 다양화를 가족해체가 아닌 가족의 재구성으로 인정할 것을 주장한다. 특히 주부역할 강요로 인한 여성의 사회참여 및 능력 개발 제한, 여성의 성과 출산에 대한 남성의 통제, 전통적인 성역할과 불평등구조의 재생산에 대해 분석하고 여성의 지위향상을 위한 대안을 제시하였다.

(8) 체계이론

이 이론은 1968년 생물학자인 버탈란피(Bertalanffy)가 개발한 일반체계이론과 기계공학의 사이버네틱스 이론, 그리고 생태학이 혼합되어 구성되었다(Nichols & Schwartz, 2001). 일반체계이론은 유기체가 환경으로부터 지속적인 투입과 산출을 통해 자신을 유지하려 한다는 생물학 모델이며, 체계를 블랙박스로 보고 외부관찰자가 투입과 산출 간의 과정을 조사하는 데 관심을 가진다.

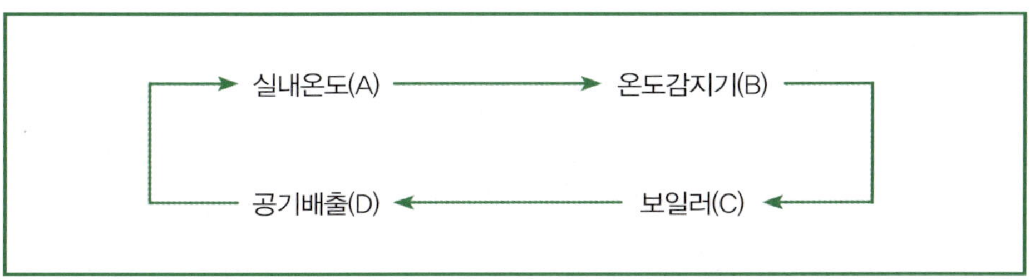

|그림 3-1| 피드백 체계의 예

사이버네틱스(cybernetics)는 일반체계이론에 피드백 기제 또는 환류작용 개념을 포함하는 것으로 자동조절 기계 연구에서 개발된 이론이다. 피드백 기제는 체계가 안정상태를 유지하거나 설정된 목표수준에 도달하기 위하여 과거에 실행했던 결과를 현재 기능에 재투입함으로써 스스로를 제어하고 조절하는 과정이다. 피드백 기제의 예가 온도조절장치이다. 즉, 방 안의 온도가 내려가면(A), 온도조절장치의 감지기를 자극하여(B), 보일러에 메시지를 보내고(C), 따뜻한 공기가 흘러나와(D), 방 안의 온도를 높이고(A), 온도조절장치(B)를 자극하게 된다(Goldenberg & Goldenberg, 2001; 김득성 외 공역, 2003).

생태학은 지구상의 모든 유기체를 사이의 관계와 생태적 영향을 파악하는 것이 현상을 제대로 이해하는 것이라고 주장한다.

체계이론에서 체계(system)란 하나의 통일된 전체를 구성하는 상호 관련된 부분의 집합체의 정의된다. 체계는 유기체처럼 한 부분이 변하면 다른 부분들도 변화하고 그 변화가 다시 처음의 변화 부분에 영향을 준다는 속성을 가지며, 체계 전체는 부분들 간의 상호작용이 포함되므로 부분들의 합보다 크다는 가정을 가진다. 주요 개념으로 하위체계, 경계선, 규칙, 변화 지향성, 안정 지향성, 의사소통, 권력 및 역할구조, 순환적 관계패턴, 피드백 기제 등이 있다.

이 이론은 하나의 사고방식과 관점으로서 모든 사회과학에서 종전의 직선적 인과관계 사고를 순환적 인과관계 사고로 전환시키는 중요한 영향을 미쳤다. 특히 베잇슨(Bateson, 1972)은 사이버네틱스 이론을 가족체계에 적용하여 체계론에 기초한 가족상담을 시작하는 선구자가 되었다. 즉, 가족을 블랙박스로 보는 일반체계이론과 사이버네틱스 이론을 바탕으로 가족체계의 속성을 관찰하고 변화를 위하여 체계에 개입하는 전략을 발전시키는 여러 가족치료 모델이 발전하게 된 것이다(정혜정, 2004).

(9) 포스트모더니즘, 사회구성주의 이론

모더니즘(근대주의, modernism)은 하나의 철학사조로서 본질주의, 보편적 원리, 절대적 진리, 객관적 관찰, 규범과 원칙, 과학적 실증, 지식소유자의 권위를 중시한다. 그에 따라 겉에 드러나는 문제의 본질과 보편적인 원리를 찾아내 모든 인간의 행동을 설명할 수 있다고 믿었다.

그러나 1970년대 초부터 근대주의에 도전하여 탈근대주의가 발달하였는데 이는 포스트모더니즘(post-modernism)이라고도 불렸다. 이 이론에서는 절대적 진리에 대한 회의, 비본질주의, 상대적 상황을 중시, 주관적 관점, 다양성과 차이, 기준과 구조의 해체, 탈 경제, 탈 권위를 추구하는 것이 특징이다. 그리고 포스트모더니즘에서 객관적 실재와 과학적 확실성이 없다는 가정이 만들어지면서, 그렇다면 인간이 어떻게 자신의 삶에서 의미를 만들어 가며 사실을 만들어 가는가에 관심을 기울이게 되었고 그 결과 구성주의와 사회구성주의가 출현하게 되었다(정혜정, 2004).

구성주의(constructionism)는 현실이나 실재는 '바깥' 외부에 동일하게 존재하는 것이 아니라 그것을 바라보는 사람의 내적 구성물이고 마음에 존재하는 하나의 세계라고 믿는다. 즉, 문제는 객관적으로 존재하는 것이 아니라 사람에 의해서 만들어져 있는 것이고, 사람들이 자신의 실재나 경험세계에 관한 지식을 구성할 뿐 아니라 실재 또한 구성한다는 가정을 가진다.

한편 상호구성주의(social constructionism)는 실재는 사회적으로 구성되고 본질적 실재는 존재하지 않으며, 사람이 언어라는 사회적 상호작용을 통해 실재나 실재에 대한 의미를 구성한다고 주장한다. 그러므로 사회구성주의 접근에서는 다양한 견해를 수용하는 것을 강조한다. 이 이론들은 1980년대에서 최근까지 출현한 혁신적 가족치료 모델(해결중심치료, 이야기치료 등)의 기초가 되었다.

2 가족상담 및 가족치료의 발달과정

1) 서구의 가족상담 및 가족치료의 발달과정

(1) 가족상담 및 가족치료의 형성기

가족상담 및 가족치료는 1950년대 미국에서 최초로 시작되었다. 그 배경에는 세계대전의 영향으로 전쟁 후 가족이 재결합하면서 부부간의 불화와 이혼, 청소년 비행 등의 문제가 발생하고 아울러 산업화로 인한 가족의 정서적 기능과 경제적 기능이 약화되면서 가족문제가 사회문제화 된 사회적 상황이 있다. 즉, 사회적으로 가족문제를 해결하고 기능을 회복시키기 위한 노력의 필요성을 인식하게 되고 가족문제 해결을 돕는 전문가를 필요로 하는 수요가 많아지게 된 것이다. 이와 동시에 미국에서 1950년대를 전후로 가족의 기능과 역기능을 연구한 결과가 발표되고 가족을 강화하기 위한 노력이 여러 학문 분야에서 전개되기 시작한 것들이 발단이 되어 가족상담 및 가족치료가 생성되었다.

그러므로 가족상담 및 가족치료는 한 분야가 아닌 여러 이론적 · 실천적 분야에서 학제적 접근으로 태동하게 되었다. 이론적으로는 심리학, 생리학, 정신의학, 가족학, 사회심리학, 인류학, 인간발달학, 사회복지학, 교육학 등과 실천분야로는 부부상담가, 정신과의사, 가족생활교육자, 아동상담가, 집단상담가, 사회복지실천가, 목회상담가 등의 이론적 · 경험적 연구성과들이 가족상담 및 가족치료의 발전에 기여하였다.

이 시기에 다음과 같은 다양한 영역에서 가족상담 및 가족치료의 기초가 형성되었다.

① 부부상담과 아동지도운동

가족상담의 시초는 부부관계 문제를 다루는 부부상담이며 미국에서 1920년대 후반부터 1940년대까지 전문적인 부부상담센터가 곳곳에 설립되었다. 부부상담가들은 부부 각자를 대상으로 상담을 하지만 부부간의 의사소통, 역할갈등 등의 현재 상호작용 문제를 다루었다. 이들은 관계를 치료대상으로 삼는 점이 기존의 개인치료와는 차별화되고, 가족원 간의 관계를 최초로 치료했다는 점에서 가족상담 및 가족치료의 선구자였다.

이들은 부부상담과 병행하여 부부교육 및 가족생활교육 운동가로서 실천적 분야에서 가족의 기능강화와 문제예방을 위한 노력을 기울여 왔고, 1942년에 미국 부부상담가협회(American Association for Marriage Counselors)를 설립하였다. 이후 정신과의사들이 합류하여 부부치료를 하였고, 또 영국에서는 가족정신과의사들이 이혼 결정을 앞둔 부부를 대상으로 조정작업과 부부상담을 실시하였다.

아동지도운동 역시 가족치료운동에 큰 영향을 미쳤다. 아동지도운동은 20세기 초에 정서장애아동을 치료하는 운동으로 시작하였는데, 성인의 정서장애를 예방하는 최선의 방법이 아동의 심리문제 해결이라는 데 기반을 두었다. 이후 1930년대에 아동의 심리문제를 유발하는 것이 가족원 간의 긴장과 불안임이 밝혀지면서 아동문제의 해결을 위해서는 가족원 간의 상호작용 패턴을 바꾸는 가족상담 및 가족치료가 필수적이라는 인식이 실천가들 사이에 확산되었다. 그 후 1940년대부터 실무자들은 어머니를 비롯한 부모를 도와서 아동을 지원하게 하는 일을 시작하였다.

그러므로 부부상담과 아동지도운동은 개인의 심리적 장애나 행동문제가 가족원 간의 관계에서 일어날 수 있다는 생각을 불러일으킴으로써 기존의 개인치료에서 벗어나 가족상담 및 가족치료가 전문상담으로서 자리매김하는 데 큰 영향을 미쳤다.

② **소집단역동과 집단상담**

상담자의 부족 문제 해결을 위해 그리고 인간관계 훈련 집단과 참만남 운동의 등장으로 집단상담이 각광을 받게 되었고, 집단상담의 과정과 효과에 대한 연구와 경험적 사례가 발표되었다. 즉, 소집단역동과 이를 적용한 집단상담에서 집단을 전체로 보고 집단 전체의 역할과 구조, 그리고 집단 구성원 간의 상호작용 과정에 관심을 두는 것이 중요하며, 갈등을 실연해 보는 것, 가족의 행동과 사고를 변화시키기 위한 과제부여기법 등이 효과적임이 밝혀졌다. 그 결과 가족상담 및 가족치료에서 가족을 한 단위로 보는 관점이 확산되고 여러 기법들이 개발되게 되었다.

③ **사회복지실천 분야의 영향**

사회복지 분야는 1800년대 후반부터 시작한 영국과 미국의 자선사업운동에 뿌리를 둔 이래 소외된 자들의 기본적 필요와 더불어 가족의 정서적 영역을 돌보는 일을 현장에서 계속해 왔다. 그에 따라 이들은 내담자의 필요를 평가하고 도움을 주기 위해 가정방문을 하고 결혼생활 문제와 자녀양육 문제에 직접 개입하는 일들을 계속하게 되었다. 그러므로 가족에 대한 개입은 초기 사회복지실천가에게 가장 중요한 초점이 되었고 가족을 제대로 돕기 위해서는 가정방문을 하여 부모를 함께 상담하는 것이 중요함을 배웠다. 일찍이 리치먼드(Richmond, 1917)는 '가족응집력', '전체 가족에 대한 개입' 개념을 발표하고 개인을 전체 가족의 맥락 속에서 보아야 한다고 선구적인 주장을 함으로써 가족상담의 형성에 큰 영향을 미쳤다.

④ **체계이론의 발달**

가족상담 및 치료의 도입과 발달에 가장 큰 영향을 미친 이론은 1940년대 초에 소개된 일반체계이론과 사이버네틱스 이론이다. 그 결과 개인의 부적응과 심리장애를 가족체계 및 체계의 피드백 기제와 연관시켜 이해하는 운동이 활발해졌다. 체계론자들은 과거 정신분석학과 대조적으로 인간을 체계 내에서 작용하는 존재로 보았다. 그리고 이들은 개인의 증상은 역기능적 가족체계의 안정성을 유지하려는 표현이므로 체계구조를 변화시키는 것이 중요하다는 관점을 주장하였다. 그에 따라 가족문제가 한 개인의 책임이라기보다 가족원의 공동책임으로 간주되고 가족원 누구를 비난하는 것이 아니라 가족의 관계유형과 체계규칙에 주목하게 된 것이다. 이는 가족문제의 원인을 찾으려는 기존의 패러다임이 가족관계 전체와 규칙을 보는 패러다임으로 바뀌었음을 의미한다. 이로써 체계론에 기초한 가족상담의 이론적 틀이 형성되게 된 것이다.

⑤ 조현병 원인 연구

가족상담의 발전과 이론 개발에 선구적으로 공헌한 사람들은 조현병 환자 가족을 연구한 베잇슨(Bateson), 리츠(Lidz), 윈(Wynne), 보웬(Bowen) 등의 정신과의사들이었다. 특히 조현병 환자 가족에 관한 연구는 가족치료의 필요성을 인식시키는 결정적 계기를 제공하였다. 정신과의사들이 조현병 환자를 치료하는 과정에서 증상의 개선이 가족 내 분열을 만들고 다른 가족원의 문제 행동이 환자의 증상을 악화시키는 등의 가족역동성이 밝혀졌다. 이를 통해 개인만을 치료하는 것보다 가족을 함께 참여시켜 치료하는 것이 더 효과적일 것이라고 생각하게 되었다. 그리하여 조현병 발병원인과 증상의 진행이 가족관계와 관련된다는 많은 연구들이 1950년대 전후로 보고되면서 가족상담 및 가족치료가 발달하게 되었다.

이에 대한 본격적인 연구는 미국 서부의 팔로알토(Palo Alto)그룹과 동부의 리츠(Lidz), 윈(Wynne), 중부의 보웬(Bowen) 등이 주도한 팀에 의해 이루어졌다. 캘리포니아 팔로알토의 정신건강연구소(MRI : Mental Research Institute)에서 실시된 베잇슨의 선구적인 연구는 일반체계이론과 사이버네틱스 이론을 가족역동성으로 구체화시킴으로써 조현병이 가족 내 항상성을 유지하기 위한 것이고, 또 가족원 간의 의사소통 문제(이중구속, double-bind)와 관련됨을 주장하였다. 그는 헤일리(Haley)와 위크랜드(Weakland), 잭슨(Jackson) 등과 함께 연구를 진행하였고, 이들에 의해서 '가족항상성', '가족규칙가설', '대칭성과 상보성' 개념이 발표되었다.

리츠는 예일대학교에서 아버지 역할 및 부부의 결혼생활 문제가 자녀의 정신분열증 발생과 관련된다고 주장하고 병리적 아버지 유형과 결혼분열(marital schism, 부모의 반목과 적대, 분열상태), 결혼왜곡(marital skew, 부모 한쪽의 성격장애와 의존성 그리고 다른 쪽 부모의 지배적 위치 상태) 개념을 처음 발표하였다.

윈은 국립정신건강연구소(NIMH : National Institute of Mental Health)에서 정신분석 개념과 역할이론을 체계이론으로 확장시켜 접근하여 정신분열증이 가족의 경직된 역할구조와 의사소통 패턴과 관련됨을 밝혀내고 가성상호성(pseudo-mutuality), 가성적대성(pseudo-hostility), 고무울타리(rubber fences) 개념을 소개하였다. 가성상호성은 갈등을 숨기면서 겉으로 동의하고 친밀한 척하는 것이며, 가성적대성은 가족에 대한 친밀감을 감추고 겉으로 가족에게 적대감을 보이는 것이다. 고무울타리란 가족이 외부의 영향(특히 상담자)을 받아들이고 협조적 태도를 보여주나 실제로는 전혀 영향이 스며들지 않고 계속 본래 모습으로 돌아가는 성향을 의미한다.

보웬은 부모의 갈등과 원가족과의 미분화, 삼각관계의 세대전수 개념을 제시하고 조현병의 발병과 관련시켜 설명하였다. 그는 1955년에 가족치료라는 용어를 논문에서 처음 사용하였다.

이상의 네 그룹은 공통적으로 조현병 환자의 행동이 가족배경에 적응하기 위한 것이므로 조현병을 개인의 문제가 아닌 전체 가족의 문제로 이해해야 하며, 개인치료보다 가족을 한 단위로 치료하는 것이 효과적이라고 하였다. 그러므로 이들은 초기에 가족치료를 소개하고 기초를 다지는 일을 하였다.

그리하여 1950년대부터 다양한 분야의 현장 활동과 여러 학문의 과학적 연구업적을 배경으로 가족치료의 이론적 기반이 구축되고, 여러 지역에서 독립적으로 가족치료와 이에 대한 연구를 실시하게 되었다. 그 대표적인 사람이 벨(Bell), 애커만(Ackerman), 보스조르메니 내지(Boszormenyi-Nagy), 래잉(Laing) 등이다.

벨은 심리학자로서 1951년에 최초로 가족상담을 시작하였고, 아동중심, 부모중심, 가족전체 대상의 3단계로 가족을 상담하는 방법을 사용하면서 가족이 스스로 문제해결과 의사결정을 하도록 의사소통을 격려하고 촉진하는 것이 상담자 역할이라고 하였다.

애커만은 정신과의사로서 190년대 후반부터 개인치료에서 가족 전체의 구성을 고려하는 것이 중요하며, 가족집단은 전체로서 평가되어야 하고 치료 시 개별적인 인간과 전체 가족을 같이 보아야 한다는 주장을 최초로 하였다. 또한 그는 1955년 미국 정신의학협회에서 처음 가족진단 회기를 시연하였고, 1957년에 가족정신건강클리닉을 개설하여 대학에서 교육하기 시작하였다. 그는 탁월한 치료자, 교육자, 저술가로서 큰 영향을 미치고, 가족치료운동을 주도하였기 때문에 가족치료의 개척자라고 불린다.

보스조르메니 내지도 애커만처럼 정신분석에서 가족치료로 전향한 정신과의사로서 1957년에 정신의학연구소를 설립하여 가족치료운동 초기부터 심리학자인 프라모(Framo), 주크(Juk)를 비롯한 여러 유능한 치료자들과 함께 조현병과 가족치료에 대한 연구와 치료기법을 개발하였다. 그는 신뢰감과 충성심, 상호부조, 가족원 간의 공평성에 초점을 두고 핵가족의 범위를 벗어나 다세대적 접근을 하는 맥락적 가족치료를 발전시켰다. 그는 세대 간의 주고받음의 공평성이 가족관계에 중요하며, 불공평이 축적될 때 증상이 발생한다고 주장하였다.

래잉은 영국의 정신과의사로서 1951년에 정신분열증 환자와 가족에 관련 연구를 시작하고 정신병리학에서 가족의 역할을 대중적으로 알리는 데 크게 기여하였다는 평가를 받는다. 그는 위장(mystification) 개념을 처음 발표하고 현상유지를 위해 갈등이나 불일치를 감춘 채 실재 자아와 다른 거짓된 자아(허위 자아)를 드러냄으로써 정신병리가 발생한다고 하였다.

그러므로 가족치료의 형성기인 1950년대에 가족치료의 주요 대상은 조현병 환자 가족이었고 가족역동과 정신분열증의 관계에 대한 연구와 가족치료가 본격적으로 시도되었으며 정서적 역기능의 단위로 가족을 보는 견해가 주류를 이루었다. 이 시기에 환자로서 전체 가족을 보기 시작하면서 가족 안에서의 상호작용 관계를 설명하는 개념과 용어들이 발표되었다.

(2) 가족상담 및 가족치료의 확대기

1960년대에 가족치료는 정신장애의 새로운 치료방법으로 인식되어 전 가족을 치료하게 되었고 몇 가지 가족치료 모델이 발표되었다. 다수의 치료자들은 '지적된 환자(Identified Patient)'가 가족체계의 희생양이라는 것을 인정하면서도 여전히 개인치료를 선호하였으나 가족치료 선구자들은 체계이론에 기초한 가족의 구조와 상호작용 유형에 초점을 두었다. 그리고 치료대상도 정신분열증 환자와 그 가족에서 빈곤가족과 비행청소년 가족, 정신신체화 환자 가족으로 확대되었다.

당시 팔로알토의 MRI에는 잭슨(Jackson), 헤일리(Haley), 사티어(Satir) 등이 가족을 치료하고 연구하였고 의사소통 가족치료와 전략적 가족치료를 개발하였다. 1960년대 후반에 잭슨이 사망하고 헤일리와 사티어가 다른 곳으로 가면서 MRI는 단기전략적 치료를 시작하였다.

미누친(Minuchin)은 1960년대 초반에 필라델피아 아동상담클리닉을 개설하여 가족을 치료하기 시작하였고, 도시 빈곤가족과 비행청소년 문제를 도우면서 밀착된 가족과 유리된 가족이라는 두 가지 형태가 공동패턴으로 나타남을 발견하고 구조적 가족상담 모델을 개발하였다. 그는 흑인과 라틴계열 구성원을 가족상담 및 치료사로 훈련시키고 사회복지관, 지역사회센터 등에서 학업부진 문제, 정신신체화장애, 부부갈등 등으로 문제영역을 확대시켜 가족치료를 실시하였다.

(3) 가족상담 및 가족치료의 정착 및 혁신기

1970년대에는 체계이론에 입각한 가족상담 및 가족치료가 많은 호응을 받게 되었고 상담이론과 기법의 발달에도 혁신적 변화가 있었다. 의사소통이론과 체계적 접근법을 혼합하고 에릭슨(Erickson)의 치료기법을 사용한 전략적 치료와 미누친이 발달시킨 구조적 가족치료 등이 각광을 받았다.

체계이론을 토대로 하는 접근법에는 구조적 가족치료, 전략적 가족치료, 다세대 가족치료, 밀란(Milan)모델 등이 있는데, 이는 애커만의 사망 후에 정신분석학적 관점이 퇴조하면서 더욱 발전하게 되었다. 이 시기에 팔로알토의 MRI에서는 우울증, 부부갈등, 성문제, 약물중독 등의 문제를 단기간에 해결하고 증상을 경감시키는 단기전략적 가족상담을 발달시켰고, 밀워키(Milwakee)에서는 여기에서 파생된 더 혁신적인 것으로 해결중심적 단기치료가 개발되었다.

가족상담 및 가족치료는 미국에서 시작하고 발전하여 왔었는데 1960년대 후반에서 1970년대에 이르러 영국, 독일, 캐나다, 이탈리아 등 다른 지역에서도 많은 발전이 이루어졌다. 특히 이탈리아 밀라노에서는 파라졸리(Palazzoli)를 비롯한 4명의 정신과의사들이 밀란모델을 발전시켰다.

1970년대에는 많은 가족치료문헌이 출판되고 전문학술지가 창간되었으며 학회가 활성화되었다. 1970년대에 미국부부상담가협회(AAMC)는 가족상담가가 증가함에 따라 미국부부가족상담가협회(AAMFC : American Association for Marriage and Family Counselors)로 명칭을 변경하였고, 1978년에는 다시 미국부부가족치료학회(AAMFT : American Association for Marriage and Family Therapy)로 변경하며 전문성을 강조하였다.

(4) 가족상담 및 가족치료의 성장과 전문화기

1980년대에는 다양한 가족상담 및 가족치료의 접근법들이 발달하고 보급되어 가족치료는 성년기에 접어들었다고 할 수 있다. 그리고 이 시기에 이르러 가족치료는 인간의 심리문제를 치료하는 분야에서 확고한 지위를 갖게 되어서 인간문제에 체계론 관점으로 접근하는 것이 가치가 있다는 사실을 인정받게 되었다(Nichols & Schwartz, 2001). 따라서 가족을 체계론적으로 접근하는 방법은 심리치료 분야 외에도 교육 분야, 가정의학 분야, 간호학 분야 등에서 광범위하게 확산되었고 미국에서 가족치료가 제도적으로 정착되게 하는 데 영향을 미쳤다.

이전까지는 특정 치료모델을 훈련하는 데 열중하였으나 1980년대에는 여러 치료모델의 이론, 기법을 통합하여 적용하려는 움직임이 실무분야에서부터 일어났다. 그리하여 절충적이면서 다양한 시도가 모색되고, 그 대표적인 예가 심리교육모델(psychoeducation model)과 해결중심모델(solution-focused model)이다.

심리교육모델은 앤더슨(Anderson)에 의해 정신장애환자 부모와 가족의 대처능력과 기능을 최대로 하면서 재발을 예방할 목적으로 개발되었다. 해결중심모델은 드 쉐이저(De Shazer)와 인수 김 버그(Insoo Kim Berg)에 의해 개발되었고, 립칙(Lipchik) 등에 의해 이 시기에 더욱 발전된 것으로 문제보다 해결에 초점을 두고 내담자에게 적용될 수 있는 해결방법을 강조하였다.

이 시기 영국, 캐나다 외에 멕시코, 오스트레일리아, 그리고 일본, 한국, 홍콩, 싱가포르 등의 아시아권에서도 가족상담 및 가족치료가 도입되기 시작하였다.

(5) 가족상담 및 가족치료의 통합기

1990년대 이전까지의 모든 가족치료의 특징은 체계론을 토대로 관계맥락에서 문제를 다루고 체계를 변화시키는 것을 목표로 하는 것에 일치되어 있었다. 그러나 1990년대에 이르러 체계론적 접근법의 지나친 확대로 개인의 내적인 면과 개인 간의 상호작용을 지나치게 경시하였다는 반성이 있었고, 인간성에 대한 완전한 이해는 자신(self)과 체계(system)를 충분히 이해하는 것이라는 견해가 지배적이 되었다. 그 결과 상담분야에서 개인치료와 가족치료가 인간을 돕는 데 상호 보완적인 존재가 됨을 인정하게 되었다. 그리고 내담자의 관점을 존중하는 경험주의 모델에 관심을 보였다. 또한 이 시기에 가족치료의 효율성에 대한 평가를 시작하였고, 여러 가족치료 모델 사이의 간격이 실무에서는 좁혀지고 치료기법이 통합되는 경향을 보였다(Nichols & Schwartz, 2001, 김영애 외 공역, 2002).

또한 사회 전반적인 흐름이었던 포스트모더니즘과 사회구성주의의 영향으로 화이트(White)의 이야기치료모델이 발전하였고, 해결중심모델도 확산되게 되었다. 이러한 치료모델들을 혁신적 가족상담 또는 2차 가족치료라고 한다. 이 치료자들은 체계론이 가지고 있는 문제 중심, 전문가 중심의 관점을 비판하고, 가족평가의 주체는 내담자와 치료자 모두라고 하며, 내담자와의 협력을 중시한다. 그리고 내담자 가족의 사회계층, 인종, 성별, 문화적 다양성을 고려하여 가족에 개입해야 한다고 본다. 이 시기에 기존의 정신장애와 가족관계 문제 외에도 가정폭력, 노인과 여성문제, 이혼, 사회적 소수자, 종교, 사회적 맥락 등으로 치료범위가 확장되었다.

2000년대에는 통합적 관점의 영향으로 기계론과 유기체론, 체계론과 포스트모더니즘, 개인치료와 가족치료의 통합이 필요하고 상황과 치료자의 선호에 따라 모두 유용하게 선택할 수 있다는 견해가 지배적이었다. 현재의 가족상담 및 가족치료의 지향은 개인치료 영역도 인정하면서 체계론에 기초한 초기 전통적 가족치료 모델과 후기 가족치료라고 하는 혁신적 모델이 공존하는 방향으로 가고 있다고 할 수 있다. 그 예로 브론펜브레너와 모리스(Bronfenbrenner & Morris, 1998)는 생태학이론과 가족체계 이론, 가족 스트레스 이론, 가족발달 이론 등을 통합한 생태적 가족원의 개인적 특성, 가족과정, 가정환경 및 관계맥락, 가족주기의 복합적인 영향을 포괄적으로 파악하는 PPCT(Person-Process-Context-Time)모델이 유용하다고 주장했다. 또 핀소프(Pinsof, 1995)는 체계이론, 사회학습이론, 정신역동이론을 통합하여 가족체계 문제를 보고 구조적 가족치료, 전략적 치료, 인지행동치료를 선택 · 통합적으로 활용하는 통합적 문제중심 치료모델을 개발하였다. 그리고 그동안 가족치료를 개척하고 선도하던 지도자들이 미국에 집중되었던 데 비해 점차 여러 나라에 분산되고 있는 추세로, 오스트레일리아의 화이트, 노르웨이의 앤더슨, 뉴질랜드의 엡스텐, 캐나다의 톰 등이 그 예이다. 현재 가족상담 및 가족치료는 미국을 비롯하여 유럽 전역, 멕시코, 오스트레일리아, 일본, 태국, 대만, 홍콩, 싱가포르 등 세계적으로 확산되어 인간을 돕는 독자적인 분야로 계속 발전을 거듭하고 있다.

우리나라의 박태영(2022)은 27년간 1,000개 이상의 가족치료 경험을 토대로 한국형 통합적 가족치료모델(가칭)을 제시하였다. 이 모델은 가족생활주기이론, 정신역동적 대상관계 가족치료이론, 애착이론, MRI의 의사소통이론, 보웬(Bowen)의 다세대 가족치료 이론을 근간으로 한다.

2) 한국의 가족상담 및 가족치료의 발달과정

우리나라의 가족상담 및 가족치료는 1970년대 초반에 미국의 사티어의 『공동가족치료(Conjoint family Therapy)』라는 책자를 통해서 소개되었고 이후 미8군 병원의 정신과에서 부부 또는 가족을 대상으로 한 치료기법이 사용되었다. 1980년 초부터 대학원 과정에서 이론을 중심으로 가족치료에 관심을 가지기 시작하여 이화여자대학교 대학원 사회사업 전공에 최초로 정규과목이 개설된 이래 여러 대학교와 대학원의 가족학, 사회복지학, 상담전공에 정규과목으로 개설되었다(이명홍, 1986).

1980년대 후반부터 1990년대에 이르러 가족치료에 관한 학위논문과 저서, 번역서 등이 출판되기 시작하였고 학회가 결성되어 워크숍이 열리면서 상담실무자들의 가족치료에 대한 관심이 증가하였다. 그것은 외국이론과 외국의 저명한 가족치료자들이 우리나라에 들어온 영향도 있지만 이 시기에 부부문제와 이혼, 아동과 청소년 문제, 가정폭력, 노인문제 등의 가족문제가 사회문제로 대두되어 가족상담 및 가족치료의 필요성이 커진 사회적 배경에서 더 비롯된다.

우리나라에서 가족상담 및 가족치료가 도입되고 확산되는 과정에서 큰 역할을 한 것은 한국가족치료학회, 한국가족관계학회, 한국가족상담학회 등이었다. 각 학회는 가족상담사 또는 가족치료사 자격증을 발급하고 있고, 각종 가족상담, 가족치료 워크숍을 개최하였으며, 상담사례발표회를 정기적으로 열고 학회지도 발간하고 있다. 이 외에 유명 해외 가족치료 모델 한국지부가 설립되고, 가족상담 및 가족치료를 전문으로 하는 사설 상담소들이 설립되어 각종 워크숍과 전문가 훈련과정을 개설하였다.

1990년대 후반부터 일반대학원 3곳, 특수대학원 11곳에서 가족상담사나 가족치료사를 양성하는 전공과정이 개설되었으며 그중 상담 및 목회상담 분야, 가족학 분야, 사회복지 분야가 대부분을 차지했다. 이 외에 학부과정이나 개인 연구소, 상담센터 등에서도 가족상담 및 가족치료전문가를 양성했다(신혜종 외, 2005). 1997년 12월 제정되어 1998년 시행된 가정폭력범죄의 처벌 등에 관한 특례법, 가정폭력방지 및 피해자보호 등에 관한 법률에 이르러, 가정폭력과 같은 가정의 문제가 사회가 함께 예방하고 해결해야 할 문제로 인식하기 시작했다(김태현, 2000).

한국 가족의 변화와 가족문제에 대한 새로운 방식의 개입이 요구됨에 따라 2000년대 중반 여성가족부를 중심으로 가족상담 및 가족치료의 공적 전달체계가 구축되었다. 공적 전달체계의 가족상담 및 가족치료는 가족문제에 정책적/조직적 그리고 체계적으로 개입하며 치료적 접근뿐만 아니라 예방적 차원에 초점을 두게 되었다(전영주 외, 2016).

이후 한국가족치료학회 30주년 기획연구인 '2018 한국 가족치료 및 상담 전문인력 양성에 관한 연구(최중진 · 고정은, 2018)'를 통해 대학과정에 4개 대학, 석사과정에 25개 대학 28개의 가족상담 관련 학과 및 전공을 개설하고 있는 것으로 확인되었으며, 박사과정에 2개 대학원에서 가족상담 관련 학과 및 전공이 개설되어 있는 것으로 나타났다. 또한 가족상담 및 가족치료 교과목이 사회복지사 양성과정에 선택교과로 사회복지 관련 학과가 있는 많은 대학들에서 개설되어 운영되고 있다.

현재 우리나라에서 가족상담 및 가족치료가 실시되고 있는 곳은 종합병원, 정신과병원 등의 의료기관, 가족센터(건강가정지원센터, 다문화가족지원센터), 종합사회복지관, 가정폭력상담소, 성폭력상담소, 가정법원, 사설연구소 및 상담소, 대학부설 상담기관, 지역정신건강증진센터 등이 있다. 이들이 제공하는 가족대상 서비스는 가족상담 및 치료 이외에도 개인상담, 집단상담, 가족교육 등이 있다.

PART 02

초기 가족상담 및 가족치료 모델

가족상담 및 가족치료가 독자적인 전문분야로 확립되는 데는 초창기 주요한 개척자들의 선구적인 연구와 임상의 발전에 힘입은 바가 크다. 이들은 독자적인 관점으로 가족문제를 접근하여 이론을 구축하고, 개입기법들을 개발하여 그 적용효과에 관한 연구결과를 워크숍과 출판을 통하여 보급함으로써 가족상담 및 가족치료의 학문적 발전과 확산에 크게 기여하였다. 그 후 후대 연구자들에 의해 이론모델이 정교해지고 새로운 기법들이 첨가되어 여러 모델이 발전하였다. 서구에서 초기 가족상담 및 가족치료자들은 정신의학, 심리학, 사회복지학 등의 다른 배경을 지니고 강조점도 차이가 있지만 공통적으로 체계이론에 토대를 두고, 상담목표로 가족 의사소통 개선과 같은 가족 전체의 변화를 강조하였다. 이를 1980년대부터 최근까지 발달한 포스트모더니즘과 기타 이론에 기초한 모델과 대비시켜 초기 모델이라 부르기도 한다.

제2부는 초기 가족상담 및 가족치료 모델을 이해하기 위하여 제4장 정신역동적 가족상담 및 가족치료, 제5장 보웬의 다세대 가족상담 및 가족치료, 제6장 경험적 가족상담 및 가족치료, 제7장 구조적 가족상담 및 가족치료, 제8장 전략적 가족상담 및 가족치료, 제9장 인지행동주의 가족상담 및 가족치료 등으로 구성되었다.

04 CHAPTER 정신역동적 가족상담 및 가족치료

정신역동적 가족치료는 정신역동 개념으로 가족을 이해하고 상담자와 가족원 또는 다른 사람 사이의 반응방법에 대한 통찰을 바탕으로 가족에 개입하는 치료이다. 정신역동적 치료는 원래 프로이트(Freud)에 의한 개인치료 이론으로 가족상담 및 가족치료가 생성되는 초기에 많은 선구자들이 이 치료 이론에서 출발하고 훈련을 받았다. 이들은 가족을 치료하면서 정신분석과 체계이론을 통합하려고 하였다. 그러나 1960년대와 1970년대에 미누친(Minuchin), 사티어(Satir) 등 다수의 치료자들은 정신역동적 접근에서 완전히 벗어나 체계론에 기초한 이론들을 개발시킴으로써 정신역동적 사고와 통찰은 가족치료 주류에서 무시되었다.

1980년대부터 가족치료에서 관계 속의 개인에 대한 관심이 많아지고 정신분석학이 개인중심에서 벗어나 관계중심인 대상관계이론으로 옮겨지면서 정신역동적 가족치료는 새로운 관심을 모으고 있다.

이 장에서는 가족치료 초기의 정신역동적 가족상담 및 가족치료와 대상관계 가족상담 및 가족치료에 대해 살펴보고자 한다.

1 발달배경 및 주요 개념

1) 정신역동적 가족상담 및 가족치료

전통적인 정신분석학은 성 충동과 공격 충동을 중심으로 하는 원초아와 자아, 초자아 간의 심리내적인 무의식적 갈등이 심리적 병리의 원인이라고 하는 한편 그 결과인 불안이나 우울증은 초기의 중요한 사람과의 관계에서 발전한다고 하였다. 정신분석 배경을 가진 초기 가족치료자들은 무의식적 본능과 충동에 초점을 두고 일대일 개인면담을 하는 전통적인 정신분석 접근보다는 개인적 요인과 대인관계, 사회적 맥락의 영향을 중시하는 정신역동적 접근을 가족을 대상으로 시도하게 되었다. 이에 속하는 사람은 애커만, 보스조르메니 내지 등이 있다.

(1) 애커만

초기 정신역동적 가족치료의 개척자는 애커만(Ackerman)이다. 그는 프로이트가 주장한 인간의 내면에 성적 본능과 공격적 본성이 존재한다는 것을 전제로 어려움을 겪는 개인을 가족에서 격리시키기보다는 가족 안에서 치료할 때 문제가 더 개선된다고 하였다. 그는 『가족생활의 정신역동(The Psychodynamics of Family Life)』이라는 저서에서 가족은 안정적이고 예측이 가능한 경우가 매우 드물다고 주장하면서 어려움을 겪는 한 개인을 가족에서 고립시키거나 격리하기보다 가족 안에서 치료할 때 보다 나은 변화를 한다고 보았다. 또한 개인의 무의식에 대한 정확한 이해를 위해서는 가족 상호작용이라는 현실적 맥락에서 이해되어야 하며, 환자를 가족에서 따로 떼어 치료하지 않도록 하였다(김유숙, 2002).

애커만은 가족을 상호작용하는 인격체로 보고 가족의 기능을 충분히 이해하려면 가족원 각자의 고유한 인성, 가족 내 역할관계, 가족의 외부 환경과의 관계 등을 고려해야 한다고 하였다. 그는 개인의 증상은 내적 갈등 → 불안에 대한 방어 → 신경증상 출현 등의 과정으로 나타나고 가족갈등이나 불안, 방어를 공유하고 있음을 반영하는 것이라고 하여 정신분석과 체계이론을 연결하였다(Goldenberg & Goldenberg, 2001).

특히 그는 개인의 증상과 가족의 동맹, 대인갈등이 상호 연관되어 발생하는 것을 연동병리(interlocking pathology) 개념으로 설명하였다. 그리고 개인의 증상과 행동은 전체 가족의 연동병리 현상을 반영하는 것으로 공통적으로 부부관계의 상호보완성이 깨져 있고, 가족이 협조적, 지지적, 통합적으로 기능하지 못하는 문제를 가지고 있다고 하였다.

애커만은 가족신화와 성이나 공격성, 의존성 같은 억압된 감정을 노출하고 가족의 관심을 희생양 개인의 행동에서 부부관계의 근본 문제로 옮겨서 역할관계를 분명하게 규정함으로써 가족이 활기 있게 감정교환을 하고 건설적으로 문제를 해결하도록 도왔다. 그러나 1971년 그가 사망함으로써 그의 정신역동적 가족치료 모델은 이어지지 못하였다.

(2) 보스조르메니 내지

보스조르메니 내지(Boszormenyi-Nagy)도 정신역동적 관점에게 가족 내 윤리적 책임을 강조하는 맥락적(contextual) 가족치료 이론을 발달시켰다. 그는 가족관계가 개인과 가족의 생물학적 · 역사적 사실과 정서적 · 인지적 요인들과 가족원 간에 그리고 세대 간에 상호교류와 주고받음의 균형을 추구하는 관계윤리에 의해 영향을 받는다고 하였다. 그는 가족을 여러 세대에 걸친 가족원장(대차대조표)으로 비유하고 건설적인 관계는 두 사람 간에 의무와 권리에 균형이 있는 반면 어려움을 겪는 가족은 근원적 채무와 만성적인 적자, 장기간의 부채상황이 특징이며 개인의 이익은 가족을 위해 희생된다고 하였다.

그러므로 가족원에게 나타나는 병리적 증상은 가계의 채무와 적자가 세대로 전수되면서 지나치게 많이 누적되는 부정적 연쇄가 존재하며, 가족에 대한 보이지 않는 충성심에 의해 개인의 이익이 희생되고 있음을 알리는 신호라고 간주된다. 따라서 치료자의 도움을 받아 현재의 증상과 연결된 채무와 관련된 가족의 부정적 연쇄를 통찰함으로써 가족을 용서하고 관대해지며 채무가 청산될 때 치료가 되는 것이다.

2) 대상관계 가족치료

대상관계이론은 프로이트의 생물학적 본능에 기초한 관계이론에 기원을 두며 주로 영국에서 발달하였다(Scharff & Scharff, 1991, 이재훈 역, 2003). 대상관계란 개인이 외부 세계의 타인과 관계를 이어가는 기본 방식을 결정짓는 심리적인 내면 구조를 의미한다. 이 이론의 핵심은 유아의 기본 욕구가 초기 양육자인 어머니와의 애착욕구이며, 유아기의 어머니와의 관계경험에서 형성된 대상관계가 현재의 인간관계에 강력하게 영향을 미친다는 것이다. 이 같은 대상관계이론의 관계적 시각이 가족치료에 접목된 것이 대상관계 가족치료이다.

애커만이 사망한 이후 개인적 요인보다는 체계를 중시하는 체계론적 접근이 가족치료의 주류를 이루었으나 인간을 돕기 위해서는 체계만을 보기보다 개인(self)을 이해하는 것이 필요하다는 인식이 생기면서 초기 관계경험의 중요성을 강조하는 대상관계이론이 주목받게 되었다.

그러므로 그 특성상 사회적 관계와 체계에 초점을 두는 가족상담 및 가족치료와 개인의 내적 본능과 충동을 중시하는 정신분석학을 연결하는 고리가 대상관계이론(object relation theory)이다. 즉, 가족치료자는 개인과 개인 사이(between)에 일어나는 상호작용 관계에 초점을 두나, 정신역동적 가족치료는 상호작용하고 있는 사람 내(within)에서 문제를 이해하고자 하며, 대상관계이론은 이 두 가지 관점을 같이 가진다(Nichols & Schwartz, 2001, 김영애 외 공역, 2002).

따라서 대상관계 가족치료는 가족치료자들이 간과하기 쉬운 점인 관계체계에 들어오는 개인이 심각한 개인적 문제를 가질 수 있고 문제가 항상 관계에서만 존재하는 것이 아니라는 것을 일깨워 주었다는 의미가 있다.

대상관계이론은 영국의 정신분석학자인 클라인(M. Klein)에 의하여 시작되고 이를 기반으로 말러(M. Mahler), 설리번(H. S. Sullivan), 페어베언(R. Fairbairn), 코헛(H. Cohut), 딕스(H. Dicks) 등이 발전시켰다. 이를 가족치료에 적용하고 통합시킨 사람은 후라모(J. Framo), 스키너(R. Skynner), 야콥슨(N. Jacobson), 쉬라프(D. Scharff & J. Scharff) 부부 등이 있다.

(1) 클라인

클라인은 프로이트의 성 심리학의 틀을 깨고 대상인 양육자와의 관계를 중시하는 인간의 본능적 욕구에 대한 새로운 개념을 최초로 정리하였다. 클라인은 환자들의 삶에 대한 연구를 통해 유아와 엄마 간의 상호작용을 이해하는 데 많은 기여를 하였다. 그는 유아가 초기 양육자와의 대인경험에서 만들어진 내면화된 대상이 자아상(self-image)과 대상이미지(object-image)를 형성하여 개인의 성격발달에 영향을 준다고 하였다. 즉, 초기 관계에서 따뜻함, 보살핌, 만족, 안정감을 경험하면 사랑의 자아상을 형성하지만 분노, 불안, 초조, 염려, 두려움, 좌절을 경험하면 미움의 자아상을 형성한다고 하였다. 그러므로 인간은 초기 경험에 의하여 형성된 개인의 이미지를 토대로 현재 인간관계를 맺어 나간다는 것이다.

(2) 말러

말러는 아동기의 어머니와의 관계를 자폐(autism)단계, 공생(symbiosis)단계, 분리-개별화(separation-individuation)단계로 나누고 이 과정이 개인의 성격발달에 필수적인 역할을 한다고 하였다. 즉, 유아가 2개월에서 6개월에 이르는 공생 단계에서 어머니로부터 충분한 보호와 애정, 수요, 접촉, 미소를 경험하면 자존감이 증진되고 좋은 내적 대상을 형성하게 된다. 그 결과 6개월~3세경까지의 분리-개별화 단계에서 기본적인 자아정체감과 어머니에 대한 대상 항상성(좋은 이미지와 나쁜 이미지의 통합)이 형성되게 된다. 즉, 어머니에 대한 긍정적인 상을 내면에 유지할 수 있고 어머니가 없는 동안 심리적 위안을 받고 한동안 분리되어 기능할 수 있는 능력이 형성된다. 따라서 자신과 타인에 대한 지각과 경험이 극단적이거나 부분적이 되지 않고 부정적인 상황에서도 긍정적인 정서를 기억하고 발동시키게 된다. 그러나 분리와 개별화의 실패는 자아응집성과 개별화된 정체성의 발달을 저해하여 가족에 대해 강한 정서적 애착을 초래한다. 그러므로 초기 관계에서 적절한 분리와 개별화가 개인의 심리, 부부관계, 가족관계에 매우 중요한 영향을 미친다는 것이다.

(3) 설리번

설리번은 인간의 성격과 특성은 개별적인 측면뿐만 아니라 다른 사람들과의 상호작용을 통해 영향을 받는다고 보았다. 어떤 상황에서든 인간은 다른 사람과 직면했던 과거의 관계에 기초해서 서로 상호작용한다는 것이다. 즉, 개인이 대인관계 상황에서 반응하는 방식은 초기 어머니와 경험했던 관계에 의해 결정되는 자아체계의 영향을 받는다. 이러한 자아체계는 보통 세 가지 유형으로 제시된다. 즉, 어머니가 따뜻하고 애정적일 때 경험하는 '기분 좋은 나(good me)'와 어머니가 아이의 애정욕구를 좌절시킬 때 경험하는 '불쾌한 나쁜 나(bad me)', 아이가 심한 고통이나 불안을 겪을 때 경험하는 '피하고 싶은 내가 아닌 나(not me)'의 3유형이 그것이다. 이 유형은 부모들을 불안하게 만드는 행동을 포기하고 만족과 안전감을 찾는 과정에서 형성되므로 부모의 불안수준 정도가 개인의 초기 자아체계의 건강한 발달을 결정짓게 된다(Nichols & Schwartz, 2001, 김영애 외 공역, 2002).

(4) 페어베언

프로이트와 클라인의 생각을 발전시켜 대상관계이론의 기초를 구축한 것은 페어베언이다(김유숙, 2002). 페어베언은 인간은 과거의 초기 경험에 따라 형성된 개인의 이미지를 기반으로 인간관계를 형성한다고 보았다. 즉, 엄마와의 관계경험이 성인기 성격형성에 주요한 영향을 미친다고 하였으며(조은유 외, 2023), 사람은 누구나 대상을 추구하는 존재(object seeking being)라고 하였다(김용태, 2000). 그는 아동이 어머니와의 관계에서 만족과 수용, 사랑 등의 긍정적인 경험과 거부, 좌절, 절망 등의 부정적인 경험을 겪는, 소위 분열이라는 과정에서 한쪽으로는 어머니를 사랑하는 좋은 대상(good object)으로 내면화하고 또 한쪽으로는 미워하는 나쁜 대상(bad object)으로 내면화한다고 하였다. 이 갈등을 해소하고 통합이 이루어지면서 자기가치감과 안정된 정체감이 형성되고 만족스러운 인간관계를 발전시키는 기초가 된다.

그러나 그렇지 않으면 자신을 포함한 모든 사람을 모두 좋게 보거나 모두 나쁘게 보는 결과를 초래하고, 무의식적으로 가까운 사람에게 자신의 내적 역할 모델을 강요하여 왜곡된 기대를 가지고 성장하게 된다. 그러므로 초기에 분열된 대상이미지를 갖게 된 사람은 성장하면서 사랑하는 사람과의 결합을 더욱 동경하면서 동시에 독립을 동경하는 행동을 하는 불안정한 대인관계를 갖게 되는 것이다. 그리고 타인에 대한 왜곡된 지각과 부정적인 정서를 형성하게 되어 성인이 되어서도 대인관계에 어려움을 겪게 된다(김진숙, 2000).

그러므로 유아기에 대상관계가 부재하거나 상실된 경우 정상적인 자아발달과 정체감을 확립하기 어렵다. 그 결과 부모에 대해 극도의 애착을 보이고 '잘못된 자아'의 순응적 모습을 보인다. 이런 자녀는 청소년기에 자아독립과 유아적 애착 사이에서 갈등을 더 심하게 직면함에 따라 지나친 정서반응을 보여서 계속 의존적이거나 또는 폭력적이며 반항적이 될 수 있다. 그들이 성장한 후에 역시 결혼생활에서도 배우자의 계속적인 승인을 요구하거나 또는 배우자의 통제와 영향력을 거부하고, 부정적인 지각과 정서가 지배하게 된다.

(5) 코헛

코헛은 인간이 지닌 욕구 중에서 핵심은 관심받고 인정받고자 하는 것이라고 보고 경계선 성격장애와 자기애적 성격장애가 대표적인 대상관계 장애라고 하였다. 경계선 성격장애의 원인은 어머니의 과잉보호나 대상의 거절로 인한 긍정적인 동일시 발달의 실패와 건강한 자아발달의 실패, 타인과의 분화 결핍 등이 있다. 그들은 좋은 대상과 나쁜 대상이 하나로 통합되지 않은 채 성격이 형성되어서 극단적인 양면을 표현하게 될 잠재성이 많이 있다. 예를 들면, 경계선 성격장애는 갑자기 화를 폭발하고 나서 곧바로 온정적이고 우애적이며 의존적인 행동을 보인다. 그들에게 분노감정이 있을 때 가지는 이미지는 어린 시절에 거절당하고 공격받는 대상이미지와 일치한다.

코헛에 의하면 대상관계의 실패로 인한 자기애적 성격장애는 정도의 차이가 있지만 어떤 사람에게나 존재한다고 하였다. 어릴 때 자기 모습을 인정받지 못했거나 바람직한 기대를 적절히 충족하지 못했던 아이는 평생을 인정받고자 하는 갈망을 지닌다. 이들은 성인이 되어서도 다른 사람의 칭찬과 인정에 의해 자기가치감이 좌우되는데, 이는 어린 시절 충족되지 못한 욕구반응이 현재의 현실적인 목표로 수정되지 못한 채 무의식적 수준으로 남아 있기 때문이다.

(6) 딕스

딕스는 페어베언의 대상관계 개념을 부부관계 역동에 적용하여 부부갈등의 일차적 원천으로 배우자 결정과정에서 작용하는 투사적 동일시에 초점을 두었다. 배우자 선택과정에서 투사적 동일시란 어린 시절에 부모와 매우 손상된 관계를 경험한 사람이 무의식적으로 필요로 하는 잃어버린 내적 대상에 적합한 사람을 배우자로 결정하는 것이다. 즉, 각 파트너는 서로를 통해 자신의 잃어버린 주요 대상관계를 재발견하려고 시도하고 보상적 욕구에 의하여 배우자를 선택하는 것이다(Goldenberg & Goldenberg, 2001).

예를 들어, 아내는 남편이 될 사람에게서 그녀가 이전에 가져보지 못한 아버지가 되기를 요구한다. 그리고 남편은 과거에 갖지 못한 강한 남성의 이미지를 느낄 수 있을 정도로 아내 될 사람이 의존적이기를 원한다. 그 결과 갈등을 겪는 부부는 상대방이 자신의 기대대로 해주지 않는다고 불평한다.

그러므로 부부갈등은 숨겨져 있고 내면화된 대상으로서 부부 쌍방의 원가족들의 부부관계와 부모역할을 반영하는 것이다. 이들은 상대방에게 진실된 사람으로서 대면하는 것이 아니라 분노에 차 있거나 사랑스러운 부모의 모습처럼 자신이 고통당했거나 이상으로 삼았던 모습으로 대면하게 된다. 즉, 부부갈등의 원인은 결혼 전부터 지니고 있었으나 억제되고 위장되어 있던 의존적인 욕구와 자아도취, 거절당할 두려움에 대한 감정과 충동들이 결혼 후 그대로 노출되기 때문으로 해석된다.

(7) 후라모

후라모는 정신분석 훈련을 받은 심리학자로서 가족치료운동 초기에 아동을 포함한 가족 전체를 대상으로 가족치료를 하였다. 그는 원가족에서 유래된 미해결의 심리내적 갈등이 현재의 친밀한 관계에서 투사의 형태로 전달된다고 하였다. 즉, 부부불화는 자신의 미해결된 문제나 부족한 면을 배우자에게 투사하고 배우자의 이런 특성들과 싸우는 데 기인한다고 주장하였다. 또한 아동의 증상행동도 대부분 부모의 불화와 갈등 문제에 기인하며 부모의 갈등에 대한 주의를 돌리기 위한 것일 수 있다고 하였다(Framo, 1992).

그는 아동의 역할이 명료화되면 부모 두 사람과의 작업을 계속하여야 한다고 하였고 부부에게 부부치료, 부부집단치료, 원가족 회의 등의 여러 치료 단계를 거치며 개입하였다(Goldenberg & Goldenberg, 2001). 원가족 회의는 부부 각자가 자신의 부모, 형제자매와 함께 원가족으로부터 어떤 문제가 현재의 결혼생활과 가족관계에 투사되는지 통찰하고, 부모형제와 관계를 회복하는 기능을 가진다. 그 결과 부부는 미해결의 문제를 투사하거나 과거로부터 내사한 인물이 아닌 자신의 뜻에 따라 배우자와 자녀에게 반응할 수 있고 가족원을 재연결하고 관계를 회복할 수 있게 된다.

(8) 스키너

스키너는 성장기에 부적절한 역할모델이나 학습결함으로 인한 관계문제를 가지고 있는 성인은 아동기 결핍과 투사체계의 형태로 다른 사람에 대해 비현실적 기대를 가진다고 하였다. 개인은 무의식적으로 자신의 결핍감이나 상실된 경험을 채워줄 사람을 배우자로 선택하고 배우자에게 기대를 하는 결과 결혼생활에서 양립 불가능한 투사체계를 갖고 상실경험을 배우자로부터 보상받고자 하는 상황을 만들게 되어 부부간에 조작이나 통제, 다툼이 발생하게 된다. 그 과정에서 부부는 투사를 자녀에게 돌리고 자녀는 증상을 나타냄으로써 부모의 결혼생활이 유지되며 이러한 발달적 실패나 결함은 여러 세대를 통해 반복된다고 하였다.

그는 가족이 구조조정에 필요한 체계라는 견해를 유지하면서 대상관계 이론가 집단분석, 사회학습이론의 원리와 기술을 결합하였다(Goldenberg & Goldenberg, 2001). 즉, 가족 내에 존재하는 투사적 체계를 규명하고 증상아동에 대한 투사를 제거하여 배우자로부터 분화된 독립적인 개인이 되도록 돕는다. 그리고 의사소통의 명료화, 부적절한 기대에 대한 통찰, 가족구조 수정, 부모기술 교육 등을 통해 건설적인 해결책을 찾는 방법으로 가족에 개입하였다.

(9) 야콥슨

야콥슨은 사람이 인지하는 것은 그 대상에 대한 주관적 경험을 반영하는 표상일 뿐이며, 대상관계는 다른 사람이 어떻게 행동하느냐뿐 아니라 객체에 대해 어떻게 인지하고 그 다음 행동을 어떻게 통합시키느냐에 따라 결정된다고 하였다. 즉, 사람들은 다른 사람이 어떻게 행동하느냐보다는 자신의 과거에 내면화된 내적 이미지 때문에 다른 사람을 오해하거나 과장된 반응을 할 수 있다. 그러므로 타인과의 문제해결을 위해서는 유아기부터 내면화된 잘못된 무의식적 대상관계를 탐색하고 고치는 것이 필수적이다.

(10) 쉬라프 부부

쉬라프 부부는 부부 정신과의사로 국제대상관계치료연구소에서 클라인과 페어바인의 대상관계이론을 가족치료에 적용하였는데 정신분석학에 가장 충실한 대상관계 가족치료자로 평가받는다. 이들은 가족을 발달적 전이기에 적응문제를 가진 사이버네틱스 체계로 보았고 가족력과 꿈에 나타난 무의식을 탐색하고 해석하며 통찰을 제공하였다(Goldenberg & Goldenberg, 2001). 그리고 전이(transference)와 역전이(countertransference) 감정을 이용하여 가족으로 하여금 과거의 내면화된 대상이 현재 가족관계에 개입한다는 것을 인식하게 하여 가족원들이 서로의 애착욕구를 인정하고 개별화와 성장을 지지하도록 도왔다.

이상의 대상관계 가족치료 이론은 학자들에 따라 강조점의 차이가 있으나 공통적으로 다음의 견해를 가진다.

- 생애 초기의 부모와의 관계는 성인기의 친밀한 관계에서 기능하는 자율, 애착, 책임감 등의 개인의 능력에 중요한 영향을 미친다.
- 모든 사람은 부모와의 원가족 경험에서 미해결된 욕구나 갈등을 배우자나 자녀와의 관계에서 투사적 동일시를 통하여 행동화하는 경향이 있다.
- 대인관계에 어려움이 있고 자신에 대한 감정문제를 가진 사람은 자신과 타인을 항상 전적으로 악하거나(거절하고 처벌하는), 전적으로 선한(보살펴주고, 베푸는) 것 중의 하나로 경직되게 보는 아동기의 경향성을 반영한다.

3) 주요 개념

(1) 대상관계

대상(object)은 유아를 양육하는 사람으로 유아의 삶과 발달에 결정적 영향을 미치는 존재를 의미한다. 대상관계란 생애 초기 주요 타자와의 관계에서 경험한 것이 어떤 정신적 표상(mental representation)과 상호작용의 틀로 내면화된 것을 의미한다. 즉, 자아기능의 한 측면으로 개인의 외부 세계 사람들과 관계를 맺는 기본 방식을 결정하는 심리내적 구조를 의미하며, 생애 초기 주요 양육자들과의 관계에서 경험한 것이 정신적인 표상이 되어 상호작용의 틀로 내면화된 것을 말한다(Homer, 1982, 조은유 외, 2023 재인용).

(2) 자기표상과 대상표상

대상관계는 자기표상(self-representation)과 대상표상(object-representation) 그리고 이 둘을 연결 짓는 정서 상태로 구성된다. 표상이란 개인이 자신과 대상에 대해 갖는 정신적 상(image)을 의미하며, 초기 양육자와의 경험을 통해 대상과 자신에 대한 지각, 느낌, 감각, 기억, 기대, 의미가 내면화되어 존재하게 된다(김진숙, 2000). 자기표상은 개인이 자기 자신에 대해 마음속에 가지고 있는 이미지나 심리적 표상을 말하며, '나는 어떤 사람인가?', '나는 가치 있는 존재인가?', '나는 사랑받을 만한가?'와 같은 내적 느낌과 자기 개념을 포함한다. 특히 과거 경험, 즉 부모와의 관계 경험을 통해 형성되며 긍정적·부정적 경험이 축적되어 자기표상으로 자리 잡게 된다. 어린 시기에 충분한 애정과 관심을 받지 못하거나 부정적인 경험을 반복적으로 겪게 된다면 자기표상은 부정적이 될 수 있다. 이로 인해 자존감은 낮아지고 타인에 대해 왜곡된 지각과 부정적 감정 및 행동이 형성될 수 있으며, 이로 인해 대인관계의 어려움을 경험할 수 있다.

대상표상은 자기 외부의 중요한 인물, 즉 부모나 보호자에 대해 형성된 내적 심상을 말한다. '엄마는 따뜻한 사람이다', '아빠는 무섭고 냉정하다'처럼 타인을 내면화한 모습을 말한다. 타인에 대한 실제 경험, 감정, 환상 등이 섞여서 형성된다. 긍정적 대상표상의 예로는 '엄마는 내가 힘들 때 항상 위로해 준다', '아빠는 내 말을 잘 들어준다' 등이 있으며, 부정적 대상표상의 예로는 '엄마는 나의 위로가 되지 못한다', '아빠는 내 말을 절대 들어주지 않는다' 등이 있다.

부모와의 관계 속에서 형성된 자기표상과 대상표상은 개인의 삶에서 중요한 다른 사람들과의 관계를 바탕으로 형성된 정신적 이미지로 의식적이거나 무의식적일 수 있다. 내재된 표상들은 인지와 정서의 복합체로 작용하여 생각, 감정, 행동을 유발하는 독특한 방식을 가지게 된다(Stadter, 1988 재인용). 즉, 아동기 양육경험에 따라 자기표상과 대상표상이 건강하게 혹은 왜곡되게 발달될 수 있다.

(3) 분열

분열(splitting)은 대상관계이론에 있어서 가장 대표적인 발달적 · 심리학적 메커니즘으로서 대상관계이론의 근거를 이루고 있으며, 인지와 정서에 영향을 미치는 방어기제이다(Siegel, 2015, 박태영, 2022 재인용). 유아는 초기 양육자와의 경험에서 만족과 불만족으로 원시적인 분리를 시작하여 배가 부르면 좋고 배가 고프면 나쁘며, 안아주면 좋고 접촉이 거부되면 나쁘다고 느낀다. 그리고 초기 양육자의 전체 대상이 아닌 부분 대상을 좋고 나쁜 것으로 이분화하게 되는데 이를 분열(splitting)이라 한다.

그러므로 유아는 초기 어머니와의 관계에서 좋은 어머니, 나쁜 어머니로 분열기제가 작동한다. 그 후 좋은 어머니 이미지와 나쁜 어머니 이미지를 발달시키고, 그 이후에는 자기에 대한 표상이 좋은 나, 나쁜 나로 분열된다. 성인이 되면 사회적으로 분화된 자기표상에서 정체성의 분열이 나타나게 된다. 즉, 유능한, 성공적인, 가치 있는, 강한 속성을 지닌 좋은 자기표상과 무능한, 실패적인, 가치 없는, 약한 속성을 지닌 나쁜 자기표상으로 모든 대상관계에 나뉘어 나타난다(Cashdan, 1988, 이영희 외 공역, 2005). 개인의 심리적 건강은 이러한 분열이 통합되어 온전한 대상으로 지각되고 경험되는 것이다.

(4) 투사적 동일시

개인이 수용하기 힘든 내적 특성을 대상이 가지고 있는 것으로 지각하여 대상으로 하여금 이에 일치된 행동과 감정을 유발하게 하는 과정을 투사적 동일시(projective indentification)라 한다. 예로 자신의 의존욕구를 받아들이지 못하는 사람이 다른 사람에게 이 욕구를 투사하고 계속 도움을 제공하거나 혼자 할 수 없다는 메시지를 전달하여 대상 스스로 의존적 존재로 느끼고 행동하게 만드는 과정이다.

투사적 동일시는 대부분 생의 초기에 발생했던 왜곡된 대상관계의 결과이고 무의식적인 수준의 언어 이전 단계이기 때문에 정확한 특성을 알아내기 어렵다. 의사소통과 메타커뮤니케이션 유형을 통해 다음 네 가지 중요한 투사적 동일시를 확인할 수 있다(Cashdan, 1988; 이영희 외 공역, 2005).

① 의존성

초기 관계에서 어머니가 과잉보호와 허용적인 태도를 지니고 모든 결정과 선택을 대신하는 경우에 아이는 약하고 무기력한 것이 관계유지에 좋은 것임을 배우고 '무력함'이 지배하는 관계를 찾게 된다. 그 결과 아이는 모든 대인관계에서 자신의 약함과 무력함을 드러내고 상대방의 끝없는 돌봄 반응을 유발하는 증상을 나타내게 되는 것이다. 즉, 아이는 의존성 투사적 동일시를 하는 것이다.

② 힘(지배성)

초기 관계에서 어머니로부터 '난 너를 돌보기 힘들어, 나를 돌봐다오' 또는 '나는 너를 원치 않아, 넌 필요 없어'라는 감정을 느끼게 되는 경우에 아이는 힘 있는 존재가 되어 대인관계에서 상대방의 행동을 조절하려는 '통제'를 추구하게 된다. 그 결과 그 사람은 모든 대인관계에서 자신의 힘과 통제를 드러내고 상대방의 끝없는 무능력을 유발하는 증상을 보이는 소위 지배성 투사적 동일시를 하는 것이다.

③ 성

성적 투사적 동일시는 성을 수단으로 관계를 확립하고 유지하려는 역동이다. 초기 관계에서 양육자로부터 '네가 성적으로 나를 자극시키는 동안 너는 가치 있고 바람직한 존재이다'라는 메시지를 받아온 경우 그 사람은 모든 대인관계에서 자신이 성적으로 가치 있음을 드러냄으로써 관계가 유지된다는 내적 표상을 지니게 되는 것이다. 그 결과 대인관계에서 '성적 각성'을 유발하는 증상을 보이는 소위 성적 투사적 동일시가 이루어지는 것이다.

④ 환심 사기

초기 관계에서 양육자로부터 자신의 희생과 수고를 인정해 주고 감사히 여기도록 요구받는 경우에 개인은 모든 대인관계에서 '환심 사는 자기희생적 수고'로 관계가 유지된다는 내적 표상을 지닌다. 그 결과 대상의 '인정과 감사'를 유발하는 환심 사기 투사적 동일시가 상호작용을 지배하는 것이다.

〈표 4-1〉 주요 투사적 동일시들

투사적 동일시	관계입장	메타커뮤니케이션	유발반응
의존성	무기력	나는 스스로 살 수 없다.	돌봄
힘	통제	너는 스스로 살 수 없다.	무능력
성	성애적 경향	나는 너를 성적으로 완전하게 만들어 줄 것이다.	각성
환심 사기	자기희생	너는 나에게 빚을 지고 있다.	

출처 : Cashdan(1988); 이영희 외 공역(2005), p. 142.

(5) 내면화 과정

내면화(internalization)란 주요 대상과의 상호작용 경험을 통해 자기를 형성해 나가는 과정을 말한다. 즉, 어떤 새로운 것을 개인의 내면에 포함시키는 모든 기제에 해당되는 용어로서 내면화 범주에서 함입(incorporation), 내사(introjection) 및 동일시가 있으며, 제시된 순서대로 복잡성과 성숙도가 높다(Cashdan, 1988; 이영희 외 공역; Hamilton, 1988, 박태영, 2022 재인용).

① **함입**

함입(incorporation)은 자기와 대상 간의 경계가 분명하게 발달하지 않은 상태로 대상을 개인의 내면으로 받아들여 자기와 대상이 어떠한 구분도 없이 하나로 융합되어 자아와 대상을 공생적 합일체가 되는 내면화 기제이다(권중돈, 2014). 이것은 영아가 어머니의 따듯한 젖을 먹는 모습과 비유할 수 있으며, 외부의 대상을 있는 그대로 입속으로 빨아 넣어 자기와 함께하려는 융합 환상을 불러일으킨다(Hamilton, 1990; 김진숙 외 공역, 2007). 페어베언은 '완전한 함입', 바로 어떤 대상이 되어 버리는 생각을 포함하는 융합 환상은 이후 모든 대상관계의 기반이 된다고 했다. 이를 페어베언은 "일차적 동일시"라고 불렀다(Fairbairn, 1952, 박태영 2022 재인용).

② **내사**

내사(introjection)는 개인이 무의식적으로 자신과 대상에 대해 여러 가지 조각난 경험에 대한 형상을 자신 속에 담아 놓는 과정으로 내면화 과정의 가장 초보적인 단계이다(Greenberg & Mitchell, 1983, 박태영, 2022 재인용). 즉, 대상과 자기가 어느 정도 분화되어 대상표상과 자기표상의 이미지가 융합되지 않고 그대로 보존되는 것을 의미한다. 예를 들면, 영아가 배가 고프거나 기저귀가 젖어서 울 때 자신을 돌봐주는 어머니는 좋은 대상으로 내사되고, 적절하게 대처하지 못하고 거칠게 다루거나 짜증을 내는 어머니는 나쁜 대상으로 내사된다. 내사된 형상들과 감정들은 영아가 발달하면서 동일시의 과정을 통해 유아 자신의 생각과 모습으로 변하게 되는 것이다(김용태, 2019).

③ **동일시**

동일시(identification)는 외부대상과의 상호작용과 경험을 통해 내사한 대상표상의 여러 측면들 중에서 가치가 있다고 여겨지는 것들을 자기표상으로 받아들이는 과정을 말한다. 이 단계는 함입이나 내사보다 더 세련된 것으로 자기표상과 대상표상의 이미지를 뚜렷하게 구분한다(한재희 외, 2013). 동일시는 유아들이 자신의 역할과 대상의 역할이 구분되는 시기에 일어나며, 대상이 하고 있는 역할이 유아에게 좋은 역할로 인식되면서 긍정적 정서를 만들어 낼 때 일어난다(Greenberg & Mitchell, 1983; 박태영, 2022 재인용).

(6) 분리와 개별화 단계

대상관계이론에서 발달이란 타인과의 융합에서 독립되고 구별되는 개별적이고 개성적인 존재가 되는 것을 말한다(Carver & Scheier, 2012). 말러(Mahler)와 동료들은 10년 동안 영아 38명과 그들의 어머니 22명을 대상으로 영아가 만 3세가 될 때까지 혼자 있을 때와 어머니와 상호작용할 때를 관찰하였다. 이러한 관찰을 통해 자아발달이 대상관계 속에서 분리와 개별화를 통해 발달한다고 하였으며, 영아의 심리적 탄생이라고 부른 영아의 성장과정의 단계와 하위단계인 자폐단계, 공생단계, 분리개별화 단계로 구분하였다(Mahler, Pine, & Bergman, 1975; Hamilton, 1990; 김진숙 외 공역, 2007; 장진아, 2014). 말러와 동료들의 발달이론은 영유아의 정상적인 심리발달뿐만 아니라 유아 자폐증이나 성격장애 등과 같은 조현병의 원인을 파악하는 데 많은 기여를 하였고, 초기 대상관계에서의 부적절한 분리와 개별화는 이후 대인관계에 부정적인 영향을 미친다는 사실을 이해하는 데 도움을 주었다.

① **자폐단계**(0~2개월)

출생에서부터 시작하는 단계로 이 시기 영아는 심리적 껍질 속에 있는 것처럼 자기와 대상을 구별하지 못한다. 어머니와 완전히 융합된 상태이기 때문에 어머니나 타인에 대한 관심을 보이지 않으며 자폐적인 상태로 지낸다. 이 단계에서 영아는 외부 환경과의 상호작용 과정에서 반사행동만 보이며 이러한 원시적 반응이 관계로 진화된다. 이 시기 영아는 환경과 자신의 내부에서 발생하는 생리적 긴장을 감소시키고 평형상태를 유지하고자 쾌락의 원리에 의해 움직인다(권중돈, 2014). 이 시기 영아는 신체적 성장 촉진을 위해 출생 이전과 비슷한 상황이 유지되는 것이 매우 중요하므로 극단적인 자극 환경으로부터 보호받아야 한다.

② **공생단계**(2~6개월)

이 시기 영아는 자신의 욕구를 충족시켜 주는 대상의 존재를 어렴풋이 인식하기 시작한다. 그러나 이시기 영아는 자기와 주 양육자인 어머니를 분리된 존재로 지각하는 것이 아니라, 어머니에 대한 애착을 통해 자기와 양육자가 하나인 것처럼 지각한다. 이 시기 영아는 어머니라는 주요 대상의 좋고 나쁨에 대한 정서적 반응을 감지할 수 있다. 이 단계에서 어머니라는 주요한 대상의 신체적·심리적 상태에 따라 영아 자신에게 주어지는 보살핌의 양과 질이 결정된다는 것을 인식하게 된다. 영아는 자신을 돌보는 어머니의 감정을 민감하게 살피는 것을 배우기 시작하며 이것은 나중에 공감의 기초가 된다. 대상과의 정서적 경험을 통해 유아는 건강한 자아기능으로 발달하게 되고, 어른이 되었을 때 타인의 신뢰의 밑바탕이 되는 애착관계를 형성한다.

③ **분리와 개별화 단계**(6~36개월)

가장 복잡한 분리와 개별화 단계는 분화단계, 연습단계, 재접근단계, 개별성 확립과 대상항상성 확립 단계인 네 단계로 구분된다.

첫 번째 단계인 분화단계(6~10개월)는 영아가 자신의 신체를 자각하고 자기와 어머니, 다른 사람을 구분하기 시작하며 낯선 사람에 대한 불안을 느끼기 시작한다. 이러한 불안을 다루기 위해 인형, 수건, 담요 등과 같은 부드러운 물건을 중간대상으로 받아들인다. 분화단계에서는 영아가 어머니에게 다가섰다가 거리를 두었다가 하는 움직임을 통해 자기와 대상의 분화과정이 진행되며, 분리와 개별화가 시작된다(Hamilton, 1988).

두 번째 단계인 연습단계(10~16개월)에서 영아는 운동신경과 인지가 급격히 발달하여 기어다니고 올라가고 일어서서 다니는 등 활발하게 움직인다. 이 시기는 초기 연습단계와 적절한 연습단계로 나뉜다. 초기 연습단계에서 영아는 신체적으로 많은 분화가 일어나며 이로 인해 활발한 운동을 할 수 있는 능력을 가지게 된다. 활발한 운동은 영아가 엄마로부터 멀어지고 다른 세계를 경험하게 하지만 엄마와 정서적으로 더욱 밀착되는 형태로 행동하고, 이러한 정서적 밀착은 영아가 자신을 분화할 수 있는 근거를 제공한다. 적절한 연습단계에서는 서서 걸어 다니기 시작하면서 개별화되고, 자신만의 독특한 경험을 하게 된다. 영아는 자신의 세계를 확장하며 자율능력을 습득하게 된다. 엄마는 영아가 충분히 멀어질 수 있도록 적절한 거리를 유지하고 아이가 돌아왔을 때 정서적 에너지를 제공하는 등 정서적으로 성숙한 행동을 보여야 한다(김용태, 2019).

세 번째 단계는 재접근단계(16~24개월)로 외부 세상에 대한 탐색과 어머니로부터 분화 욕구를 가짐과 동시에 어머니와의 분리에 대한 불안감과 무력감을 느끼며 갈등을 경험하는 시기로, 영아는 자신이 매우 작은 존재라는 것을 알게 되고 상처받기 쉬운 상태가 된다(Greenberg & Mitchell, 1983). 이 시기 엄마가 기지에서 다른 대상으로 전환되면서 영아는 빠르게 분리와 개별화를 진행하게 된다. 이때 언어능력과 현실검증력이 매우 발달하면서 양가감정을 느끼고 표현할 수 있게 되며, 분화와 분리욕구 간의 갈등으로 불안이 고조되며 중간대상에 대한 집착과 잠자리 의례가 증가한다.

마지막 네 번째 단계는 개별성 확립과 대상항상성 확립 단계(24~36개월)로 재접근단계의 해결을 통해 어머니가 자기 옆에 없더라도 어머니의 사랑을 확신하고 안정감을 느끼며 정서적 대상항상성 개념을 획득하게 된다. 유아는 자신과 관련된 여러 대상이 여러 가지 모습을 가지고 있다는 것을 알게 되며, 좋은 대상으로서의 엄마와 나쁜 대상이 하나로 통합되면서 안정된 상태에서 관계를 유지할 수 있게 된다. 안정된 상태를 유지한 유아는 분리와 개별화를 통해 더욱 자신의 고유하고 독특한 구조를 형성해 나가게 된다. 대상들에 대한 분명하고 확고한 형상들이 내면화되면서 자아와 다른 대상들 간에 경계선이 명확해지고 대상항상성의 획득과 함께 개별화가 진행된다(김용태, 2019).

〈표 4-2〉 말러의 분리개별화 발달단계

단계	자폐단계	공생단계	분리개별화와 하위단계			
			1단계 분화단계	2단계 연습단계	3단계 재접근단계	4단계 개별성 확립과 대상항상성 획득 단계
시기	0~2개월	2~6개월	6~10개월	10~16개월	16~24개월	24~36개월
주요 특성	• 심리적 껍질 속 (자기만의 세상) • 반사반응 • 출생 이전 수준으로 보호 필요	• 대상을 희미하게 인식 • 정서적 반응 감지 • 애착관계 형성	• 대상을 분리된 존재로 인식 • 낯선이 불안 시작(낯가림) • 중간대상 (인형, 담요, 수건 등)	• 보행을 통해 세상에 대한 탐색 수준이 높아짐 • 까꿍놀이와 같은 자기 주도적 놀이 시작	• 심리적 갈등 시기(독립과 분화 간 갈등) • 분리불안 최고조 • 양가감정 느끼고 표현 • 짜증과 울음 증가	• 어머니가 옆에 없어도 잠시 기다릴 수 있음 • 자신의 기분을 일정하게 유지할 수 있음

출처 : 전영주 외(2016).

2 치료목표와 치료과정

1) 치료목표

근래의 정신역동적 가족치료의 본질은 가족원들이 현재의 가족관계를 왜곡하고 갈등을 발생시키는 무의식적 욕구와 제약에서 해방되게 하는 것이다. 이로써 가족치료의 목표는 과거의 무의식적 이미지와 방어기제가 아닌 지금의 현실에 바탕을 둔 전인적인 사람을 가족원 간에 상호작용을 할 수 있게 하는 것이다(Goldenberg & Goldenberg, 2001; 김득성 외 공역, 2003). 즉, 원가족으로부터 유래된 무의식적 구속에서 자유로워지고 현실에서 건강하고 성숙한 개인과 가족으로 기능하도록 돕는 것이다. 위기상황에 있는 가족은 현재 어려움에서 벗어나도록 지지를 받게 되고 일단 어려움이 극복되면 장기간의 가족 재구조화에 가족을 참여시킨다. 만일 위기해결을 목표로 단기간의 치료를 원하는 가족에게는 분명한 의사소통과 개인의 개별화 및 자주성을 목표로 개입한다. 보스조르메니 내지의 맥락적 치료의 목표는 성인생활에 따르는 책임과 권리 사이에 공정한 균형을 이루고 동시에 개인의 자율성과 타인과의 상호성의 조화를 이루는 것이다.

대상관계 가족치료의 궁극적 목표는 가족원들이 상호 간의 병리적 의존에서 벗어나도록 분열과 투사적 동일시에 근거한 상호작용과 그 원인을 통찰하게 하여 온전한 대상관계(whole object relations)를 형성하고, 가족원 각자의 애착욕구와 성장을 지지할 수 있는 능력을 향상시키는 것이다.

대상관계 치료의 목표를 구체적으로 제시하면 다음과 같다(Becvar & Becvar, 2013, 박태영, 2022 재인용).

- 과거 원가족 안에서 요구되었던 방어적인 투사적 동일시에 대해 인식하고 재작업하기
- 가족 구성원의 애착 욕구와 성장 조건을 충족함으로써 가족 구성원 간에 서로를 지탱해 줄 수 있는 맥락적 능력 향상 요인 다루기
- 각 개인이 '거기에서 그것을 행하도록' 하는 데 충분한 애착, 개별화, 성장에 대한 욕구를 지지하기 위해 가족 구성원 간의 관계 유지에 필요한 요인을 회복시키고 구조화하기
- 가족 구성원의 과업을 수행하는 데 있어서 각자의 선호와 욕구에 따라 적합한 발달 수준으로 가족을 회복시키기

• 가족 구성원 중에 개인에게 충족되지 못한 욕구를 명료화하고, 개인이 필요로 하는 만큼 가족 구성원들이 충분히 지지를 제공해서 개인의 욕구를 충족시켜 주기

2) 치료과정

치료과정은 가족이 현재 겪고 있는 갈등의 역사적 뿌리를 노출하여 통찰하게 하고 가족원들이 과거에 왜곡된 어린 시절의 이미지를 현재까지 계속하여 어떻게 재현시키고자 하는지에 대해 해석을 해준다. 그 방법으로 개인으로 하여금 가족의 얽매임과 숨겨진 과거의 사건들과 억압된 감정을 표현하게 하고, 현재 행동에 숨겨진 과거의 어린 시절의 기억과 부모와의 상호작용을 연상하게 하여 해석해 주며 상처나 욕구, 동기를 통찰할 수 있는 힘을 키워준다.

가족원의 자기보호와 자아노출 염려를 고려할 때 가족치료에서 충분한 안정감은 필수적이다. 그러므로 정신역동적 가족치료는 가족의 치료자에 대한 신뢰감 형성에 큰 비중을 두고 매우 천천히 진행되며 1년 이상, 수년까지 계속되기도 한다.

가족치료자는 처음부터 개인보다는 가족을 대상으로 반복적인 과거 패턴이나 병리적 연쇄를 깨트리기 시작한다. 그리고 가족이 공유하고 있는 의식적 · 무의식적 대상이미지를 끌어내기 위해 탐색한다. 그러기 위하여 고려할 점은 누가 치료에 참여해야 하며 누구에게 중점적으로 도움을 주어야 하는가이다. 대부분의 정신역동적 가족치료자들은 모두 가족원을 치료해야 하는데 동의하지만 치료 시작 전에 예비적 사정을 한 후에 치료에 포함시킬 사람을 정한다. 흔히 정신역동적 가족치료자들은 언어적 · 지적 수준이 높은 성인중심의 치료를 선호한다(Nichols & Schwartz, 2001; 김영애 외 공역, 2002).

그들은 가족을 하나의 전체적인 유기체로 돕기보다는 각 가족원의 성장과 성숙을 돕는 데 중점을 둔다. 예를 들어, 갈등을 겪는 부부를 돕기 위하여

부부 단위의 상호작용 패턴을 변화시키는 것보다는 부부 각자의 독특한 생각과 느낌, 행동의 근본적 이유를 이해하게 만든다. 그 결과 생의 초기에 나쁜 대상관계로부터 형성된 분열되고 왜곡된 자신에 대한 통찰을 얻고 과거로부터 자유로워져서 배우자를 과거의 반영이 아닌 현재의 실체로 대하게 되면서 진정한 상호작용을 하게 되고 자율적이고 성숙한 관계를 맺게 되는 것이다.

그러므로 대상관계 치료과정은 치료자와 내담자, 가족원 간의 관계 그 자체를 치료의 초점으로 본다.

3 치료자 역할 및 치료기법

정신역동적 가족치료의 주요 기법은 가족들의 통찰력과 이해력을 높이려는 데 집중되어 있다. 치료자는 사고와 감정을 수정하는 것뿐만 아니라 가족원에 원가족으로부터 유래한 오래된 갈등이 현재의 문제와 어떻게 무의식 속에 관련되어 나타나는지를 파악하고 분석하는 데 관심을 가진다. 이런 작업은 지지적이고 안정감을 주는 공감적 이해로 촉진된다(Nichols & Schwartz, 2001; 김영애 외 공역, 2002).

대부분의 정신역동적 가족치료자들은 무의식적인 것을 끌어올리기 위하여 자유연상을 사용하고 방어를 해석하며, 숨은 비밀과 방어 속에 숨겨진 갈등을 표면화하기 위한 직면기법을 사용한다.

치료자의 태도는 정신분석 치료자보다는 적극적이지만 대부분의 가족치료자에 비해서는 상당히 비지시적 기법을 사용한다. 그들의 기본 자세는 행동변화를 위한 구체적인 방향제시보다는 저항을 최소화하고 불필요한 개입을 배제하면서 탐색과 통찰을 목적으로 여러 기법을 사용한다. 이때 치료자는 가족 개개인의 심리내면뿐 아니라 가족 상호 간의 역동도 고려하면서 해석, 과거의 그때-거기의 경험과 함께 지금-여기의 경험 다루기, 역전이 활용 등의 기법을 사용한다.

대부분의 정신역동적 가족치료자와 달리 예외적으로 애커만은 매우 개방적이고 적극적으로 개인의 숨겨진 비밀이나 갈등을 말하도록 자극을 주었다. 애커만은 가족원들 사이에 감추어진 억압된 갈등을 알아내기 위하여 가정방문, 가족의 상호작용 패턴과 정서적 역동 관찰하기 등의 기법도 사용하였다.

대상관계 가족치료자들은 가족과 치료적 동맹을 형성하여 가족원이 수용하지 않거나 억압했던 부분을 경험하고 재발견할 수 있는 지지적 환경을 조성한다(Goldenberg & Goldenberg, 2001; 김득성 외 공역, 2003). 이를 위해 치료자는 가족원의 경험을 수용하고 욕구와 내적 상태를 민감하게 알아차리며 충분히 이해하는-가족과 함께하는(joining the family)-태도를 가져야 한다. 그리고 가족의 상호작용을 관찰하고 가족원의 원활한 대화를 격려하며 공감해 주고 가족원 개개인의 대상관계 특성과 불안에 대한 다양한 방어기제 이용에 대해 해석한다.

해석기법은 가족원과 치료자가 함께 가족경험과 문제에 대해 이해를 해나가는 데 필요하다. 이를 통해 가족원들은 무의식적 사고와 감정, 욕구들에 대한 통찰을 갖게 되고, 치료자는 가족의 치료에 대한 저항을 이해하고 관점을 수정하는 기회가 되기도 한다(Nichols & Schwartz, 2001; 김영애 외 공역, 2002). 치료자가 해석기법을 사용할 때 유의할 점은 가족들이 저항하거나 방어하는 행동을 보일 때 그 이면에 숨겨진 원인을 해석하기 전에 내담자의 방어나 혹은 저항행동 그 자체를 지적하여 직면시켜야 하고, 가족들이 표현한 감정의 역전이를 이해하여야 한다. 그러므로 치료자는 이론적 이해에 필요한 지식습득과 아울러 치료자 자신을 효과적인 치료도구로 활용하는 데 필요한 자기분석 능력과 정서적 능력이 요구된다(Scharff & Scharff, 1991; 이재훈 역, 2003).

대상관계 가족치료에서는 과거경험인 그때-거기의 경험이 지금-여기 치료 장면에서 가족원 사이에, 가족과 치료자 사이에 재연된다고 보고 이에 대해 탐색한다. 치료자의 역전이(conutertransference)는 가족의 투사적 동일시로 유발되는 치료자의 정서적 반응으로 가족치료에 유용한 단서로 활용된다. 즉, 치료자는 자신의 반응을 자각하고 통찰함으로써 가족의 경험을 더 깊게 공감하고 가족원의 방어기제(투사적 동일시, 저항)에 초점을 두고 그 메타커뮤니케이션에 직면하는 결과 치료에서 중요한 전환점을 만드는 것이다.

상담과정에서 가족이 고질적인 역기능적 상호작용 패턴과 투사적 동일시, 분열 등에 대한 통찰을 얻게 되면 치료자는 가족원들이 투사적 동일시, 분열 등이 아닌 다른 상호작용 방식이 있음을 알게 하여 지금-여기에서 있는 그대로의 상대방을 볼 수 있고 더 적합하게 서로에게 반응할 수 있도록 도와준다.

성공적인 정신역동 가족치료의 결과는 증상의 감소보다는 가족의 통찰과 자기이해력이 증진되는 것, 발달적 스트레스에 대처하는 역량이 강화되는 것 등으로 확인된다(Goldenberg & Goldenberg, 2001). 대상관계 가족치료의 성공지표는 부부가 독립적 존재가 되고 상호 간에 현실적 기대를 하는 것, 결혼관계가 원만해지는 것, 가족의 애착욕구의 건설적 표현, 가족원의 개별화와 성장 등으로 측정될 수 있다.

4 적용 사례

학교에 가는 것을 싫어하는 지영(8세)이네 가족을 상담하던 가족치료자는 부모의 불화가 심각한 것을 발견하였다. 남편은 아내가 "요구가 많고 너무 지배적이다"라고 불평하고 아내는 남편이 "너무 자기 멋대로 하고 누구 말도 듣지 않는다"라고 불평하여 거의 매일 싸우는 상황이었다.

이 부부의 성장환경과 결혼과정을 탐색한 결과 남편은 위로 5명의 누나가 있는 외아들로 귀여움을 받고 자랐다. 그의 아버지는 일찍 돌아가셨고 어머니와 누나들은 그를 독립적으로 키우지 못하고 과잉보호하였다. 그는 가정에서 벗어나고자 해병대에 입대하여 성공적으로 복무를 마치고 자영업을 하고 있다. 그는 어머니와 누나들에게 계속 의존하면서도 자신의 남성다움을 찾기 위해 자신에게 순종하는 착한 아내를 배우자감으로 원하였지만 한편으로 자신이 결정하고 독립적으로 살아가는 것에 두려움을 느껴서 아내의 씩씩하고 헌신적인 모습에 끌려 결혼을 결심하게 되었다.

한편 아내는 경제형편이 어려운 가정의 4남매 중의 맏딸로 동생들을 잘 이끌어야 하고 가족을 우선하는 헌신적인 삶을 살아야 했다. 아내는 남편이 자신을 사랑하고 보호하고 이끌어 주는 사람이길 바라고 자신은 여성적인 모습으로 남편에게 의존적으로 살기를 원하였지만 한편으로 남편의 강한 점 때문에 자신이 위축되고 속박될지 모른다는 두려움 때문에 남편의 귀엽고 격식을 차리지 않는 자유로움에 끌렸었다.

결혼생활을 하면서 남편은 아내의 칭찬과 인정, 돌봄을 받고자 하는 의존 욕구가 있었으나 통제와 간섭 당함에 대한 두려움 때문에 아내의 말을 듣지 않는 행동을 하는 것으로 자신을 보호하였다. 그는 아내가 잔소리가 너무 심하고 남편을 구속하려 한다고 주장하며, 늦게 귀가하고 친구와 놀면서 바깥으로 도는 생활을 하였다. 한편 그 아내는 남편에게 의지하고 보호받고 싶은 의존욕구가 있어서 더 많은 시간을 함께 보내고 관심을 가져주기를 요구하였다. 그러나 요구에 반하는 행동을 하는 남편에 실망하여 계속 분노하고 공격하게 되었고, 나중에는 딸 때문에 결혼생활을 유지하게 되어 딸에게 집착을 하게 되었다. 결국 딸 지영이는 어머니를 동정하게 되고 학교에 가지 않고 어머니를 보호하며 어머니가 집을 떠나지 않도록 지켜야 한다고 생각하게 되었다.

이상의 가족역동을 대상관계이론의 투사적 동일시 개념을 적용하여 보면 다음과 같이 풀이될 수 있다. 남편은 초기 성장과정의 영향으로 자신이 수용하기 힘든 '무기력'을 '의존성 투사적 동일시'로 아내에게 드러내면서 아내가 의존적이 되기를 기대하는 반면 상호작용 과정에서 아내의 돌봄 행동을 유발하는 결과 아내의 간섭과 지배에 대해 회피와 겉도는 행동으로 반응하고 있는 것이다.

반면 아내는 초기 성장단계의 영향으로 자신이 수용하기 힘든 '통제'를 '지배성 투사적 동일시'로 남편에게 드러내면서 남편이 통제적이고 강하기를 기대하는 반면 상호작용 과정에서는 남편의 무능력을 유발하는 결과 남편의 자기 멋대로의 독립적 행동에 대해 분노와 공격행동으로 반응하는 것이다. 그 결과 아내는 딸에게 역시 '지배성 투사적 동일시'를 통해 자신의 '통제의 힘'을 드러내면서 딸이 독립적이고 강하기를 기대하는 반면 상호작용 과정에서는 딸의 무능을 유발하게 되어 딸의 증상이 발생하게 되는 것이다.

이와 같이 지영이의 증상에 가족의 무의식적 역동이 결부되어 있다는 것이 확인된 후 치료자는 부부가 과거에 어린 시절의 이미지를 현재까지 계속해서 어떻게 재현시키고자 하는지에 대해서 해석을 해준다. 그리고 부부가 각자 자기행동에 대해 통찰하면서 배우자를 있는 그대로 수용하고 현실적 기대를 갖도록 돕는다. 즉, 남편과 아내가 서로에게 투사적 동일시를 함으로써 상호작용 과정 중에 배우자의 문제행동이 유발되고 그 과정에 딸의 문제가 발생하고 있음을 통찰하게 하는 것이다. 그리고 남편은 아내가 더 이상 의존적 사람이 될 수 없고, 아내는 남편이 더 이상 독립적이고 강한 존재가 될 수 없음을 수용하여 자신의 기대를 바꾸게 하는 것이다. 이로 인해 남편은 자신의 무기력과 의존성을 받아들여 아내의 돌봄이 보완적으로 요구됨을 인정하고, 아내는 자신의 힘과 통제추구를 받아들이고 남편의 의존욕구를 인정하게 된다. 그 결과 방어적 행동 대신에 진정한 자율적 존재로서 사고하고 행동하도록 도왔고 부부불화가 감소되면서 지영이의 학교가기 싫어하는 문제가 해결되었다.

05
CHAPTER

보웬의 다세대 가족상담 및 가족치료

보웬(Bowen)의 가족치료는 자신의 학문적 배경이었던 정신분석적 원리 및 실제에서 직접 영향을 받은 이론적 · 임상적 모델이다. 보웬은 직관이나 임상적 판단 위주의 치료에서 벗어나 원칙과 이론에 바탕을 둔 객관적이고 예측 가능한 치료가 이루어져야 할 것을 주장하였다.

그는 가족을 모든 살아 있는 유기체처럼 진화의 산물로 보았고 자연과정을 규제하는 힘이 정서체계에 의하여 영향을 받는 것으로 보았다. 보웬은 가족관계의 역사적 지속성과 맞물림을 중시하여 정서과정으로 명명하고 이전 세대에서 정리되지 않은 가족의 문제가 세대를 통해 전수된다고 믿었다.

보웬은 가족원 개인의 변화가 가족 전체의 정서적 과정을 변화시킬 수 있으며 가족의 정서과정을 역사적 · 다세대 틀로 분석할 때 가장 잘 이해할 수 있다고 보았다. 따라서 치료목표도 여러 세대를 거쳐 반복되는 가족의 정서과정을 이해하고 원가족의 정서체계의 일부로 기능하고 있는 가족원을 분화시키는 것에 두었다. 그러므로 그의 이론은 인간의 행동과 문제에 대하여 가장 포괄적인 관점을 가지며, 자아, 세대와 과거를 중시하는 정신역동적 접근과 현재의 가족단위, 상호작용을 중시하는 체계적 접근을 연결 짓는 것으로 평가받는다.

1 발달배경 및 주요 개념

보웬은 가족치료 발달의 선구자이자 최초의 이론가로 활동한 핵심인물이며 그의 이론은 그가 1990년 사망한 이후에도 전 세계적으로 가족치료 연구와 임상에 독보적인 영향을 미치고 있다. 보웬은 정신분석 훈련을 받은 정신과의사로 정신분석 개념이 지나치게 개인중심적이어서 가족을 설명하는 데 한계가 있음을 일찍 깨닫고 조현병 환자와 그 가족의 관계에 대하여 임상적 관심을 가지고 연구하였다.

그는 조현병 환자와 그 어머니에 대한 임상연구를 바탕으로 '모자공생(mother-child symbiosis)' 개념을 발표하였다. 이는 조현병 자녀와 그 어머니가 병리적 애착을 가진 나머지 하나의 몸처럼 보이는 상태로서 모자간에 분리불안과 결합불안이 교대로 나타나 강렬한 애착과 긴장상태가 주기적으로 반복되는 것을 의미한다. 그는 이로부터 이성적 자기통제가 어려운 병리적 애착 형태인 '불안한 애착(anxious attachment)'에 관심을 갖게 되었다.

그는 이후 연구단위를 모자관계에서 아버지까지 포함한 3자관계로 확대시켜 모자공생관계가 사실은 아버지를 포함한 전체 가족원이 관여된 정서과정임을 발견하였다. 이로써 보웬은 모자공생 개념을 확대하여 전체 가족을 하나의 정서적 유기체로 보게 되었고 이후 가족을 단위로 하는 다세대 가족치료이론 발달에 힘을 쏟았다. 그리하여 명실공히 정신분석적 관점에서 벗어나 다세대의 정서체계를 중시하는 가족체계 이론을 정립하게 되었다.

그의 이론적 업적은 가족치료 임상과 연구에 일관성 있게 포괄적인 통찰을 주는 토대를 구축함으로써 가족치료 발달에 한 획을 그었다는 의의가 있다. 보웬의 주요 개념은 1978년 출간된 『임상현장에서의 가족치료(Family Therapy in Clinical Practice)』에 정리되었다. 그가 사망한 이후에도 커(M. Kerr), 게린(P. Guenin), 포가티(T. Forgaty), 맥골드릭(M. McGoldrick), 카터(B. Carter) 등의 많은 유능한 제자들이 현재까지 그의 이론을 계승하고 있고, 성차와 문화적 차이를 포괄하는 영향력 있는 이론으로 발전되었다(Nichols & Schwartz, 2001; 김영애 외 공역, 2002).

1) 자아분화

(1) 자아분화의 개념

자아분화(differentiation of self)는 보웬이론의 핵심 개념으로 개인이 원가족의 정서적 융합에서 벗어나는 자기만의 방식으로 자율적으로 기능하게 되는 과정을 의미한다. 자아분화는 정신내적(intrapsychic) 측면과 대인관계적(interpersonal) 측면을 동시에 가지고 있다. 정신내적으로는 사고기능이 감정기능에서 분리되는 정도를 의미하고, 대인관계적으로는 다른 사람과 구별되는 신념과 자주적이고 독립적인 행동을 의미한다. 즉, 자아분화는 사고로부터 감정을 분리할 수 있고, 타인가 구별되는 확신과 신념, 자주성을 지닌 정도를 의미한다.

분화된 사람은 사고와 감정이 균형을 이루어 감정적 자제력과 객관적 사고기능을 지니고, 아울러 타인과 차별되는 자신만의 독자적인 신념과 독립성을 유지하면서 타인과 친밀한 접촉을 유지한다. 반면 분화되지 않은 사람은 감정으로부터 사고를 구별하기 어렵고 감정에 대한 자제력이 부족하며, 자신과 다른 사람을 분리하지 못한다.

보웬은 자아분화와 대비되는 개념으로 가족 전체가 정서적으로 끈끈하게 뭉쳐있는 상태를 의미하는 '미분화된 가족자아군(undifferentiated family ego mass)'이라는 개념을 제시하였다. 이런 가족은 다른 가족원을 자기 자신의 연장으로 보고 과도하게 반응하고 불편하게 만들어 서로를 밀어내고 등을 돌리는 결과를 초래한다고 하였다. 그는 이 용어를 체계론적 개념인 융합(fusion) 개념으로 바꾸어 사용하였다. 그러므로 정서적 융합이 클수록 분화능력이 저하되어 감정에 의한 의사결정을 하고 다른 사람에게 의존적이며 스트레스 상황에서 기능이 현저히 저하된다. 보웬은 자아분화에서 정신내적 측면보다 대인관계적 측면을 더 비중 있게 다루었다.

(2) 자아분화 수준

보웬은 이론적 의미에서 개인의 자아가 가족자아군(융합)에서 얼마나 분화되어 있는가를 알기 위한 방법으로 자아분화 연속선(continuum)을 제시하였다. 이는 하나의 이론적 범주이고 실제 개인의 기능수준을 평가하는 심리도구가 아니므로 정상과 비정상을 나누기 어렵다. 왜냐하면 스트레스가 적고 정서적 긴장 상황이 아닐 때는 자아분화 수준이 낮아도 아무 증상이 나타나지 않을 수 있고 자아분화 수준이 높아도 심각한 스트레스 상황에서는 증상이 나타날 수 있기 때문이다. 그러나 대부분의 사람은 스트레스를 많이 받을 때 상처를 받으며 병리증상을 드러내기 쉽다.

이론적 자아분화 범위는 감정 · 사고 기능과 자신 · 타인의 융합이나 분화의 정도에 따라 0~100이라는 연속선 위에서 네 가지로 구분된다.

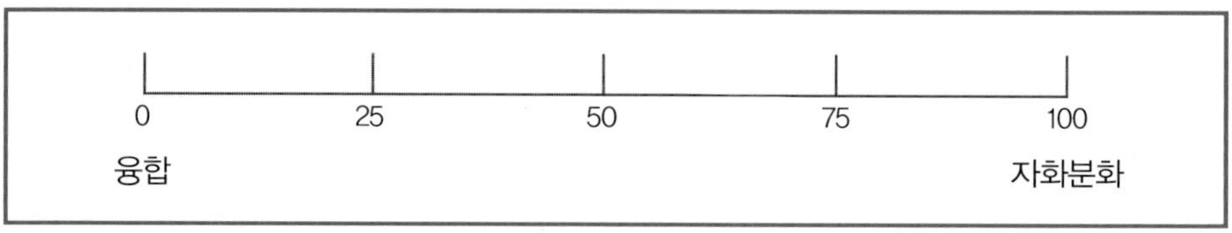

|그림 5-1| 자아분화 수준 범위

- 0~25

– 가족 및 다른 사람에게 정서적으로 융합되고 자신의 주관이 매몰
– 감정과 사고의 융합이 아주 심하여 자신의 삶이 감정에 의해 지배당함
– 다른 사람의 인정을 받기 위해 자신의 개별성을 희생하며 불안수준이 높음

- 삶의 에너지 대부분을 다른 사람에 대한 정서적 의존과 대응에 소모
- 스트레스 상황에서 쉽게 상처받으며 심한 역기능과 부적응이 발생

• 25~50

- 융합의 정도가 심하지 않으나 관계 지향적이고 감정적 대응경향
- 다른 사람을 기쁘게 하고 인정받기 위하여 노력하며 의존적
- 독립적 결정이나 자율적 문제해결 능력이 부족
- 다른 사람이나 집단에 의존적이고 다른 사람의 반응에 민감, 불안해함

• 50~75

- 비교적 분명한 신념과 자율성을 갖고 독립적 의사결정이 가능
- 타인의 선택과 타인의 인정에 대해 의식하는 경향
- 낮은 불안상태에서 목표 지향적
- 정서가 안정되고 감정에 지배당하지 않을 만큼 사고가 충분히 발달
- 비교적 스트레스 대처능력이 뛰어나나 심한 스트레스 상황에서 일시적으로 융합되려는 경향

• 75~100

- 자신의 삶에 대한 확고한 신념과 분명한 가치를 지님
- 안정적, 자율적, 독립적, 융통성 있음
- 감정과 사고 사이에 충분한 분화, 객관적 사고, 타인에 대한 존중과 수용
- 모든 상황에서 목표 지향적
- 심각한 갈등과 스트레스 상황에 대한 대처능력 있음

2) 삼각관계

삼각관계(triangles)는 두 사람 사이의 불안과 긴장을 해소하기 위하여 한 사

람이나 대상을 관계로 끌어들이는 정서적 역동이다. 보통 두 사람 관계는 아주 가깝거나 소원해질 위험을 지니므로 이런 불안을 피하기 위하여 사람들은 안정적인 삼각관계를 형성하고자 한다. 즉, 두 사람 관계에서 불안과 긴장이 높아지면 그중 불편을 느끼는 사람이 어떤 사람이나 사물을 끌어들여서 삼각관계를 만들게 된다. 이 경우 삼각관계는 한 사람의 불안과 긴장 감소에 도움을 주고 안정감을 줄 수 있지만 관계 속의 불안이 계속 증가하면 또 다른 사람이나 사물을 끌어들여 여러 개의 삼각관계로 확산될 수 있다.

보웬은 삼각관계를 가장 작은 안정적 관계체계라고 표현하였다. 삼각관계의 가장 흔한 형태는 사랑받고 싶은 아내가 독립적인 남편과 긴장이 발생하여 이것을 해소하려는 방법으로 형성하는 삼각관계이다. 이때 긴장이 어느 한도에 이르면 아내는 특정 자녀와 강한 애착관계를 맺어 남편과의 관계에서의 긴장을 감소시킨다. 이렇게 형성된 남편-아내-아이 간의 삼각관계는 남편-아내 이인관계보다 더 안정되고 스트레스에 강하게 버티는 관계가 될 수 있다.

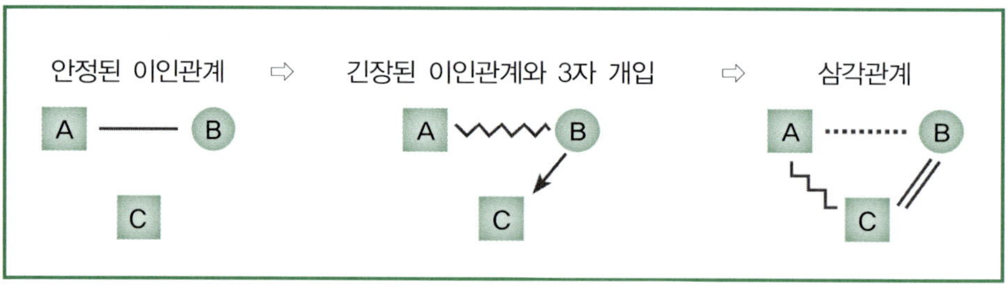

|그림 5-2| 삼각관계 형성과정

출처 : Kerr & Bowen(1988); 남순현 외 공역(2005), p. 171 재구성.

|그림 5-2|에서 보듯이 A와 B 사이의 긴장감은 C가 A에게 화를 내고 B의 불편에 대해서 A를 비난하는 것을 시작으로 C와 A의 관계로 옮겨진다. C가 A에게 화를 내고 비난하는 기능을 함으로써 B는 A와의 긴장관계에서 물러나 편안해지는 것이다.

이러한 방식은 가족 내에서 매우 일반적으로 발견된다. 즉, 자녀와 아버지가 오랫동안 불화를 겪는 동안 아버지와 어머니 사이에 그리고 자녀와 어머니 사이에는 안정이 유지될 수 있다. 즉, 어머니는 어떤 문제에 대해 가정평화를 지키기 위해 자기 의견을 내세우지 않고 아버지의 의견을 따르고 그 결과 부부 사이에 불화가 표면화되지 않는다. 자녀는 아버지가 어머니를 무시하고 지배하는 것에 대해 어머니를 동정하고 어머니와 가까워진다. 그리고 자녀는 어머니 편이 되어 아버지를 비난하고 부자관계에 불화가 발생하는 대신에 부부간의 긴장은 감소된다. 긴장이 더 커지게 될수록 이 삼각관계가 한쪽 부모와 자녀 사이의 과도한 애착으로 나타나게 되고 부모의 긴장을 해소하기 위해 부적절한 시도를 하는 자녀는 문제증상을 나타내는 사람(IP)이 되기 쉽다.

삼각관계에서 불안이 너무 커지면 여러 개의 삼각관계로 확산된다. 삼각관계의 개인에게 긴장이 증가하면 제3자는 방관자가 되거나 떠나게 되고 네 번째 사람을 끌어들여 또 다른 삼각관계를 형성하게 된다. 만약 가족 안에서 삼각관계를 만들 수 없을 때는 가족 밖의 사람이나 대상과 삼각관계를 형성하기도 한다. 예를 들면, 텔레비전이나 애완용 동물, 술, 취미활동, 친구 등이 흔히 제3자로 개입된다.

일반적으로 가족 내에서 삼각관계의 강도는 가족에 따라 다르고 시간과 상황에 따라 달라진다. 가족원의 자아분화 수준이 낮을수록 정서적 안정을 유지하기 위해 삼각관계에 의존하게 되고 삼각관계를 활발하게 만들게 된다. 이와 같이 긴장해소를 위해 삼각관계에 의존하는 것은 일시적으로 불안해소와 긴장완화에 도움이 되지만 문제를 악화시키고 삼각관계에 끼어드는 가족원의 자아분화 수준을 낮추는 작용을 한다.

그러나 가족 구성원들이 잘 분화되어서 자율성을 유지할 수 있다면 심각한 스트레스 상황에서도 정서적 분리를 유지하므로 가족체계는 삼각관계에 의존하지 않고도 불안과 긴장, 문제들을 합리적으로 해소하게 된다.

3) 핵가족의 정서체계

핵가족의 정서체계(nuclear family emotional system)는 가족들이 감정적으로 연결되어 있는 정도를 의미하며 원가족에서부터 형성되어 배우자 선택과 결혼생활을 통해 다세대에 걸쳐 반복되는 것으로 알려져 있다. 보웬은 일반적으로 사람들이 자신과 비슷한 수준의 자아분화 상대를 배우자로 선택한다고 하였다. 핵가족은 남녀의 결혼으로 형성되고 이들 각자는 독자적인 생활방식과 원가족에서 형성된 자아분화 수준을 가진 채 살게 된다. 그러므로 핵가족의 정서체계는 원가족에서 형성된 부부 각자의 자아분화 수준에 의하여 결정되고, 이는 다시 가족 구성원에 영향을 미친다.

즉, 결혼 전에 원가족에서 정서적 융합이 되어 자아분화 수준이 낮을수록 자신과 비슷한 자아분화 수준의 상대와 결혼하고 부부간의 융합도는 증가한다. 그 결과 핵가족의 부부 사이에 감정적으로 크게 의존하며 불만과 불안이 고조되기 쉽고 부부불화나 정서적 거리감이 증가하여 가족의 불안수준이 높아지면서 부부나 자녀에게 여러 문제가 발생하기 쉽다.

일반적으로 핵가족 융합의 결과로 ① 한쪽 배우자의 신체적 또는 정서적 역기능이 나타날 수 있고, ② 만성적인 부부갈등이 발생하며, ③ 자녀의 역기능과 문제증상이 발생할 위험성이 있다(Bowen, 1978). 이 문제들의 강도는 융합 정도, 가족 내 내적·외적 스트레스 수준 등과 관련이 있다.

흔히 스트레스가 없는 경우에 핵가족 정서체계는 크게 작용하지 않는다. 그러나 핵가족 융합이 심한 가족의 경우 내적·외적 스트레스 상황에서 가족의 불안이 급증되어 역기능 현상이 발생하게 되며 자녀의 분화수준을 낮추는 결과를 초래하는 것이다. 그러므로 이 같은 핵가족의 융합이나 분화수준의 정서체계는 한 세대에서 다음 세대로 전달되고 그 자녀의 분화수준과 기능에 영향을 미치게 된다.

4) 가족투사과정

가족투사과정(family projection process)은 미성숙한 부모가 자신의 미분화와 불안을 다루고 부부체계를 안정시키기 위해 무의식적으로 가장 취약한 자녀에게 정서적 에너지를 집중하는 방어기제이다. 투사는 양육적 관심과 달리 불안하고 집착하는 관심이다.

보웬은 아버지, 어머니, 자녀의 삼각관계에 가족투사과정이 작동한다고 하였다. 예로 아버지는 수동적이고 아내와 거리를 두는 것으로 불안에 대처하고, 어머니의 불안과 결혼불만에 자녀가 동정하고, 어머니는 자녀에게 과잉간섭과 집착으로 자신의 불안을 자녀에게 투사한다. 그 결과 자녀의 기능은 더 위축되고 어머니는 더욱 자녀를 과잉 통제하여 자녀의 심리적 손상과 질병이 유발되고 자아분화 수준은 더욱 낮아지는 악순환이 계속된다.

가족의 융합이 강할수록 투사과정에 의존하게 되고 자녀에게 미치는 해악도 커지게 된다. 이때 가족이 겪는 스트레스와 불안이 클수록 투사과정은 더욱 강화되며 여러 명의 자녀가 투사대상이 되기도 한다.

보웬에 의하면 가족투사과정은 어느 가정에나 일어날 수 있다. 그러나 분화 수준이 낮은 가정일수록 투사 정도가 심하며 투사대상이 되는 자녀 역시 자아분화에 문제가 생기는 등 다음 세대를 희생시키면서 부모의 미분화에서 오는 불안을 경감시키려는 가족패턴이 고정된다.

5) 다세대 전수과정

다세대 전수과정(multigenerational transmission process)은 여러 세대를 통하여 가족의 정서적 과정이 전수되는 것을 의미한다. 보웬의 이 개념은 미분화된 가족이 갖는 문제를 특정 대상에게 투사하여 또 다시 미분화를 낳게 되는 가족투사과정이 여러 세대에 걸쳐 내려갈수록 자아분화 수준은 낮아진다는 것이다. 모든 세대에서 삼각관계와 가족투사과정에 포함된 자녀들은 여러 세대에 걸칠수록 그 부모보다 더욱 자아분화 수준이 낮아지는 결과 3대 또는 그 이상의 세대에 가면 자녀 중에 정신분열증이나 조울증, 우울증 등의 정서장애, 알코올 의존증, 강박증 등의 문제가 발생하게 된다.

그러므로 정신분열증이나 역기능 문제는 개인의 질병이 아니라 가족의 정서적 체계에서 누적되고 세대에 걸쳐 전수된 자아의 미분화, 즉 융합의 결과로 간주되고, 이를 촉진하는 것이 심각한 가족 내부와 외부에서의 스트레스인 것이다.

6) 정서적 단절

정서적 단절(emotional cutoff)은 관계를 유지해야 할 사람들끼리 정서적으로 접촉을 끊고 지내는 것을 의미하며 주로 원가족에서 투사과정에 개입된 자녀에게 일어나는 현상이다. 즉, 부모와 융합된 자녀가 원가족과 접촉함으로써 생기는 불안과 긴장을 줄이기 위해 물리적 · 정서적 접촉을 회피하여 관계가 단절된 상태이다. 정서적 단절은 세대 간의 융합의 문제를 반영하는 것이며 세대 간에 정서적 융합이 클수록 단절 가능성이 더 높다.

융합이 심한 사람은 부모로부터 멀리 떠나거나, 거리를 두거나, 또는 같이 살면서도 접촉을 피하거나 정서적으로 자신을 고립화시키고, 부모가 중요시하는 것을 부인하거나 거부하는 등의 행동을 보인다. 즉, 정서적 단절의 두 가지 표시는 가족의 중요성에 대한 부정과 독립성의 과장이다.

보웬에 의하면, 부모와의 정서적 단절이 심한 자녀일수록 부모의 가족문제를 과장하며 자신의 긴장과 문제가 부모 탓이라고 한다. 이런 자녀가 이성을 사귀고 결혼생활을 하는 경우 고립과 소외에 대한 불안으로 상대방에 대한 정서적 애착과 의존 정도가 심하다. 특히 자신의 부모로부터 벗어나기 위해 결혼한 사람은 다시 또 자신의 핵가족에게 융합하므로 결혼생활에 긴장과 문제가 생길 때 정서적 단절현상을 반복적으로 나타낸다. 그 결과 멀리 달아나거나 거부나 격리, 고립화를 보인다. 그들이 원가족에서 차지하던 위치에 정서적으로 붙잡혀 있는 한 그들이 개인적 성장은 정지되는 것이다.

7) 출생순위

보웬은 다른 가정에서 태어났어도 동일한 출생순위의 사람들은 비슷한 성격을 가지고 있다는 토만(Toman)의 연구를 바탕으로 핵가족의 정서적 과정에서 작용하는 출생순위(sibling position)의 영향을 정리하였다. 그는 자녀의 출생순위나 형제자매 위치에 따라 가족의 정서체계 내에서 역할과 기능이 달라지고, 결혼생활에서 배우자와의 상호작용 패턴에도 영향을 준다고 하였다.

예로 출생순위와 불안의 관계에서 가족의 투사과정에 개입되어 불안이 높은 가족의 첫째 자녀는 더 권위적이고 규칙에 집착하고 막내 자녀는 혼란된 성격을 보인다고 하였다. 대체로 부모의 기대수준이 높은 장남이나 장녀는 부모와 강한 감정적 융합으로 삼각관계에 포함되기 쉽다. 반면 부모의 기대수준이 낮은 자녀는 부모와의 감정적 유대가 낮고 삼각관계에 적게 포함될 수 있다. 장남이나 장녀는 배우자가 막내인 경우 결혼생활에서 좀 더 책임감을 가지고 주도적 의사결정을 하는 경향이 있으나 배우자가 첫째인 경우는 동시에 주도적이어서 갈등을 겪을 수 있다고 하였다. 따라서 출생순위는 개인의 결혼적응을 예측할 수 있는 요인이다.

보웬은 몇째로 태어났는가 하는 생물학적 출생순위만이 아니고 몇째로 기능하였는가 하는 기능적 출생순위 개념도 고려하여야 한다고 하였다. 예를 들면, 장남이나 장녀가 사고나 병으로 사망하거나 부모의 기대를 충족하지 못하는 경우 그다음 순위의 자녀가 첫째 자녀처럼 부부 사이의 삼각관계에 말려들 가능성이 높다. 또 두 자녀가 있는 가족에서 첫째 자녀가 막내처럼 기능한다면 그것은 둘째 자녀와 나이 차가 7~8년 이상이어서 외동이의 특성이 강하고 삼각관계에 속한 자녀일 수가 있다.

8) 사회적 정서적 과정

이 개념은 개인과 가족의 정서적 과정을 사회로 확대시킨 것이다. 보웬은 사회에 불안이 증가하면 결속에 대한 압력이 커져서 개별성과 분화수준은 감소되고 역기능적 삼각관계가 맞물려 갈등과 투사가 발생하여 사회문제가 확산된다고 보았다. 즉, 가족체계와 마찬가지로 사회도 불안이 증가하면 하위집단끼리 융합되기 시작하여 이기심과 공격성, 회피, 폭력과 불신, 비행과 범죄율이 높아지고 사회의 위기가 발생한다는 것이다.

예로 성차별주의, 집단이기주의, 획일주의 등과 장애, 계층, 인종에 대한 편견들은 불안수준이 높고 분화수준이 낮은 사회의 정서적 과정을 반영한다. 반면 사회가 성숙해지고 집단 구성원의 분화수준이 높게 되면 스트레스 상황에서도 좀 더 협동적이 되고 공동의 복리를 고려하여 합리적으로 문제해결이 이루어진다.

2 치료목표와 치료과정

1) 치료목표

보웬이론에서 가족 내 주요 문제는 불안과 정서적 융합이다. 따라서 치료목표는 세대에 걸쳐 누적된 불안을 감소시키고 자아분화 수준을 높여서 삼각관계에서 벗어나도록 하는 것이다. 그렇게 함으로써 개인의 자율성과 성장을 위한 여건이 만들어지고 미분화의 세대전수를 막을 수 있다.

치료자들은 증상이 무엇이든 문제는 사람이 아니고 정서적 체계에 있으며 개인의 변화는 가족의 정서체계의 변화를 통하여 이루어진다고 본다. 보웬이론은 다세대를 포함하는 관점이지만 개입단위는 한두 명에 불과하며, 개인 또는 부부를 대상으로 불안감소와 자아분화를 촉진하는 것을 치료목표로 한다. 이를 위해 치료자는 가족의 주요 인물 두 사람과 새로운 삼각관계를 만들기도 한다.

2) 치료과정

보웬은 치료과정에 전체 가족이 참여하지 않아도 높은 동기를 가진 개인이나 부부의 자아분화가 시작되면 관계성을 변화시키고 전체 가족체계를 변화시키는 매체가 될 수 있다고 하였다. 이는 상담자가 가족원 한 사람을 대상으로도 가족과의 정서과정에 초점을 두면서 가족상담을 할 수 있고, 개인의 자아분화 수준이 높아지면 곧 가족체계의 변화를 가져올 수 있음을 시사하는 것이다.

보웬모델의 가족치료과정은 가족평가, 가족 내 불안 감소, 핵심적인 삼각관계 범위 정의, 탈삼각관계화의 4단계로 구성된다. 즉, 1단계로 가족의 문제와 전체 가족체계에 대한 평가를 하여 치료계획을 세우고, 2단계로 가족 내 불안감정에 초점을 맞추어 감정을 통제하고 불안을 감소시키는 방법을 연습한다. 3단계로 삼각관계와 다세대 전수과정에 대한 정확한 인식과 객관적 이해를 하며, 4단계는 새로운 행동을 실천하여 탈삼각관계로의 변화를 체험하는 단계이다(Kerr & Bowen, 1988; 남순현 외 공역, 2005).

(1) 1단계 : 가족평가

첫 번째 치료과정인 가족평가 단계는 정확한 가계도를 그림으로써 다세대 정서적 체계의 맥락 안에서 현재 문제를 파악하는 것이다. 즉, 제시된 문제와 증상과 관련된 가족의 역기능의 정서체계에 대해 개인과 핵가족, 확대가족의 순서로 평가하고 이해하는 것이다.

개인의 경우 무슨 증상이 누구에게 언제 발생하였고 그 경과와 재발 여부,

원가족과의 삼각관계를 파악한다. 그리고 가족의 정서적 기능이나 스트레스 사건과 시간적 관련이 어떠한지를 파악하며, 문제에 대한 가족원의 인식이 어떻게 다른지 등을 이해한다.

핵가족의 경우는 부부의 결혼경위, 결혼생활 적응수준, 출생순위, 원가족과의 분화 정도, 자녀출산 및 자녀와의 관계, 가족의 정서과정, 위기와 스트레스 사건 발생 여부 등을 평가한다.

확대가족은 부계와 모계를 포함한 각 친척의 교육배경, 건강력, 직업력, 사망일, 사망원인, 결혼력, 출산력, 가족 내 삼각관계, 정서적 단절, 현재 핵가족의 위치, 위기와 스트레스 사건 발생 여부 등을 평가한다.

(2) 2단계 : 가족 내 불안 감소

두 번째 치료과정은 가족 내 불안을 완화시키고 낮추는 것이다. 보웬은 불안이 정서적 융합을 가져오므로 치료 시 불안을 감소시킴으로써 정서적 역기능을 줄여야 한다고 믿었고, 가족체계에 대한 이해와 자아분화를 위해서는 차분하고 안정된 분위기 조성이 필요하다고 보았다.

그러므로 개인은 자신이 불안해하는 이유를 인식하고, 불안에 잘 대처하는 것을 배워야 한다. 이를 위해 치료자는 객관성과 정서적 중립성을 유지하며 전문적인 조언을 하는 '코치' 역할을 한다.

(3) 3단계 : 삼각관계 정의

세 번째 치료과정은 가족 내에서 세대에 걸쳐 반복되는 삼각관계를 파악하고 그중 문제증상과 관련된 핵심적 삼각관계 범위를 정의하는 것이다. 보웬은 핵가족을 아는 것만으로 문제를 이해하거나 변화를 가져오는 데 불충분하다고 보고 확대가족과 세대로 전수되는 삼각관계를 정확하게 파악하여야 융합된 관계에서 벗어나게 할 수 있다고 믿었다.

그는 자아분화 과정의 일부로서 확대가족의 모든 가족원들과의 관계성 발달과 교류를 중시하였다. 이렇게 할 때 폐쇄적 관계나 융합된 관계가 개방되고 확대가족 내의 삼각관계가 예방될 수 있다고 하였다.

(4) 4단계 : 탈삼각관계화

개인을 대상으로 할 때는 확대가족과의 신경증적인 정서관계, 즉 삼각관계를 해소하는 데 초점을 둔다. 상담자는 개인이 확대가족원과의 삼각관계에 함몰되어 정서적 단절이나 감정적 반응, 갈등을 하는 대신에 이에서 벗어나 적당한 거리를 유지하면서 친밀한 관계를 갖도록 코치한다. 이를 위해 먼저 확대가족의 역사와 삼각관계 안에서의 자신의 모습을 이해하기 위한 정보수집 과정을 통해 가족 내의 문제는 가족의 정서과정의 일부이며 그 과정에 자신도 일부 기여함을 인식하게 하여 동기를 높인다. 그리고 개인이 확대가족과의 관계에서 겪는 불안을 감소시키고 가족원의 감정적 반응에 객관적이고 이성적인 자세로 대응하는 방법을 가르친다.

그러므로 치료자는 개인에게 가족 내 삼각관계와 그 역기능을 가르치고 원가족과의 삼각관계에서 벗어나 객관적이 되게 도움으로써 가족체계를 변화시키는 지렛대 작용을 하게 하는 것이다.

부부를 대상으로 할 때는 먼저 부부의 감정이 진정되고 불안수준이 완화되도록 돕는 일을 한다. 이를 위해 부부가 상대방을 탓하기 전에 문제발생에 자신이 기여한 부분을 보게 하고 부부 사이에 직접 대화를 나누기보다는 부부가 치료자에게 각자의 말을 하게 한다. 그 결과 감정적 반박이나 적대감을 갖거나 상대방을 공격하지 않고 차분하게 상대방의 말을 경청하게 되고, 부부문제에서 자신의 책임을 인식하여 변화 동기가 생긴다. 만일 부부의 비난하는 감정이 진정되지 않으면 부부를 따로 만나는 것이 도움이 된다.

부부를 치료하는 과정에서 치료자와 삼각관계가 형성된다. 치료자는 이들과 정서적 중립 위치를 유지하면서 차분한 목소리로 감정보다는 사실을 말하도록 한다. 치료자가 부부 중 어느 한쪽 편을 들지 않고 양쪽과 접촉을 유지한다면 부부 각자의 자아분화 수준은 높아져서 그들 사이가 안정되고 치료자는 아웃사이더로 나오게 되어 탈삼각관계가 된다. 만약 치료사가 부부 한쪽과 정서적 접촉이 안 되거나 한쪽 편을 든다면 그들은 또 다른 삼각관계를 이루고 치료는 방해받게 된다.

불안이 감소되면 탈삼각관계화 작업을 진행한다. 즉, 부부에게 정서적 체계의 작용을 가르치고 자신의 원가족의 정서과정과 현재 문제와의 연관성을 탐색하여 변화 동기를 높인다. 그리고 치료자는 부부 각자로 하여금 자신의 원가족에게 돌아가 그들과의 관계에서 정서적 융합을 피하고 자율적인 행동을 할 수 있는 구체적인 방법을 실천에 옮기도록 한다.

3 치료자 역할 및 치료기법

1) 치료자 역할

보웬모델의 치료자는 치료목표인 가족원의 자아분화와 불안 감소를 위해 가족의 정서과정에 융합되거나 삼각관계에 연루되지 않아야 한다. 그리고 가족과의 관계에서 차분하고 객관적인 태도로 자율적 위치를 취하여야 한다.

치료자는 자아분화 수준이 내담자의 수준보다 필수적으로 높아야 하며, 중립적인 자세로 가족의 감정적 동요를 진정시키고 자아분화를 높이는 촉진자이자 모델이 되어야 한다. 보웬은 치료자를 코치(coach)로 비유하고 가족이 능력을 최대한 발휘할 수 있도록 조용히 돕는 능동적 역할을 해야 한다고 보았다.

2) 치료기법

보웬모델의 치료자들은 가족체계에 대한 이해가 여러 기법들보다 훨씬 더 중요하다고 본다. 이들은 가족의 정서체계를 이해하고 인지적 자각을 촉진하기 위해 가계도 작성과 질문이나 과제를 주로 사용하고 삼각관계를 벗어나도록 코치하는 데 관심을 두는 반면 특정 기법에 치중하지 않는다.

(1) 가계도

보웬은 가족의 정서적 과정이 세대에 걸쳐 반복되고, 해결되지 않은 동일한 정서문제가 가족에서 지속적으로 나타날 수 있다고 전제하며 다세대 가족체계에 관한 자료를 조직하기 위해 '가계도(genogram)'를 주요 기법으로 사용하였다.

가계도란 3세대 이상에 걸친 가족성원에 관한 정보와 그들 간의 정서과정을 표시한 그림으로 가족과의 면담과정에서 삼각관계, 정서적 단절, 핵가족의 정서체계, 다세대전수 등의 정서과정을 살펴보면서 현재의 가족문제 정보를 조직화해 가는 것이다. 가계도의 기능은 세대에 걸쳐 반복되는 사건이나 중요한 생활사 정보를 파악하여 현재 가족문제와 가족의 정서적 체계의 연관성에 대한 이해를 돕고 내담자의 변화 동기를 높여주는 것이다.

가계도 작성방법은 맥골드릭(McGoldrick)과 거슨(Gerson) 등 보웬의 제자들에 의해 수정 · 보완되어 더욱 다양한 방식으로 활용될 수 있게 되었다. 가계도 작성의 구체적인 방법은 다음과 같다.

먼저 가계도 기호(그림 5-3 참고)를 사용하여 현 핵가족, 남편과 아내의 3대에 걸친 가족원에 관한 정보와 주요한 생활사건을 표기한다. 즉, 가족원의 이름, 연령, 형제자매 위치, 결혼, 별거, 이혼 등의 정보, 종교, 직업, 학력, 거주지역 등과 이사, 사망, 구금, 질병, 수술 등의 생활사건을 적는다. 그리고 가족의 관계 유형과 가족원의 기능, 역할패턴, 정신적 · 신체적 문제 및 중독이나 폭력 등의 문제를 표기한다. 최근에는 가족의 강점, 종교 활동, 사회적 네트워크 등도 탐색된다.

가계도 작성을 위해 치료자는 먼저 내담자에게 가계도를 그리는 이유를 설명하고, 작성과정에서 가족이 편안하게 되도록 배려하면서 간단하고 무난한 정보를 묻는 질문에서 시작하여 세대에 걸친 관계패턴과 질병, 문제 등의 정서과정에 관한 질문을 한다. 가계도를 그린 후 가족원 각자의 견해와 느낌을 서로 나누게 한다. 상담이 진행되면서 더욱 가계도는 구체화되고 관련정보가 추가된다.

치료자가 가계도를 해석하는 과정에서 가족의 고통스러운 사건이나 불행에 관해서는 가족이 감정적으로 준비된 상태일 때 깊이 이야기하고 좋은 의도나 극복 과정을 탐색하여 긍정적 해석을 하는 것이 바람직하다. 또한 단정적으로 표현하기보다는 가능성이나 가설로 표현하는 것이 상담 진행에 더 도움이 된다.

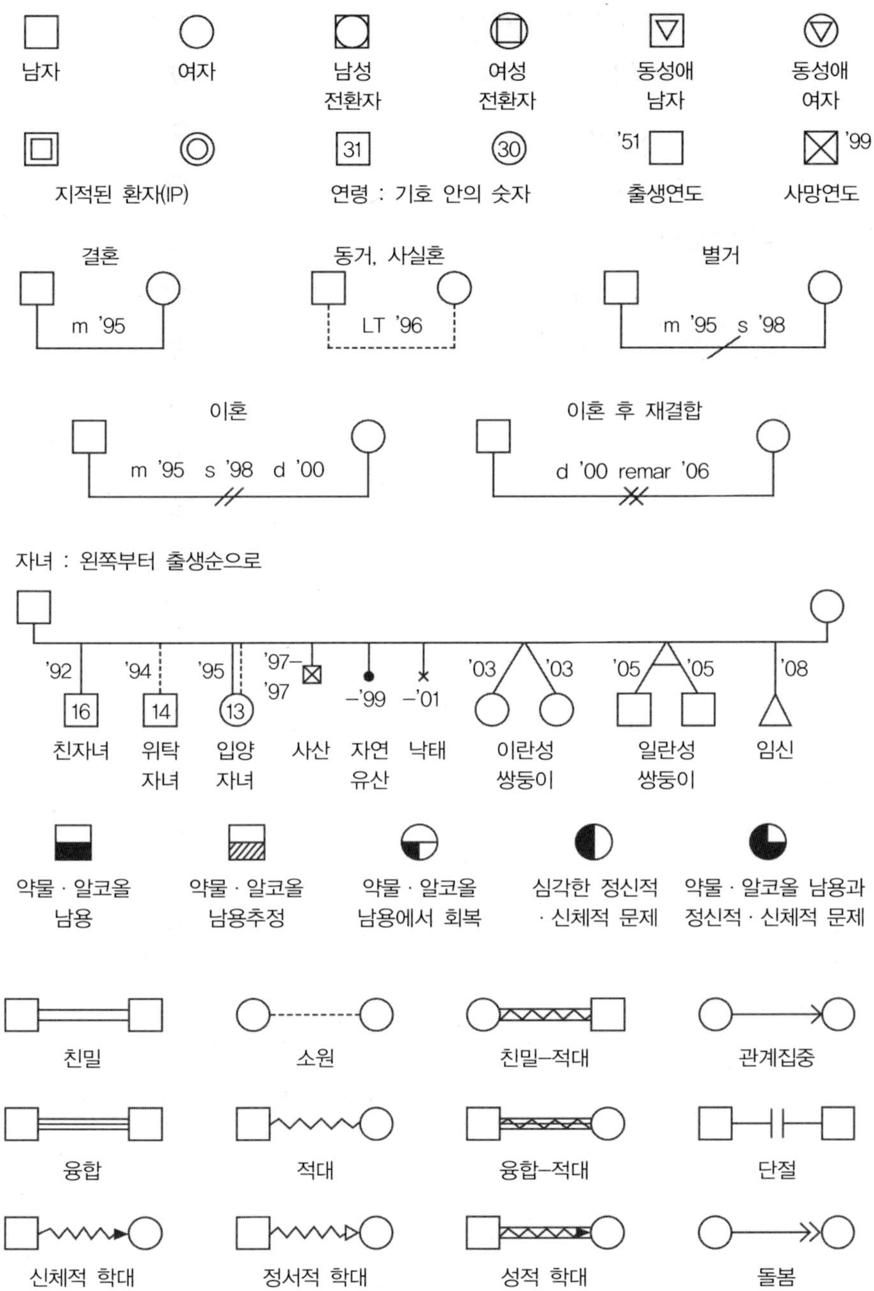

|그림 5-3| 가계도 표준기호

출처 : McGoldrick, Gerson, & Shellenberger(1999). 이영분 외 공역(2005), p. 249; McGoldrick(2005). Use of genograms to transform family legacies 발췌.

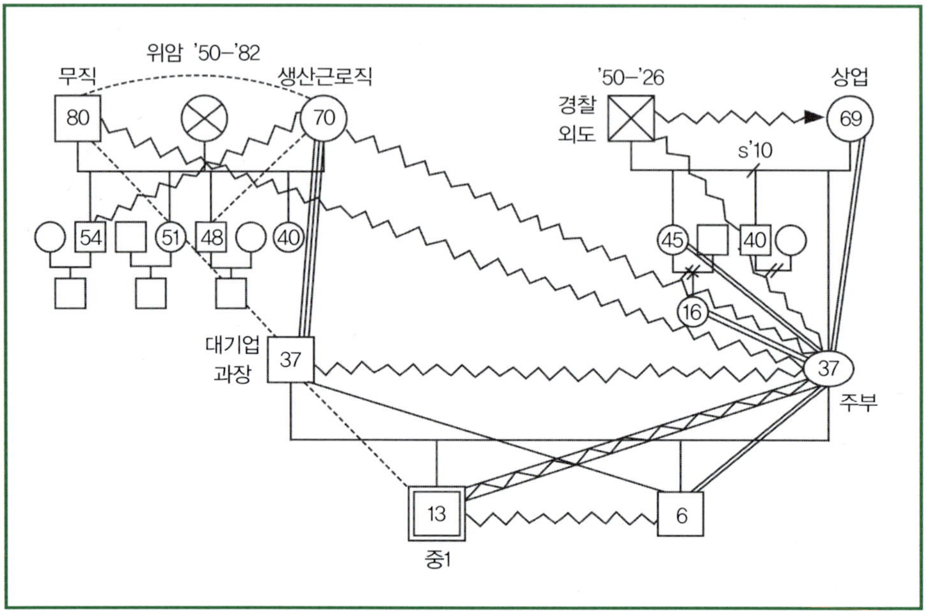

|그림 5-4| 자녀 문제가 있는 가족 가계도 예

(2) 치료적 삼각관계

보웬의 가족치료에서는 주로 부모나 부부처럼 두 사람의 성인과 치료자의 삼자관계 형태를 이루어 개입한다. 이것이 치료적 삼각관계 기법으로 치료자가 두 사람의 정서과정에 연루되지 않으면서 두 사람과 최적의 정서적 거리를 유지하는 객관적인 자세를 취함으로써 가족의 평정을 찾아 문제해결 방법을 찾게 되고 관계는 개선될 수 있다. 증상을 보이는 사람이 자녀인 경우에도 그 부모를 치료에 참여시켜 두 사람을 대상으로 치료한다.

(3) 코칭

코칭(coaching)은 치료자가 내담자와 가족으로 하여금 직접 가족문제에 대처하는 데 자신의 능력과 기능을 최대한 발휘하도록 돕는 방법이다. 사람들에게 무엇을 하라고 지시하는 것이 아니며, 가족의 정서적 과정과 그들의 역할을 생각할 수 있도록 돕기 위한 것이다(Nichols, 2014). 즉, 치료자가 가족의 삼각관계에 말려들지 않으면서 가족원의 정서적 과정들과 그 안에서의 자신의 역할을 이해하도록 여러 질문을 하는 것을 의미한다. 치료자가 내담자를 설득 · 회유하거나 가족원 간의 상호 비방하는 내용을 파악하기보다 그들의 상호작용 과정을 객관적으로 생각해 보게 하고, 문제발생에 기여한 자신의 부분을 보게 하여 관계 속에서 자신의 역할을 어떻게 변화시킬 것인지를 질문한다.

질문은 관계성 패턴을 수정하기 위하여 고안되었고 보웬은 순환질문을 하기도 한다. 예를 들면, "당신이 남편에게 어떻게 했을 때 남편이 그렇게 화를 내는지 생각해 보았나요?"라고 하고 그 다음으로 "당신의 부모나 친척 중에서 당신과 비슷한 행동을 하는 사람은 누구였나요?"라고 질문함으로써 세대 간의 정서과정 전수를 구체적으로 이해할 수 있게 하는 것이다.

그러나 보웬치료모델의 다른 치료자들은 때때로 도전이나 직면, 설명을 하기도 하고 과제도 부여한다. 과제 대부분은 사람들이 삼각관계에서 벗어나 원가족 및 현재 가족과 잘 지내도록 의도된 것이다. 예로 방문하는 과제를 내주거나 전화를 거는 과제, 미해결의 문제에 대해 편지를 쓰게 하는 것이다. 코칭의 목표는 이해를 증가시키고 자신에게 초점을 맞추며 가족원 간에 더 기능적인 애착관계를 발전시키는 것이다.

(4) 과정질문

과정질문은 가족이 문제에 대해 어떻게 생각하며 그 문제에 영향을 미치고 있는 기제들이 어떻게 작동하는가에 대한 정보를 얻고, 감정을 낮추며 정서반응에 의해 유발된 불안을 감소시키고, 생각을 촉진하기 위한 목적을 가지고 있다(Nichols, 2014). 따라서 치료자는 과정질문을 통해 사건 자체보다는 그 사건이 발생하는 정서적 · 인지적 과정에 주목하도록 하는 질문으로 가족 간의 정서적 상호작용 패턴을 탐색하도록 도우며, 내담자가 상황에 자동적으로 반응하지 않고 자기분화를 높여 사고하고 선택할 수 있도록 한다.

예를 들어, 치료자는 내담자가 부모와 갈등할 때 그들의 부모와의 관계에서 다음과 같은 과정 질문을 사용할 수 있다. "당신이 아버지에게 화를 낼 때, 아버지는 어떤 반응을 보였나요? 그리고 그 반응을 보고 당신은 다시 어떻게 느꼈나요?", "아버지와 다툴 때, 당신의 마음속에서는 어떤 생각과 감정이 동시에 들었나요?", "엄마가 잔소리를 할 때, 당신의 몸과 마음은 어떤 반응을 하게 되나요?", 이러한 과정을 통해 자동적 감정 반응을 자각하고 감정적 융합에서 벗어나게 되며, 생각과 느낌을 분리하여 자기분화를 촉진할 수 있다. 또한 관계 패턴의 과정을 이해하게 되어서 단순히 '누가 잘못 했는가'가 아니라 상호작용의 흐름을 이해하게 된다.

(5) '나-입장' 취하기

나-입장 취하기(I-position) 기법은 다른 사람이 무엇을 하는가를 비난하거나 지적하는 대신에 자신이 무엇을 생각하고 느끼는가를 말하게 하여 자신의 생각과 감정을 표현하게 하는 방법이다. 예로 "당신은 왜 그렇게 어지르고 다녀?"라고 말하는 것보다 "당신이 벗어놓은 옷이나 본 책을 그때그때 정리했으면 좋겠어요"라고 말하도록 하는 것이다. 또 "당신 때문에 아이가 엉망이다"라는 표현 대신에 "당신은 아이 지도를 좀 더 엄격하게 했으면 좋겠어요"라고 표현하는 것이다.

이 기법은 상대방에게 책임을 추궁하는 것이 아니고 자신이 현재 의견과 감정상태를 표현함으로써 악순환적인 대응적 대화에서 벗어나 해결방법을 찾을 수 있는 생각을 시작하게 할 수 있다. 치료자는 내담자에게 '나-입장'을 취하도록 격려할 뿐 아니라 치료과정에서 내담자들에게 그들 자신도 그렇게 한다.

(6) 불안 완화기법

치료과정에서 불안을 완화시키고 감정을 차분히 가라앉힐 때 가족원 간에 이성적으로 이야기할 수 있다. 이를 위한 방법으로 감정보다 생각에 대한 질문을 더 많이 하기, 부부간의 상호작용을 최소화시키고 한 사람씩 차례로 상담자에게 이야기하게 하고 다른 사람을 경청하고 관찰하는 방법, 비슷한 문제를 가진 다른 가족의 이야기를 해주거나 동영상, 영화 등을 이용하여 가족 속에서 자신의 역할기능을 배우게 하는 방법, 즉 치환이야기 등이 있다.

(7) 관계성 실험

관계성 실험은 중요한 삼각관계에 변화를 일으키는 것으로 정서적으로 가까이 가고자 하는 사람과 도망치는 사람을 치료하기 위한 기법이다. 대개 추적자는 의사소통과 공동의 시간과 결속을 더 많이 요구하는 반면 도망자는 거리를 두고 다른 일에 열중하거나 늦게서야 움직이고 관계를 회피한다. 치료자는 이들에게 각각 추적자와 도망자로 이름을 붙이고 추적자에게 "도망자를 결코 좇지 말라"고 하고 "당신의 삶에서 그 사람 말고 무엇이 있나요?"라고 질문한다. 그 결과 정서적으로 가까워지기를 추구하는 사람이 뒤쫓는 것을 중단하고, 관계 압박에서 벗어나 자신과 다른 사람과의 관계에 무슨 일이 일어나는가를 실험해 보게 된다. 도망자는 상대방의 요구를 회피하거나 도망가지 않고 자신의 생각과 감정을 표현하는 방법을 실험해 보는 것이다. 이로써 결국 두 사람의 관계 변화를 위한 방법을 발견하여 실제로 연습하고 실천하게 되는 것이다.

4 적용 사례

남편(39세)은 전업주부인 부인(37세)과 결혼한 지 7년 되었고 아들(7세, 5세) 둘을 둔 회사원이다. 둘째 아들이 충동적 분노 표출, 사회성에 문제가 있어서 상담을 받다가 가족치료를 권유받고 상담실에 왔다.

남편과 아내는 대학교에서 만나 6년 연애 끝에 양가의 축복 속에 결혼하였다. 아내는 남편이 결혼 초부터 가사일과 자녀양육에 전혀 협조하지 않으며 사위노릇에도 소홀한 것에 불만이 많았다. 아내는 그럴 때마다 남편을 닮은 둘째 아이에게 화풀이하고 남편에게도 소리 지르는 상황이었고 착한 큰아이에게 삶의 희망을 두고 살아왔다. 남편은 아내가 잔소리하고 요구할 때마다 귀찮아하고 바깥으로 돌며 아내의 눈치를 보고 참다가 싸울 때는 아내를 어머니와 비교하는 말을 하며 큰아이와는 소원한 사이로, 작은아들과는 더 가깝게 지내왔다.

남편의 원가족은 완고하고 무관심하고 충동적인 아버지(72세)와 헌신적이고 희생적이며 허용적인 어머니(69세), 위로 두 명의 누나를 둔 가정의 외아들이다. 부모 사이는 갈등과 싸움의 연속으로 불화하였고, 어머니는 공부 잘하고 착한 외아들에게 정서적으로 의존하고 지냈다. 아버지는 큰아버지댁에 사시면서 일 년에 서너 번 방문하여 며칠씩 묵어가시는 할머니와 밀착되어 있는 상황이었고 할머니와 어머니는 심한 고부갈등을 겪는 상황이었다.

아내는 일찍 조실부모하고 자수성가한 아버지(68세)와 어릴 때 외할머니의 구박을 받고 통제를 당한 어머니(64세), 그리고 오빠(43세), 남동생(34세)으로 된 가정의 외동딸로 자랐다. 아버지는 가정에 무관심하고 음주와 어머니에 대한 폭력이 있었고 자녀와 소원한 관계였으나 외동딸에게는 정서적 의존을 하였다. 어머니는 가정에 소홀한 아버지를 비난하고 갈등관계로 지내며 일에 파묻혀 지냈기 때문에 자녀들을 방치하였고 모든 자녀들에게 따뜻한 애정표현이나 보살핌은 부족하였다. 오빠와 남동생은 모두 결혼해서 아들 한 명씩을 두었으나 가정불화로 부모와 왕래를 잘 하지 않고 있다.

부부 사이에 양가 식구에 대한 대화는 예민한 주제가 되어 싸움으로 비화되기 때문에 긴장이 많이 있다. 즉, 남편은 시어머니와 밀착되어 행동하고 아내가 헌신적인 어머니처럼 자신에게 잘해주기를 기대하고, 며느리 노릇을 잘 하기를 바라는 반면 부인은 친정아버지가 음주로 인한 간경화증으로 현재 병환 중에 계시고 외동딸에게 기대가 큰 반면 오빠와 남동생, 어머니는 아버지에게 소홀하여 친정 때문에 염려가 많고 남편의 사위노릇에 불만이 많다.

그러므로 양가에서 연락이 오면 불안과 긴장의 관계가 부부싸움으로 발전하고 최근 아이 문제로 더욱 상대방을 비난하는 식의 부부싸움이 악화되게 되었다.

이들에 대한 가족치료는 먼저 아이 문제에 초점을 두는 것에서 벗어나 아이 문제를 둘러싼 가족의 정서과정에 맞추도록 하였고, 치료기간 중에 계속 배우자의 말을 경청하고 배우자의 입장을 이해하도록 하였다. 그리고 상담자의 개입으로 남편과 부인이 각각 원가족에 매여 있는 상황에 대해서 생각하도록 해서 각자가 상황에 대처하는 방법이 서로에게 상처를 주고 결혼생활과 자녀와의 관계를 악화시켰음을 알게 하였다.

부부는 가계도 작업을 통하여 남편과 시부모가 삼각관계이고 시부모와 시할머니의 관계, 부부와 시어머니의 관계, 부부와 친정아버지의 관계, 부부와 작은아들의 관계, 부부와 큰아들의 관계들이 삼각관계라는 것을 알게 되었다. 즉, 작은아들의 문제는 여러 세대에 걸친 삼각관계와 연관됨을 부부가 확실히 이해하게 되었다. 이와 같이 가족의 정서과정을 이해하게 된 후 치료자는 이들이 원가족과의 삼각관계에서 벗어나 자아분화가 되도록 '코칭'과 '나-입장 취하기' 기법을 활용하여 도왔다.

결국 남편과 아내는 자신의 부모 입장에서 배우자를 비난하던 태도가 바꿔어 상대방을 이해하고 문제를 같이 협력적으로 해결해 가는 것이 필요함을 인식하게 되었다. 그 결과 아내는 남편을 비난하고 요구하던 것에서 벗어나 자신의 이야기를 분명하게 하게 되었고, 남편은 위축되거나 눈치를 보고 어머니와 비교하던 것에서 벗어나 아내와 자녀에게 관심을 갖고 아버지 역할, 사위 역할에 대한 자신의 의사를 표현하고 참여하게 되었다. 남편은 시간을 내어 아이들과 놀아주고 휴일에 가족과 공원에 나가며 처갓집에 같이 가는 등의 변화를 보였다.

12회기 상담이 진행되는 동안 부부 사이에 싸움이 없어졌고 확대가족에 관한 대화가 자연스럽게 되면서 아내의 화풀이 식 대화나 행동도 없어지게 되었다. 그에 따라 가족관계가 안정되고 작은아들의 증상이 많이 좋아져 가족과 합의하여 상담을 종결하였다.

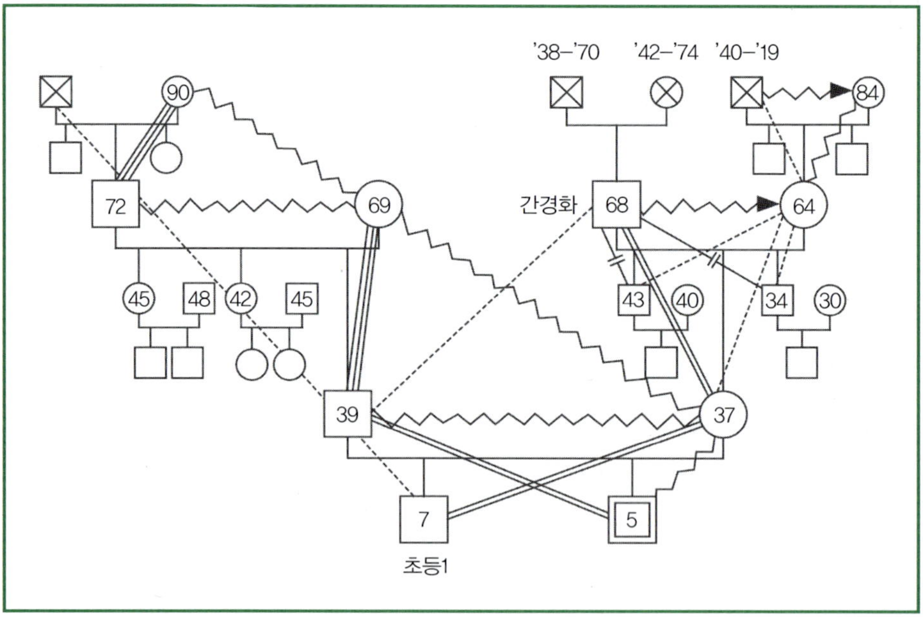

|그림 5-5| IP의 가계도

06 CHAPTER 경험적 가족상담 및 가족치료

경험적 가족상담 및 가족치료는 지금-여기(here and now)에서의 경험을 중시하는 현상학이론과 인본주의 철학에 근원을 두고 있다. 이 모델은 가족이 상담장면에서 매 순간 일어나는 주관적 상황과 경험을 중요시하며, 이 경험들을 통해 변화가 나타나고 성장하게 된다는 전제를 바탕으로 한다. 경험적 가족치료의 대표적인 인물인 위터커(C. Whitaker)와 사티어(V. Satir)를 중심으로 발달배경과 개념, 치료과정과 기법 등을 살펴보기로 한다.

1 발달배경 및 주요 개념

1) 발달배경

경험적 가족치료는 정신분석이론과 행동주의가 갖는 결점에 대한 반동으로 출현한 인본주의와 실존주의, 현상학 등의 이론가 게슈탈트 치료의 영향을 받아 출현하였다. 그에 따라 경험적 가족치료는 인본주의의 영향으로 인간의 성장 잠재력과 문제해결력을 존중하고, 자아가치와 성숙 및 성장을 중시하며, 실존주의와 현상학의 영향으로 자발성과 자유, 창의성, 지금-여기에서의 개인의 주관적인 감정과 욕구, 행동을 중시한다. 또한 게슈탈트 치료의 영향으로 상담 장면에서 상담자와 가족 사이에 그때그때 경험하는 상황과 느낌을 중시하고 현재 충만을 경험하는 것, 이를 가족이 공유함으로써 치료적 변화가 촉진되고 가족이 성장하는 것을 강조하였다(정문자, 2007).

이 외에 경험적 가족치료는 참만남집단, 의사소통이론, 예술치료, 심리극 등 다양한 이론가 기법의 영향을 받아서 조각, 역할극 등의 표현적 기법을 많이 사용한다. 경험적 치료모델은 민감성과 감정표현을 강조하고 가족들이 치료과정 속에서 경험하는 것들이 성장에 중요한 자극과 계기가 된다는 것을 전제한다.

그러므로 경험적 가족치료에서는 과거보다는 현재에 초점을 맞추고 지금-여기(here and now)에서의 치료자와 가족 사이에 순간 일어나는 상황과 경험을 중시하며 치료자와 가족의 진실한 만남에서 치료가 시작된다고 보았다.

경험적 가족치료의 두 거장인 위터커와 사티어는 상담 장면에서 느끼는 자신과 다른 사람의 감정을 중요시하고 성장을 지향한다는 공통점을 가진다. 그리고 상담과정에서 내담자의 정서적 경험과 치료자의 활력이 효과적인 치료에 중요하다고 믿으며, 치료자가 온정적이고 지지적, 적극적이며 솔직하게 자신을 개방하여 치료적 변화를 촉진하는 공통점을 가진다(Nichols & Schwantz, 2001; 김영애 외 공역, 2002).

그러나 구체적인 방법에서 차이를 보여서, 위터커는 치료자 자신을 활용한 가족과의 자발적이고 창의적인 만남을 중시하고, 치료자가 온전한 인격을 갖춘 모델로 개방적이고 진실한 사람이면 기법을 사용하지 않아도 가족의 잠재력을 이끌어 낼 수 있다고 믿었다. 한편 사티어는 잘 훈련된 기법으로 상담과정을 계획하고 구조화하며, 정서와 느낌을 강화하는 기법들을 사용한다.

먼저 위터커에 대하여 살펴보면 위터커는 산부인과 의사로 수련과정을 마친 후 군대에서 정신과와 팀으로 일하면서 정신과에 관심을 갖게 되어 수련과정을 거쳐 정신과의사로 활동한 사람이다. 그는 대학교 교수로 재직하고 정신과센터를 설립하였으며 많은 논문을 발표하였다. 그는 가족이 솔직하게 자신을 드러내고 개인의 정서적 경험수준을 깊고 풍부하게 하기 위해 가족구성원 안의 감정에 대한 저항을 깨는 직면기법과 직관을 많이 사용하였다.

그는 정신분열증 치료를 하면서 정신장애에 미치는 가족의 영향을 확인하고 가족을 치료에 참여시키는 경험적 가족치료를 개발하게 되었다.

위터커는 가족의 감수성을 증가시키고 경험을 확대하고 공유하기 위해서는 개개인의 방어기제가 감소되도록 가족의 안정과 방어를 깨거나 도전과 자극을 주어 스트레스를 유발하고 자발성을 이끌어 내기도 한다. 그는 다른 기법보다도 치료자 자신의 창조적인 존재 자체를 활용해야 한다고 주장하였다. 그리고 치료자의 역전이에 관심을 가지고 이를 막는 방법으로 공동치료가 효과적이라고 주장하였다. 그가 1995년 세상을 뜨면서 그의 영향력은 약화되었다(Nichols & Schwantz, 2001; 김영애 외 공역, 2002).

한편 사티어는 교육학을 학부에서 공부하고 임상사회사업을 전공하여 석사학위를 받았고 임상사회사업가로 가족치료연구소를 개업하여 치료에 힘썼으며 정신건강연구소(MRI)의 초기 구성원으로 일하면서 정서적 경험과 의사소통에 초점을 두고 접근하였다. 그는 많은 책을 저술하였고 정신치료연구소에서 일하였으며 1977년에 아반타 네트워크(Avanta Network)를 설립하여 자신의 치료모델을 교육하고 훈련 · 보급하는 데 힘썼다. 현재는 경북 구미 외에 아시아 여러 나라에 지부가 설치되었다. 사티어는 여러 선구적인 가족치료자 중에서 여성이면서 사회사업학을 전공한 점이 독특하며, 온정적인 성격의 양육적 치료자로 알려져 있다.

사티어는 초기에 MRI에서 일하였기 때문에 의사소통 치료자였다. 치료과정에서 성장을 체험하는 연습을 하는 것이고, 치료자는 가족이 성숙한 인간으로 성장할 수 있도록 도와야 한다고 주장한다. 즉, 사티어는 자아존중감, 감정, 가족규칙을 중시하고 특히 가족의 의사소통체계를 건강하게 하여 개인의 잠재력과 역량을 발휘하고 성장을 지향한다는 점에서 의사소통모델 또는 성장모델로 불린다.

그가 1988년 사망한 이후 반맨(J. Banmen)이 뒤를 이어 사티어 치료모델을 확대 · 보급하고 있다.

이들 외에 게슈탈트 치료를 가족치료에 접목시키려고 노력한 켐플러(W. Kempler), 인간관계에서 공간의 중요성을 인식하고 은유로 공간을 사용한 캔터(D. Kantor), 치료기법으로 조각기법, 인형극 등의 표현기법을 활용한 덜(B. Duhl), 부부간의 정서적 유대감 강화와 감정을 중시하는 정서중심 부부치료를 개방하고 임상연구를 하고 있는 그린버그(L. Greenberg)와 존슨(S. Johnson) 등이 이 접근법에 속하는 치료자들이다.

2) 주요 개념

(1) 사티어의 치료적 신념과 가정

사티어는 인본주의 철학의 영향으로 인간의 존엄성과 존재가치, 성장과 변화를 위한 욕구와 잠재력과 성장 가능성 등을 중심으로 한 치료적 신념을 토대로 자신의 치료모델을 정립하였다. 그의 치료적 신념과 가정은 다음과 같으며 삶에 대한 긍정적인 사고에 기반하여 가족들에게 희망과 용기를 주며 성장 가능성을 부여하는 특징이 있다(Satir, et al., 1991; 한국버지니아사티어연구회 역, 2002).

① 변화에 대한 신념과 가정

변화는 누구에게나 언제든지 가능하다. 외적 변화는 한계가 있을 수 있지만 내면의 변화는 가능하다. 인간은 과거를 변화시킬 수 없으나 그 사건으로 인한 영향력은 변화시킬 수 있다.

② 성장에 관한 신념과 가정

인간은 누구나 서로 다른 상황과 문화, 환경, 문제에 성공적으로 대처하고 성장할 수 있는 내적 자원과 적응력을 가지고 있다. 상담에서 관심의 초점은 성장과 가능성의 개발에 있다.

③ 선택에 관한 신념과 가정

인간은 상황과 환경에 반응하는 방법에 대한 선택권을 가지고 있으나 대부분의 사람은 스트레스를 받을 때 자신에게 익숙한 방법을 선택한다. 따라서 상담의 주요 목표는 자기 스스로 선택하고 결정하는 사람이 되게 하는 것이다.

④ 문제와 자기가치에 관한 신념과 가정

행동이 역기능적이고 파괴적이라고 해도 그 행동은 생존하고 어려움을 극복하기 위한 외적인 표현이다. 문제의 존재보다는 문제에 대한 대처방식이 인간에게 중요한 영향을 미치며 대처방식은 자기가치감의 표현이다. 자기가치감이 높을수록 대처하는 방식이 건강하며 성공적으로 대처할 때 자기가치감이 향상된다.

⑤ 감정에 관한 신념과 가정

사고와 감정은 연관되어 있으며 인간은 감정의 지배를 더 많이 받는다. 그러나 사람은 내면의 감정을 선택하고 지배하고 사용하는 것을 학습할 수 있다. 성숙한 사람은 자신이 감정의 주인이 되어 감정을 소유하고 책임지는 행동을 한다.

⑥ 인간의 유사성과 차이점에 대한 신념과 가정

모든 사람은 유일한 존재로서 각기 고유한 개성을 가지면서 인간으로서 공통적인 유사성을 가지고 있다. 우리는 차이점을 발견하기보다 차이점을 수용하는 것을 배워야 한다. 우리는 유사성을 근거로 함께 어울릴 수 있고 차이점을 근거로 이해하고 극복하는 과정을 통하여 성장할 수 있다.

⑦ 과거 및 부모 수용에 대한 신념과 가정

과거에 대한 수용과 감사, 용납은 현재를 관리하고 발전시킬 수 있는 능력을 향상시킨다. 부모에 대한 수용과 감사, 인간적 이해는 현재 문제해결의 열쇠이고 성장의 출발점이 된다. 비록 역기능적이라 할지라도 부모는 성장기에 경험했던 익숙한 패턴을 반복하고 자신이 처한 상황에 가장 적합한 방법으로 최선을 다하였음을 인정해야 한다.

⑧ 희망과 자원에 관한 신념과 가정

희망은 변화를 위한 주요 구성 요소이며, 치료를 위한 동기가 된다. 모든 사람은 성공적으로 극복하고 성장하는 데 필요한 내면의 자원과 에너지를 가지고 있다. 이에는 신념, 확신, 지식, 사랑, 관심, 기쁨, 인정, 나눔 등이 있다.

이와 같이 사티어는 인간에 대해 긍정적이고 미래 지향적인 태도를 가지고 가족의 건강한 교류(의사소통)를 촉진하여 올바른 성장을 자극하는 데 중점을 두었다. 사티어 모델의 주요 개념으로 자아존중감, 의사소통 유형, 가족규칙 등이 있다.

(2) 자아존중감 및 자기가치감

자아존중이나 자기가치는 자기 자신에게 가지는 애착, 사랑, 신뢰, 존중으로, 특히 사티어는 감정 측면을 중요시한다. 우리 내면에는 항상 사랑과 인정받고자 하는 욕구와 자기가치와 자아존중에 대한 원초적 욕구가 있으며 이러한 욕구가 충족될 때 자기가치와 자아존중을 학습하고 발전시키게 된다. 자아존중감은 어릴 때 부모-자녀 관계와 가족구조에서 어떠한 경험을 하였는가에 의해 학습되고 형성되며, 점차 친구와 주위 사람으로 확대된 관계에서의 경험에 의해 영향을 받는다.

사티어는 자아존중과 자기가치를 에너지 자원으로 간주하였다. 즉, 인간은 생명유지와 생활을 위해서 에너지가 필요한데, 자신에 대해 신뢰하고 사랑할 때 강한 에너지가 만들어지며 그 결과 주어진 상황에 현실적이고 유연하게 대처할 수 있게 된다는 것이다. 그러므로 사티어의 모델은 개인의 낮은 자아존중감을 높여서 자신의 가치를 인정하고 자신이 가진 자원과 장점을 발견하여 활용함으로써 문제에 적절히 대처하고 성장할 수 있게 한다(송성자 · 정문자, 1994). 자아존중감은 사티어가 문제를 진단하는 중요한 기준이 되며 치료목표가 된다.

자아존중감이 높은 사람은 "나는 나다. 이 세상에 나와 똑같은 사람은 한 명도 없다. 나는 나에 관한 모든 것, 나의 몸과 나의 행동, 나의 정신과 생각, 내가 지각하는 감각, 나의 감정의 주인이다. 나는 나의 주인이며 나를 조절할 수 있고 지배한다. 나는 나다. 그리고 나는 괜찮은 사람이다(I'm ok)"라는 의식을 가지고 있다(Satir, 1972, 성민선 · 송 준 공역, 1991).

사티어는 자아존중감을 자신, 타인, 상황의 3요소로 설명하고 이들은 의사소통 유형 및 대처방식과 밀접하게 연관된다고 하였다.

(3) 의사소통 및 대처유형

사티어는 의사소통이란 인간과 인간 사이에 오고 가는 모든 것을 의미하며, 서로 영향력을 행사하는 것이라고 보았다. 그리고 모든 의사소통은 학습되는 것이기 때문에 의사소통 유형은 변화될 수 있다고 믿었다.

사티어는 사람들이 긴장과 스트레스가 있는 상황에서 대처하는 방식에 공통적 특징이 있는 것을 임상경험에서 발견하고 그것은 자아존중감이 위협받을 때 자기를 보호하고 생존하기 위한 전략이라고 해석하였다. 사티어는 이들을 회유형, 비난형, 초이성형, 산만형으로 명명하고 이러한 역기능적 의사소통 유형은 낮은 자아존중감과 깊이 연관된다고 하였다(정문자, 2007).

네 가지의 역기능적 의사소통 유형과 기능적 의사소통 유형인 일치형의 특징들은 다음과 같다.

① 회유형

회유형(placating)은 자아존중감에서 타인과 상황의 두 요소는 존중되고 자신은 무시되는 유형이다. 따라서 자신의 느낌이나 생각을 무시하고 다른 사람의 기분을 맞춰주려고 애쓰는 특성을 보인다. 결국 자기가치나 자신의 감정보다는 다른 사람이 기분 상하지 않게 하는 데 열중하며, 무조건 남에게 동조하거나 비굴한 자세를 취하고, 문제가 생기면 자기에게 책임이 있다고 생각하여 잘못을 빌고 비난도 감수한다.

주로 하는 말은 동의하는 말이나 "모두가 제 잘못입니다", "죄송합니다. 용서해 주세요" 등이다. 이들의 태도와 행동은 구걸하고 간청하고 사죄하는 저자세이다. 내면경험으로는 "나는 힘이 없다", "나는 아무것도 아닌 것 같다"라고 느끼나 감정을 억제하고 걱정과 불안이 많아 우울, 신경과민, 편두통, 변비, 소화장애 등의 증상을 나타낸다. 이들의 자원은 남에 대한 배려와 돌봄, 민감성이다.

② 비난형

비난형(blaming)은 자아존중감에서 자신과 상황의 두 요소는 존중되나 타인은 무시되는 유형이다. 따라서 자신을 보호하기 위하여 다른 사람을 무시하고 결점을 지적하고 독재자처럼 남을 통제하려 하며 명령을 하는 특성을 보인다. 일이 잘못될 때 남의 탓으로 돌리고 요청을 거부하고 공격적인 모습을 보이는데, 이는 내적으로는 나약한 자신의 모습을 인정하지 않으려 남을 거칠게 비난하는 것이다.

주로 하는 말은 비난이나 공격하는 말로 "네가 제대로 하는 것이 있냐?", "너 때문이야", "당신이 문제야" 등이다. 이들의 태도와 행동은 비난하고 적대적이고, 통제하려 하고 명령하며, 심판적 자세이다. 내면경험으로는 소외감과 외로움, 실패감과 분노, 짜증을 느끼고 폭력과 편집증, 반사회적 행동을 하기도 한다. 증상으로 근육긴장, 통증, 혈액순환 장애, 고혈압 등을 나타내며 이들의 자원은 자기주장과 에너지, 지도력이다.

③ 초이성형

초이성형(super reasonable)은 자아존중감에서 상황은 존중되나 자신과 타인은 무시되는 유형이다. 따라서 원칙을 중시하고 정보와 논리를 절대적으로 생각한다. 문제가 발생하면 감정에 치우쳐서 일을 그르칠 수 있다는 강박적인 생각에 다른 사람과 거리를 두고 지나치게 이성적으로 상황에 초점을 맞추게 된다. 자신과 다른 사람의 감정을 인정하지 않고 냉정하게 보일 정도로 차분하게 자신의 옳음과 논리를 증명하기 위해 애쓰고 길게 설명하려는 특성을 보인다.

주로 하는 말은 규칙과 원칙, 옳은 것, 추상적인 단어 등으로 "원칙", "당연한 것" 등이다. 이들의 태도와 행동은 완고하고 냉담하여 경직되어 있고, 권위적이다. 내면경험으로는 자기통제의 상실에 대한 두려움, 따뜻한 감정교류를 원하나 쉽게 상처를 받으며 고립감과 소외감을 느낀다. 증상으로 지나친 긴장과 집착, 강박증, 사회적 위축, 자폐증을 보인다. 이들의 자원은 지성과 지식 추구, 끈기 있는 문제해결 의지이다.

④ 산만형

산만형(irrelevant)은 자아존중감에서 자신과 상황, 타인의 세 가지 요소가 모두 무시되는 유형이다. 따라서 생각과 말, 행동이 자주 바뀌고 동시에 여러 가지 행동을 하려 한다. 주제에 집중하지 않고 다른 사람의 관심을 분산시키고자 계속 움직이고 횡설수설하고 안절부절못하는 행동을 한다. 상황에 적절하게 반응하기보다는 분주하고 바쁜 척하며 심각한 상황에서도 가볍게 생각하는 위선적인 면이 있어 농담이나 딴전을 피우고 그 자리를 모면하려 한다.

주로 하는 말은 동문서답식의 말이나 관계없는 말, 뜻이 통하지 않는 말을 하고 "날 내버려 두라", "그대로 놔두라", "무슨 상관이냐", "왜 그렇게 심각하냐" 등의 말을 한다. 태도와 행동은 혼란스럽고 산만하며 상황에 부적절한 태도와 행동을 보인다. 내면경험으로는 "아무도 나에게 관심을 갖지 않는다", "내가 설 곳이 없다", "내게 적절한 곳이 아니다"라고 느낀다. 증상으로 부적절함, 혼돈감, 충동적, 진지함의 결여, 우울증, 학습곤란, 편두통 등을 보일 수 있다. 자원은 유머, 즐거움, 자발성, 창의적인 데 있다.

⑤ 일치형

일치형(congruent)은 신체 자세와 목소리 음조, 표정이 자연스럽고 말과 일치되어 있다. 생기가 있고 솔직하고 창의적이며 적절한 행동을 한다. 정보를 전달하는 방법에서 말과 정서가 일치되어 균형을 이룬다. 자신의 생각과 느낌을 분명하게 말하며 자신이 하고 있는 일에 대해 알고 그 결과를 받아들일 준비가 되어 있으며 변화에 대해 융통적이다.

말이 진실하고 상황에 적절하며 태도와 행동은 기능적이며 유능하고 개성적이다. 내면경험으로는 자기가치감이 높고 자신과 타인을 신뢰한다. 심리·신체적으로 건강하고 증상은 없다. 자원은 높은 자아존중감과 건강한 관계성이고 자신과 상황, 타인의 세 가지 요소가 모두 존중된다.

〈표 6-1〉 의사소통 유형별 반응 예

아내가 남편이 늦게 귀가하는 것에 대해 화를 내면서 "나한테 관심이나 있어?"라고 말할 때 남편이 보이는 반응이다. • **회유형** : 미안해. 당신 말이 맞아. 내가 나쁜 놈이야. 한 번만 용서해 줘. 내일부터 정말 일찍 올게. • **비난형** : 그러는 당신은 나한테 관심이 있나? 내가 집에만 오면 짜증이나 내고, 당신 하기 달린 거야. 뭘 잘했다고 나한테 불평이야. • **초이성형** : 관심과 사랑이 무엇이냐에 대해 당신과 나의 관점이 다른 것 같아. • **산만형** : 당신 투정부리는 모습이 너무 귀엽다. 잠깐 동영상 찍어줄게. 계속해 봐. 나 샤워해야 돼(욕실로 간다). • **일치형** : 당신한테는 늘 관심을 갖고 있지. 늦는다고 미리 연락했어야 하는데 동료가 다쳐서 병원에 데려다 주느라 늦었어. 나 기다리느라 잠도 못자고… 미안해.

(4) 가족규칙

가족규칙은 가족원의 행동을 규정하고 제한하는 것으로 역할과 관련된 기대, 생각과 감정, 반응, 태도 등이 포함된다. 가족규칙은 반복적인 생활경험을 통하여 만들어지며, 모든 가족원의 행동에 영향을 주는 보이지 않는 힘이다. 사티어는 가족원의 의사소통을 관찰함으로써 가족규칙을 발견할 수 있다고 하며 다음의 감정규칙에 관심의 초점을 두었다.

- 보고 들은 것과 감정(두려움, 무력감, 노여움, 위로받고 싶은 마음, 고독, 연약함, 공격성)을 표현하는 방법과 대상
- 거절, 반대, 부정 등에 관한 표현
- 질문방법과 대상

이처럼 사티어는 가족규칙에 관심을 두고 그 합리성과 융통성을 진단하고 가족원 개개인의 자아존중감에 미치는 영향을 파악하는 데 비중을 두었으며, 문제의 원인을 개인이나 다른 가족원에게서 찾거나 표면적 증상으로 나타난 문제를 중시하지도 않았다. 따라서 가족규칙이 비합리적이고 경직된 가족은 의사소통도 역기능적이고 가족원의 자아존중감이 낮으므로 가족변화를 위해 역기능적인 가족규칙을 변화시키는 것이 필수적이라고 믿는다. 즉, 가족규칙을 가족변화의 매개체로 보는 것이 사티어 모델의 특징이다.

2 치료목표와 치료과정

1) 치료목표

경험적 가족상담 및 가족치료의 목표는 안정이 아니라 성장이다. 즉, 감수성, 느낌의 표현, 자발성과 창의력 증진, 선택의 자유, 경험확대, 내면적 경

험과 외면적 행동의 일치에 의한 개인의 통합력 증진 등이 주 목표이다. 가족이 표현하는 공통증상은 하나의 징후이고 본질적인 문제는 정서적 황폐감이다(Nichols & Schwartz, 2001; 김영애 외 공역, 2002). 경험적 치료모델에서는 문제의 증상을 치료하는 것보다 가족원의 개방적인 자기표현을 촉진하여 개인이 성장하게 되면 연쇄적으로 가족이 변화하고 성장한다고 믿는다. 그러므로 치료자는 가족의 억압된 감정에 관심을 가지고 상담을 통하여 가족 상호 간에 정서적 감수성이 증진되어 감정을 명확하게 표현하게 하고 상호 간에 감정을 공유하도록 돕는다(정문자, 2007).

위터커는 개인의 성장은 가족의 결속이나 통합과 불가분의 관계라고 하였다. 자녀들은 부모가 자녀들 없이도 행복해질 수 있다는 것을 느낄 때 가정을 안심하고 떠나 독립할 수 있다. 자녀들이 걱정 없이 독립할 수 있도록 부모와 자녀는 정서적으로 친밀해 있어야 한다는 것이다.

사티어는 자아존중감을 높이고 자기 인생에 대한 선택권을 스스로 가짐으로써 개인이 성장하는 것을 최대 목표로 삼았다. 그는 한 개인의 성장은 가족체계의 건강과 통합됨으로써 이루어지기 때문에 가족이 희망을 가지고 미래의 꿈을 갖도록 도와야 한다고 하였다. 이와 같은 목적을 달성하기 위해서 치료자는 가족이 서로 협력하는 과정과 가족원의 욕구와 감정을 가족 내에서 표현하고 공유하는 것을 강조하였다. 따라서 사티어 모델에서 상담의 궁극적 목표는 개인의 자아존중감을 높이고, 자기 인생에 대한 선택권을 갖게 하며, 가족규칙을 합리적, 현실적으로 만들고 내면의 경험과 일치된 의사소통을 하는 개인과 가족이 되도록 하는 것이다.

경험적 가족치료에서는 건강한 가족이란 문제가 없는 가족이 아니라 어떤 문제가 발생해도 그 문제와 함께 계속해서 성장하는 특징이 있다. 또한 그들은 모든 가족자원을 동원하여 그 문제를 공유하고 대처하며 구성원 개개인의 성장과 경험을 지지한다. 위터커는 건강한 가족의 요소에 대해 창조성, 융통성과 함께 위계질서와 세대 간의 경계를 말하였다.

사티어는 가족원들이 서로의 성장을 돕고 지지하는 가족을 정상가족이라고 하였다. 즉, 모든 가족원이 가치 있고 사랑받고 있다고 느끼고 부모를 일치형 의사소통의 모델로 삼게 됨으로써 자존감과 자기가치감이 증진되며 융통성과 생산적인 문제해결 능력을 가지고 있는 가족을 지향목표로 설정하였다.

2) 치료과정

경험적 가족치료는 경험이라는 말에서 보여주듯이 이론의 역할을 높이 평가하지 않고 유용하지도 않다고 생각한다. 즉, 치료는 이론과 기법이 아닌 개방성과 자발성을 필요로 하며, 가족에 깊게 관여함으로써 가족을 변화시킬 수 있다는 신념에 입각한 직관적 방법을 강조한다.

경험, 만남, 직면, 직관과정, 성장, 존재, 자발성, 지금-여기, 행동 등은 경험적 가족치료자가 많이 사용하는 개념이다. 치료자는 치료적 변화가 경험의 확대와 증가에서 비롯되는 것이기 때문에 지적 반응이나 문제의 원인에 초점을 둘 필요가 없다고 믿는다.

치료자들은 매우 적극적으로 활동하고 솔직하게 자기개방을 하면서 가족들이 자신의 느낌과 감정, 공상 등 내면적인 경험에 더 접촉하도록 여러 가지 방법을 사용한다. 치료를 통하여 지금-여기에서의 감수성과 경험이 촉진된다.

경험적 가족치료자들에게서 힘은 정서적 경험에 있다. 그것은 환기적 기법으로서 그들 자신의 인성과 자연 그대로의 솔직성을 이용하여 가족들과 참만남을 이룬다. 치료자의 활력은 곧 치료의 생명력과 연결되는데 얼음을 녹이는 따스함과 에너지가 있고 온화하고 지지적이며 때로는 자극적이다. 이를 통하여 가족들의 치료에 대한 불안이 감소되고 방어를 깨고 서로에게 진심을 개방할 수 있게 하며, 친숙해져서 감정표현이 자연스럽게 이루어진다. 즉, 치료자는 개방적이고 솔직하고 자발적인 인간으로서 가족원의 모델이 되어야 한다(Goldenberg & Goldenberg, 2001; 김득성 외 공역, 2003).

치료자들은 인간은 본질적으로 건강하며, 만일 문제가 있을 때도 문제를 해결할 자발성과 자유를 주면 비상한 창의력으로 생산적인 계획과 결과를 산출할 수 있다는 믿음을 가진다. 그러므로 치료의 주된 작업은 방어를 깨고 경험을 개방하여 가족원들이 자발적으로 감정을 표현하게 하는 것이다. 가족들은 치료자의 이런 도전과 자극에 불안해할 수 있다. 그러나 경험적 가족치료자들은 자주 이 방법을 사용하는데, 이로 인한 위험을 줄이기 위해서는 숙련된 상담기술이 필요하며, 온 가족이 함께 있을 때 구성원을 자극하는 것이 안전하다. 그리고 가족이 하나의 팀으로 구성되어 있기 때문에 개인의 경험 확대를 위하여 가능한 한 많은 가족원이 치료에 포함되어야 한다고 주장한다. 그러면 큰 집단 안에서의 경험확대와 변화가 전체 가족원의 변화에 더 큰 영향을 미치게 된다는 것이다.

(1) 위터커의 치료과정

위터커는 가족은 교육이 아닌 경험을 통하여 변화하며, 특히 비언어적이고 상징적인 경험이 중요하다고 하였다. 그는 치료과정에서 문제의 원인을 파악하기보다 그 자리에서 듣고 관찰하고 자신이 경험한 것을 이용하여 가족의 상처를 치료하였다. 위터커는 내면의 경험을 중시하고 이를 확대하는 것을 목표로 독자적이고 도전적인 개입을 하여 가족들이 자기인식, 자기신뢰, 인간적 성장을 할 수 있도록 돕는다. 그는 간혹 상식을 뛰어넘는 개입을 함으로써 가족들이 강한 정석 경험을 하도록 하였다. 그는 치료과정 속에서 경직된 가족을 가식적인 것에서 탈피하여 자유롭게 하는 데 뛰어난 소질을 지녔다는 점이 특징이다.

다음의 몇 가지 예에서 위터커의 개입방법을 엿볼 수 있다(Nichols & Schwartz, 2001; 김영애 외 공역, 2002).

그는 여러 번의 자살을 시도했던 우울한 청년에게 "다음 번 자살을 시도할 때는 치료자의 좀 더 확실한 조언을 받아 성공할 수 있도록 하라"고 말한다. 청년은 놀라서 그를 쳐다본다. 이처럼 그의 시도는 때로 피사의 사탑을 무너뜨리려는 듯한 기법을 사용하였다.

위터커는 어머니가 지배적이고 아버지와 아들은 복종적인 관계에 있는 가족을 면담하였다. 면담이 시작되자마자 어머니는 아들의 문제를 열거하기 시작했다. 이때 위터커는 어머니를 한참 바라보더니 "어머니는 상당히 부드러운 눈빛을 가지고 있네요"라고 하며 칭찬을 하였다. 그러자 어머니는 계면쩍어서 태도가 부드러워졌다. 그리고 위터커는 지배적인 어머니를 불꽃으로 비유하고, 복종적인 아버지를 물방울로 비유하면서 두 사람이 똑같지 않은 것이 다행스러운 일이라고 말하였다. 그러자 면담 후반부에는 아버지와 아들이 적극적이 되고 어머니는 조용해졌다.

딸의 문제로 온 어머니는 딸의 문제를 열거하고 계속 얘기하는데 아버지는 아무 말 없이 앉아만 있고 위터커가 물어도 대답을 하지 않는다. 아버지가 반응을 억압하고 있는 것처럼 보였다. 위터커는 아버지에게 딸의 문제에 관심을 갖지 않은 이유를 묻는 것을 어머니가 원치 않는다는 것을 알고 있었다.

치료자 : (아버지에게) 당신이 나를 화나게 하고 있다는 것을 아세요?

아버지 : 예? (보통 사람들은 이런 방식으로 말하지 않으므로 그는 당황하고 놀랐다)

치료자 : 당신이 나를 화나게 하고 있다고 말했어요. 당신 아내가 지금 딸 문제를 걱정하고 있는데 당신은 아무 관심이 없다는 듯이 앉아 있군요.

아버지 : 선생님, 어떻게 그렇게 말씀하세요? 저도 식구를 위해 열심히 돈 벌고 있어요. 저도 직장에서 이 사람 저 사람 눈치보고 어려움을 참아가면서 식구들 벌어 먹이느라 뼈가 빠지게 일해요. 또 집에 오면 맞벌이하는 아내가 이일 저일 힘들다, 애가 이랬다 저랬다 하는 불평을 계속 들어야 해요. 나는 질렸어요.

치료자 : 다시 한 번 더 크게 말씀해 보세요.

아버지 : 나는 질렸소! 나는 질렸다고요!

위터커는 아내의 정서적 충격을 주시하면서 남편의 감정표현을 유발하여 남편 안에 쌓여 있던 아내에 대한 화난 감정을 표현하도록 했다. 그 결과 분위기가 역동적으로 변화하여 아내도 남편에 대한 감정을 딸 문제로 대치시키고 있음을 노출하였다.

(2) 사티어의 치료과정

사티어는 현상학이론 외에 자아심리학, 학습이론, 의사소통이론, 체계이론 등 다양한 이론에 바탕을 둔 다음 네 가지 전제를 기초로 접근한다(Satir, et al., 1991; 한국버지니아사티어연구회 역, 2000; 정문자, 2007).

첫째, 모든 행동은 합리적이고 적절한 동기가 있다. 사람이 학습된 행동을 한다면 그것이 그 사람이 그 상황에서 할 수 있는 최선의 행동이다.

둘째, 모든 사람은 치료될 수 있으며, 치료는 치료과정 중에 일어난다. 내용보다는 과정이 치료에 중요하며, 치료자는 일관되게 일치형 의사소통을 하는 것이 필수적이다.

셋째, 신체적 활력과 정서적 건강수준은 연관되어 있다. 따라서 치료에서는 인간의 모든 것을 이용해야 한다.

넷째, 자아존중감과 효과적인 의사소통은 상호 관련되어 있다. 자존감은 결혼, 부부관계, 부모-자녀 관계, 스트레스에 대한 반응 및 대처능력, 융통성, 차이점이나 불확실성을 다루는 능력, 성장과 자유를 누리는 것 등에 영향을 미친다.

사티어는 인간이 과거에 자신에 대해, 다른 사람에게 그리고 다른 사람이 자신에 대해 가졌던 기대와 열망, 지각, 감정에 대한 감정, 대처방식, 행동 등이 현재에도 해결되지 못했거나 충족되지 못한 부분에 초점을 두었다. 그는 이와 같은 미해결된 과제를 직접 그리고 지금-여기에서 경험하게 하면서 적절한 개입을 통하여 개인이 성장하고 과거의 상처가 치유되도록 돕는다. 이를 위해서는 먼저 수용적이고 긍정적인 분위기 조성이 필수적이다. 내담자가 상담자로부터 자신을 가치 있는 존재로 느끼고 안전감과 신뢰감을 느낄 때 변화가 시작된다.

치료자는 먼저 가족규칙과 의사소통 유형을 탐색하고 내담자로 하여금 변화의 필요성을 인식하게 된다. 그리고 역기능적인 것에서 벗어나 자기가치를 발견하여 자신을 개방하고 감정을 나누고 경청하는 방법들을 학습하게 한다. 치료자는 가족에게 명확한 의사소통 규칙을 따를 것과 메시지를 분명하게 하는 일치형 의사소통을 연습하고 훈련하여 정착되도록 돕는다.

치료적 변화과정은 다음 6단계로 진행된다(Satir, et al., 1991; 정문자, 2007).

① 적절한 도움 요청 단계

변화의 필요성을 인식하는 단계로서 가족이 현재의 괴로움과 고통, 불편함, 증상을 통하여 불균형 상태를 지각하여 이를 변화시키려고 도움과 정보를 구한다.

② 통찰 및 저항 단계

가족체계에 치료자가 개입하여 문제를 탐색하고 긍정적 목표가 설정되면서 현 상태의 균형이 깨지고 가족체계는 새로운 요인에 대해 반응하며 통찰과 새로운 조정이 이루어진다. 치료자는 외부 요인으로 가족 속에 들어가게 되고, 가족이 보여주는 저항을 수용하는 일이 필요하다.

③ 감정 직면 및 혼란 단계

새로운 지각이 생기면서 과거의 역기능 상태에서 새로운 기능 상태로 바뀌는 과정에 혼돈이 발생하게 된다. 시간이 지나면서 과거의 것은 맞지 않고 새것 또한 통합이 되지 않은 상태이다. 낮은 자아존중감에 대한 새로운 인식이 이루어지며 과거의 상처나 분노, 두려움을 직면하는 일이 중요하다. 치료자는 신체적 접촉, 시선 맞추기, 긍정적 정서 지원 등을 통하여 가족들을 편안하게 해주며 너무 밀착되거나 거리감이 생기지 않도록 균형을 잡아주어야 한다.

④ **새로운 시각 · 방법의 통합단계**

새로운 학습에 의한 통합과정이 이루어진다. 변화에 대한 의식이 있지만 아직 익숙하지 않기 때문에 과거의 것에서 벗어나 의지를 가지고 새로운 방식을 선택해야 하는 단계이다. 새로운 희망, 새로운 자기가치, 새로운 지각 등 새로운 형태의 통합과 높은 자아존중감을 경험하기 시작하는 시기이므로 치료자의 지원과 자신감, 시간이 필요하다.

⑤ **새로운 현상 및 방법의 생활화 연습단계**

변화가 자신과 조화를 이루고 자리를 잡아 새로운 자신의 일부가 되는 단계이다. 계속 변화하고자 노력하도록 새로운 현상을 확인하고 경험하며 재통합할 수 있는 의도적 연습과정이 필요하다.

⑥ **새로운 현상의 정착단계**

변화가 정착되어 편안함과 안전감, 새로운 경험을 느끼는 단계이다. 새로운 상호작용과 기능적인 대처방식이 정착되어 높은 자아존중감과 일치형 의사소통 유형이 개발되고 정착된다.

3 치료자 역할 및 치료기법

1) 치료자 역할

경험적 가족치료에서는 일반적으로 기법보다는 치료자의 자질을 더 강조한다. 치료자는 가족들을 이해하고 수용하는 자세를 가지고 가족들의 반응에 주의를 기울이며, 그들의 감정과 반응을 함께 나누어야 한다. 이를 위하여 치료자는 가족들이 자기 자신과 행동을 객관적으로 볼 수 있는 상황과 안정된 분위기를 조성하여야 하고, 치료자의 신뢰감과 자신감을 전달하는 것이 중요하다. 이들은 지금-여기에서의 감정과 경험을 치료에 이용한다는 신념을 공통적으로 가진다.

경험적 가족치료는 이론적으로 절충적일 뿐만 아니라 기법도 다른 분야에서 도입하였다. 가족조각과 안무는 심리극에서, 확대가족과 함께하는 치료는 보웬의 이론에서 도입되었다. 그리고 게슈탈트 치료기법, 미술치료 기법, 빈 의자 기법, 심리극(사이코드라마), 가족인형극 등의 표현적 기법이 많이 사용되었다.

상담기법과 기술의 활용 정도에 따라 위터커의 접근과 다른 치료자들의 접근의 두 가지로 나누어진다.

위터커는 구조화나 전략을 짜지 않고 가족과 함께하는 것 자체를 강조한다. 개인적이고 친밀한 만남을 선호하였고, 지시를 하는 대신에 그들의 느낌과 경험을 나눔으로써 그들과 연대감을 느끼는 것을 중요시하였다. 예를 들면, 배변에 있는 문제가 있는 아동을 만난 경우에는 그는 의자를 버리고 같이 쭈그리고 앉아 면담하였고 때로는 부모에게 이와 유사한 과제를 주기도 하였다. 무엇보다 중요한 기법은 치료자 자신의 활용이다. 위터커는 자발적이고 창의적이며 생기 있고 감수성이 풍부한 자질을 갖춘 치료자였다. 그는 특정 기법보다는 자신을 이용하여 각자의 신념체계와 상징체계를 표현함으로써 가족을 도울 수 있다고 하였다(Goldenberg & Goldenberg, 2001; 김득성 외 공역, 2003).

그러므로 위터커는 깊은 정서적 개입을 하는 경험적 가족치료에서 전이나 역전이 현상이 일어날 가능성이 많다고 하고 치료자의 역전이 반응을 예방하고 가족과 밀착되는 것을 막기 위하여 공동치료를 주장한다. 공동치료자가 있으면 현상을 유지하려는 가족에게 조종당하거나 가족체계에 압도당하지 않도록 보호하는 효과와 전체 가족을 위한 바람직한 대인관계 행동모델을 가족에게 보여줄 수 있는 점이 있다.

반면 캠플러나 캔터, 사티어 등은 잘 훈련된 기법으로 치료를 계획하고 구조화하며, 가족조각과 안무 같은 구조화된 기법 등을 사용한다. 사티어는 의사소통을 명료화하기 위해 적극적으로 개입하고 해결책을 찾기 위해 과거에 대한 불평을 막으며, 가족원이 자존감을 위해 모든 사람을 지지하고 긍정적인 감정을 지지해 주었다. 그리고 가족원들이 서로 접촉하고 친밀해지는 방법들을 직접 보여주고 교육하였다.

2) 치료기법

(1) 가족조각

가족조각(family sculpture) 기법은 캔터(Kantor)가 개발한 것으로 사티어(Satir), 덜(Duhl) 등에 의해 널리 활용되고 알려지게 되었다. 가족조각이란 가족원 한 명이 다른 가족원에게 느끼는 내적 정서 상태를 동작과 자세 등의 신체적 표현으로 공간적으로 나타내는 것이다. 이로써 개인의 특정한 사람에 대한 내적 감정과 생각이 시각적으로 표면화되고, 참여한 사람들이 함께 가족의 의사소통 유형, 감정, 가족규칙, 대처방식, 관계 등을 파악하여 경험할 수 있다.

이 기법을 사용하는 목적은 가족원 각자가 자신의 내면적 감정을 경험하고 실제의 자신과 가족의 역동성을 시각적으로 파악하여 새로운 대처방법을 찾아보게 하기 위한 것이다. 그 구체적인 방법으로 먼저 치료자는 치료 중에 가족에 대해 잘 이해하기 위하여 좀 더 색다른 것을 해도 좋은지 물어서 동의를 얻으면 가족 전원을 일어나도록 한다. 그리고 가족 중 한 명에게 "가족원 한 사람 한 사람을 조각용 진흙 덩어리라고 생각하고 당신이 느끼는 대로 그들의 자세와 위치를 만드세요"라고 요구한다. 가족조각을 다 하면 그 사람도 어딘가에 들어가 자세를 취하도록 지시한다.

조각을 하는 동안 가족은 이야기하거나 웃지 않는다는 원칙을 세운다. 가족을 조각한 후 그 자세를 1분 정도 유지하면서 가족들은 내면의 감정과 접하게 된다. 그 후 치료자는 가족 개개인에게 조각하는 동안 어떤 느낌을 가졌는지 물어본다. 이때 가능한 한 감정적 피드백이 교환되도록 격려한다.

다음에 여러 가지 반응이 가능하다. 흔히 조각을 통한 감정적 피드백이 끝난 후, 가족에게 이상적으로 바라는 관계를 나타내는 조각을 다시 한 번 하도록 권한다. 또한 경직된 가족이나 가족 전체의 힘이 미약한 가족에게는 소도구를 사용하거나 동물, 자연, 자동차 등의 은유적 이미지를 표현하게 한다. 덜(Duhl)은 관계개선이 지지부진하고 교착상태에 빠져 있는 부부를 돕기 위해 긴 밧줄을 사용하여 관계에 가지는 관심의 정도만큼 힘껏 줄을 당겨보라고 지시한다(Nichols & Schwartz, 2001; 김영애 외 공역, 2002).

조각기법은 상담자의 관심과 활용능력, 가족의 참여범위, 상담상황에 따라 다르게 활용된다. 사티어는 초기에는 의사소통 유형을 중심으로 정형화된 모습으로 조각하게 하였다. 예로 회유형은 무릎 꿇고 비는 자세, 비난형은 손가락으로 지적하고 공격하는 자세, 초이성형은 거리를 두고 생각에 골몰하고 무표정한 자세, 산만형은 계속 안절부절하고 끊임없이 움직이는 자세를 취하도록 한다. 나중에는 주관적으로 지각한 대로 자연스럽게 나타내는 방법도 사용하였다. 또 가족원 중에 한 사람이 조각하지만 어떤 경우는 상담자가 직접 조각하기도 한다. 이 기법은 잘 훈련된 전문가에 의하여 신중하게 사용되어야 하고 역할벗기와 끝맺음까지 마무리하여야 한다(정문자, 2007).

(2) 역할극

역할극은 실제 경험을 바탕으로 현재의 느낌을 노출하는 것을 전제한다. 과거의 사건이나 바람 또는 미래 사건에 대한 감정을 직접 표현하게 함으로써 가족들에게 생생하게 경험할 수 있는 기회를 제공하는 것이다.

캠플러는 부모에게 어린 시절의 장면을 상상하게 하고 아버지에게 자신이 지금의 아들만 했을 때 같은 문제를 겪는 것을 상상하라고 한 후 역할극을 하게 하고, 어머니가 작은 소녀였을 때 좋아했던 것을 역할놀이로 표현하게 한다.

치료에 참여하지 않은 사람을 표현하고자 할 때는 게슈탈트의 그때-거기(there-then) 기법을 사용하기도 한다. 만일 할아버지에 대해 이야기하고자 할 때 빈 의자를 할아버지로 의인화하여 이야기하게 한다. 이 기법은 지나간 기억을 회상하고 억압된 감정을 표출하여 정서적 경험을 확대시키는 결과를 낳고, 가족원들이 가깝게 접근할 수 있는 기회를 제공한다(Nichols & Schwartz, 2001; 김영애 외 공역, 2002).

(3) 재정의

재정의(reframing)는 부정적 의미를 긍정적으로 바꾸기 위하여 행동과 감정, 사고에 감추어진 긍정적 의미를 제시하는 것이다. 이는 내담자가 긍정적인 측면에서 자신이나 다른 사람의 행동을 볼 수 있도록 하여 문제에 새로운 의미를 부여하는 것이다. 이로써 내담자로 하여금 행동을 조절할 수 있다는 생각을 갖게 해주어 긍정적으로 변화할 수 있다는 희망과 기대감을 갖게 하는 것이다. 사티어는 부정적인 문제나 상황을 긍정적인 것으로 전환시키는 재정의에 탁월한 능력을 가지고 있었다.

예를 들면, 남편이 아내의 잔소리를 불평하는 경우 치료자는 "잔소리는 아내가 남편을 집에 일찍 들어오게 하기 위한 노력으로 보이며, 남편과 더 가까워지고 싶다는 표현으로 보인다"고 말한다. 또 아내가 남편이 늦게 귀가하고 아내한테서 멀어져 간다고 불평하면 "그것은 남편이 부부싸움을 피하고 더 관계가 악화되지 않도록 하기 위한 행동"이라고 하는 것이다.

(4) 원가족 도표를 활용한 원가족 삼인군 치료

사티어는 원가족 도표(family of origin map)를 통하여 가족의 역동성과 가족관계를 쉽게 이해하고 평가하며 이를 원가족 삼인군 치료에 활용한다(정문자,

2007). 이로써 가족원의 성격, 자아존중감 정도, 의사소통 유형, 가족규칙, 가족의 역동적 관계, 세대 간의 유사성과 차이점, 원가족 삼인군(아버지, 어머니, 자녀) 방식에서 벗어나 의식적인 선택과 감정 관리를 하게 하고, 일치형 의사소통을 하며 궁극적으로 자아존중감을 높이고 성장하게 한다.

사티어는 치료의 대상을 '스타(star)'라고 불렀다. 원가족 도표는 스타의 원가족, 스타의 아버지 원가족, 스타의 어머니 원가족의 세 가지가 있다.

원가족 도표를 그리는 방법은 다음과 같다.

① 1단계 : 스타의 원가족 도표 작성

아버지는 □를, 어머니는 ○를 그린 후, 그 안에 그들의 이름과 현재 나이를 적고 그 옆에 직업, 학력, 종교를 적는다. 부모가 사망한 경우에는 사망시 나이와 사망이유를 적고 그 도형에 사선을 긋는다. 부모의 결혼기간이나 결혼연도, 별거연도, 이혼연도 등을 적는다. 스타의 형제를 출생 순으로 도형으로 그리고 역시 개인적 인구정보를 적는다.

② 2단계 : 가족의 성격 특성, 대처유형, 관계양상 작성

아버지와 어머니, 형제들의 성격 특성을 긍정적 특성 세 가지, 부정적 특성 세 가지를 적는다. 스트레스 상황에서의 과거 대처방식(의사소통 유형)을 적고, 가족관계 양상을 선으로 표시한다. 스타에게 ★표시를 한다. 가족의 특성을 잘 나타내는 별칭을 적는다.

③ 3단계 : 스타의 아버지, 어머니의 원가족 도표 작성

같은 방법으로 스타의 아버지의 원가족 도표에 할아버지, 할머니, 아버지의 형제자매에 과한 정보와 관계양상을 표시한다. 그리고 스타의 어머니의 원가족 도표에는 외할아버지, 외할머니, 어머니의 형제자매 등에 대한 정보와 관계양상을 표시한다. 그리고 그 가족의 특징적인 제목을 적는다.

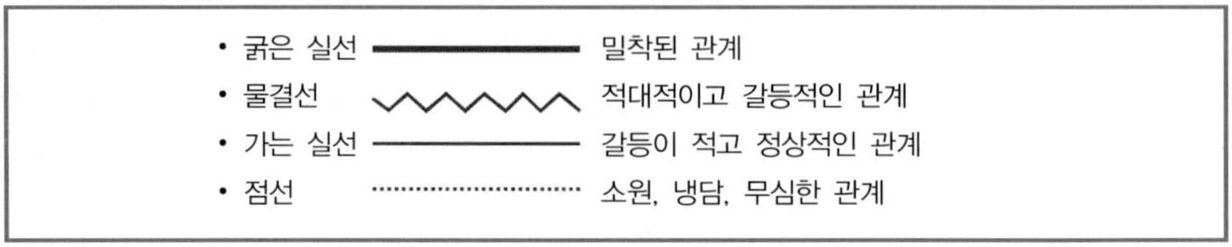

|그림 6-1| 원가족 도표 관계표시

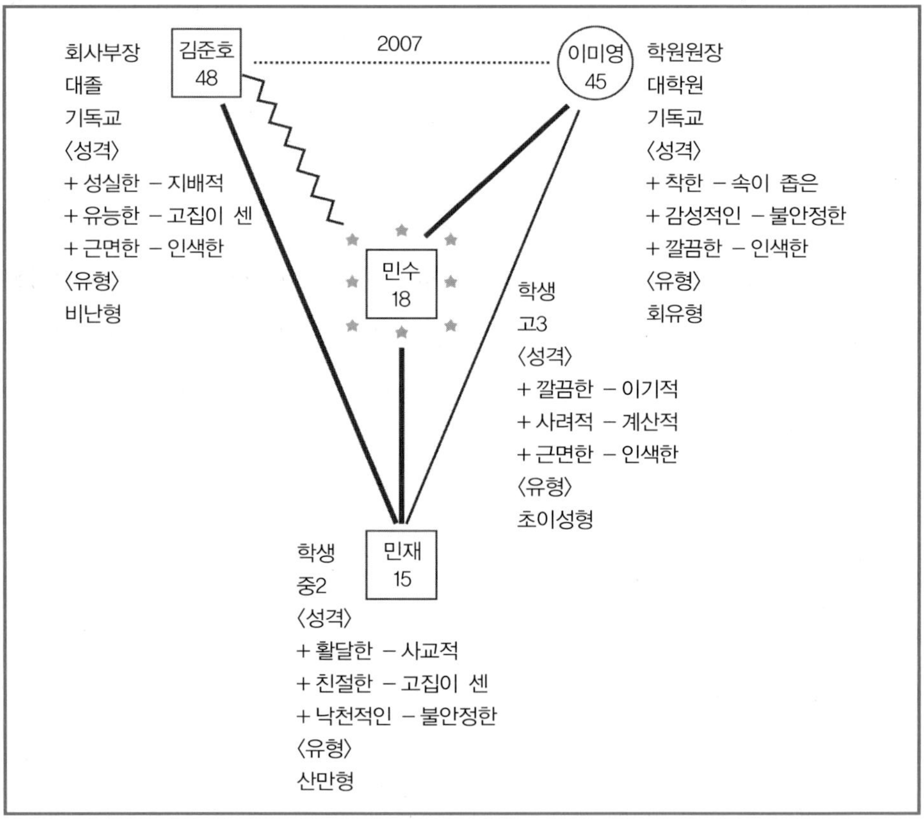

|그림 6-2| 민수의 원가족 도표

(5) 빙산탐색

빙산탐색은 사티어가 뒤늦게 개발한 기법으로 개인의 내적 경험을 이끌어 내는 비유적 방법이다. 이 기법은 실제로 개인중심의 성장모델로 많이 사용되고 있다.

사티어는 빙산을 수면 위에 나타난 부분인 행동과 대처방식을 1차 수준으로, 수면 아래의 부분인 감정, 감정에 대한 감정, 지각, 기대, 열망으로 구성되는 2차 수준, 그 아래의 자기(self)의 3차 수준으로 인간의 심리내적 경험을 구분하였다. 사티어는 인간의 대부분의 경험이 수면 아래에서 경험되므로 치료자는 표면적 경험인 1차 수준뿐만 아니라 잠재의식으로서 2차 수준과 3차 수준의 경험을 탐색하여 경험을 표면화시키고 역동을 변화시키는 것이 중요하다고 믿는다(정문자, 2007).

사티어는 문제행동 아래에 숨겨진 가족규칙과 의사소통 유형, 감정과 개인의 느낌, 기대, 열망, 자기 생명력 등을 빙산탐색 기법을 활용하여 사정하고 개입하였다. 그리하여 성장과정에서 누적된 내면의 감정과 잠재적인 경험들을 치료 장면에서 실제로 느끼고 부적응적인 내적 경험을 표면화시킴으로써 바람직하게 자기와 열망, 기대를 실현하는 방안을 찾도록 돕는다. 그리고 역기능적 의사소통을 일치형 의사소통으로 변화시키고 자아존중감이 향상되도록 도왔다. 또한 빙산탐색 기법을 이용하여 개인의 심리내적 역동 외에도 가족원 상호 간의 관계역동을 파악하고 자신과 다른 사람에 대한 감정과 지각, 기대, 열망을 인정하고 수용하게 되면 감정도 변하게 되고 반응행동이 다르게 나타난다. 그 결과 개인과 관계가 기능적으로 변하고 성장하게 되는 것이다.

예를 들어, 시가와의 갈등으로 남편에게 화를 내는 아내의 내면을 이해하기 위해 다음과 같은 질문으로 탐색한다.

① **행동** : 남편에게 화가 나는 상황에서 어떻게 행동합니까?

② **대처방식** : 반복되는 대처유형이 어떻게 나타납니까? 그 의도는 무엇인가요?

③ **감정** : 그 상황에서 느끼는 감정이 어떤 것인가요? 그와 관련되어 다른 감정도 느꼈나요?

④ **감정에 대한 감정** : 화가 나는 자신에 대한 느낌은 어떠한지요?

⑤ **지각** : 그 상황에 대해 어떻게 이해하고 판단되나요? 그때 어떤 생각이 드시나요?

⑥ **기대** : 그때 남편에 대한 기대는 무엇인가요? 남편의 당신에 대한 기대는 어떤 것입니까? 과거의 현재 충족되지 않은 기대는 무엇인가요?

⑦ **열망** : 부인의 기대 밑에 있는 간절한 소망은 어떤 것인가요?

⑧ **자기** : 자신의 생명력과 삶을 지탱하게 하는 본질은 무엇인가요?

빙산탐색 기법을 활용하는 과정에서 경우에 따라 내담자가 죄책감을 갖거나 상처를 받을 수 있고 저항을 보일 수도 있다. 치료자는 내담자의 감정을 진심으로 느끼고 공감하며 내담자가 성장에 방해가 되는 것을 과감히 버리고 긍정적 자원을 활용하도록 격려하고 따뜻하게 지지하는 것이 필요하다.

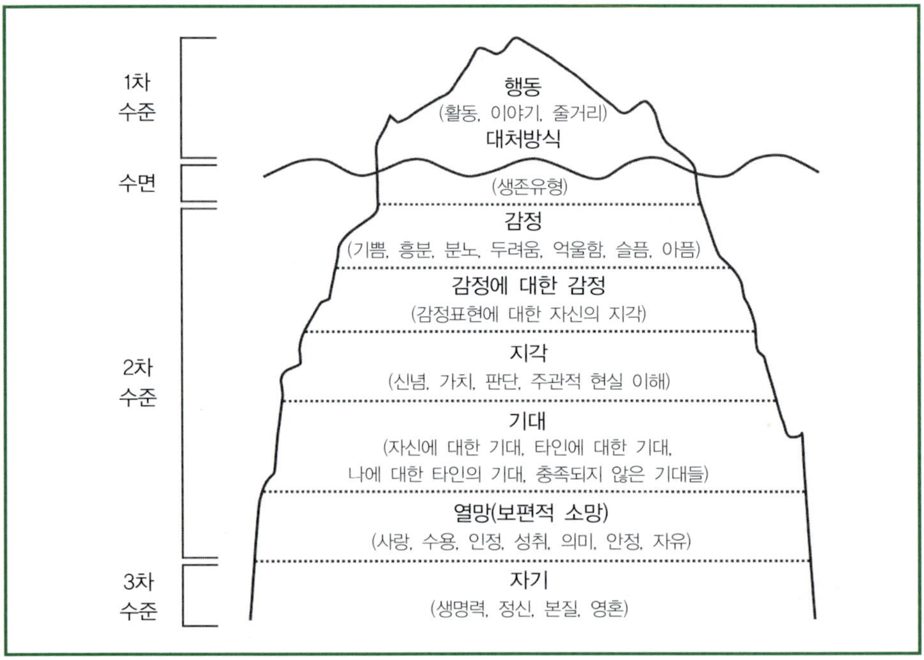

|그림 6-3| 빙산탐색에 활용되는 개인의 경험수준

출처 : 정문자(2007). 경험적 가족치료, p. 187.

4 적용 사례

남편(34세, 회사원, 대졸)은 성장기에 아버지가 장기간 정신병원에 입원하셨다가 돌아가신 가정의 3남 1녀 중 장남으로, 경제적으로 어려운 가정에서 고생하며 자녀를 뒷바라지하신 어머니에게 착한 아들이고 동생들에게 아버지 노릇을 해왔다. 아내(31세, 회사원, 대졸)는 자상하고 밝지만 지배적이고 폭발적 화를 잘 내는 아버지와 초등1학년 때부터 몸이 약하여 계속 입원, 퇴원을 반복하고 집안일을 제대로 하지 못하는 어머니의 2남 1녀 중 막내로, 나이 차이가 많이 나고 모범생인 오빠들에 비해 말썽을 피워 가정에서 인정받지 못하고 성장했다.

이 부부는 결혼 1년 차이고 8개월인 아들이 있는데 신혼기부터 강한 성격의 지배적인 시어머니의 간섭과 참견과 더불어 남편의 시어머니에 대한 맹종과 의존 때문에 갈등이 심하였다. 이 부부는 둘 사이에는 문제가 없으나 남편이 지배적인 시어머니에게 무조건 간섭받고 사는 것을 당연하게 생각하고 아내보다는 시어머니와 상의하고 보고하는 등의 행동을 하기 때문에, 아내는 모자의 밀착 관계와 시모의 간섭에 불만이 커져서 남편과 시집 식구들에게 소리를 지르고 물건을 내던지는 등의 행동을 하여 양가 어른들의 권유로 헤어지기 전에 마지막 노력으로 상담을 받기로 하였다.

상담자는 사티어의 경험적 가족치료모델을 적용하여 부부 각자가 자신의 행동과 감정에 대한 책임을 자각하고 자신과 가족원들에 대해 긍정적 선택을 하며, 일치적 의사소통을 하는 것을 상담목표로 합의하고 10회기를 상담하였다.

1회기와 2회기에는 결혼동기와 결혼기대, 현재 문제, 부부의 의사소통 유형을 파악한 결과 남편은 아버지가 계시지 않은 가정의 기둥으로서 장남 역할을 중시하고 회유형 대처방법을 보이는 반면 아내는 부부 친밀감을 중시하고 시댁과 거리를 두어야 한다고 생각하여 시모와 남편을 비난하는 대처 방법을 나타냈다.

3회기에서 6회기까지 남편과 아내의 원가족 삼인군, 빙산탐색을 활용하여 현재 가족관계에 대한 원가족의 영향과 부부 사이의 여러 측면의 차이를 이해할 수 있게 하였다. 특히 빙산탐색 결과 대처행동에서 남편은 아내가 시댁에 적응하는 것, 아내는 남편이 시댁과 거리를 두고 부부로서 함께하는 것을 추구하며, 감정에서 남편은 우울과 두려움을, 아내는 분노를 경험하였다. 감정에 대한 감정에서 남편은 지침과 절망감을, 아내는 외로움과 비참함을 경험하였다. 지각인 신념과 가치관에서 남편은 잘못하면 아내가 떠난다, 아내는 나를 인정해 주어야 한다고 생각하고, 기대에서 남편은 아내와 함께 있었으면, 아내는 남편이 날 받아들였으면, 열망에서 남편은 아내 옆에서 사랑받고 싶다, 아내는 날 온전히 받아들였으면, 자기 본질로서 남편은 곁에서 사랑받는 행복한 나를, 아내는 받아들여지는 행복한 나를 갖고 있음을 확인하였다.

7회기에서 8회기는 부부 상호 간에 기대, 열망, 감정, 대처방법이 다를 뿐이지 어떤 것이 좋고 나쁜 것이 아님을 이해하고 이를 바탕으로 관계개선에 걸림돌로 작용하는 자신의 모습을 인정하여 노력할 점을 찾아가는 작업을 하였다. 그 결과 남편은 아내의 행동에 상처를 받아 대응적 행동을 하며 참기만 했던 것을 그치고 아내를 이해하고 인정해 주며 아내에게 도와달라는 말을 조금씩 하게 되었다. 아내는 남편의 생각과 기대를 잘못되었다고 생각하고 자신의 감정을 쌓아두었다가 폭발적으로 표현하던 것을 중단하고 남편의 생각과 기대를 이해하게 되었고 자신의 감정과 기대를 표현하기 시작하였다. 그리고 부부가 일치적 의사소통하는 방법을 연습하여 관계개선을 위한 노력을 하기로 합의하였다.

9회기에서 10회기는 부부가 상대방 입장을 더 많이 이해하고 자신의 기대와 감정, 열망 등을 일치적 의사소통으로 표현하는 방법을 연습하여 관계가 개선되어 종결하였다. 이들은 상담을 통하여 자신과 다른 사람, 상황에 대해 객관적으로 이해하게 되었고, 둘의 열망이 같음을 알게 되면서 함께 일치적 의사소통 훈련을 함으로써 관계가 개선된 사례라 하겠다.

07 CHAPTER 구조적 가족상담 및 가족치료

구조적 가족상담 및 가족치료는 체계론적 관점을 근거로 발전된 것으로 가족의 상호작용 패턴을 가족구조로 설명한다. 즉, 개인을 사회적 존재로 보고 개인을 둘러싼 가족의 상호작용도 일정한 구조로 이루어진다는 것이 핵심이다. 그리고 가족구조가 변하면 그 구성원의 행동과 심리과정이 변화한다는 전제를 바탕으로 한다. 이 모델은 체계의 역동성을 강조하고 다른 이론에 비해 간단하면서도 실용적인 것이 특징이며, 치료자들은 주도적이고 적극적인 개입을 한다.

1 발달배경 및 주요 개념

구조적 가족상담 및 가족치료는 미누친(S. Minuchin)에 의해 개발되었고 필라델피아 아동지도클리닉을 중심으로 발전하였다. 그는 아르헨티나 출신의 내과의사로 이스라엘 군대에서 일하였고, 그 후 뉴욕 시의 애커만에게 소아정신분석 훈련을 받았으며 이스라엘로 돌아가 아동을 돌보면서 가족의 중요성을 깨닫게 되었다.

그는 뉴욕에서 비행청소년을 교정하는 정신과의사로 저소득층 가족을 치료하게 되면서, 기존의 중산층 가족에게 적용하던 대화를 통한 지적인 가족치료 방법으로는 한계가 있음을 알게 되었다. 그는 대부분의 저소득층 가족이 복합적인 문제를 지니고 있는 데다가 어려움을 극복하기 위한 대안도 부족하고 고치기 힘든 굳어진 습관을 가지고 있음을 발견하였다. 그리하여 그는 치료자가 좀 더 적극적으로 개방하여 구체적이고 행동중심적인 접근을 하는 것이 가족의 변화를 이끌어 낼 수 있음을 치료경험을 통해 알게 되면서 구조적 가족치료이론을 개발하게 되었다.

미누친은 헤일리(Haley)와 관계를 맺으면서 그의 전략적 가족치료모델 개발에 영향을 미쳤고, 1974년 『가족과 가족치료(Families and Therapy)』라는 책을 출판하여 구조적 가족치료모델을 알리기 시작하였다. 그는 1981년 뉴욕에 가족치료센터를 설립하여 치료와 치료자 훈련에 힘썼고 1996년 은퇴하였다. 그는 가족치료 개척자는 아니지만 가족치료 발전에 매우 중요한 영향을 미친 뛰어난 인물로 평가받고 있다(Nichols & Schwartz, 2001; 김영애 외 공역, 2002).

구조적 가족치료의 발전에 기여한 제자로 정신과의사인 피시먼(C. Fishman)과 생태적 접근을 추가한 사회사업가인 아폰테(H. Aponte) 등이 있다.

구조적 가족치료는 체계이론에 기초한 다음의 세 가지 원리를 강조한다(Beavers & Voeller, 1983).

첫째, 사회적 상황은 개인의 정신생활에 영향을 미치고 개인은 사회적 상황에 영향을 미치는 상호작용이 반복된다. 둘째, 상호작용 방식은 인간관계 규칙이 포함되어 구조와 관련되므로 가족원 개인의 문제행동은 가족관계의 구조문제를 반영한다. 따라서 가족구조를 바꾸면 구성원의 정신내적 과정과 행동 변화가 가능하다. 셋째, 치료자가 내담자 가족과 일할 때 그의 행동은 사회적 상황의 일부가 된다.

구조적 가족치료는 과거보다는 현재의 잘못된 가족구조를 고치는 것을 중시하고 가족원 간의 상호작용 방법과 관계규칙을 도식화함으로써 복잡한 가족문제를 진단하고 치료하는 실제적이고 명확한 지침을 제시하였다.

구조적 가족치료의 주요 개념은 다음과 같으며 가족구조를 명료화하기 위해 |그림 7-1|과 같은 가족지도(family map)를 사용한다.

1) 하위체계

가족은 안으로 다양한 하위체계로 구성된 하나의 체계이면서 동시에 가족을 둘러싼 친척, 직장, 친구, 학교, 경제, 교육, 지역사회 등의 외부체계의 하위체계로 작용한다. 가족 내의 하위체계로 우선 개인이 있다. 부부, 부모, 모자, 모녀, 부자, 부녀, 형제, 자매, 고부, 조손 등의 이인관계도 하위체계이다. 3명의 자녀가 있다면 이들도 하나의 하위체계이고 할머니, 어머니, 며느리, 딸로 구성된 4명의 여성이 있다면 이들도 하나의 하위체계이다. 이와 같이 하위체계는 세대, 성별, 기능, 성향과 흥미 등에 따라 형성될 수 있다.

가족원 개인은 여러 하위체계에 동시에 속할 수 있으며 각기 다른 역할과 기능을 가지고 일정한 위계질서 속에 행동한다. 예를 들면, 아내는 남편과 부부 하위체계를 이루고 동시에 딸과는 모녀 하위체계, 아들과의 모자 하위체계를 이루며, 또 시어머니와 고부 하위체계를 이루는 등 상보적 관계를 맺는다.

가족은 유기체와 같아서 각각의 하위체계 구성원이 고유한 역할을 적절히 수행하는 경우에는 건강하게 유지되지만 만약 그렇지 않을 경우는 역기능 가족이 되어 증상이 발생하게 된다. 특히 부부, 부모, 부모자녀, 형제자매 하위체계의 기능이 잘 수행되는 것이 가족체계의 건강에 중요하다(Minuchin, 1974; 김종옥 역, 1988).

(1) 부부 하위체계

부부 하위체계는 원가족과 독립적이고 자율적으로 기능하여야 한다. 만일 원가족과 밀착되어 원가족 고유의 규칙이나 확대가족원의 가치를 주장하면 부부 하위체계가 취약해진다.

부부간의 주요 과제는 애정과 성적 기능, 친밀감 기능, 의사소통 기능과 밀접하게 연관된다. 이 기능들은 현대 사회에서 건강한 부부체계의 기준으로 간주될 정도로 강조되고 있다. 이를 위해서는 부부가 자녀나 시부모, 친정부모 등 가족 내 다른 하위체계와 친구, 직장, 사회활동 같은 가족 밖 다른 체계로부터 간섭이나 방해를 받지 않고 부부만의 시간과 공간, 관심영역을 확보하여야 한다. 그리고 부부 하위체계는 의견 차이를 극복하고 갈등문제를 협상하고 해결하는 과제를 잘 수행해야 하며, 각자의 능력과 개성을 존중하고 자기 발전을 상호 지원해야 한다.

(2) 부모 하위체계

부모 하위체계는 주요 기능은 자녀의 발달과 성장을 위한 양육, 지도, 통제 등과 관련되며, 이는 자녀의 연령이나 발달단계, 특성에 따라 달라진다. 부모는 자녀의 연령과 발달단계에 적합한 양육과 지도규칙을 정하고 애정과 통제의 균형을 이루는 권위 있는 부모역할을 하는 것이 중요하다. 그리고 자녀의 특성이나 성장하는 과정에 따라 그때마다 부모와 가족이 재조정·재구조화되어야 하고, 부모가 하나의 팀으로 의견을 조정해 일치되고 일관성 있는 지원을 하는 것이 바람직하다.

또한 부모 하위체계와 부부 하위체계가 독립적으로 기능하는 것이 건강한 가족 유지에 매우 중요하다. 그러나 부부 하위체계가 역기능적인 경우 대부분 부모 하위체계가 약화되고 부정적 영향을 받기 쉽다. 예를 들어, 배우자와의 긴장과 갈등 때문에 부모의 팀워크가 깨져서 자녀 앞에 부모의 불일치와 불화 모습을 보이거나 상호 간에 비난과 무시하는 행동을 보인다면 역기능적 부모 하위체계가 되는 것이다.

(3) 부모자녀 하위체계

부모자녀 하위체계는 부모와 자녀 두 세대로 구성된 체계이다. 이 체계의 중요한 기능은 위계구조와 부모의 권위가 확립되어 구성원 모두가 행복하고 발전하는 것이다. 즉, 부모-성장기 자녀체계에서는 부모가 자녀의 발달적 욕구를 이해하고 자녀가 잘 성장하고 잠재력을 발휘하도록 긍정적 영향력을 발휘하는 것이 중요하다. 노부모-성인자녀 체계에서는 상호 간의 발달적 욕구를 지지하고 지원하는 상호작용을 하면서 노부모의 자녀에 대한 권위 유지와 자녀의 부모 공경 및 효도를 축으로 하는 유대감이 지속되어야 한다.

만일 자녀중심의 가족인 경우 부모의 부부체계는 부모자녀 하위체계에 의해 방해받게 되고 부모의 권위는 약화되고 자녀의 자율성 발달에 지장이 있다. 만일 과도하게 통제적인 부모중심의 가족인 경우 그 자녀는 종속적 존재로 부모와 갈등을 겪고 역기능적인 관계가 되기 쉽다. 또 만일 부모의 역할과 책임이 한 자녀에게 이전되는 경우에 그 자녀는 부모화된 자녀가 되어 역기능적 부모자녀 하위체계가 될 수 있다. 즉, 부모화된 자녀는 부과된 역할과 발달적 욕구 사이에 긴장과 갈등을 겪고, 자신의 발달과제를 달성하지 못할 수 있다. 그러므로 자녀의 부모화가 발생하는 상황에서는 부모를 돕는 자녀의 권한과 책임이 비정상적으로 커지지 않도록 부모자녀 하위체계를 재정비할 필요가 있다.

(4) 형제자매 하위체계

이 하위체계는 동일한 세대로 구성되지만 성별, 역할별, 권력별로 자체적인 위계구조를 이루고 있고 그 안에서 협동, 자기주장과 경쟁, 양보와 협상, 연합, 갈등해결, 우애 등을 배우고 사회성을 기르는 것이 핵심적이다. 형제자매 체계에서 경험적으로 학습한 대인기술은 이후의 대인관계에서 자연스럽게 나타난다.

형제자매 하위체계가 기능적이기 위해서 부모의 자녀 편애, 편 가르기, 비교 등이 없어야 하고 또 형제싸움에 끼어들기 등의 행동을 하지 않아야 한다. 그리고 형제자매 간에 친밀감과 유대감을 높이고 갈등이나 문제를 그들 간에 자율적으로 해결할 수 있는 기회를 주며, 공평하게 대하는 것이 바람직하다. 만일 형제자매 하위체계가 지나치게 가까운 경우 외부사람과의 관계

형성에 어려움이 발생할 수 있다. 반면 형제자매 간에 지나치게 소원한 경우에는 상호 간의 영향력이나 유대감이 약화되어 외동이처럼 되기 쉽다.

2) 경계선

경계선(boundary) 개념은 가족원 개인과 하위체계를 둘러싸는 보이지 않는 테두리로서 다른 사람과의 접촉의 양과 성질을 결정한다. 즉, 경계선은 개인과 개인 간에, 또는 하위체계와 하위체계 간의 상호작용 과정에 누가, 어느 정도, 어떻게 관여하는지를 정하는 규칙이다(Minuchin, 1974; 김종옥 역, 1988). 경계선을 통하여 구성원 간의 친밀 정도, 정보와 에너지, 자원의 교류 정도를 파악할 수 있다.

원래 사람은 자율적이고 독립적인 자유로움을 추구하는 욕구를 가지는 동시에 다른 사람과 유대감과 친밀감을 나누고 소속감을 갖고자 하는 욕구를 지닌다. 이 두 가지 욕구의 조황 균형은 개인이나 하위체계의 건강성과 성장에 매우 중요하다. 그러므로 경계선은 개인이나 하위체계의 독립과 자율성을 보호하는 기능과 구성원 간의 상호교류와 친밀성을 보호하는 기능의 조화를 이루도록 되어야 하는데 이를 구조적 가족치료에서는 명확한(clear) 경계선이라 한다. 가족의 기능이 잘 수행되기 위한 조건 중의 하나는 경계선이 명확해야 한다는 점이다.

구조적 가족치료에서 역기능적인 가족은 지나치게 경직된(rigid) 경계선이나 모호한(diffuse) 경계선을 가진다고 전제한다. 대부분의 가족은 경직된 경계선부터 모호한 경계선에 이르는 연속선상의 한 지점에 위치한다.

경계선이 경직되면 구성원들 간에 교류가 없는 상태로 서로 개입하지 않고 '너는 너, 나는 나'처럼 따로따로 가족이 되는데 이를 유리된 가족(disengaged family)이라 부른다. 이들은 상호 간에 지나치게 자율적이고 독립적이어서 의사소통이나 보호가 부족하고 온정과 애정, 접촉 등이 제한받기 때문에 소외감과 거리감을 느끼게 된다. 그에 따라 소속감이 결핍되고 구성원 상호 간에 도움과 격려, 지지를 필요로 하는 기회를 살피는 데 둔하게 되어 문제해결도 어려워지게 된다.

모호한 경계선은 구성원들이 지나치게 감정적으로 개입되고 지나치게 얽혀서 필요 이상으로 관여하게 된다. 이런 가족은 '너의 일도 나의 일, 우리 모두 함께'처럼 최대한 가족과 함께하는 일체감을 강조하고 개인 시간이나 개인 영역은 허용되지 않는 밀착된 가족(enmeshed family)이라고 부른다. 이들은 지나친 관심과 간섭, 지지를 보이며 과민반응을 나타내고, 모든 구성원은 똑같이 생각하고 느껴야 한다고 하여 개별성과 독립성을 인정하지 않는다. 그러므로 구성원들의 정체감 확립과 자율성이 방해받고 발달적 욕구와 독자적 문제해결 기회가 부족하게 되어 문제가 발생하게 된다.

기능적인 가족은 명확한 경계선을 가지는데 이런 가족은 자율적이고 독립적이면서도 필요할 때 협동하고 지지하며 서로에게 관여하므로 '나'라는 정체감과 '우리'라는 소속감을 동시에 가진다.

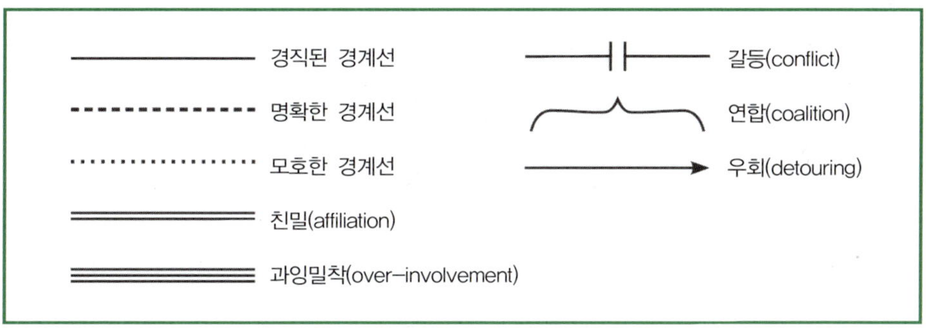

|그림 7-1| 가족지도에 사용되는 기호

출처 : Minuchin(1974); 김종옥 역(1988), p. 82.

3) 제휴와 위계구조

가족의 위계구조는 하위체계 간의 경계선과 기능을 기반으로 하는 가족 내 권력과 책임의 소재와 관련이 있다. 바람직한 위계구조는 부모 하위체계가 자녀 하위체계에 대해 권위와 영향력이 있고 경계선이 명확하다. 만약 이 위계구조가 달라지면 가족 구성원 간에 제휴(alignment)라는 역기능 현상이 발생한다.

제휴란 가족 구성원이 서로 연결되는 방법으로 지지나 협력 또는 반대나 대립하는 것을 말한다(Goldenberg & Goldenberg, 2001; 김득성 외 공역, 2003). 이에는 연합과 동맹이 있다. 연합(coalition)은 두 사람이 제3자에게 대항하기 위하여 협력하고 연결되는 제휴를 하는 것이다. 연합이 지속적으로 나타나는 것을 안정적 연합이라 하는데, 이는 다툼의 대상이 되는 가족원과 거리를 두고 두 사람이 연합하고 밀착된 관계를 계속 유지하는 것이다. 안정적 연합이 세대를 넘어 형성될 때 가족의 위계구조는 무너지고 역기능적이 된다(정문자 외, 2007).

한 예로 |그림 7-2|에서처럼 어머니와 아버지가 의사소통이 되지 않고 갈등을 겪는 경우 어머니가 딸과 연합하여 아버지를 격리시키고 대항하려는 시도를 하는 것이다. 이때 어머니와 딸의 안정적 연합으로 어머니는 아버지를 지배하고 통제하려고 함으로써 부모체계의 권위와 기능이 약화되는 결과를 초래한다.

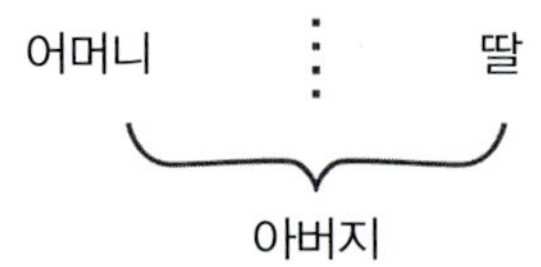

|그림 7-2| 어머니와 딸의 안정적 연합

또 하나의 예로 |그림 7-3|에서처럼 남편이 어머니와 밀착된 관계를 맺고 모든 일을 어머니와 의논하고 결정하는 경우 남편 자신은 심리적 안정감을 느낄 뿐만 아니라 은근히 아내를 통제하려고 한다. 그 결과 어머니와 부부의 위계구조는 무너지게 되고 아내는 시어머니에 의해 존재가치가 위협받

고 남편을 시어머니에게 빼앗겼다는 느낌으로 소외감을 갖게 되며, 남편과 시어머니에게 복종해야 하는 데서 오는 불평등감과 불편함을 경험하게 된다. 아내는 "내 존재가 이 집에서 무엇인가? 나는 이 집에서 가구처럼 살았어요"라고 말한다.

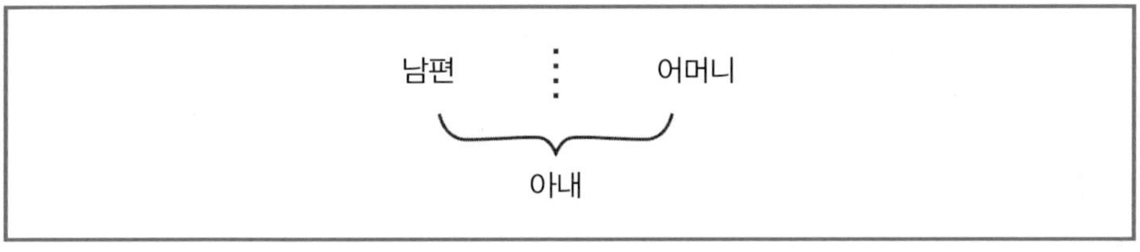

|그림 7-3| 남편과 어머니의 안정적 연합

우회연합(detouring coalition)은 가족원 간에 갈등이 발생할 때 이를 피하기 위해 다른 사람을 끌어들여 정서적으로 연합하는 것을 의미하며(Goldenberg & Coldenberg, 2001; 김득성 외 공역, 2003) 이도 역시 역기능적 위계구조가 된다. 흔히 부모의 갈등이 심한 경우 어머니가 아버지와 직접 갈등을 해결하려 하지 않고 이를 피하기 위한 방책으로 한 자녀를 택하여 밀착된 관계를 형성함으로써 우회적으로 갈등을 해결하는 역할을 하는 것이다. 그 결과 우회연합 대상이 되는 부모자녀 간의 경계가 파괴되고 자녀는 정서적 · 행동 문제를 일으키게 되기 쉽다.

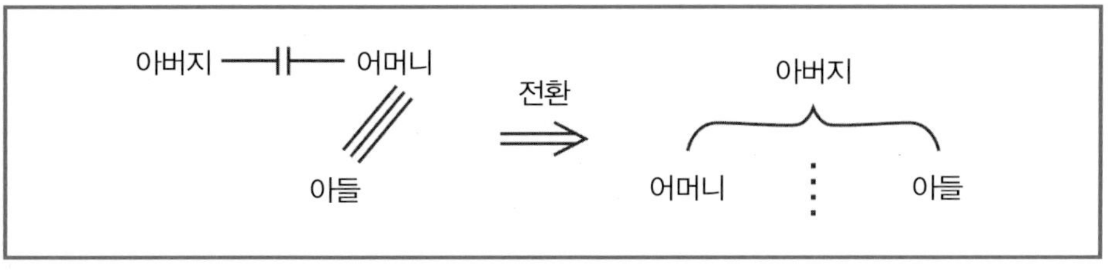

|그림 7-4| 어머니와 아들의 우회적 연합과 안정적 연합

이와 같이 세대를 넘어 우회연합이 오래 지속되어 부모의 관계가 악화되고 대립적이 되면 안정적 연합이 된다. 예를 들면, 아들 때문에 그 부모가 계속해서 싸운다. 아버지는 어머니가 너무 개방적이어서 아들을 망친다고 주장하고, 어머니는 아버지가 너무 엄격해서 아이의 기를 죽인다고 주장한다. 이에 지친 아버지가 반응을 보이지 않으면 아버지 역할을 포기하고 있다고 어머니가 비판하게 되고 그로 인해 아버지는 무력감을 느껴서 더 반응하지 않게 된다. 그 결과 어머니가 과도한 관심과 집착으로 자녀의 필요에 반응하면 유리된 아버지는 반응이 꼭 필요한 때도 반응하지 않는다. 그 결과 어머니와 자녀의 밀착된 관계가 아버지를 격리시키고 대항하는 안정적 연합을 형성하게 된다(Nichols & Schwartz, 2001; 김영애 외 공역, 2002).

동맹(alliance)은 두 사람이 공동의 이익이나 목적을 위하여 제휴하는 것으로 반드시 제3자와 적대적이지는 않다(김유숙, 2002). 예를 들어, 언니와 동생이 같이 합세하여 어머니에게 용돈액수를 올려달라고 요청하고 어머니의 허락을 받아내기 위해 상호 지지하고 협력적 관계를 갖는 것이다. 동맹도 세대를 넘어서 형성될 경우 부모의 권위와 가족의 위계구조는 약화된다. 예를 들면, 아버지와 아들이 지배적인 어머니에 대한 요구를 관철시키기 위해 같이 합세하고 협력하는 경우에 어머니의 권위는 물론 아버지의 권위가 무너짐으로써 아들에 대한 지도가 효율적이지 못하게 된다.

또 하나의 예로 |그림 7-5|에서처럼 아버지는 작은아들과 동맹을 맺고, 어머니는 큰아들과 동맹관계를 이루게 되면 가족의 패가 갈라져서 부모의 권위나 기능에 문제가 발생하는 것은 물론 형제관계도 소원해지기 쉽다.

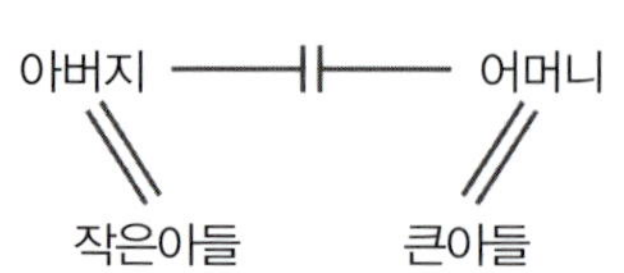

|그림 7-5| 동맹으로 두 패로 나누어진 가족

이 외에 |그림 7-6|에서처럼 부모가 부부간 갈등을 해소하기 위해 아이를 비난함으로써 배우자를 간접적으로 공격하거나 또는 배우자에 대한 불안과 걱정을 직접 표현하지 않고 아이를 걱정하고 불안해함으로써 초점을 돌리는 경우가 있는데 그 자녀는 결국 문제를 일으키는 속죄양이 되게 된다.

이와 같이 연합이나 동맹에 참여하는 성장기 자녀들에게는 많은 문제가 발생하기 쉽다. 즉, 연합관계에 관여하는 아이들은 그렇지 않은 아이에 비해 자신의 연령에 맞는 발달과제에 관심을 갖기보다는 어른들의 관계에 더 깊이 관여하여 자신의 정체감 형성이나 발달과제를 달성하지 못하는 문제가 발생하는 것이다.

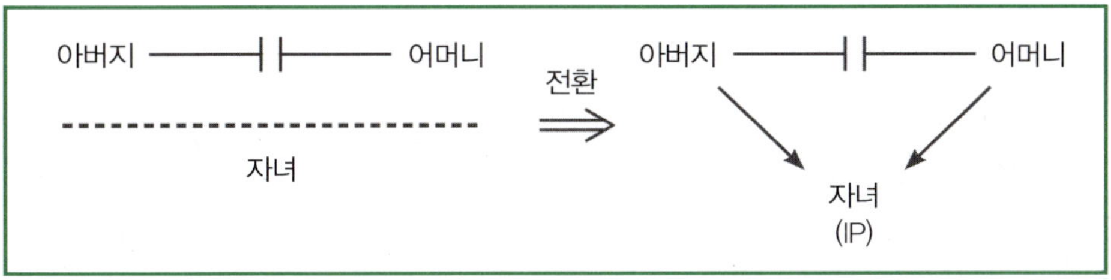

|그림 7-6| 부모의 갈등 우회 대상이 된 자녀

2 치료목표와 치료과정

1) 치료목표

구조적 가족치료에서 가족원의 증상이나 문제는 역기능적 가족구조에서 비롯된다고 믿는다. 그러므로 치료목표는 역기능적 가족구조를 변화시켜서 증상을 제거하거나 문제를 해결하는 것이다. 즉, 경계선과 하위체계 기능, 제휴와 위계구조 등을 재정비하여 가족을 재구조화(restructuring)하게 되면 증상이나 문제가 제거된다고 본다.

가족의 재구조화를 위한 공통적 목표는 다음과 같다(Becvar & Becvar, 1988; 정혜정 · 이형실 공역, 1997).

- 부모와 자녀 간의 위계질서 확립
- 세대 간의 명확한 경계설정 : 부부 하위체계와 자녀 하위체계의 명확한 경계 확립
- 기능적 의사소통과 상호교류
- 부모의 협력관계
- 구성원의 적절한 역할수행

2) 치료과정

구조적 가족치료는 문제의 정의 → 문제에 대한 정보수집 → 가족구조의 사정 및 가설 설정 → 상담목표 설정 → 치료적 개입 → 다시 문제에 대한 정보수집으로 피드백의 과정을 거친다. 가족사정을 위한 별도의 회기를 갖기보다는 각 회기마다 가족사정 – 목표설정 – 치료적 개입과정을 반복하면서 가족구조의 변화를 시도한다(김유숙, 2002).

치료자의 가족개입 단계는 크게 다음 세 단계로 이루어진다(Minuchin, 1974; 김종옥 역, 1988). 먼저 치료자가 가족과 관계를 맺고 자연스럽게 가족에 합류하면서 기존의 가족에 적응하는 단계를 가진다. 그리고 역기능행동이 나타나는 가족구조를 사정하는 단계이며, 그 다음으로 가족 재구조화 단계이다.

(1) 합류과정

구조적 가족치료에서 성공적인 재구조화 작업을 시작하려면 치료자와 가족이 서로를 이해하고 적응하여 같이 작업하기 위한 좋은 관계를 형성하는 것이 필요하다. 이를 합류(joining)라 한다. 즉, 합류는 치료자가 가족을 있는 그대로 수용하고 그들의 방식을 존중하여 가족체계와 관계를 맺는 행동이다. 가족에 합류한다는 것은 외부인의 관점이 아닌 가족의 일원으로서 자연

스럽게 가족의 상호작용과 정서체계에 적응하여 가족의 핵심주제를 파악하고 가족원 각자의 느낌을 함께 느끼는 것이다.

치료에 오는 가족원들 대부분은 서로를 비난하거나 치료자로부터 비난을 듣고 비판받을지 모른다는 불안감을 갖게 되고, 문제해결을 원하지만 익숙한 가족구조가 변화되는 데 대한 두려움과 저항감을 갖는다. 원래 가족체계는 기존의 상태를 그대로 유지하려는 항상성 원리가 작용하는데 이를 위협하는 외부인으로 치료자의 개입을 받아들여 긴장과 불안을 느끼는 것은 당연한 것이다.

그러므로 치료자가 가족을 이해하고 그들이 위계구조와 상황을 존중하고 수용하면서 자연스럽게 가족과 신뢰를 형성할 때 가족은 치료자를 받아들이게 된다. 즉, 치료자가 가족에 합류하는 것이 가족이 치료자의 개입을 수용하며 진지하게 반응하게 되고, 변화과정에 참여하고자 하는 의지를 갖게 되는 선결조건이 된다. 따라서 합류는 치료자가 가족에 대한 영향력을 효과적으로 발휘하고 가족의 자발적 참여를 이끌어 내는 데 매우 필요하고 중요하며, 이를 위해 치료자는 적응능력과 기술을 가져야 한다.

라포(rapport)와 비슷한 개념이지만 라포는 치료적 관계 상태를 의미하고, 합류는 치료적 관계 형성을 위한 치료자의 행동을 표현하는 의미를 지닌다. 합류는 가족원 개개인에 대한 관심과 부드러운 인사, 가족원 개개인의 말할 기회를 균등하게 부여, 가족원에 대한 존중과 경청, 지지와 수용, 강점을 부각하기, 공통의 주제 다루기, 긍정적 상호작용 분위기 조성, 가족에게 익숙한 언어사용과 행동방식 따르기 등의 방법으로 구체화될 수 있다.

(2) 가족의 구조 사정과정

치료자가 가족의 구조와 상호작용을 사정하고 평가하기 위하여 먼저 가족구성원의 성별, 연령, 종교, 직업, 가족주기와 발달단계, 사회경제적 지위, 스트레스 상황과 발달적 변화, 현재 제시된 문제 등에 대하여 질문함으로써 기초 정보를 확인한다. 그리고 치료자가 상담실에서의 가족의 행동과 언어형태, 그들 간의 상호교류 작용, 그리고 자리에 앉는 위치와 가족원 간의 물리적 거리를 관찰하는 것이 가족 내 하위체계의 기능, 경계선, 제휴와 위계구조 등에 대한 많은 정보를 얻는 중요한 단서가 된다.

예를 들어, 어머니와 딸, 아들이 옆에 가까이 앉아 있는 데 비해 아버지는 그들과 떨어져 뒤로 물러서 있는 경우 어머니와 아버지는 경직된 경계선을 지니고, 어머니와 자녀들은 모호한 경계선을 지니는 것으로 가정할 수 있다. 또 어머니와 자녀들이 연합하고 아버지의 권위와 약화되어 소외되거나 따돌림 당하고 있을 가능성도 있다. 상담 중에 누구의 말이 가족에게 존중되고, 누구의 말은 중간에 가로막히고 무시되는지도 가족구조를 파악하는 실마리가 된다.

(3) 가족의 재구조화 과정

가족의 역기능 구조를 변화시키는 것을 가족의 재구조화라고 하며 이에는 가족의 경계선 조정, 하위체계의 기능 강화, 위계구조의 확립이 포함된다. 보통 가족구조를 확인한 다음 가족을 재구조화하는 작업을 시작하지만 어떤 경우에는 두 가지 작업이 동시에 행해지기도 한다. 이를 위해 치료자는 증상과 가족구조에 대한 가족원의 기존의 관점과 신념체계를 흔들어 가족의 항상성에 불균형 상태를 만들고 도전하여 가족원이 변화를 위한 동기를 갖게 하는 여러 치료기법을 사용한다.

3 치료자 역할 및 치료기법

구조적 가족치료자는 치료목표를 달성하기 위하여 가족의 상호작용 구조를 반영하는 가족원들의 행동양식을 관찰하고 바람직한 가족구조에 대한 가설을 세운다. 그리고 가족에 합류하고 가족의 상호작용에 적응하면서 치료

장면에서 구조가 변화되어 새로운 방법을 시도할 수 있도록 돕고 지지하는 역할을 한다.

구조적 가족치료자는 체계를 변화시키기 위해 자신을 활용하며 가족 내 구성원의 위치를 바꿈으로써 그들의 주관적인 경험을 변화시킨다. 그러므로 치료자는 지도자적 위치로 적극적으로 가족체계에 개입하며 가족 상호교류 방식을 변화시키는 데 주도적인 역할을 수행한다.

치료기법은 개입단계에 따라 합류를 위한 기법, 가족구조 사정을 위한 기법, 가족 재구조화를 위한 기법으로 구분된다(Minuchin, 1974; 김종옥 역, 1988).

1) 합류를 위한 기법

합류를 위해 치료자는 적응, 추적, 모방 기법을 사용한다.

(1) 적응

치료자가 처음 가족에게 개입하려면 현재의 가족구조에 적응하는 것이 중요하다. 치료자가 가족체계에 관여하기 시작하면 대부분의 가족은 긴장과 저항을 느낄 수 있으므로 그 가족을 있는 그대로 지지하고 존중하는 것이 적응(accommodating)기법이다. 그 결과 가족들이 편안한 마음으로 치료에 임할 수 있게 된다.

구체적으로 적응은 치료자가 가족원 개개인에 대해 부드러운 말씨로 깊은 관심과 배려를 보이며 가족의 현재 있는 위계구조나 경계선을 인정하는 것, 그리고 그들의 위치, 개인적 특성과 장점, 가능성을 지지하는 것을 의미한다. 예를 들면, 상담에 오신 할머니가 가족에게 지배적인 위치에서 역할을 하는 경우 그러한 위치를 인정해 주며 할머니를 통해서 다른 가족원과 접촉하는 것이다. 또한 아버지가 묵묵부답하고 있으면 일부러 말을 하게 하는 것이 아니라 "지금 말씀하고 싶지 않으신가 보군요. 조금 있다가 하고 싶을 때 말씀하십시오"라고 한다.

(2) 추적

추적(tracking)은 치료자가 가족의 상호작용과 행동양식을 관찰하고 그들의 대화내용을 따라가면서 가족원들이 계속 이야기를 하도록 격려하여 가족구조와 하위체계의 기능을 탐색하는 것이다. 이를 위한 방법으로 지지적 언급, 내용을 명료화하기 위한 질문, 내용을 추적하기, 인정과 격려하기 등이 있다. 예를 들면, "네, 그렇군요", "아이가 그럴 때 어머니는 어떻게 하시죠?", "그 상황에서 보통 누가 아이를 제지하나요?"라고 한다.

(3) 모방

모방(mimesis)은 치료자가 가족의 어조, 행동유형, 말의 속도와 억양, 몸짓 등을 흉내 내고 따라 하거나 자신과의 유사점을 강조하는 것이다. 흉내를 내는 대상은 단어나 언어 사용, 동작 감정표현, 비유적 표현 등이 있다. 예를 들면, 말끝을 올려 "~거든", "~요"라는 말을 따라 그대로 흉내 내거나 손을 비비는 동작을 흉내 내는 것, 또는 "저도 그를 때는 애한테 야단을 치게 되지요" 등처럼 말한다. 이렇게 모방기법을 사용하면 치료자에 대한 가족원의 거부감이 적고 친근하게 받아들이기 쉬워서 합류가 용이해진다.

2) 가족구조 사정을 위한 기법

가족구조를 사정하기 위해 실연, 가족지도 등을 활용한다.

(1) 실연

실연(enactment)은 가족으로 하여금 그들 간의 상호작용을 상담실에서 실제로 행동으로 보이도록 하는 것이다. 예를 들어, 자녀가 문제를 일으킬 때 아버지와 어머니는 어떻게 하는지 직접 상담실에서 행동으로 해보도록 하자, '어머니가 애에게 화를 내고 소리 지르자 그동안 가만히 있던 아버지가 어머니를 비난하고 아이 문제로 부모가 상호 비난하면서 싸우는 모습을 보여준다'. 이 경우 부모관계는 갈등구조이고 경직된 경계선을 보이며, 어머니의 과다역할과 스트레스 문제, 아버지의 과소역할과 권위 약화 및 부부 분열이 자녀의 행동문제와 연관될 가능성이 크다.

치료자는 실연을 통하여 가족의 구조를 관찰하고 정보를 얻는 동시에 개입방향에 대한 구상을 할 수 있다. 한편 가족은 자신의 역기능적 상호작용을 분명하게 확인함으로써 문제에 대한 초점을 개인이 아닌 가족체계로 넓히게 된다. 그 결과 상담자의 개입과 지지를 통하여 가족원들은 새로운 상호작용과 새로운 가족 위계구조를 안전하게 실험할 수 있게 된다.

(2) 가족지도

가족지도(family map)는 하위체계 기능과 경계선, 위계구조 등을 그림으로 간단히 나타내는 것이다. |그림 7-1|에 예시된 가족지도 기호를 활용하여 가족구조를 나타내면 현재의 가족구조를 쉽게 이해할 수 있고 구조의 변화과정을 평가하거나 치료목표를 설정하는 데 용이하다. 예를 들면, 치료 전 단계에 시모와 남편이 밀착되어 아내를 지배하고 있는 경우, 치료 중에 시모와 남편이 분리되고 남편과 아내는 친해졌으나 시모와 아내는 아직 소원한 경우, 치료 종결단계로 시모와 남편이 분리되고, 남편과 아내가 친해졌고, 시모와 아내가 친해진 경우를 가족지도로 표기하면 다음 |그림 7-7|과 같다.

|그림 7-7| 가족지도 예

또 다른 예로 부모가 부부 사이의 갈등을 아이에게 우회하는 문제를 가지고 있는 가족을 치료하는 과정을 가족지도로 표기하면 |그림 7-8|과 같다.

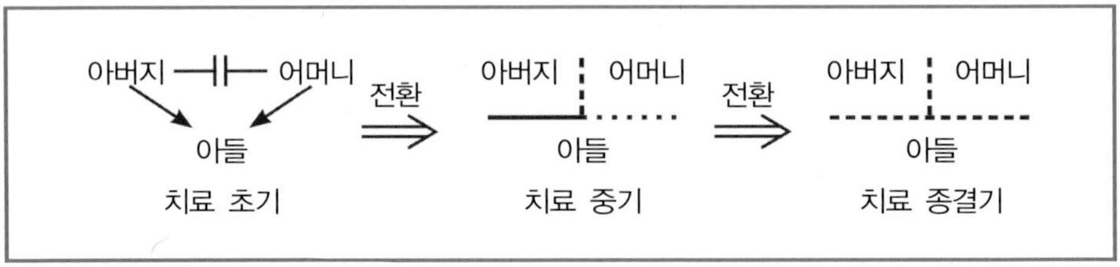

|그림 7-8| 부모의 갈등을 자녀에게 우회하는 가족치료 사례

3) 가족 재구조화를 위한 기법

가족의 역기능 구조를 변화시키기 위하여 치료자는 긴장 고조, 재정의, 경계선 설정, 강점 인식, 과제주기 등의 기법을 사용한다(Minuchin, 1974; 김종옥 역, 1988).

(1) 긴장 고조

가족 안에서 반복되고 있는 역기능 행동을 깨닫고 연합이나 동맹 등의 역기능적 구조에 익숙한 기존의 평형상태에서 벗어나 재구조화되도록 하기 위하여 일시적으로 가족체계에 스트레스를 증가시키고 도전을 하는 기법이다. 예로 치료자가 역기능적인 의사소통 방식이나 익숙한 행동패턴을 방해하거나 중단시키는 방법, 역기능적 상호작용을 집중적으로 부각하기, 숨겨진 갈등을 자극하여 표면화시키는 방법, 가족원 간에 차이점을 강조하기 등이 있다.

(2) 재정의

증상을 역기능적 가족구조와 연관시켜 긍정적 의도를 부각시키는 것이다. 예를 들어, 아이의 과잉행동은 아버지와 갈등관계에 있는 어머니의 외로움을 덜어주려는 시도라고 재정의할 수 있다. 그 결과 가족은 증상을 부정적으로 보던 것에서 벗어나 가족구조의 역기능과 연관시켜 새로운 각도로 볼 수 있게 되고, 가족구조의 변화에 협력할 수 있게 된다.

(3) 경계선 설정

밀착된 관계에 있는 가족원에게는 경계를 분명히 하여 개인의 독립심과 자율성을 키워준다. 또 유리된 가족에게는 가까이 접근하고 접촉을 증가하도록 도와준다. 또 세대 간의 경계를 명확하게 하고, 부모 하위체계와 자녀 하위체계가 분리될 수 있도록 상담실에서 부모끼리, 자녀끼리 자리를 재배치하기, 부모의 권위와 영향력 강화하기, 가족원 간의 세대 간 연합 깨기, 취약한 하위체계와 번갈아 가며 일시적 동맹 맺기 등의 기법을 사용하는 것이다.

(4) 강점 인식

가족이 가지고 있는 강점과 긍정적인 점을 찾아내고 활용하는 기법으로 이로써 가족들이 기존의 인식 틀을 바꾸어 새로운 현실을 보게 되고 새로운 방식의 상호작용을 할 수 있게 된다.

(5) 과제주기

과제주기는 치료자가 가족의 재구조화 진행과정에서 미흡한 부분을 가족원들이 활성화시키도록 하기 위하여 사용된다. 가족의 재구조화에 도움이 되는 특정의 행동영역을 찾아 과제를 내주는데 언제, 어디서, 누구와, 어떻게 상호작용해야 하는가를 구체적으로 분명히 제시한다. 주로 치료 회기 사이에 가족원들이 특정 하위체계의 기능을 개선시키고 위계구조를 변화시키는 기회를 가지게 하는 것이다.

과제는 가족의 재구조화에 가장 필요한 것이고 그 파급효과가 가족 전체에 미칠 수 있는 것, 그리고 가족이 할 수 있는 것을 찾아 주도록 해야 한다.

4 적용 사례

중학교 2학년 장녀가 1학년 때는 학교에 가다 말다 반복하여 겨우 2학년에 진급하였으나 2학년이 되면서 계속 두 달 보름 정도 학교에 가지 않는 문제로 가족치료를 실시하였다.

이 가족은 현재 할머니, 부모, IP, 남동생 2명으로 구성되었다. 아버지(38세)는 3형제 중 장남이고 회사원으로 직장에 전념하여 자녀양육을 어머니에게 전부 위임하였다. 아버지는 전근이 많은 직장에 근무하여 IP는 초등학교 때만 다섯 번 전학을 하였다. 어머니(35세)는 4남매 중 막내이며 나이에 비해 어린 느낌을 주는 사람으로 어머니 역할에 대한 자신감이 부족하고 역할을 충분히 하지 못하는 인상을 주었다. 최근 가족 구성원이 된 할머니(60세)는 건강하여 어머니 대신 가정 일에 관여하는 상태이고, 두 남동생(11세, 9세)은 친밀하게 지내며 함께 누나에게 대들기도 하지만 IP는 동생들을 많이 챙겨주고 배려하며 동생들과 잘 지내는 형편이다. 가족지도와 역기능 구조를 살펴보면 다음과 같다.

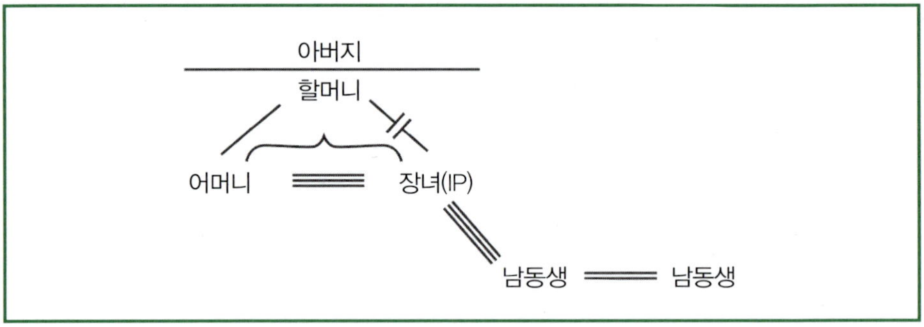

|그림 7-9| 치료 전 가족지도

① 아버지는 위계상 우위에 있으나 가족과 단절된 상태이다.

② 할머니가 어머니 자리를 차지하고, 어머니는 자녀들과 같은 위계구조에 들어가 IP와 연합을 형성하여 할머니에게 대항하는 결과, IP는 문제행동을 유지한다.

③ 할머니와 어머니, 어머니와 IP 및 자녀의 관계가 세대경계를 벗어나 있다.

치료자는 초기(1~4회기)에 아버지와 합류를 하고 아버지의 권위를 존중하며 어머니와 협력하여 할머니가 어머니 역할대행에서 벗어나 노인대학을 다니도록 하였다. 중기(5~8회기)에는 어머니의 위치와 기능을 강화하기 위하여 먼저 어머니의 자녀에 대한 지나친 관여를 줄이는 한편 아버지의 자녀와의 관계를 강화하는 과제로 아버지가 자녀들과 함께 학교생활 대화하기, 숙제 봐주기, 아들들과 목욕 함께 하기 등을 제시하였다. 그리고 어머니는 아버지와 자녀의 관계를 관찰하는 과제를 주었다. 그 결과 부모 하위체계가 명확해졌고 아버지와 자녀들의 교류가 증가하여 가족의 경계선, 제휴, 권력 등의 가족구조가 변화되었다. 종결단계(9~12회기)는 아버지의 협력을 받아 어머니의 역할기능이 향상되도록 하였고 그 결과 부모 하위체계가 강화되었으며 어머니는 자녀에게 확실한 의견을 말하고 아버지는 어머니를 돕게 되었고, IP의 등교거부는 없어졌다. 치료 후의 가족지도는 |그림 7-10|과 같다(김유숙, 2000).

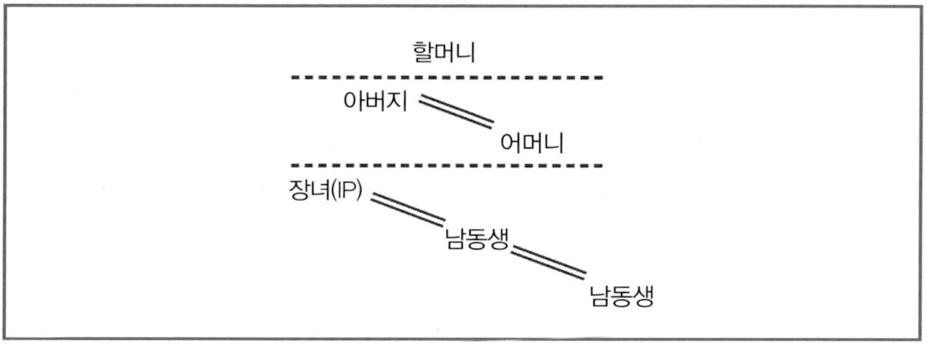

|그림 7-10| 치료 후 가족지도

08 CHAPTER 전략적 가족상담 및 가족치료

전략적 가족상담 및 가족치료는 증상제거에 초점을 두고 구체적인 치료전략을 세워 역설적 방법으로 접근하는 에릭슨(M. Erickson)의 영향을 받은 접근모델을 통칭한다. 이 치료모델은 공통적으로 일반체계이론과 사이버네틱스에 근거한 의사소통과 상호작용이론에 바탕을 두며 가족문제가 가족 전체의 역기능적 상호작용 과정 때문에 발생한다고 전제한다.

전략적 가족치료는 잭슨(D. Jackson)과 와찰라위크(P. Watzlawick)가 주도한 MRI 상호작용모델, 헤일리와 매더네스(Haley & Madanes)의 구조·전략적 모델, 이탈리아 밀란(Milan)의 파라졸리(M. S. Palazzoli)가 주도한 체계론적 모델 등 세 가지 학파로 나누어진다. 이에 대해 차례로 살펴보기로 한다.

1 발달배경 및 주요 개념

에릭슨(M. Erickson)은 고통받는 증상에서 벗어나게 하는 것이 치료목표가 되어야 한다는 가정을 바탕으로, 개인의 문제에 따라 구체적인 치료전략을 수립하여 최면기법과 역설적 기법 같은 혁신적 방법을 발전시킨 정신의학자이다. 그는 가족이 증상을 개선하기 위해 여러 가지 시도를 하지만 상담에 오는 가족 대부분은 잘못된 방법으로 시도하기 때문에 문제가 더욱 악화된다고 보았다. 그는 치료자가 일단 변화과정을 시작하도록 만들 수 있으면 사람들은 타고난 지혜와 힘으로 증상을 포기하고 변화할 수 있다는 가정을 가졌다. 그는 해석이나 직면을 삼가고 증상행동(action)과 증상을 둘러싼 배경(context)을 변화시키는 데 초점을 두었다.

그러므로 에릭슨은 전략적 가족치료의 이론적 토대를 제공하고 기법을 정교화시키고 대중화하는 선도역할을 하였다. 전략적 치료라는 용어는 이런 에릭슨의 관점과 개입방법을 헤일리(Haley)가 '전략적 치료(Strategic therapy)'로 명명한 데 기원을 둔다.

전략적 가족치료는 미국 서부 팔로알토의 MRI에서 발전한 상호작용모델을 시발로 미국 동부 워싱턴 디시의 헤일리(Haley)의 구조 · 전략적 모델, 그리고 이탈리아 밀란의 파라졸리(Palazzoli)의 체계론적 모델로 확산되었다(Nichols & Schwartz, 2001; 김영애 외 공역, 2002). 각 학파마다 핵심개념, 기법 등에서 차이를 보이나 전략적 가족치료 범주에 속하는 모델들은 다음의 공통적 특징을 가진다.

① 문제의 지속과 유지에 관하여 체계이론에 근거한 순환적인 관점을 지닌다.

② 반복되는 행동의 연쇄과정과 행동패턴을 관찰하고 변화시키는 것에 초점을 둔다.

③ 직접적으로 개입하여 변화를 유도하며, 전략을 세워 실용적이고 간결한 기법을 사용한다.

④ 저항을 극복하고 가능한 한 단기에 종결짓기 위해 고안된 창의적인 개입 방법을 활용한다.

⑤ 가족의 정신내적 과정이나 통찰을 통한 성찰, 이해의 변화보다는 문제해결과 행동의 변화를 일으키는 데 관심이 많다.

⑥ 잘못 시도된 문제해결 방법을 효과적으로 바꾸도록 돕는 것이 유용하고 필수적이다.

1) MRI 상호작용모델

(1) 발달배경

가족치료의 발달과정에서 살펴본 대로 MRI는 1959년 잭슨이 주도하여 커뮤니케이션, 치료, 가족, 정신분열증에 관심이 있는 연구팀이 시작하였다. 이들은 가족이 증상을 없애려고 하는 시도들이 오히려 문제를 더 악화시키며 파괴적이고 연속적인 상호작용이 현저한 것에 주목하였다. 이들은 의사소통의 '내용'보다는 '과정'이 문제라고 보았고 이 점이 문제를 유지시키는 상호작용이라고 하여 순화적 인식론으로 개념화하였다.

그 후 MRI 연구팀은 저명한 최면정신의학자인 에릭슨의 관점과 역설적 개입방법과 접하게 되면서 기존의 그들의 의사소통 연구와 접목시켜 전략적 모델을 발전시켰다. 1967년에 피쉬(Fish), 위크랜드(Weakland), 와찰라위크(Watzlawick) 등에 의해 MRI 단기치료센터가 설립되어 정신장애를 단기간 치료하는 방법을 개발하였다.

MRI 모델에서는 현재 증상과 문제를 유지시키는 피드백 고리를 찾고, 이러한 역기능적 상호작용을 유지시키는 가족규칙을 파악한 다음 가족규칙을 변화시키는 구체적인 전략을 세워서 개입하며 10회 면접의 단기에 종결한다. 이에서 단기치료라는 용어가 시작되었다(Nichols & Schwartz, 2001; 김영애 외 공역, 2002).

(2) 주요 개념

① 의사소통 관련 개념

의사소통의 공리, 이중구속은 초기 MRI에서 발달된 개념이다. 가족치료 발달 초기에 역기능 가족의 의사소통을 연구하던 MRI 연구팀에서 발표한 의사소통 공리는 다음과 같다(Watzlawick, et al., 1967). 첫째, 인간의 모든 행동은 의사소통 행동이다. 언어를 통한 대화뿐만 아니라 비언어적 대화, 즉 신체

대화를 포괄하는 것이 의사소통이다. 아무 말을 하지 않는 것도 하나의 의사소통이다. 둘째, 모든 의사소통은 내용과 관계의 두 가지 측면을 가지고 있다. 내용은 정보를 전달하는 차원이고, 관계는 정보를 전달하는 방식에 관한 차원의 대화이다. 즉, 내용이 전달되는 방식을 관계라고 부르며, 이는 같은 말이라도 관계 차이에 따라 의미가 달라질 수 있다는 것이다. 셋째, 의사소통은 개인의 단락 짓기 인식의 연쇄과정이다. 즉, 구두점을 어디다 찍는가에 대한 문제이다. 사람들은 자신들의 입장을 강화하거나 자신의 이해관계에 따라 유리한 방향으로 구두점을 찍는다. 넷째, 사람들은 디지털 방식과 아날로그 방식 두 가지로 의사소통한다. 디지털 방식은 언어나 문자, 숫자처럼 명확한 기호로 소통하는 것을 말하며, 아날로그 방식은 표정이나 몸짓, 억양, 거리 등을 말한다. 다섯째, 의사소통하는 관계는 대칭적이거나 상보적이다. 대칭적 의사소통은 상대방과 대등한 관계에서의 상호작용을 말하며, 상보적 의사소통은 서로 다른 지위나 역할에서의 상호작용을 말한다. 건강한 관계는 두 방식이 균형 있게 조화를 이루어야 한다. 따라서 한 가지에 고착될 때 역기능적이다.

이중구속은 권위나 권력이 있는 사람의 언어적 메시지와 비언어적 메시지가 상반되거나 모순될 때 상대방이 혼란과 갈등을 겪는 상태를 의미한다. 어느 가정이나 가끔 부모나 윗사람의 이중구속 메시지가 전달될 수 있고 특히 우리나라 문화에서는 그런 일이 흔하게 발생할 수 있다. 그러나 이중구속 메시지가 지속적으로 나타나고 일상적으로 반복되는 경우에는 자녀에게 정신분열증 같은 역기능이 발생할 수 있다고 한다.

② 피드백 고리, 가족항상성, 가족규칙

사이버네틱스의 피드백 고리 개념과 체계론의 가족항상성, 가족규칙 개념은 초기 가족치료 발달에서 발전된 주요 개념이며 서로 연관되어 있다. MRI 연구팀에서는 역기능 가족에서 상호 간에 자극과 반응의 의사소통 형태를 반복하면서 정보를 교환하고 서로의 행동을 억제하거나 증가시키는 것을 피드백 고리로 설명하였다. 이에는 변화에 저항하여 새로운 행동을 억제시키고 항상성을 지속시키는 부적 피드백 고리와 변화를 시도하고 새로운 행동을 증가시키는 정적 피드백 고리가 있다.

가족항상성은 가족이 변화에 저항하여 원래의 상태를 유지하려는 성질을 의미하며, 가족규칙은 가족의 의사소통과 행동을 규정하는 포괄적인 기준과 지침을 의미한다.

MRI 전략적 치료자들은 모든 가족이 생활하면서 어려움이 발생하나 이 어려움이 외부의 개입을 필요로 하는 '문제'가 되느냐 여부는 가족원이 어떻게 반응하고 대처하는가에 좌우된다고 하였다. 역기능적 가족에서는 어려움이 발생하면 가족항상성 때문에 종전의 방식으로 반응하는 결과 문제로 되어 더욱더 부적 피드백 고리의 작용으로 문제가 악화되는 것이다. 그러므로 가족의 상호작용이 정적 피드백 고리인가 아니면 부적 피드백 고리인가는 그 가족의 규칙에 의하여 정해진다고 할 수 있다.

한편 기능적인 가족은 해결책이 효과가 없으면 바로 바꿀 수 있을 정도로 규칙이 융통성이 있고, 변화가 필요 없거나 변화시킬 수 없는 일을 변화시키려고 노력하는 비현실적 생각들을 갖지 않는다.

그러므로 가족의 변화가 표면적 행동변화에 그치고 기존의 가족규칙이 바뀌지 않는 일차적 변화(first order change)보다는 가족규칙이 바뀌고 행동도 변화되는 일차적 변화(second order change)가 진정한 변화이고 근본적인 가족문제 해결이 가능하다(Watzlawick, Weakland, & Fisch, 1974). 예를 들면, 컴퓨터 게임을 밤늦게까지 즐기는 자녀에게 부모가 매로 때리는 것에서 말로 야단치는 것으로 변화하는 것은 일차적 변화라고 할 수 있다. 그러나 그 자녀에게 "혹시 늦게 컴퓨터 게임을 시작했니?" 또는 "컴퓨터 게임 시간을 너무 적게 주었니?"라고 하는 것은 가족규칙을 검토하고 가족이 함께 변화를 시도하는 이차적 변화라고 할 수 있다.

2) 헤일리의 구조 · 전략적 모델

(1) 발달배경

MRI 연구팀의 헤일리(Haley)는 의사소통과 역할, 권력에 관심을 가지고 가족 안에서 '누가 의사결정을 주도하는가?', '누가 송신자와 수신자 관계를 정하는가?'에 주목하여 가족역동을 관찰하였다. 그는 에릭슨의 임상방식인 저항대처방식, 지시와 은유 사용, 역설적 개입 등의 영향을 받아 독특한 전략적 치료모델을 발전시켰다.

1967년에 헤일리는 MRI를 떠나 필라델피아 아동지도센터로 옮기고 구조적 가족치료자인 미누친(Minuchin)과 함께 일하면서 구조적 치료를 배우게 되었다. 그는 문제를 유지시키는 가족의 위계와 구조 맥락에 관심을 갖고 전략적 치료를 실시하였으므로 구조 · 전략적 모델로 분류된다(Nichols & Schwartz, 2001; 김영애 외 공역, 2002).

헤일리는 위계구조의 혼란과 세대 간 연합 때문에 문제해결 시도가 반복적인 연쇄과정 고리를 벗어나지 못하고 증상을 유지, 악화시킨다고 하여, 가족위계와 권력의 역할을 더 강조하였다. 그는 역기능적인 가족 위계구조에서 문제가 비롯되기 때문에 역기능적인 연쇄과정을 촉진시키는 가족의 위계와 경계 문제를 개선하는 것이 문제해결에 중요하다고 보았다. 그는 이 가족에게 역설적 개입을 사용하여 자발적으로 증상을 포기하게 하는 방법을 사용하였다(정문자 외, 2007).

그는 1976년에 워싱턴에서 매더네스와 함께 가족치료연구소를 운영하며 의과대학 강사를 역임하였고 1995년 은퇴 후 2007년 타계할 때까지 캘리포니아에서 가족치료 임상과 연구, 훈련을 하였다.

(2) 주요 개념

① 권력(힘겨루기)과 통제, 위계구조

헤일리(Haley)의 주요 관심은 권력과 통제, 위계구조이며 이는 구조적 치료 모델 개념과 동일하다(Becvar & Becvar, 2003). 그는 가족원이 자신의 위치에 맞는 권력과 통제력을 가질 때 세대 간 위계(hierarchy) 질서가 지켜져서 가족이 기능적이 되나 힘의 균형이 깨지면 위계질서가 무너진다고 믿었다. 그러므로 부모, 자녀, 조부모는 명확한 경계를 유지하고 자기 위치를 지키며, 윗세대가 아랫세대보다 위계적으로 상위에 존재하여 영향력과 통제력을 가지는 것이 기능적인 것이다.

그는 역기능 가족에서 나타나는 IP의 증상의 이면에는 모든 대인관계를 규정하고 통제(control)하려는 IP의 권력추구 전략이 있으며 이를 통해 가족의 항상성이 유지되는 특징이 있다고 하였다. 대부분 불분명하고 혼돈된 위계구조에서 낮은 지위와 권력이 적은 사람이 증상을 일으켜서 자신의 위치를 명료화하고 권력과 통제력을 가지게 되며, 다른 사람은 IP의 증상을 통하여 가족항상성이 유지되므로 상호 만족하게 된다.

그러므로 증상을 해소하기 위해 개입하는 상담자는 IP를 둘러싼 가족관계 이면의 힘겨루기와 통제의도, 위계구조를 파악하여야 한다. 예를 들어, 아이의 정서불안 증상은 자신의 불분명한 위치를 명료화하고 낮은 지위와 힘없는 상태에서 자신을 보호하기 위한 것으로 갈등관계의 부모의 결혼생활을 유지시키도록 통제하는 전략으로 볼 수 있다. 그 결과 증상을 통해 아이는 부모와의 관계에서 힘을 키우고 통제력을 얻었다 할 수 있고, 그 부모는 아이의 증상을 이용하여 표면적인 가정생활을 유지할 수 있는 것이다.

한편 매더네스(Madanes)는 위계구조에 보호기능을 추가하여 문제증상에 접근하였다(Nichols & Schwartz, 2001; 김영애 외 공역, 2002). 즉, 가족 구성원은 명료한 위계구조 속에서 자기 위치에 맞는 힘과 통제력을 갖고 이를 다른 사람들을 보호하고 돌보는 데 사용해야 하는데, 이것이 제대로 수행되지 않을 때 증상이 발생한다는 것이다. 그러므로 가족 안에 힘겨루기와 통제 측면과 보호와 돌봄 측면이 균형을 이루어야 기능적 가족구조이지만 반면 위계구조 문제로 두 측면이 불균형일 때는 폭력 등의 문제가 발생하고 증상이 가족항상성 유지에 기여하는 작용을 한다.

② 역설적 개입

헤일리(Haley)는 대부분의 역기능 가족에 존재하는 관계규정을 통제하기 위한 힘겨루기와 통제 성향은 상담자와 가족 사이에도 발생한다고 믿었다. 즉, 상담자에게 도움을 요청하는 가족은 상담자가 그들을 변화시키려 하면 저항을 하는데 이는 상담자가 가족의 안정성을 흔들고 통제하려 한다고 인지하기 때문이다. 그 결과 상담자와 가족 간에 은밀한 힘겨루기가 일어나게 된다.

그러므로 헤일리는 상담자가 가족과의 관계에서 권력과 통제력을 유지하기 위해서 가족의 저항을 잘 다루는 것이 상담의 성패를 좌우한다고 믿고 독특한 개입방법인 역설을 개발하였다. 역설적 개입은 '통제와 조절'이다. 상담자는 상담장면에서 이중구속 상황을 만들어 내담가족이 통제할 수 없는 증상행동을 포기하게 만들어 문제를 해결한다(Goldenberg & Goldenberg, 2001; 김득성 외 공역, 2003). 이 방법은 다른 치료방법이 효과적이지 않고 가족을 통제하기 어려울 때 사용하는 것이 좋다.

3) 밀란모델

(1) 발달배경

미국에서 MRI 상호작용모델이 확산되는 데 영향을 받아 이탈리아 밀란에서는 정신과의사인 파라졸리를 주축으로 체계론에 충실한 전략적 가족치료를 발전시켰다. 1971년 파라졸리는 식사장애 증상 치료에 기존의 정신분석적 접근이 아닌 미국의 MRI 모델을 도입하였다. 이때 보스콜로(Boscolo), 체친(Cecchin), 프라타(Prata) 등이 밀란가족연구센터에 합류하였다.

이들의 접근은 개념과 방법론에서 베잇슨(Bateson)의 순환적 인식론에 가장 일치되고 또한 에릭슨의 역설적 개입을 사용하였기 때문에 체계적(systemic) 전략모델로 불린다(Goldenberg & Goldenberg, 2001; 김득성 외 공역, 2003).

밀란모델은 증상 발생과 유지에 관련되는 가족의 역기능적 상호작용 규칙인 '게임규칙'에 초점을 두고 역설적 접근을 통하여 게임규칙에서 벗어나게 하는 접근을 하였다. 통상적으로 남녀 치료자가 상담실에서 공동치료를 실시하고 그들의 상담장면을 관찰하는 남녀 치료자로 구성된 팀이 같이 작업하였다. 상담은 한 달에 한 번씩 총 10회 이내로 제한되고 회기 간격이 한 달 정도로 긴 것이 특징이다. 회기 간격이 긴 이유는 치료 팀의 가족에 대한 처방이 효과를 발휘하기 위해서는 충분한 시간이 필요하기 때문이다. 그러므로 밀란모델은 '장기적 단기치료(long, brief therapy)'라는 특징을 가진다(Nichols & Schwartz, 2001; 김영애 외 공역, 2002).

초기 밀란모델은 게임규칙의 변화에 관심을 갖고 내담자의 행동변화를 중시하였다. 반면 후기 밀란모델은 가족의 고착된 그릇된 신념체계인 '인식론적 오류'를 변화시키는 것에 관심을 가져서 순환적 질문을 통하여 새로운 신념체계로 유도하는 방법을 사용하였다. 이와 같이 정보를 중시하는 2차 사이버네틱스에 초점을 두는 시도는 가족치료 분야에 포스트모더니즘의 도입을 촉진하는 결과를 초래하였다. 또한 지시하고 전략적 개입을 하는 기존의 전략적 기법에 비해 내담가족에 협조적인 성격의 '순환적 질문' 기법은 구성주의 발전을 촉발하는 역할을 하였다(Goldenberg & Goldenberg, 2001; 김득성 외 공역, 2003).

(2) 주요 개념

① 가족게임

밀란모델은 헤일리의 영향을 받아 가족 안에 규칙을 지배하려는 권력과 통제력을 중시하여 가족이 힘을 얻고 항상성을 유지하기 위한 은밀한 규칙을 가족게임(family game)으로 명명하였다. 즉, 가족게임은 가족 내부적으로 비밀리에 진행되고 발전된 일련의 의사소통 규칙과 관계규칙으로서 역기능 가족의 상호작용 연쇄과정에서 발견되는 것이다.

② 순환적 인식론

순환적 인식론(circularity)은 가족원 한 사람의 증상행동이 다른 사람의 행동의 원인이거나 반응이라고 할 수 없고 가족 중 누군가의 안녕과 보호에 중요하고 가족통합과 항상성 유지에 필요한 것이라고 본다. 즉, 순환적 인식론은 관계 맥락에서 IP의 증상을 보는 것으로, 상담자는 가족의 순환적 패턴을 중시하고 덜 판단적이 된다. 예를 들면, 가족원 한 사람이 게으르다고 하는 것은 성격적 특질이라기보다 다른 구성원과의 관계맥락에서 상황적이고 순환적 측면을 고려하여 보아야 한다는 것이다.

③ 치료원리 : 가설 설정-중립성-순환질문

밀란모델은 상담자가 개입하기 위한 특유의 치료원리 세 가지를 개념화하고 이들 원리는 같이 맞물려 작용한다고 하였다. 가설 설정(hypothesizing)이란 증상행동과 문제가 가족구조와 기능 두 가지 측면에서 비롯된다고 가정하고 상담의 전 과정에서 가족문제의 발생 이유와 발생과정, 문제유지 과정에 대하여 추정과 가정을 하면서 순환적 전체상황으로 가설을 세우는 작업을 말한다. 이로써 면접을 더 체계적으로 할 수 있고 상호작용 패턴을 조직화할 수 있다.

중립성(neutrality)은 가족과 관련된 상담자의 태도나 행동패턴에 관한 것으로, 모든 가족원과 현재 체계에 대해 편견 없이 수용하고 순수한 호기심과 개방적인 태도를 가지는 것이다. 상담자는 모든 가족원이 체계유지에 기여한다고 여기고 가족을 위해 목표를 세우지도 않으며 구체적 행동결과에 대하여 찬성이나 반대도 하지 않는 태도를 지닌다. 상담자는 가족의 구체적 행동을 규정하지 않으면서 가족의 치유능력과 해결책을 발견하도록 돕는다. 이로써 문제와 관계맥락에 대한 여러 가설을 개방적으로 확인할 수 있게 된다.

순환질문(circular questioning)은 가족원 모두에게 돌아가면서 현재 체계가 어떠한지, 왜 그러한지, 가족 상호작용 유형이나 관계 등에 대하여 질문하는 것이다. 이로써 가족원 간의 지각의 차이를 확인하고, 구체적인 가설설정에 유용한 정보를 얻을 수 있으며, 가족원들이 증상행동이나 문제를 순환적 관계맥락에서 보게 되어 가족문제를 새롭게 인식하게 한다.

이상의 세 가지 전략적 모델의 특징을 비교하면 다음 〈표 8-1〉과 같다.

〈표 8-1〉 세 가지 전략적 치료모델 특징 비교

구 분	MRI의 상호작용모델	헤일리의 구조 · 전략적 모델	밀란의 체계론적 모델
근거이론	의사소통이론, 전략적 이론	의사소통이론, 구조적 치료이론	체계이론
주요 개념	의사소통 공리, 이중구속, 피드백 고리, 가족항상성, 가족규칙	권력, 통제, 위계구조, 역설	가족게임, 순환적 인식론, 치료원리(가설 설정–중립성–순환질문)
일차적 주제	의사소통 유형, 잘못 시도된 해결책	연쇄과정 및 위계구조, 가족원 간의 통제와 보호	역기능적 가족게임, 가족원 간의 통제와 보호
행동의 지속성	단기적, 현재 연쇄적 상호작용	단기연쇄, 장기적인 구조적 문제	과거와 현재의 장기적 연속행동
치료단위	2인 또는 3인	3인 이상 가족이나 사회적 관계 전체	3인

출처 : Goldenberg & Goldenberg(2001); 김득성 외 공역(2003), pp. 528-531 발췌 재구성.

2 치료목표 및 치료과정

1) 치료목표

모든 전략적 모델에서 공통되는 치료목표는 제시된 현재 증상을 제거하고 행동을 변화시키는 것이다. 그리고 증상과 문제가 사회적 맥락에서 발생하기 때문에 가족체계의 변화를 수반하는 문제해결에 초점을 둔다. 즉, 증상과 문제에 대한 인식과 반응을 변화시켜 체계변화를 유도한다는 점에서 이차적 변화에 치료목표를 두는 것이다(Nichols & Schwartz, 2001; 김영애 외 공역, 2002).

치료목표를 설정하기 위해 문제를 분명하게 규정하고, 바라는 것과 변화목표를 객관적이고 구체적인 행동용어로 설정하는 것도 공통점이다. 그러나 세 가지 모델별로 주요 개념이 약간 다르기 때문에 목표와 지향점에서 차이가 있다.

2) 치료과정

전략적 모델의 치료과정은 구조화된 단계를 따르는 것이 특징이다. 즉, 공통으로 초기 면접과 현재 문제 정의 단계, 가설 설정과 목표설정 단계, 개입선택과 실행단계의 세 단계로 구성된다(Nichols & Schwartz, 2001; 김영애 외 공역, 2002).

즉, 첫 면접에서 편안한 분위기를 조성하면서 치료자의 도움을 필요로 하는 문제에 대해 묻고 가족원 각자마다 문제에 대해 구체적으로 설명하게 한다. 이때 가족원 간의 반복되는 상호작용 과정을 관찰한다. 그 후 가족이 제시한 문제와 관련하여 가설을 설정하고 문제에 초점을 맞추어 치료목표를 설정한다. 그들은 내담자의 저항을 이용한 과제를 주거나 직접적 지시를 하는 것이 특징이다.

또한 전략적 모델은 공통적으로 전체 가족을 초기 면접에 오게 하고, 일면경 뒤에 있는 관찰 팀을 적극 활용하여 가족 상호작용의 연쇄과정에 대한 객관적인 피드백을 받고 상담목표 설정과 개입방법에 대해서 논의한다.

세 가지 모델의 구체적인 치료목표와 치료과정을 정리하면 다음 〈표 8-2〉와 같다.

〈표 8-2〉 세 가지 전략적 모델의 치료목표와 치료과정 비교

구 분	MRI의 상호작용모델	헤일리의 구조 · 전략적 모델	밀란의 체계론적 모델
치료목표	증상제거, 현재 행동의 변화, 가족체계 변화	증상제거, 현재 행동의 변화, 가족체계 변화	가족게임의 중단, 가족의 인식 변화, 가족체계의 변화
치료과정	• 상담과정 소개 • 문제에 대한 조사와 정의 • 문제를 유지시키는 행동평가 • 상담목표 설정 • 개입 선택과 실행, 과제 주기	• 사회적 단계 • 문제 정의 단계 • 상호작용과 가족구조 진단 단계 • 목표 설정 단계 • 개입선택과 과제 지시 단계	• 면접 전 정보 수집 단계 • 면접 동안 문제와 상호작용 평가 단계 • 휴지기 동안 가설설정 및 상담목표 설정 단계 • 개입선택과 실행, 과제 부여 단계 • 면접 후 논의 단계

출처 : Goldenberg & Goldenberg(2001); 김득성 외 공역(2003), pp. 528-531; Nichols & Schwartz(2001); 김영애 외 공역(2002), pp. 443-454 참조 재구성.

(1) 초기 면접과 현재 문제 정의

전략적 치료과정에서 초기 면접과 현재 문제 정의 단계는 전체 상담의 계획을 세우기 위한 기초 과정으로 중요하다. 초기 면접에서는 문제나 증상에 대해 구체적인 행동용어로 정의한다. 그리고 문제에 초점을 두고 지금까지 시도했던 대처방법과 해결책을 질문하여 문제를 유지시키는 행동과 연쇄과정을 파악한다.

MRI 모델에서는 가족의 문제유지 행동이나 연쇄과정이 다음 세 가지 범주에 포함된다고 한다. ① 문제가 있음을 부인하고 아무 조치도 하지 않는 경우, ② 문제가 아닌데도 과민하게 대처하는 경우, ③ 문제에 대해 인식을 하고 해결을 시도하나 방법이 잘못된 경우이다. 각각의 경우 다음과 같이 개입전략을 바꿀 필요가 있다. ①의 경우는 문제를 인식하고 적절한 조치를 해야 한다. ②의 경우는 과민한 행동을 중단한다. ③의 경우는 다른 해결방법을 찾아야 한다.

헤일리(Haley)의 초기 면접과정은 사회적 단계, 문제 정의 단계, 상호작용과 가족구조 진단 단계가 포함된다. 사회적 단계는 먼저 상담자의 자기소개에 이어 가족 개개인의 소개가 이루어지며 상담자는 모든 참석 가족원이 편안하고 협동적인 느낌을 갖도록 분위기를 조성한다. 문제 정의 단계는 상담실에 온 목적과 가족원 각자의 문제에 대한 관점을 질문하여 문제정보를 수집한다. "상담에 와서 어떤 변화를 원하나요?", "어떻게 상담에 오시게 되었나요?" 등을 질문하여 가족원의 반응을 경청하고 관찰한다. 질문할 때 아버지의 참여와 협조를 이끌어 내기 위해 먼저 아버지에게 질문하는 방법을 사용하는데, 간혹 문제와 관련이 적거나 가족에게 영향력 있는 가족원에게 먼저 질문하기도 한다. 이때 상담자는 가족원의 관점을 파악하고 사실과 의견에 관한 정보수집에 초점을 둔다. 상호작용과 가족구조 진단 단계는 가족원 상호 간에 문제에 관한 의견을 나누고 상호작용하는 것을 상담자가 경청하고 관찰하면서 드러나는 가족의 위계구조와 동맹, 권력과 통제, 부모의 기능 등을 파악한다.

밀란(milan)모델에서는 면접 전에 전화접수를 하면서 가족의 정보와 현재 문제에 대한 정보를 수집하고, 면접장면에서 문제와 상호작용에 대해 평가하는 작업이 이 단계에 이루어진다.

(2) 가설 설정과 목표 설정

전략적 모델에서 IP의 증상과 문제행동은 가족항상성을 유지하는 기제로서 다른 가족원에 대한 통제방식 기능을 한다는 가정을 가지고 있다. 그러므로 초기 진단에서 설정한 가족원 상호 간의 연쇄과정에 관한 가설이든 가족원의 세대 간 연합이나 동맹, 부모의 자녀에 대한 기능, 권력과 통제 등의 가족체계가설이든 상담 중에 확인과정을 거치면서 수정될 수 있다. 문제에 대한 체계적 관점으로 구성된 가설이 정확하게 설정되면 이를 바탕으로 상담계획을 수립하게 된다.

밀란모델에서는 독특하게 팀 접근을 하고 면접 후반부에 휴지기를 두어 가설확인과 목표설정 및 개입방법에 대한 논의과정을 가진다.

(3) 개입선택과 실행

전략적 모델에서는 정밀한 관찰을 토대로 문제증상과 관련된 가족 상호작용의 연쇄과정을 파악한 후 이를 바꿀 수 있는 개입전략을 세운다. 역설적 개입은 내담가족의 저항을 처리하는 효과적인 방법이다. 이 개입전략은 지시, 은유 사용, 문제증상을 계속하라고 하는 등의 다양한 방식으로 내담가족으로 하여금 문제 증상을 포기하거나 아니면 증상을 통제하는 힘을 인정해야 하는 이중구속 상황에 빠지게 하여 변화를 유도한다. 직접 지시를 하든지 역설적 개입을 하든지 개입방법을 정할 때는 문제에 따라 사례별로 개별적인 전략을 면밀히 계획함으로써 가족의 행동변화와 더불어 가족체계의 변화를 일으키도록 고안된다. 최근에는 지시적인 방법만이 아닌 동기를 부여하는 방법과 강점을 활용하는 방법도 사용되고 있다(정문자 외, 2007).

3 치료자 역할 및 치료기법

1) 치료자 역할

전략적 모델의 치료자 역할에서 공통적인 것은 치료자가 내담자의 저항을 처리하기 위한 전략을 세우는 전략가로서 문제해결과 변화에 대한 직접적인 책임을 진다는 점이다. 그리고 편안한 분위기를 조성하면서 가족원의 상호작용 연쇄과정을 정밀하게 관찰하고 가설을 설정하며 문제별로 직접적으로 지시하거나 우회적, 은유적, 역설적인 방법으로 변화를 유도하는 역할을 한다는 점도 공통점이다.

그러므로 전략적 모델에서 치료자는 문제해결을 위한 전략을 세우는 기술과 변화를 이끌어 내는 강한 의지와 책임감, 그리고 상담 장면에서 통제와 권위를 유지하면서도 편안하고 유연한 분위기를 조성하는 것 등이 요구된다. 한편 밀란모델에서는 치료자 역할로 중립성을 유지하고 가족 스스로 해결책을 찾아가도록 돕는 역할을 하는 점이 다른 전략적 모델과 차이를 보인다.

2) 치료기법

전략적 가족치료는 다른 가족치료 모델에 비해 이론보다는 기법 중심의 접근이다. 치료자들은 개별 사례와 문제 맞춤형 개입을 하는 에릭슨의 전통에서 출발한 기법들을 공통적으로 사용하였다. 전략적 모델의 독특하고 핵심적 기법은 역설적 개입에 속하는 여러 방법들인 재정의, 증상처방, 제지기법, 고된 체험기법, 가장기법 등이다. 이 외에 밀란모델에서 개발된 긍정적 함축, 의식처방, 불변의 처방, 순환질문 등이 있다.

세 가지 모델의 치료자 역할과 기법의 특징은 다음 〈표 8-3〉과 같다.

〈표 8-3〉 세 가지 전략적 모델의 치료자 역할과 치료기법 비교

구 분	MRI의 상호작용모델	헤일리의 구조 · 전략적 모델	밀란의 체계론적 모델
치료자 역할	지시적, 역설적	통제적, 능동적, 역설적	중립적, 치료동반자
치료기법	증상처방, 역설적 지시, 치료적 이중구속, 재정의	증상처방, 역설적 지시, 은유적 지시, 재정의, 고된 체험기법, 가장기법	긍정적 함축, 순환질문, 의식처방, 불변의 처방

출처 : Goldenberg & Goldenberg(2001); 김득성 외 공역(2003) 발췌 재구성.

(1) 역설적 개입기법

문제가 심각한 가족일수록 가족의 안정을 위해 엄격한 연쇄과정을 유지하고 기존방식에 집착하므로 문제를 유지시키는 가족연쇄 과정을 변화시키는 것이 위협으로 인식될 수 있다. 그러므로 전략적 모델에서는 기존의 해결방법과 전혀 상반된 전략을 계획하여 개입하는데 이것이 역설적 개입이다.

역설적 개입(paradoxical intervention)은 치료자로부터 '변하지 말라'는 메시지와 '변하라'는 메시지가 가족에게 동시에 전달되는 상황을 만든다. '변하지 말라'는 치료자의 메시지에 대해 내담자가 충실히 따르자니 이미 증상을 통제할 수 있게 되는 것이고, 만일 치료자의 메시지를 따르지 않는다면 증상을 포기하고 변해야 하는 치료적 이중구속 상황이 만들어지는 것이다. 역설적 개입에는 흔히 재정의, 증상처방, 제지, 고된 체험, 지시, 가장 등의 기법이 있다.

① 재정의 기법

재정의(reframing) 기법은 재명명(relabeling) 기법이라고도 하며, 문제행동에 새로운 의미를 부여하고 증상의 의미와 의도를 긍정적으로 재명명하여 가족의 생각을 바꾸는 것이다. 이렇게 하는 이유는 내담자들이 이 개입전략을 따르는 데 따른 중요성을 인식하고 용납하도록 하기 위해서이다. 예로 '잔소리하는 것'을 '관심이 많은 것'으로 재정의하거나 '불평'에 대한 '친밀감 욕구의 표현'으로 재정의하면 가족이 역기능으로 규정한 행동이 선한 의도로 해석되어 변화를 위한 노력이 용이해진다.

밀란모델에서는 재정의 기법과 유사하게 부정적 증상행동을 긍정적인 동기로 설명하는 것을 '긍정적 함축(positive connotation)'으로 불렀다. 이는 증상이 가족체계의 안정과 가족 응집을 돕기 때문에 긍정적이라고 의미를 부여하여 역기능적인 가족게임을 무력하게 만드는 기법이다(Nichols & Schwartz, 2001; 김영애 외 공역, 2002).

예를 들어, 자녀의 거식증으로 가족상담을 받는 가족에게 IP의 거식증으로 인해 어머니는 IP를 과보호하고, 아버지는 어머니를 비난하면서 가족체계가 유지되고 있다고 하는 것이다. 또 하나의 예로 등교 거부 문제를 가진 아이는 부모에게 '당신의 아이가 등교를 거부하는 것은 어머니의 외로움을 덜어주고 옆에서 지켜주고 싶어서입니다'라고 긍정적 의미를 부여하는 것이다(김용태, 2000).

이렇게 함으로써 결과적으로 가족원 각자의 행동이 IP의 증상과 관련되는 역기능적인 가족게임을 인식하게 되고 증상이 자발적임을 알게 된다. 동시에 가족원 간에 상대방의 행동 동기와 의도가 긍정적임을 알게 되면서 서로를 긍정적으로 보게 되며, 치료자와 다른 가족원에게 이해받는다고 느껴 변화에 대한 저항을 줄이고 변화 동기를 높일 수 있다.

② 증상처방 기법

증상처방(symptom prescription)은 증상행동을 자발적으로 계속하도록 격려하는 기법이다. 예를 들면, 부부가 계속 싸우는 것이 가족문제가 되는 경우 치료자는 부부에게 매일 일정한 시간에 계속 싸우도록 하는 것이다.

또 다른 예로 우울증으로 고통을 겪는 사람에게 하루에 세 번씩 1시간 동안 우울하게 되도록 노력하라고 이야기하고 그 가족은 그가 우울하도록 격려하라고 처방한다. 그 결과 IP는 우울증상을 포기하게 되고 가족은 더 이상 그의 기분을 돌이키려고 비효과적인 노력을 하지 않고 죄책감을 느끼지 않을 것이다. 이와 같이 증상처방은 내담자가 치료자의 지시를 거부하고 증상을 포기하든지, 혹은 지시대로 따르면서 증상이 본인의 통제와 조절 아래에 있게 되는 것을 선택하게 하여 증상을 없애는 결과를 가져오게 된다.

③ 제지기법

제지(restraining)기법은 가족원에게 천천히 진행하라고 경고하거나 또는 개선이 생길 때 퇴보에 대해 걱정하는 방법이다. 예를 들어, '너무 빨리 변하면 분명히 나빠질 가능성이 많습니다. 그러니 천천히 변하십시오'라는 메시지를 내담자에게 전달하여 가족의 변화가 너무 빠름을 견제하는 것이다. 이는 내담자가 변화에 저항할 것을 미리 예견하고 시작된 변화를 더욱 지속시키고 견고하게 할 목적으로 사용된다. 그 결과 가족들은 오히려 변화를 원하는 방향으로 반응하게 되어 치료효과를 가져오는 결과를 낳는다(Goldenberg & Goldenberg, 2001; 김득성 외 공역, 2003).

④ 고된 체험기법

고된 체험기법(ordeal technique)은 증상이 나타날 때마다 원래 증상의 고통보다 더 괴로워하는 일을 수행하도록 직접적으로 지시하는 기법이다. 이 기법은 내담자가 증상을 포기하는 것보다 증상을 유지하는 것이 더 고통스럽다는 것을 알게 되면 증상을 포기할 수 있다는 전제를 가진다. 고된 체험과제는 운동, 숙제, 독서, 다이어트, 청소, 정리정돈, 비싼 선물 등 다양하다(양승은, 1995).

예를 들면, 낮 동안 우울증상이 있을 때마다 밤중에 일어나서 격렬하게 운동하라고 하는 것이나 고부갈등을 겪는 여성에게 시어머니에 대한 불평과 원망이 들 때마다 시어머니에게 비싼 선물을 드리도록 지시하는 것, 불면증이 있는 내담자에게 밤새워 책을 읽으라고 하는 것 등이 있다.

고된 체험기법 사례
글을 쓰는 데 불안을 느껴 방해를 받는 사람의 경우이다. 그는 또한 여자 친구와의 데이트조차 수줍어했다. 치료자는 그에게 글을 쓸 수 없게 된 다음 날부터 일주일 동안 여자 친구와 데이트를 해야 하는 역설적 지시를 내렸다. 이 지시는 그로서는 고된 시련이었지만 그는 날마다 한 페이지의 글을 쓰게 되었다(Thomas, 1992 : 373).

출처 : 양승은(1995), p. 202 재인용.

고된 체험의 과제를 줄 때는 문제를 명확히 규정하고 문제증상을 제거하고자 하는 동기를 확인한 후 내담자에게 결과적으로 이득이 되지만 행동으로 실천하기에는 다소 힘든 행동이면서 사회적 상황에서 구체적으로 실천 가능한 것을 선택한다.

⑤ 지시기법

지시기법(directive method)은 내담자와 가족에게 할 일을 처방하는 것으로 헤일리의 치료모델에서 핵심적 방법이다. 지시기법에는 직접적 지시와 은유적 지시가 있다.

직접적 지시(straightforward directives)기법은 어떤 행동을 중지하도록 지시하거나 다른 행동을 하도록 직접 처방하는 것이다. 직접적 지시를 하기 전에 내담자에게 동기를 부여하는 것이 필요하다. 그 방법으로 먼저 지시에 따름으로써 얻을 이득을 설명하고, 내담자의 실패한 해결책을 나열하며, 상황의 절박성과 위험 가능성을 강조하여 상담 장면에서 치료자의 지시에 따라 작은 행동 변화를 시작하게 한다. 그리고 상담자의 권위를 활용하는 것도 동기 부여에 중요하다.

직접적 지시기법 사례
10살 된 딸이 무조건적으로 받아주는 할머니와 친하고 버릇을 고치려는 엄마와는 사이가 좋지 않아 버릇없이 구는 문제로 상담자에게 왔다. 상담자는 딸에게 할머니를 화나게 하는 행동을 하도록 지시하고, 엄마에게는 딸 편이 되어 할머니에 대항하도록 지시하였다. 그 결과 엄마와 딸 사이가 좋아지고 딸의 버릇없는 행동이 없어졌다.

출처 : Goldenberg & Goldenberg(2001); 김득성 외 공역(2003), p. 292.

은유적 지시(metaphoric task)기법은 가족이 자신의 문제를 밝히길 부끄럽게 생각하거나 언급하기를 원하지 않을 때 비유를 통해 변화를 이끌어 내기 위하여 사용된다(Becvar & Becvar, 2003). 치료자는 가족이 특정한 방법으로 행동하기를 원하는 행동목표를 정한 후에 그와 유사하면서 쉽게 할 수 있는 은유적 행동을 실행에 옮기도록 지시한다. 행동을 실행하는 과정에서도 은유적 행동에 대한 의견을 나누도록 과제를 준다.

예로 성 문제를 가진 부부가 이 주제를 말하기를 난처해할 때 치료자는 부부의 성을 부부가 식사하는 것으로 비유하여 이야기를 끌어간다. 치료자는 '부부가 즐겁게 식사하기 위해 서로 어떤 배려를 하는지', '음식 맛을 즐기기 위해 어떤 방법을 사용하는지' 등 식사하는 방법을 질문하여 먹는 행위양상에 대해 이야기를 나눈다. 그리고 치료자는 부부에게 비유로 지시를 한다. 예를 들면, 부부가 즐거운 식사를 하려면 부부가 함께 식사를 할 수 있도록 준비하고, 서로의 음식 기호의 차이를 존중하며, 식사 속도를 상대방과 조절하고 상대방을 배려하는 등의 노력을 하도록 지시한다. 그 결과 부부는 이를 성 문제에 적용하여 문제를 해결하는 것이다.

⑥ 가장기법

가장기법(pretend technique)은 매더네스(Madanes)가 개발한 것으로, 계속적인 내담자의 저항을 처리하면서 가족을 변화시켜야 하는 목적을 지닌 역설적 기법과 목적은 유사하나 더 부드러운 기법이다. 이 기법은 하지 않던 행동을 상상과 놀이로 생각하면 좀 더 잘할 것이라는 전제를 바탕으로, 증상을 가진 '척하고' 상대방을 '돕는 척'하라고 지시한다. 그러면 긴장 상황이나 반항심을 유발하는 대신에 놀이를 하는 기분으로 저항을 우회시키게 된다.

그 결과 IP는 증상을 가진 척하는 것만으로 충분하여 실제 증상을 포기하게 되고, 가족원도 걱정을 가장하거나 분노를 가장하는 것이므로 전체 가족상황은 심각한 싸움에서 연극적인 놀이로 변형되어 문제가 해결되는 것이다.

예를 들어, 분노발작 문제를 가진 아이와 이를 통제하지 못해서 상담실에 온 어머니에게 치료자는 아이에게 분노발작을 일으키는 '척하라'고 한다. 아이가 '나는 헐크야'라며 험상궂은 표정을 하고 고함치는 행동을 하자 치료자는 '너는 상상력이 풍부하구나' 하며 아이를 칭찬하고 어머니에게도 아이를 잘 키운 것을 칭찬한다. 치료자는 집에서 할 일로 아이에게 엄마 앞에서 시간을 정해 분노발작을 일으키는 척하는 행동을 하고 그럴 때마다 어머니는 아이를 걱정하는 척하는 과제를 실행하도록 지시하고, 아이가 과제를 잘 하면 어머니는 아이가 좋아하는 간식을 주라고 하였다. 그 후 아이의 문제증상은 없어졌다는 어머니의 보고가 있었다(Madanes, 1981, 송정아 · 최규련, 2002 재인용).

이처럼 위장하는 과제를 실행한 어머니와 자녀는 긴장된 상황이 아닌 연극적인 놀이를 하게 되어 통제할 수 없는 발작증상을 자발적으로 통제할 수 있음으로써 문제가 해결된 것이다. 아울러 과제 수행을 통하여 그동안 증상을 유지하던 가족의 연쇄과정이 깨지고 어머니의 무력한 권위가 힘을 받게 되는 위계구조의 변화도 나타나게 된다.

(2) 의식처방 기법

의식처방(ritual prescription) 기법은 밀란모델에서 고안된 것으로 일정한 가족의식을 구성하여 역기능적인 가족게임을 과장시켜 연출해 봄으로써 가족원들이 가족게임과 역기능에 대해 명확히 인식하게 하는 기법이다. 긍정적 함축기법은 가족에 역기능으로 작용하는 게임의 존재를 역설을 통하여 일깨우고 증상이 자발적이고 좋은 의도로 생각될 수 있음을 암시하는 것이라고 할 수 있고, 의식처방 기법은 가족게임을 과장되게 드러나게 하여 이를 더 분명히 인식하고 그 어리석음을 깨달아 게임을 중단하도록 하는 것이다.

예로 거식증 문제를 가진 딸과 과보호하는 어머니, 어머니를 비난하는 아버지에게 치료자가 다음과 같이 과제를 준다. 즉, '일주일 중 하루를 정해 온 가족이 모여 어머니가 딸에게 네가 계속 밥을 먹지 않아 부모를 도와주니 고맙다는 말을 하고, 어머니는 딸을 더 감싸고 보호하는 행동을 하며, 아버지는 더 강하게 어머니를 비난하는 행동을 하는 시간을 가지십시오.' 그 결과 가족원 모두가 의식에 참여함으로써 자신들이 얼마나 어리석은 행동을 계속하고 있는지 깨닫게 되어 가족게임이 중단되고 문제증상도 없어지게 되었다.

또 다른 의식 처방기법 사례로 부모가 아이 지도방법에 대한 견해 차이로 서로 비난하고 간섭하며 심한 불화를 겪고 아이의 정서장애 문제가 발생한 가족에게 치료자는 '아버지는 짝수 날에, 어머니는 홀수 날에 각각 자녀지도 책임을 전적으로 담당하고 상대방은 그 자리에 없는 의식을 실행하십시오'라고 처방을 한다. 과제를 수행한 결과 부모는 그동안의 부부싸움과 서로에 대한 기대가 어리석었음을 깨닫게 되었다. 그래서 부모가 함께 지도방법을 의논하고 일관성 있게 아이를 지도하는 방향으로 바뀌게 되었고 부모의 이중 메시지로 인한 아이의 문제가 없어지게 되었다(Palazzoli, et al., 1978; Goldenberg & Goldenberg, 2001, 김득성 외 공역, 2003 재인용).

(3) 불변의 처방 기법

불변의 처방(invariant prescription) 기법은 모든 역기능 가족에게 공통적으로 유사한 가족게임이 있다는 전제를 가지고 가족게임을 중단하게 하기 위해 고안된 처방을 모든 가족에게 하는 것이다. 주로 밀란모델의 파라졸리

(Palazzoli)와 프라타(Prata)가 많이 사용하던 기법으로 치료자는 전략적으로 내담가족과 거리를 두고 중립을 유지하며 개입하였다.

흔히 정신분열증이나 거식증 자녀를 가진 가족에서 발견되는 가족게임은 다음과 같다(Thomas, 1992 : 392-393).

부부가 계속 싸우나 협상과 해결이 안 되는 교착상태이다 ⇨ 약한 쪽의 한 부/모가 자녀를 끌어들인다 ⇨ 그 자녀는 약한 쪽 부/모의 편이 되어 강한 쪽 부/모를 통제하기 위한 증상을 나타낸다 ⇨ 약한 쪽 부/모가 강한 쪽 부/모 편이 되어 자녀를 비난한다 ⇨ 그 자녀는 배신감을 느껴 증상을 더 강하게 나타내 정신병적 행동을 보인다 ⇨ 약한 쪽 부/모는 자녀를 달래고 과보호하며 부모의 부부관계는 계속 교착상태로 지낸다.

처방방법은 팀 접근을 하고 한 달 간격을 갖는 10회기로 제한하여 역설적 지시를 하는 구조로 다음과 같이 진행된다(Gelcer & Schwartzbein, 1989 : 439-456).

① 온 가족이 와서 가족문제를 말하면 치료자는 가족게임을 파악하고 다음 회기에 어떤 사람을 상담할지 연락할 것이라고 말한다.

② 부모와 자녀가 와서 문제와 개선 정도, 원하는 것 등을 이야기한다. 치료자는 가족게임을 파악하고 다음 회기에 올 사람에게 연락할 것이라고 말한다.

③ 부모만 온 상태에서 부부관계와 상호작용 패턴, 그리고 다른 가족원의 반응에 대해서 질문한다. 상담을 가족에게 비밀로 하라는 과제를 준다.

④ 일주일에 1회 한 시간씩 부부가 비밀리에 갑자기 집에서 사라지고 매일 가족원의 반응을 기록하는 과제를 설명하고, 외출 메시지만 남기고 모든 것은 비밀로 할 것을 처방한다.

⑤ 부부가 가져온 일지를 확인하고 동일한 과제를 주되 부부의 비밀 외출 시간을 주 1회 2시간씩으로 변경한다.

⑥ 부부가 가져온 일지를 확인하고 동일한 과제를 주되 부부의 비밀 외출 시간을 주 1회 4시간씩으로 변경한다.

⑦ 부부가 가져온 일지를 확인하고 동일한 과제를 주되 부부의 비밀 외출 시간을 주 1회 5시간씩으로 변경한다.
⑧ 부부가 가져온 일지를 확인하고 동일한 과제를 주되 부부의 비밀 외출 시간을 주 1회 8시간씩으로 변경한다.
⑨ 부부가 가져온 일지를 확인하고 동일한 과제를 주되 부부의 비밀 외출 시간을 주 1회 외박하도록 변경한다.
⑩ 변화를 확인하고 상담을 종결한다.

이와 같이 부부가 비밀을 공유하고 함께하는 시간을 보냄으로써 부부간의 유대와 결속관계가 강화되고 다른 가족원의 연합이나 세대 간 연합이 깨지게 된다. 그 결과 세대 간에 명확한 경계를 만들어서 자녀를 부모와 분리시키고 가족의 경직되고 파괴적인 게임이 깨뜨려지며, 가족이 더욱 융통성 있는 상호작용 방식을 개발함으로써 증상이 없어지게 되는 것이다.

(4) 순환질문 기법

순환질문(circular questioning) 기법은 밀란모델의 치료원리에 포함되면서 핵심기법 중의 하나이다. 이는 보스콜로(Boscolo)와 체친(Cecchin)이 많이 사용하였고 톰(Tomm)에 의해 더 정교화되고 체계화되었다. 순환적인 질문은 문제를 개인의 증상문제로부터 가족의 관계맥락 문제로 볼 수 있도록 되어 있다. 이 기법은 밀란모델의 전략적, 지시적인 측면이 협동적, 면담과정 그 자체를 중시하는 것으로 초점이 옮겨지면서 활발히 사용되었고, 정보, 차이, 순환성을 강조하는 베잇슨(Bateson)의 개념에 기반을 두었다(Tomas, 1992).

이에는 차이질문(예 "민준이가 우울해서 누가 가장 힘든가?"), 가설질문(예 "만약 할아버지가 돌아가시지 않았다면 가족은 지금과 어떻게 다르게 지낼까?"), 행동효과 질문(예 "아버지가 민준이를 야단치면 그 다음에 어떤 일이 일어나는가?"), 3인군 질문(예 "여기 계시는 어머니와 아버지 두 분은 너의 우울증상 해소에 어떻게 도움을 주고 계시니?") 등이 있다.

집 밖에 나가는 것을 거부하는 10대 아들에 대한 전략적 모델 관점
• **MRI 상호작용 치료자** : 부모에게 아들을 집 밖에 나가도록 하기 위해서 어떻게 해왔는지를 질문한다. 이들은 부모가 생각하는 자녀의 행동 이유와 부모가 시도했던 해결책에 초점을 두며 부모의 해결시도가 자녀의 거부를 가져왔다고 가정한다. 이것은 마치 연료를 가지고 불을 끄려는 것과 같다고 할 수 있다. • **헤일리, 매더네스** : 부모가 시도했던 해결책과 아울러 부모의 결혼생활 정보와 부모 싸움에 자녀가 개입된 방식, 그리고 가족위계구조에 대한 정보를 얻어 자녀의 증상이 부모와 자녀의 행동연쇄 과정의 일부이며 이것이 부모 사이에 해결되지 않은 갈등과 잘못된 위계로 인해 촉진된다고 가정한다. 매더네스는 자녀의 문제증상이 한쪽 부모를 보호하는 기능을 하고 있는 것에 관심을 둔다. • **밀란모델 치료자** : 부모와 자녀 간에 역기능적인 가족게임에서 증상이 발생하였다고 가정한다. 부모의 결혼생활에 대한 정보, 가족원 간의 연합, 자녀의 증상이 가족체계에 주는 도움들을 파악한다.

출처 : Nichols & Schwartz(2001); 송정아 · 최규련(2002) 발췌 재구성.

4 적용 사례(김용태, 2000 : 131-158)

회사원 남편(27세)과 전업주부인 부인(21세)은 고졸 출신에 1년 차 신혼부부로 핵가족으로 살고 있다. 남편의 원가족은 사업하는 부친(59세)과 전업주부인 모친(57세), 두 명의 여동생과 한 명의 남동생이 있고, 부인은 공무원인 부친(55세)과 전업주부 모친(50세), 오빠 한 명, 여동생 두 명이 있다.

이들이 호소하는 문제는 성격차이로 인한 부부갈등과 대화곤란, 부부간 폭력이었다. 치료자는 1회기와 2회기에 문제와 관련된 상호작용 방식을 파악하였고 상담목표를 설정하였다. 3회기에서 6회기까지 치료적 개입을 하였고, 7회기에서 8회기는 행동변화를 정착시키고 종결하였고 한 달 후 추수 상담을 하여 문제해결을 확인하고 종결한 사례이다.

1회기에서는 남편의 호소문제로는 아내가 화가 나면 말을 하지 않는다는 것으로 그러면 자신이 미칠 것 같고 물건을 부수거나 아내를 걷어차고 때리기도 한다는 것이다. 그로 인해 아내가 자살한다고 손을 그은 적도 있고, 남편도 동일하게 손을 그은 적이 있다고 한다. 아내의 호소문제로는 남편과 갈등이 생기면 말을 하기 싫고 기분이 나쁘면 말하기 싫어진다는 것과 남편이 말을 시키면 더욱 기분이 나빠져서 더욱더 말을 안 한다고 한다.

2회기에서는 남편과 아내의 상담목표를 구체화하였다. 즉, 남편은 아내와 대화를 하고 싶고, 아내가 웃으면서 얘기를 하기 바란다. 아내가 말이 없으면 화가 난 것 같아 무섭고 말을 꺼냈다가 싸우게 되면 더 힘들어질까 봐 말을 안 하는 편이라고 한다. 아내는 자신이 화난 것이 아니고 그냥 웃을 일이 없어서이고, 내가 웃지 않으면 남편은 내가 화났다고 생각해 나에게 자꾸 따지고 그럴수록 힘들어 말을 하지 않게 된다고 한다. 남편이 따지는 것이 싫고 남편의 틀에 맞추어야 하니까 부담스럽고 웃음도 줄었다고 한다.

치료자는 2회기를 통해 헤일리의 전략적 모델을 적용하여 다음과 같은 가설과 치료목표를 설정하였다. 남편은 관계유지에서 대화를 통하여 서로 배려하는 방식을 갖고 있고 아내는 자신의 일을 먼저하고 상대방과 관계를 하는 방식을 갖고 있다. 남편이 부인의 말과 행동을 따지는 방식은 부인과 친해지려는 시도이고 이를 통해 부인을 통제하고 부인보다 우위에 있으려 한다.

한편 부인은 남편의 따짐을 말없음으로 대항하고 쌀쌀맞고 냉정하게 대함으로써 남편으로부터 멀어지려는 방법을 사용하여 남편이 다가오도록 통제하려고 한다. 그러므로 두 사람은 공통적으로 상대방을 통제하려는 역기능적 방법을 사용하는데 남편의 폭력은 아내 때리기, 협박, 물건 부수기, 고함 등의 물리적 힘에 의존하며, 아내의 폭력은 냉정한 표정을 짓고 남편으로부터 멀어지는 방법을 선택함으로써 정서적 폭력에 의존하고 있다. 따라서 남편은 신체적 폭력을 하지 않는 것, 부인은 냉정해지거나 남편으로부터 도망치지 않는 것을 상담목표로 삼았다.

3회기부터 헤일리의 지시기법 중 직접적 지시방법을 사용하였고 주로 대화 형태를 변화시키는 것에 주안점을 두었다. 3회기는 남편이 소리 지르지 않고 아내를 때리지 않겠다는 약속을 하도록 지시하였고, 부인에게는 남편에게 톡톡 쏘지 않고 친절하게 말하며 기분 나쁜 이유를 말로 남편에게 설명하도록 지시하였다.

4회기는 서로 바라는 것을 나누고 남편은 아내에게 부드럽게 말을 할 것, 부인은 밝은 얼굴로 웃을 것을 지시하였다. 5회기는 싸움 끝에 부부를 따로 상담하고 상처받는 상황과 감정에 대해 공감하고 상대방을 이해하게 하였다. 6회기는 서로에 대해 원하는 것을 표현하도록 하였다.

7회기는 남편이 아내에게 아내는 화가 나도 상냥해야 하고 부부싸움 후에도 먼저 사과해야 한다는 바람을 표현하고 아내는 '내가 화가 나서 친절하게 말할 수 없어요, 조금 있다가 다시 얘기를 했으면 해요'라고 말하도록 지시하고, 남편은 이를 받아들이도록 지시하였다. 그리고 서로 말을 하지 않는 동안 글로 써서 가져올 것을 과제로 부여하였다.

8회기는 편지를 통해 갈등상황을 효과적으로 다루고 있고, 맞물렸던 남편의 폭력과 아내의 말없음과 냉정함이 없어졌다. 남편은 화가 난 상태에서 아내에게 말을 시키지 않고 기다리는 행동을 하였고, 아내는 차분하게 마음을 전달하고 웃음이 많아졌다. 그 결과 부부관계가 개선되는 변화가 나타났다.

09 CHAPTER 인지행동주의 가족상담 및 가족치료

행동주의 가족치료는 가족이 직면한 문제에 행동치료의 이론과 기법을 적용한 것이다. 1970년대에 행동주의 치료자들은 학습이론 원리를 부모들의 행동수정과 부부 의사소통 문제 해결에 적용하여 가족에 개입하기 시작하였다. 원래 행동치료는 고전적 조건화와 조작적 조건화에 의해 치료하는 것으로 바람직한 행동이나 바람직하지 않은 행동들은 모두 학습되었다고 가정한다. 특히 행동주의 접근은 자녀들의 행동장애와 상담동기가 확실한 부부들의 의사소통 문제와 관계문제에 효과적인 방법으로 알려져 왔다. 그러나 행동주의는 단지 한두 사람에만 관심을 두기 때문에 전체 가족체계에 주의를 기울이지 않았고, 인간의 태도와 사고영역을 간과하여서 1980년대까지 가족상담 및 치료의 주류에서 벗어나 있었다.

그러나 1980년대 이후 행동주의자들에게 가족역동에 대한 이해가 증가되었고 인지이론이 방법론에 포함되는 변화가 있었다. 아직 가족치료에서 인지행동주의 방법론은 큰 영향을 미치지 않고 있지만 자녀문제 상담과 부모상담, 부부상담 등에 유용하게 활용될 가능성이 높은 모델이다.

1 발달배경 및 주요 개념

행동주의 가족치료에 많은 영향을 준 것은 스키너(Skinner)의 조작적 조건화이론이다. 스키너는 가장 먼저 행동치료라는 말을 사용한 사람으로, 행동주의 이론으로 모든 인간행동을 설명하고자 하였다(Nichols & Schwartz, 2001; 김영애 외 공역, 2002). 이 이론은 조작적 반응의 빈도는 그 결과에 의하여 결정되며, 긍정적으로 강화된 반응은 훨씬 자주 발생하고 처벌받거나 무시된 반응은 소멸된다는 가정을 가진다. 초기 행동주의 가족치료는 부모로 하여금 아동의 행동증상을 조작적 조건형성 원리를 이용하여 효과적으로 통제하도록 훈련시켰다. 즉, 아동의 문제행동은 무시하고 바람직한 행동은 보상을 주도록 훈련시킨 것이다.

초기에 행동주의 치료는 개인을 대상으로 개입하고 가족 전체를 치료대상으로 삼지는 않았다. 행동주의 가족치료자들은 특정 가족원에게 나타난 변화는 궁극적으로 가족의 일반적 상황을 호전시켜서 결국 가족 전체의 변화를 초래할 것이라는 기대를 하였다. 그러나 많은 사례를 접하는 동안 가족이 개인의 단순한 총합이 아닌 복합적인 체계라는 사실을 인식하고 가족관계에 주목하였다. 이들은 행동분석 단위를 부부나 부모-자녀 관계처럼 두 사람 관계에 두고 상호작용 변화에 개입하였다.

행동치료가 개인에서 가족으로 관심의 대상을 옮기게 된 것은 티보와 켈리(Thibaut & Kelly)의 사회교환이론의 영향이 크다. 사회교환이론에 따르면 모든 사람은 어떤 관계 속에서 보상을 극대화시키고 비용은 최소화시키려 한다. 이를 결혼생활하고 있는 부부에 적용하면, 결혼생활에 만족하지 못한다는 것은 결혼생활에서 받고 있는 보상이 지불한 비용보다 적다고 생각한데 기인한다는 것이다.

행동주의 가족치료를 주도한 사람은 심리치료사인 패터슨(Patterson), 정신의학자인 리버만(Liberman), 사회사업가인 스튜어트(Stuart)이고, 최근 인지행동주의 가족치료는 부모훈련 및 부모-자녀 관계 상담, 부부상담 및 치료, 성치료 등에 적용되고 있다(Goldenberg & Goldenberg, 2001; 김득성 외 공역, 2003).

행동치료와 인지상담의 기초 개념을 간단히 요약하고 주요 가족치료자의 관점을 살펴보면 다음과 같다.

1) 행동치료와 인지상담의 기초 개념

(1) 정적 강화

정적 강화(positive reinforcement)란 어떠한 행동 후에 따르는 결과로 인해 미래에 그 행동의 빈도가 높아지는 것을 의미한다. 즉, 결과에 대한 보상을 줌으로써 그 행동빈도가 높아지는 것을 정적 강화라 한다. 우리가 어떤 행동을 한 후에 바람직한 결과를 얻는다면 다시 똑같은 행동을 하게 될 것이다. 예로 아동이 책을 읽을 때는 어머니가 전혀 관심을 보이지 않다가 아동이 텔레비전을 볼 때만 잔소리를 하고 관심을 보인다면 어머니는 아동의 바람직한 정상적인 행동을 강화하지 않고, 텔레비전을 보는 바람직하지 못한 행동을 강화하게 된다. 결국 아동의 책 읽는 횟수는 줄어들고, 텔레비전 보는 횟수는 늘어나며 어머니의 잔소리도 같이 늘어나서 자녀문제가 발생하게 된다. 그러므로 흔히 문제행동은 잘못된 강화에서 비롯되는 경우가 많다.

(2) 부적 강화

부적 강화(negative reinforcement)란 싫은 자극에서 벗어나기 위해 바람직한 행동을 함으로써 행동을 강화받는 것이다. 예를 들면, 아동이 자리에 앉아서 밥을 먹지 않고 돌아다니거나 텔레비전을 보면서 먹을 때, 어머니가 아동의 밥그릇을 치우면서 아동이 식탁 앞에 앉아 있어야 다시 밥을 주겠다고 말한다. 그러면 아동은 돌아다니며 밥을 먹는 대신에 식탁 앞에 앉아 밥을 먹는 행동이 증가하게 된다.

(3) 벌

행동 후에 따르는 결과로 인해 미래에 그 행동의 빈도가 줄어드는 것을 의미한다. 벌(punishment)은 사용하기 쉽고 단기적 효과가 있지만 바람직하지 못한 측면이 있으므로 모든 긍정적인 방법을 사용해도 효과가 없을 때 사용해야 한다. 벌의 부정적 측면으로는 벌을 점차 더 많이 사용하게 되고, 관계에 부정적인 영향을 미치며, 장기적인 효과가 없고, 바람직한 행동에 대해 가르치지 않으며, 잘못된 행동에 더 많은 관심을 갖게 만든다는 점이 있다.

벌은 싫은 자극을 가하는 유형(예 체벌)과 좋은 자극을 제거하는 유형(예 간식 주지 않기)이 있다. 후자의 유형이 공격적 모델이 되는 것과 공포, 두려움, 미움 등의 감정적 반응을 예방하기 때문에 전자의 유형보다 더 나은 방법이다.

(4) 행동형성

사람이 하지 않던 행동을 학습시킬 때 처음부터 완벽한 행동만 강화하려 하면 강화할 기회가 적어진다. 그러므로 표적행동을 구성하는 부분을 나누어서 조금이라도 표적행동에 가까워지면 강화하여 점차 바람직한 행동이 나타나게 하는 것을 행동형성(behavior shaping)이라 한다.

(5) 모델링

모델링(modeling)은 모델의 행동을 관찰하고 유사하게 행동하는 것으로 사회학습이론에 바탕을 둔 대리학습, 모방과 관련된다. 모델링을 통해 시행착오 학습을 단축시키는 효과가 있다. 모델은 바람직한 행동을 하는 가족원이나 상담자, 치료자가 될 수 있다. 특히 모델이 성공적이거나 유명하고 인기 있는 경우 그 영향력이 크다.

(6) 소거

반응에 대해 아무런 강화가 주어지지 않을 때 소거(extinction)가 발생한다. 이전에 강화받던 행동에 대해 강화를 중단하는 방법으로, 주로 바람직하지 않은 행동을 감소시킬 때 사용한다. 예를 들면, 아동이 어머니가 챙겨주지 않으면 학교 준비물을 혼자서 챙기려 하지 않는다. 어머니는 타일러도 소용이 없자 어느 날부터는 무시하기로 했다. 그러자 아동이 혼자서 학교 준비물을 챙기기 시작했다. 처음에는 제대로 챙기지 못하고 빠뜨리는 것도 있었지만 점차 혼자 잘 챙기게 되었다.

(7) 인지상담이론

인지상담의 기본 원리는 인간의 부적응이나 문제는 실제 현상보다는 그것을 해석하는 방식에 그 원인이 있다는 것이다. 현상에 대한 잘못된 지각이나 해석을 할 경우 심리적 장애와 어려움을 겪는다고 본다. 인지상담에서는 내담자의 문제해결을 위한 인지와 사고능력을 중요하게 여기고 인지와 사고방식을 변화시킴으로써 건설적이고 합리적인 대안을 찾을 수 있도록 돕는다 (윤순임 외, 1995).

정신과의사인 베크(Beck)의 인지치료(Cognitive Therapy)와 심리치료사인 엘리스(Ellis)의 합리적 · 정서적 치료(REBT : Rational Emotive Behavior Therapy)가 대표적인 이론이다. 베크는 우울증 환자를 연구하고 내담자가 자동적으로 부정적이고 비관적인 사고를 하는 것을 '인지적 왜곡'이라고 하고, 이에는 임의적 추론, 선택적 추론, 과잉 일반화, 확대화 과정, 양분법적 사고, 완벽주의, 융통성 없는 사고 등이 있다고 하였다.

엘리스는 인간의 정서장애를 일으키는 것이 생활사건이 아니라 사건에 대한 왜곡된 지각이라고 가정하였다. 비합리적 신념이 특정 사고에 집착하게 하여 정서장애나 행동장애를 일으키게 한다고 믿는다. 그러므로 인간의 왜곡된 지각과 잘못된 생각을 합리적으로 바꾸는 방법을 배우면 정서와 행동의 변화를 이끌어 낼 수 있다는 것이다. 그 방법으로 비합리적 사고와 신념을 탐지하는 방법을 배우고, 자신의 역기능적 신념들과 그 영향을 논박하며, 합리적 사고로 대체하는 방법을 찾는다. '반드시 ~해야 한다'라는 표현 대신에 '~이면 좋겠다'라는 사고로 변화함으로써 왜곡된 사고에서 벗어나게 하는 것에 초점을 두고 개입한다.

2) 주요 가족치료자의 관점

(1) 패터슨

패터슨(Patterson)은 선구적인 행동주의 가족치료자로서 임상과 연구에 헌신하였다. 그는 부부관계 문제만이 아니라, 복합적 행동문제를 가진 아동의 가족을 행동주의 모델을 적용하여 치료하였다. 그는 공격적인 아동에 관한 연구와 치료를 토대로 행동주의 부모훈련 프로그램과 워크북을 개발하였다. 그리고 부부의 상호작용에 사회교환이론을 적용하는 많은 연구업적을 남겼다(Nichols & Schwartz, 2001; 김영애 외 공역, 2003).

그는 결혼생활 문제 대부분은 강화자극 수준이 낮고 혐오자극 수준이 높은 것에 기인한다고 하였다. 그러므로 그는 부부간에 불화가 생기는 것은 두 사람 상호 간에 긍정적인 만족을 주는 것 같은 보상행동이 충분하지 않기 때문이라고 생각하여 강화자극으로써 긍정적 행동을 증가시키는 것이 부부치료에 필수적이라고 하였다.

그는 성공적인 결혼생활의 지표로 문제해결 기술과 갈등해결 능력을 강조한다. 즉, 그는 바람직한 가족관계를 유지하려면 상호관계 기술의 개발이 필요하다는 사실을 강조하고, 효율적인 대화기법이 바람직한 상호관계를 설정하기 위한 필수요건이라고 하였다.

(2) 리버만

리버만(Liberman)은 우울, 참기 힘든 두통, 부적응, 부부 불화를 겪는 성인들의 가족을 치료하면서 조작적 조건화 원리를 적용하였다. 그는 증상에 관심을 집중시키며 문제행동을 강화하는 환경반응을 조사한다. 무시하면 사라질 것이라는 원칙을 가지고 가족원의 바람직하지 않은 행동에 소거방식을 적용하여 치료효과를 얻었다.

또한 그는 많은 자녀의 문제행동이 부모의 관심에 의해 무의식적으로 지속된다는 사실을 지적하고 조작적 조건화와 모델링 개념을 적용하였다. 그리고 대부분의 부모가 자녀행동에 대한 효율적인 통제방법을 알지 못하고 있음을 지적하였다.

(3) 스튜어트

스튜어트(Stuart)는 잔소리나 협박 같은 혐오에 의한 통제를 사용하는 것이 종종 불행한 결혼생활을 야기하는 중요한 결정요인이라고 보고, 유관계약(contingency contracting) 방법을 개발하였다. 이는 한 가족원의 바람직하지 않은 행동을 수정할 수 있는 방법에 초점을 맞추기보다는 오히려 바람직하고 긍정적인 행동변화를 극대화시킬 수 있는 방법에 초점을 맞추는 것이다. 그는 상호보완의 원리를 소개하였고 이를 통하여 행동주의 가족치료의 대중성을 확대시켰다.

행동주의 가족치료자들은 문제를 삶의 일부분으로 간주한다. 그러므로 건강한 가족이란 문제와 무관한 것이 아니라 문제가 발생하였을 때 그 문제를 대처할 능력을 가지고 있는 가족을 의미한다. 그리고 성공적인 결혼은 저절로 되는 것이 아니라 효과적인 대처능력을 학습한 결과라고 믿고 관계기술을 학습할 필요가 있음을 강조한다. 그리고 다른 치료자와 마찬가지로 적응력과 융통성을 강조하여 이를 학습할 필요가 있다고 하였다.

반면 역기능 가족은 혐오적 통제로 서로에게 반응하는 것이 특징이다. 이 경우 부부는 긍정적 대안을 시도하지 않기 때문에 서로에 대해 점점 더 부정적으로 반응하게 된다. 이들은 문제해결 기술이 부족하여 문제를 의논할 때도 주제를 바꾸거나 비난하는 방식을 사용한다. 그리고 불화하는 부부들은 서로 간에 보상을 극대화하는 대신에 비용을 최소화하는 데만 집중한다.

부모들은 자녀들의 문제행동을 강화하는 식으로 반응하고 바람직하지 못한 행동을 무시하는 것을 힘들어한다. 그리고 자녀의 일탈행동은 부부

불화가 있는 가족뿐만 아니라 부부간 불화가 없는 가족에서도 발생하기도 한다.

2 치료목표와 치료과정

1) 치료목표

행동치료의 가장 큰 목표는 바람직하지 않은 부정적 행동을 소거하며 바람직한 긍정적인 행동을 증가시키는 것이기 때문에 어떤 형태의 보상이나 처벌을 통한 치료를 계획한다. 즉, 행동주의 가족치료의 목표는 잘못 학습된 행동을 제거하고, 좀 더 효과적이고 바람직한 행동을 새롭게 학습하도록 가족을 돕는 것이다. 치료자들은 이를 위해 잘못 학습된 행동의 제거와 바람직한 행동의 학습에 도움이 되는 조건을 찾아내거나 이러한 조건을 조성한다. 일반적으로 행동주의 가족치료는 바람직하지 못한 행동을 처벌하기보다는 바람직한 행동을 강화하는 것을 선호한다.

그러므로 치료자들은 현재 증상을 완화시키기 위해 특별한 행동유형을 수정하는데, 이는 바람직하지 않은 행동을 제거하거나 가족에 의해 확인된 긍정적 행동을 증가시키는 것이다. 그리고 그들은 또 하나의 목표로서 효과적인 의사소통과 문제해결 능력을 학습시키는 것을 설정하고, 이러한 치료과정에서의 변화를 바탕으로 앞으로 가족이 당면하게 될 여러 문제들을 해결할 수 있도록 돕는다. 따라서 행동주의 가족치료는 치료와 동시에 예방적 측면에도 관심을 두었다고 할 수 있다.

2) 치료과정

행동주의 가족치료의 전략은 가족이 어떻게 기능하는가보다는 행동이 어떻게 변화되는가에 더 많은 관심을 두었다. 행동치료에서 핵심적 전제는 '행동이란 그 결과에 의해 유지된다'는 것이다. 그러므로 새로운 행동의 결과에 보상이 주어지지 않으면 행동변화는 지속되지 않을 것이다. 행동주의 가족치료자들의 주요 신조는 행동변화가 부적 행동의 감소보다는 정적 행동의 증가에 의해 더 잘 성취된다는 것이다.

그러므로 이들은 부모나 배우자들에게 긍정적인 행동을 가속화시킴으로써 그들의 만족을 증대하도록 돕고, 바람직한 문제해결 기술과 대인관계 기술을 학습하도록 돕는다. 그리고 목표행동을 구체적으로 설정하고 행동이 일어나는 조건과 보상기준을 정하며 어떤 상황에서 목표행동을 할지에 대해 구체적으로 명시한다. 그리고 바람직한 행동변화를 위해 다양한 기법을 활용하여 개입한 후 평가기준을 정하여 행동변화를 평가하여 과학적이고 실증적인 결과를 제시한다.

일반적으로 행동주의 가족치료에서는 순환적 인과관계보다는 직선적 관점을 택하고 세 사람 이상의 상호작용 체계보다는 두 사람 간의 관찰할 수 있는 행동에 초점을 맞추는 것이 특징이다.

3 치료자 역할 및 치료기법

치료자는 가족의 바람직하지 않은 행동을 찾아내 현 상태를 명확하게 진단하고 문제행동의 전후 맥락을 조사하여 상담자와 내담자가 모두 수용할 만한 목표를 구체적으로 정한다. 치료목표는 관찰 가능한 구체적인 행동을 선정하고, 긍정적으로 표현하며, 보상기준을 설정하고 행동이 일어나는 구체적인 조건을 명시하도록 한다. 치료자는 가족의 치료목표에 가장 적합하다고 판단되는 치료기법을 적용하는데 대부분 행동치료의 한 가지 또는 몇 가지 기법을 결합하여 사용한다.

1) 부모교육 및 훈련

부모를 치료대상으로 하는 행동주의 가족치료자는 어떤 의미에서 교사, 코치의 입장에서 치료적 개입을 하게 된다. 부모교육 및 훈련은 다음 6가지 범주에 걸친 자녀의 행동문제에 적용되고 있다(Graziano, 1977, Nichols & Schwartz, 2001 재인용). 즉, ① 신체적 증상(발작, 섭식장애, 배변훈련 문제), ② 복합적 증후군(뇌손상, 지적장애), ③ 과다행동, 공격적 행동(폭력, 폭언), ④ 두려움과 공포증(학교공포증, 불안장애), ⑤ 언어장애(선택적 함구증), ⑥ 생활관리 문제(옷 입기, 식사, 방 정리, 반복적 칭얼거림) 등이다.

이와 같이 다양한 문제를 다루기 위해 조작적 조건화, 고전적 조건화, 인지 · 정서적 기법 등이 사용되는데 그중에서 조작적 조건화는 가장 널리 사용되는 기법이다.

부모훈련은 포괄적인 평가절차로 시작한다. 평가에는 문제행동의 빈도만이 아니라 그것에 선행하거나 뒤따르는 사건을 정의하고 관찰하며 기록하는 과정이 수반된다.

그 후에 치료자는 어떤 행동이 증가되고 감소해야 할지를 결정한다. 바람직한 행동이 증가하도록 심리적 또는 사회적인 다양한 강화원(reinforcer)이 사용된다. 그러나 이런 강화원은 아동의 특성에 따라 효과가 다양하다. 예를 들면, 일반적으로 돈이나 간식은 아동에게 강력한 보상원이 되지만 어떤 아동의 경우에는 놀이시간을 주는 것이 효과적일 수 있다. 조작적 조건화에는 긍정적 연습, 행동형성, 토큰강화법, 유관계약, 타임아웃 등 여러 기법이 있다.

(1) 긍정적 연습과 행동형성

긍정적 연습이란 부모로 하여금 아동이 바람직한 행동을 하는 기술을 반복 연습시키는 전략이다. 예를 들어, 아동이 인사를 잘 하지 않으면 몇 번이고 인사하는 연습을 훈련시키는 것이다.

행동형성은 바라는 목표에 점진적으로 접근하는 방법이다. 추구하는 목표를 작은 단계로 나누어 각 단계마다 강화를 하여 그를 통한 점진적인 변화를 시도하는 것이다. 두 가지 기법 모두 바람직한 행동을 할 때마다 매번 즉각적으로 행동을 강화하는 것이 바람직하다.

(2) 강화 및 토큰강화법

결과를 보상하는 정적 강화와 혐오적인 결과와 반응에 의해 사라지는 부적 강화가 있다. 예를 들어, 아동이 학교 숙제를 스스로 한 후 보상을 줌으로써 그 행동을 강화할 수 있고, 또는 자녀가 그것을 다 할 때까지 잔소리를 함으로써 부적으로 강화할 수 있다. 바람직하지 못한 행동에 관심을 가지는 벌은 부작용이 있을 수 있다. 한편, 강화를 전혀 제공하지 않는 소거기법도 바람직하지 않은 행동을 최소화시키는 효과가 있다. 강화가 불규칙적인 간격으로 주어질 때 학습된 행동의 지속효과가 높다.

바람직한 행동을 증가시키기 위해 종종 발생빈도가 높은 행동이 발생빈도가 낮은 행동을 위한 강화원으로 사용되기도 한다. 이를 프리맥의 원리(Premack principle)라 한다(Nichols & Schwartz, 2001). 예를 들면, 친구들과 놀기를 좋아하는 아동에게 숙제를 마쳐야 나가 놀 수 있다고 말한다. 이 방법이 효과적이려면 강화제가 아동에게 매우 인기 있는 것이어야 한다.

토큰강화법(token reinforcement)은 바람직한 행동을 할 때마다 즉각적인 행동 강화를 해야 할 불편을 덜기 위한 방법으로 부모훈련에서 사용된다. 이미 정해놓은 성공적인 행동을 하면 아동에게 일정 점수나 토큰 등의 보상이 주어지며, 반대의 경우에는 점수나 토큰을 회수당한다. 아동에게 이렇게 모은 점수나 토큰을 가지고 자신이 원하는 것을 얻을 수 있게 하는 기법이다.

(3) 유관계약

유관계약(contingency contracting)은 가족원의 바람직하지 않은 행동을 수정하기보다는 상호작용 원리를 기초로 바람직한 행동을 극대화하는 데 초점을 두는 것이다. 부모와 자녀 간의 유관계약은 아동과 부모의 일종의 계약으로 주로 10대 자녀에게 많이 적용된다. 그 방법으로 부모와 10대 자녀 양쪽 모두에게 서로에게 바라는 행동목록을 적게 하고 작은 행동변화의 대가로 무엇인가를 얻게 하는 것이다. 즉, 자녀가 긍정적인 변화를 보이면 그 변화에 뒤이어 부모가 확실하고 구체적인 변화를 조성하겠다는 약속을 하는 것이다. 예를 들면, 자녀가 학교에 결석하지 않고 잘 다니면 부모가 아동이 원하는 신발을 사줄 것을 약속하는 것이다.

(4) 타임아웃

부적절한 행동을 감소시키기 위한 기법으로 자주 사용되는 것은 정적 강화로부터의 타임아웃(time out)이다. 이것은 아동이 바람직하지 않은 행동을 할 경우에 아동을 무시하거나 고립시키는 것을 의미한다. 이 방법은 다양한 아동 문제에 널리 적용되는 효과적인 기법으로 부모의 힘을 키우는 방법이다.

예로 나쁜 행동을 한 아동을 방이나 욕실에 혼자 있게 하는 것, 구석에 두면서 말을 걸지 않거나 쳐다보지 않는 등 사회적 강화를 주지 않는 방법, 실외나 다른 방에 격리시키는 것 등이 있다. 실시시간은 2~5분이 적당하며 반드시 아동에게 그 이유를 설명해야 한다. 타임아웃 중에 일어나는 저항이나 고함소리는 무시한다.

2) 부부치료

행동주의 부부치료는 다른 행동주의 치료와 마찬가지로 정교하고 구조화된 사정으로 시작한다. 일반적으로 이 과정에는 임상적 상태평가, 특별한 표적행동에 대한 평가, 표준화된 결혼생활 평가질문지 등이 포함된다(Nichols & Schwartz, 2001; 김영애 외 공역, 2002). 예를 들면, 결혼적응척도를 사용하고 의사소통, 성생활, 애정, 의견일치 등의 영역을 진단한다. 이 외에 한 주간 배우자의 긍정적인 행동과 부정적인 행동을 기록하게 하는 방법을 사용하기도 한다. 이를 통해 결혼생활 전반을 파악하고 문제해결 기술과 상호존중 정도, 부모역할 수행 정도, 대화방법, 의사결정 능력 등을 파악한다.

스튜어트(Stuart)는 문제가 있는 부부들은 상호 간에 긍정적인 강화가 아주 적기 때문에 치료개입 전략으로 다음 사항을 제안하였다(Stuart, 1975, Glick & Kessler, 1994 재인용).

첫째, 부부는 모호하고 비판적인 불평보다는 분명하고 행동중심의 묘사방법으로 표현하게 한다.

둘째, 부부는 '나는 배우자와 덜 싸우면 좋겠어요'와 같은 혐오적 통제를 줄이고 대신에 '우리 부부는 좀 더 이해할 수 있었으면 좋겠어요'와 같이 긍정적 통제를 강조하는 새로운 행동교환 방법을 증가시킨다.

셋째, 부부가 의사소통을 개선하도록 도움을 준다.

넷째, 부부가 권력을 평등하게 공유하고 효과적인 의사결정 방법을 구축하도록 격려한다.

다섯째, 부부가 치료에서 배운 방법들을 유지하고 확대하여 미래문제를 해결할 수 있는 전략을 습득시킨다.

행동주의 부부치료의 주요 치료기법은 다음과 같다.

(1) 자기주장 훈련

자기주장 훈련(self-assertive training)은 대인관계에서의 불안을 주장행동을 통하여 감소시키는 데 사용되는 훈련방법이다. 상대방의 권리를 침해하거나 상대방을 불쾌하게 하지 않는 범위 내에서 자신의 욕구, 의견, 생각, 느낌, 소망 등 자신이 나타내고자 하는 바를 있는 그대로 정직하게 상대방에게 표현하게 하는 것이다. 자기주장 훈련은 자신의 권리나 느낌 등을 표현하지 못하는 사람이나 공격적 언행을 하는 사람에게 도움을 줄 수 있다.

(2) 긍정적 행동의 교환

부부가 서로 바라는 행동의 빈도를 증가시키도록 돕는 기법이다. 그 방법으로 스튜어트는 '보살피는 날(caring days)'을 정하고 그 날에는 배우자를 배려하고 보살피는 행동을 하도록 하였다. 이와 비슷하게 웨이스 등(Weiss, et al.)은 부부들에게 '사랑하는 날(love days)'을 정하고 그 날에는 배우자를 기쁘게 하는 행동을 두 배로 할 것을 제안한다(Nichols & Schwartz, 2001; 김영애 외 공역, 2002).

행동교환 방법으로 가장 널리 사용되는 전통적인 것은 각 배우자에게 상대방이 더욱 자주 하기를 바라는 행동목록 세 가지를 작성하게 한다. 요구하는 행동은 구체적이고 긍정적인 용어로 표현하고 적어도 하루에 한 번 이상 실행할 수 있는 작은 행동이어야 한다. 서로가 각자에게 요구하는 것을 실행하는 동안 배우자는 긍정적 강화를 통하여 은연중에 서로에게 영향을 주는 방법을 배우게 된다. 이런 방법의 주 의도는 부부가 강압에 의해서가 아니라 보상행동에 의해서 서로에게 도움이 되는 강화를 자발적으로 설정하게 하는 것이다.

(3) 의사소통 및 문제해결 훈련

행동주의 부부치료에서는 의사소통 기술을 중요시한다. 따라서 치료자는 부부가 자신이 원하는 것을 배우자가 알아차리기를 기대하기보다는 그것을 요청하는 방법을 배우도록 격려한다. 이 방법은 교환협정 과정에서 부부가

지나치게 대립되거나 복잡한 문제를 다룰 때 사용된다.

문제해결 훈련은 갈등적인 문제를 다루는 것으로 시작한다. 성공적인 문제해결 방법은 부부간에 협동적인 상황을 만들어 내는 것이고 같이 이기는 양승적(win-win) 결과를 만드는 것이다.

win-win 결과를 만들기 위해 치료자가 강조하는 지침들

① 문제에 대해 정확하게 정의한 후에 논의를 시작한다.
② 논의는 한 번에 한 가지 문제로 한정한다.
③ 상대방이 말한 동기나 의도에 대해 추론하지 않는다.
④ 비판이나 비난, 언어적 폭력과 혐오적 반응은 피한다.
⑤ 문제를 정의할 때 긍정적인 말로 시작한다.
⑥ 분노를 잘 조절한다.

부부가 일단 문제해결을 효과적으로 하는 의사소통 방식을 배운 다음에 치료자는 유관계약의 원리를 소개한다.

(4) 유관계약

부부치료에서 유관계약은 변화를 일으키는 배우자에 대하여 어떤 변화를 약속하는 것이다. 스튜어트는 상보성 강화 원리를 아동의 행동수정과 부부치료에 적용하였다. 초기에는 강화원으로 토큰이 이용되었고 문서계약 방법도 사용되었다.

부부에게 적용되는 유관계약의 구체적 방법

첫째, 부부 각자에게 서로 바라는 행동목록을 작성하게 한다.
둘째, 상대방의 바람직한 행동이 보일 때 빈도를 기록하게 한다.
셋째, 상대방의 바람직한 행동에 대하여 부부끼리 구체적으로 이야기하고 작성하게 한다.
넷째, 부부 각자가 상대방의 구체적인 바람직한 행동에 대한 강화원을 제시하고 서면계약을 한다.

행동주의 부부치료에서 사용되는 유관계약에는 두 가지 유형이 있는데 가장 널리 알려진 것이 보완적 계약이다. 이것은 한 배우자가 다른 배우자에게 선행된 변화가 있으면 자신이 어떤 변화된 행동을 하겠다는 데 동의하는 것이다. 또 다른 계약유형은 믿음을 바탕으로 한 계약이다. 즉, 각각의 배우자는 상대방이 변화한다는 것에 대한 전제조건이 없이 어떤 변화를 일으키겠다는 데 동의하는 것이다.

(5) 체계적 탈감각화와 긴장이완 훈련

공포나 불안을 극복하기 위한 훈련방법으로 고전적 조건화 원리를 이용한 기법이다. 행동주의 가족치료자 중에서 울프(Wolpe)는 가족원의 공포증 치료에 체계적 탈감각화 개념을 소개하여 행동주의 가족치료에 대한 관심을 불러일으켰다. 체계적 탈감각화한 상호 제지를 통하여 이전의 불안을 자극 시의 불안과 상반되게 반응하게 함으로써 불안을 탈조건화시키는 것이다. 이 방법은 긴장이완을 충분히 한 후 불안을 일으키는 장면을 상상하는 것이다. 불안수준이 낮은 장면에서부터 시작하여 높은 장면으로 올라가면서 실시한다. 이완을 한 후 어떤 한 장면을 상상하는 중에 불안해지면 다시 이완을 한 후 그 장면을 상상하는 방법으로 단계적으로 과민성을 제거한다.

(6) 포화

이 기법은 정적 강화자극이라 하더라도 계속적으로 주어져 포화상태에 이르면 정적 자극의 기능을 상실하고 오히려 반대효과를 나타내는 원리이다. 구체적으로 내담자가 부담할 수 없을 만큼 많은 양의 강화자극을 제공하거나 자주 강화자극을 제공하는 방법이다. 예를 들면, 아주 좋아하는 오락이라도 계속적으로 그것만 하게 하면 다시는 그것을 보기도 싫어하게 된다는 것이다.

(7) 혐오기술

혐오기술은 일시적으로 만족을 주거나 장기적으로 보면 바람직하지 못한 행동에 대해 혐오자극을 제시함으로써 부적응 행동을 하지 않도록 하는 방법이다. 예를 들면, 알코올중독 남자의 경우에, 그 남자는 술로 인하여 친구나 가족, 자기를 잘 아는 사람으로부터 비난, 음주 후 자신의 추한 모습, 실직의 위험, 건강악화, 성격파탄 등의 결과를 생생하게 상상하도록 요구받는다. 이렇게 술과 혐오적 결과를 연합하여 상상함으로써 술을 마시지 않게 되는 것이다. 이 기술은 알코올중독, 마약중독, 도박, 흡연, 폭력 등의 문제가 있는 사람에게 효과가 있다.

(8) 인지행동 부부치료

부부관계 문제에서 단순히 행동변화만으로 근본적인 해결이 되지 않는다고 믿고 인지, 행동, 정서 요인을 모두 고려한다. 그 방법으로 문제에 대한 분명한 인식과 정의, 상호 간에 받아들일 수 있는 문제해결 방법 합의, 해결책 실행을 위한 기술훈련 등이 있다(Dattilio, Epstein, & Baucom, 1998). 치료자는 부부 각자의 결혼과 배우자에 대한 비현실적 기대와 가족도식(family schemata)을 평가하고 그로 인한 파괴적 상호작용을 인식시키며, 인지의 재구조화를 위해 비현실적이고 왜곡된 사고방식과 기대, 신념을 수정하는 데 초점을 두고 개입한다(Epstein, Schlesinger, & Dryden, 1998, Nichols & Schwartz, 2001 재인용).

3) 성기능 장애치료

행동치료 중 체계적 탈감각화 훈련은 성기능 장애치료에도 도입되어 활용되고 있다. 행동치료자들에 의하면 대부분 성기능 장애는 상황적 불안반응의 결과이다.

행동주의 가족치료에서 성기능 장애치료는 부부단위로 실시된다. 일반적인 접근의 첫 단계는 세밀하고 철저한 사정이다. 기질적인 문제를 확인하기 위해 의료검사를 한 후 치료목표를 세우고 역기능의 본질을 결정하기 위한 면접이 사정에 포함된다. 기질적 문제가 없을 경우 성에 관한 정보 부족, 미숙한 성 기술, 성적 의사소통 결여 등이 성 치료에서 주로 다루어진다.

카프란(Kaplan)은 인간의 성 반응 문제를 두 가지로 구분하였는데 이에 따른 성기능 장애치료를 개관하면 다음과 같다(Kaplan, 1995 : 219).

첫째는 성 욕구에 이상이 있는 것으로 성욕이 없는 것부터 성적 혐오까지 포함된다. 치료자는 이들에게 성에 대한 불안감을 줄이고, 성욕을 방해하는 부정적인 생각을 정의하여 없앰으로써 성욕을 개선시킨다.

둘째는 흥분단계에 이상이 있는 것으로 성적 흥분이 잘 안 되며, 발기와 질 확대 및 윤활성에 어려움이 있다. 치료자는 이들에게 이완기법을 통하여 불안을 완화시키고 신체적 접촉과 애무를 통한 즐거움에 집중한다.

대부부의 성기능 장애치료는 부부간에 관계향상 방법을 가르치고, 자기주장 훈련을 통하여 성적인 욕구와 감정을 인정하고 수용하고 표현하도록 격려한다. 특히 태도 변화는 성기는 장애치료에서 필수적이며 탈감각화 훈련 방법인 관능훈련을 통하여 점진적으로 성적 두려움과 불안이 감소된다. 그리고 대부분의 성기능 장애치료에서 공통적으로 부부 사이에 성적 친밀감을 증진시키는 방법과 성에 관한 의사소통 방법을 가르친다.

최근 행동치료 외에 약이나 장치를 이용하여 발기기능을 향상시키고 성 문제를 치료하는 방법과 부부의 관계적 맥락에 초점을 두어 부부치료와 성 치료를 통합하는 방법들이 적용되고 있다(Goldenberg & Goldenberg, 2001; 김득성 외 공역, 2003).

4 적용 사례

아들(27세)이 4수 끝에 대학교에 입학하고 군 제대 후에 복학했으나 성적이 좋지 않아 대학교에서 3개월 전에 제적된 후에 집에만 틀어박혀 있고, 부(57세), 모(55세)와 얼굴을 마주치지 않고 방에서 인터넷만 하는 문제로 상담실에 가족이 왔다. 부모 사이는 원만하고 동반외출과 여행과 외식을 자주 하는 데 반해 외아들인 IP가 집에서 빈둥거리고 바깥에서 친구를 만나거나 취업이나 자립할 생각을 하지 않고 있는 문제를 부모가 호소하였다.

상담자는 6회기에 걸쳐 인지행동주의 가족상담을 실시하였다.

1회기는 부모가 보는 IP의 성장배경과 문제발생 경위, 현재 문제와 IP의 강점 등을 진단하였다. IP가 어릴 때부터 아버지는 직장 일로 따로 살면서 2주에 한 번 집에 오고 IP는 어머니와 주로 같이 살았고, 가족이 모여 산 것은 IP가 고등학교 들어가면서부터였다. IP는 외아들이고 초등학교, 중학교까지는 반에서 3~5등 안에 들 정도로 공부를 잘하고 반장으로 통솔력도 있는 학생이어서 자랑스러운 아들로 부모의 기대를 많이 받았다. 그러나 고등학교에 가면서 학업스트레스를 많이 받아서 친구들과 어울려 놀면서 학업에 소홀했으며 대학을 4수로 입학하였으나 1학년 성적이 나빠서 학사경고를 받고 군대에 갔다. 이후 복학하였으나 성적이 계속 좋지 않아 학교 규칙에 의해 제적되었다. 그러나 IP는 부모에게 이 사실을 속이고 등록금을 친구들과 놀러 다니고 학원수강료 등으로 다 썼고 이를 부모가 알게 되면서 많이 야단맞고 그 이후 집에만 있게 되었다. 지난 3개월간 IP는 집 밖에 한 번도 나가지 않고, 친구들하고 전화하거나 만나지도 않았다. 아침에도 어머니가 깨우면 잘 일어나지 않고 아침밥도 거르며 부모와 같이 식사를 하거나 대화를 하는 일도 없었다. 아버지가 같이 바람 좀 쐬고 얘기 좀 하자고 해도 '할 말 없어요. 싫어요'라고 대화를 거부했다. 어머니와도 하루 종일 말 한 마디 하지 않고 인터넷만 하니 인터넷 중독이 아닌가 걱정이 되었다.

아버지의 대처방법은 IP에게 바깥에 돌아다니라고 말하거나 화나면 집을 나가라고 소리를 지르는 일이 많았다. 어머니 역시 IP가 점심 때까지 잠자고 일어나지 않으니까 짜증이 나고 자녀와 말을 안 하니 답답하다. 자녀가 좋은 대학 다니고 잘 나가는 친척들에게 창피하여 누구에게도 아들 얘기는 꺼내지 않고 있어 소화도 안 되고 머리도 아프고 우울하여 약을 먹고 있다고 하였다. IP는 이런 부모에게 무반응으로 대하고 입을 열지 않아서 집이 절처럼 조용한 분위기라고 하였다. 부모의 결혼생활은 매우 원만하고 같이 의논을 하는 입장이었다.

아들인 IP가 현재의 자기 상태를 10점 만점에 2점이라고 하였고, 아버지에 대한 만족도는 7점, 어머니에 대한 만족도는 8점이라고 하였다. 부모는 IP의 상태를 4점이라고 하였는데 그 이유는 집에서 빈둥거리지만 돈을 낭비하거나 여자문제를 일으키거나 친구들하고 싸움하는 등의 속상하게 하는 일을 하지 않기 때문이라고 하였다. 그리고 아들의 장점으로는 건강하고 온순하며, 신중하고 요리에 관심이 많은 점을 들었다.

이들이 원하는 것을 탐색한 결과 부모는 아들이 자발적으로 일어나 아침밥을 부모님과 함께 먹고 하루를 정상적으로 시작하고 진로를 알아보거나 친구를 만나는 등의 바깥활동을 하는 것, 해외에서 대학이라도 졸업하여 국내에서 취직하는 것을 원하였다. IP는 부모가 집 나가라고 재촉하지 않고, 기다려 주고 이해해 줄 것을 원하였다.

상담자는 부모가 IP에게 이렇게 해라, 저렇게 해라고 말씀하는 것이 IP에 대한 걱정과 관심 때문이지만 그런 말씀을 듣고 또 분위기로 이를 계속 감지하는 IP에게는 대단한 스트레스를 줄 수 있고 부모에게 인정을 못 받고 이해하지 못한다는 생각을 갖게 할 수 있다고 하였다. 그러므로 상담을 통해서 부모는 아들을 이해하고 아들이 바라는 것을 존중하여 부모로서 도와줄 일이 무엇인지를 찾아보고, 아들인 IP는 가족 안에서 부모한테 이해받게 되려면 본인이 어떻게 해야 할 것인가를 찾아보기로 하였다.

2회기는 아버지는 직장 일로 불참하고 모자가 상담에 참여하였다. 어머니가 말하는 변화는 IP가 상담실에 온 다음 날부터 혼자서 7시에 일어나 같이 아침식사하고, 미국에 유학 가는 것을 알아보고 친구도 만나고 다녔다고 한다. 그리고 물어보지도 않았는데 아들이 미국에서 어학연수 1년, 요리학교 2~3년 다니고 호텔 레스토랑에서 훈련받고 나중에는 독립된 레스토랑을 운영하고 싶다고 했다고 전하였다. IP는 3개월 동안 준비하여 미국에 유학 가는 것을 목표로 잡았다고 하였다.

상담자는 모자로 하여금 아들이 알아본 미국에서의 공부계획이 실효성이 얼마나 있고 비용과 시간이 걸리는 문제를 어떻게 대처할 것인가를 의논하게 하고 최종적으로 집에서 아버지와 의논하여 부모가 도울 일과 아들이 준비할 일을 결정하도록 하여 다음 회기 상담에서 결정된 것을 이야기하도록 하였다.

상담자가 어떻게 이렇게 놀라운 변화가 일어났는가를 물어보자 아들은 '모르겠다'고 하고, 모는 '지난번 상담에 와서 아들을 부정적으로만 보던 것에서 아들의 긍정적인 면을 보게 되면서 부모가 마음이 편안해져서 아들에게 재촉하거나 짜증내는 일이 없어져서 그런 것 같다'고 하였다.

상담자는 부모의 아들에 대한 부정적 사고(무엇을 해도 끝을 내지 못하고 끈기 없는 것, 부자인 부모 덕에 편안히 살고 의존적인 것, 게으르고 생각이 없이 빈둥거리는 아들, 사촌들은 다 좋은 대학 나와서 고시에 붙고, 의사 공부하고, 대기업에 취직하고 하는데 내일 모레면 30인 아들은 자기 앞가림도 못하여 못났다, 주위에 창피하다, 무엇을 한다 해도 믿을 수 없는 아들이다)에서 긍정적 사고(대기만성형 아들이다. 다행히도 깡패가 안 되고 낭비하거나 속 썩이지 않으니 다행이다. 요리를 좋아하니 미국에 가서 잘 배워서 레스토랑을 운영하게 하면 웬만한 대학 나와서 취직하는 것보다 평생직장으로 괜찮을 수 있다)로 바꾸는 작업을 하게 하였다. 그리고 어머니가 이를 직접 말로 표현하게 하였다.

또 그동안 부모가 아들이 정신을 차리게 자극시키기 위해서 '다른 집 아들과 비교하고, 당장 집 나가라고 고함질렀던 것, 그렇게 빈둥거리면 어떻게 하냐 도대체 너는 뭘 하고 살 것이냐고 재촉했던 것, 너 때문에 집안 창피해서 못살겠다, 너를 믿고 우리가 어떻게 살겠니, 우리가 너 때문에 병나겠다, 너는 정신이 있는 없는 거냐?' 등의 말을 한 것이 오히려 아들을 더 무기력하게 만들고 부모에게 다가가지 못하고 집 안에서 겉도는 결과를 가져왔음을 깨닫게 했다. 그러므로 부모의 생각과 말이 바뀌는 것이 급선무임을 부모가 인식하게 되었다.

상담자는 어머니로 하여금 아들의 손을 잡고 얼굴을 마주 보고 자신의 부정적 생각과 말이 아들에게 더욱 좌절을 심어주고 상처를 주어 자신감을 떨어뜨리고 아들의 부정적 자기암시를 키우는 결과가 되었음을 말하게 하였다. 그리고 다음부터는 아버지와 어머니가 그렇게 행동하지 않고 격려하고 기다리고 믿어주며, 칭찬하는 말을 하기로 다짐하게 하였다. 부모가 "너는 생각이 신중하고 저력을 갖고 무엇이든지 해낼 것이야. 이번에 이렇게 자발적으로 움직이고 진로계획을 구체화시킨 것이 놀랍다"고 말하였고, 이에 IP는 "제가 잘못해서 부모님이 그런거죠"라고 대답하였다.

나머지 회기는 아들이 미국에 공부하러 가기 전에 가족이 함께하는 시간을 갖고 대화를 잘하는 방법을 배우고 미국생활에서 일어날 문제와 대비책을 생각해 보는 시간을 갖기로 하였다.

3회기는 부모와 아들이 와서 구체적인 유학계획과 준비절차로서 서류준비와 미국 비자인터뷰 준비에 대한 논의를 하고 아들이 할 일과 부모가 도울 일을 탐색하였다. 그동안 가정에서 부모의 아들에 대한 일방적 명령과 비난은 많이 줄었으나 칭찬과 격려는 잘 되지 않았다. 부모의 대화방식을 점검한 결과 선입견을 가지고 이야기하기, 잘 듣지 않기가 6점 만점에 5점으로 매우 높은 반면 감정표현이나 바라는 것 표현, 아들의 감정 이해, 격려하기는 1점으로 매우 낮았다. IP인 아들의 경우에도 전반적인 말하기와 듣기, 감정이해

점수가 매우 낮았다.

과제로 부모는 아들을 하루 두 번씩 칭찬하고 격려하는 말을 하기, 그동안 아들이 잘했던 점과 고마운 점, 장점을 10가지 적어보기를 하게 하였고, 가족이 함께 즐거운 시간을 한 번 가지도록 하였다. 그리고 IP도 그동안 살면서 칭찬받은 일, 본인의 장점을 적어오도록 하였다.

4회기는 그동안 부모가 의식적으로 IP를 칭찬하고 격려하는 말을 계속하였고, IP는 솔선해서 동해안 가족여행 가는 일정과 숙박 등을 계획하였다고 하여 상담실에서 부모가 직접 IP에게 인정하고 칭찬하는 말을 하게 하였다. 그리고 부모가 IP의 장점, 고마운 점, 잘하는 것들을 10가지 적어온 것을 읽게 하였다. IP는 부모가 격려하고 칭찬하는 말을 해서 기분이 좋다고 반응하였고, 본인이 칭찬받은 것과 잘하는 것(어렸을 때 친척들 앞에서 노래를 잘하고 영어 발음이 좋다고 칭찬받았다. 팔굽혀펴기를 아주 많이 해서 끈기가 있다고 칭찬받았다. 남들보다 미각이 뛰어나다. 남들보다 많이 신중하고 함부로 말을 하지 않는다. 책임감이 있다)을 읽고 부모도 이에 동의하였다.

그동안의 변화로 아들이 계속 혼자서 7시경 일어나도 어머니에게 말을 건네며 영화나 유학준비 등에 대해 대화를 나누고 있으며, 아버지도 아들에게 "잘 잤니? 잘돼가지?" 등의 말을 건네고 식탁에서도 부자간에 이야기를 주고받는다고 하였다. 또한 그동안 부모가 외출을 같이 하자 해도 거부하던 아들이 지난주 일요일에는 함께 산에 다녀왔고, 외식을 두 번 하였다고 하여 관계가 좋아졌음을 알 수 있었다.

말하기 기술을 아버지와 어머니, 아버지와 아들, 어머니와 아들 사이에 연습시키고 자기표현을 하는 방법을 훈련시켰다. 특히 감정표현이 부족한 아버지와 아들에게 자신의 감정을 표현하는 방법을 연습하게 하였다.

5회기는 아버지가 직장 일로 불참하여 어머니와 아들이 와서 3박 4일 동해안 가족여행을 즐겁게 잘 다녀왔다고 보고하고, 아들이 여러 제안을 하고 의욕 있게 부모를 안내해서 좋은 시간을 가졌다고 하였다. 그리고 여행 중에

IP가 아버지와 어머니에게 고마운 점을 느낀 것들을 말하고 어머니의 잔소리와 재촉이 거의 없어졌다고 하였다. 어머니도 아들이 부모에게 말을 붙이려고 하고 진행되는 일들을 설명하여 본인의 고민도 이야기한다고 하였다. 상담실에서 IP가 어머니에게 현재 걱정인 비자면접 통과에 대한 불안한 감정을 말하기 기술을 써서 표현하고, 어머니는 경청기술을 써서 듣고 인정해주는 연습을 하게 하였다.

6회기는 부모와 IP가 와서 비자면접에 통과한 기쁨을 나누고, 2개월 후 출국하는 날 할 일과 서로에게 바라고 부탁하는 일들에 대해 이야기 나누었다. 아버지가 처음을 아들의 손을 잡고 "그동안 잘 커준 것, 어릴 때 반장을 계속하고 성실하고 책임 있게 학교생활한 점들이 자랑스럽고 고맙다, 동해안 가족여행에서 계속 운전하고 부모를 배려한 점을 대견하게 생각하고 미국에 공부하러 가서 건강하게 잘 지내고, 전화를 일주일에 한 번 정도는 했으면 좋겠다, 미국 가기 전에 아들과 같이 목욕탕을 가고 싶다"고 말하였다. IP는 듣기 기술을 사용하여 듣고 아버지의 말씀을 인정하고 요약하였다.

그리고 아들도 "저도 그동안 부모님 걱정 끼쳐드려서 죄송합니다. 이제 미국에 가면 열심히 공부하고 자주 전화 드리겠습니다. 아버지 연세도 많아지시는데 건강에 유의하셔서 두 분 잘 지내시길 바랍니다. 그리고 이번 일요일에 아버지와 같이 목욕탕에 가겠습니다"라고 말하고, 아버지는 아들의 이야기를 경청기술을 사용하여 듣게 하였다. 역시 어머니와 IP 간에, 부모님 상호 간에도 말하기와 경청이 이루어졌다. 부모님이 "만약 아들이 가지 않겠다는 외국 유학을 일찍 보냈다면 딴 길로 갈 수 있고, 돈 버리고 시간 버릴 수도 있었는데, 이제 철들어서 자기 결심으로 떠나니 흔들리지 않고 열심히 공부할 것으로 믿는다. 너는 대기만성형이어서 저력과 끈기가 있고 신중하니까 잘 해낼 것이다"라고 격려하였고, IP는 "저를 믿어주시고 인정해 주시니 감사합니다. 잘 해내겠습니다"라고 대답하였다. 그리고 스트레스와 걱정이 있을 때는 뭐든지 전화나 이메일로 부모와 상의하기로 하였고, 부모는 열심히 경청하고 문제해결을 위한 대화를 하기로 하였다.

종결을 앞두고 상태를 질문하니 아들은 현재의 자기상태가 9점이 되었다고 하고, 아버지와 어머니에 대한 만족도는 10점이라고 하였다. 부모는 IP의 상태가 9점이라고 하여 종결에 합의하였다.

PART 03

후기 가족상담 및 가족치료 모델

가족상담 및 가족치료의 초기 모델의 이론적 기반은 일반체계이론과 사이버네틱스 이론이었고, 관계맥락과 주관적인 경험을 중시하는 유기체적 관점을 가지고 있었다. 그러나 초기 가족치료 모델은 비록 체계를 강조하지만 모더니즘의 영향을 받아 객관적인 측정을 통해 실재를 발견할 수 있다는 기계론적 관점이 지배적이고 내담자의 주관적인 경험세계를 중요시하지 않았다.

1980년대 시작된 포스터모더니즘의 영향으로 모더니즘의 이런 한계를 탈피하려는 노력이 가족치료 분야에서 시작되어 기존의 형식과 틀, 절대성과 객관성의 존재를 부인하고 개인이 의미를 부여하는 것이 실재라는 관점이 영향력을 가졌다. 이때 구성주의와 사회구성주의가 출현하여 인간이 경험하는 실재는 주관적 구성물이고 사회적 · 언어적 상호작용을 통해 구성된다는 관점들이 가족치료에 영향을 미쳤다.

따라서 1980년대 이후 가족상담 및 가족치료 접근방법에 다양성이 나타났고 혁신적 접근이 출현하였다. 최신 모델들에서는 개인의 가족 경험과정과 경험에 대한 의미부여, 그리고 경험세계 구성과정을 파악하는 것이 더 중시되었고, 치료자는 주도적인 전문가가 아니라 내담자가 경험세계를 재창조하도록 협력하는 동반자로 기대되었다. 이에 속하는 것에 해결중심모델, 이야기치료 등이 있다.

제3부는 가족상담 및 가족치료의 최신모델을 이해하기 위하여 제10장 해결중심 단기 가족상담 및 가족치료, 제11장 이야기 가족상담 및 가족치료로 구성되었다.

CHAPTER 10

해결중심 단기 가족상담 및 가족치료

해결중심 단기 가족상담 및 가족치료는 과거보다 현재와 미래를 중시하고, 인간의 장점과 자원을 문제해결에 활용하는 해결중심 단기치료 모델을 가족상담에 적용시킨 것이다. 이 치료모델은 이름에서도 알 수 있듯이 상담이 단기로 진행되고 해결책에 초점을 맞추는 것이 다른 치료모델과 구분된다. 그리고 병리적인 것이나 실패경험에 관심을 두기보다 과거에 잘 해온 것과 성공경험을 발견하고 이를 문제해결에 활용하는 점과 내담자의 자발적인 의지와 언어가 행동변화를 유발한다고 믿는 점이 기존의 가족치료 모델과 차별화된다. 그리고 특유의 상담원리와 가정들, 철학 그리고 여러 질문기법들과 구체적인 치료절차를 지니고 있는 것도 대표적인 새로운 모델로서 그 영향력이 세계적으로 확산되는 데 기여한 부분이다.

1 발달배경 및 주요 개념

1) 발달배경

해결중심 단기치료의 발달은 정신건강연구소(MRI)의 단기가족치료센터를 중심으로 하는 전략적 치료모델에 근원을 두고 있고, 이곳에서 활동하던 드쉐이저(S. de Shazer)와 동료들(Berg, Nunnally, Lipchik, Molnar)이 1978년 미국 위스콘신주 밀워키에 단기가족치료센터(Brief Family Therapy Center)를 설립하면서 시작되었다. 1982년 이 센터에서 치료의 초점을 문제중심에서 해결중심으로 전환시키면서 해결중심 단기치료(solution-focused brief therapy)가 생성된 것이다(de Shazer & Berg, 1993).

해결중심 치료는 MRI의 전략적 치료에 토대를 두어서 단기상담이고, 문제의 피드백 연쇄과정과 시도되었던 문제해결책에 초점을 두고 문제를 실용적으로 해결하는 방법을 찾는 것이 공통점이다. 그러나 해결중심 모델은 문제중심 모델인 MRI 전략적 치료에 비해 에릭슨(Erickson)의 내담자 자원활용과 현재와 미래에 초점을 맞추는 접근원리에 더 충실하고, 사회구성주의의 영향을 받은 철학에 바탕을 두었다는 차이가 있다.

해결중심 단기 가족치료의 발달에 핵심적인 역할을 한 드 쉐이저는 문제해결이 문제의 원인을 아는 것보다 더 중요하고 인간은 자신의 변화에 필요한 자원을 가지고 있으므로 치료자는 가족의 장점과 특성을 활용하도록 내담가족을 존중하고 격려하여야 한다는 에릭슨의 철학과 전략을 근거로 상담철학을 발전시켰다. 또한 드 쉐이저는 사회구성주의의 영향을 받아 언어는 내담자의 현실을 구성한다는 상담철학을 발전시켰고, 내담자와 함께 협력적으로 문제를 해결하는 상담자 역할을 정립하였다(de Shazer, 1985). 이와 더불어 인수 버그(Insoo Kim Berg, 한국명 김인수)는 많은 임상경험을 토대로 치료자를 훈련하고 이론을 보급하는 일에 기여를 하고 있다.

이 외에 립칙(E. Lipchik)은 치료적 질문을 개발하는 데 기여하였고, 아내구타상담에 해결중심 모델을 적용하였다. 와이너 데이비스(M. Weiner-Davis)는 부부문제와 이혼상담에 해결중심 치료모델을 적용하였다. 오 한런(B. O' Hanlon)은 이들과 관련 없이 직접 에릭슨에게 훈련받고 해결중심 치료모델의 이론 구성과 개념 확장에 중요한 역할을 하였다(Nichols & Schwartz, 2001; 김영애 외 공역, 2002).

현재 해결중심 단기 가족치료는 현 포스트모더니즘 시대정신과 최근 부각되는 강점 접근의 사회복지 관점과 같은 맥락의 이론기반과 철학을 가지고 있고 효과성과 경제성 면에서도 인정받으면서 대표적인 혁신모델로 평가받고 있다.

2) 주요 개념

해결중심 단기 가족치료는 전통적인 가족치료 모델과 다른 가정과 철학관점을 가지고 있다. 주요 개념으로 가정, 원리, 철학 및 관점을 살펴보기로 한다(de Schazer, 1985; Berg, 1991; Berg & Miller, 1992; 가족치료연구모임 역, 2001).

(1) 가정

① 변화는 항상 일어나고 있으므로 이 변화를 긍정적인 방향으로 이끄는 것이 효과적이다.
② 문제의 원인과 문제의 성질보다는 긍정적인 면에 초점을 맞추는 것이 바람직한 변화에 도움이 된다.
③ 예외적인 상황의 증가는 문제를 조정할 자신감과 해결책 실행에 도움이 된다.
④ 작은 변화는 큰 변화의 모체가 되며 해결을 위한 출발이다.
⑤ 내담자는 문제해결을 위해 필요한 자원을 가지고 있다.
⑥ 내담자는 자신의 문제에 대해 가장 많이 알고 있고 그동안 해결책을 생각하고 시도한 경험이 있다.
⑦ 내담자는 변화를 원하고 있고 늘 협조하고 있다.
⑧ 의미는 반응 가운데 구성된다. 내담자는 치료자가 어떻게 의사소통하는가에 따라 반응이 달라질 수 있다.
⑨ 상호작용 속에서 행동과 인식은 순환적이다.
⑩ 내담자의 작은 변화는 다른 사람과의 상호작용에 파급효과를 미친다.

(2) 원리

이러한 가정을 기초로 해결중심 단기가족치료는 다음 기본 원리를 토대로 적용된다.

① 병리적인 것 대신에 건강한 것에 초점을 두고 성공경험을 발견하는 데 주안점을 둔다.

② 변화는 불가피하고 누구도 막을 수 없다. 예외적 상황을 증가시킴으로써 변화를 긍정적 방향으로 이끈다.

③ 이론적 틀에 매이지 않는다. 이론적 틀로 진단하거나 사정하지 않고 내담자의 견해와 말을 존중한다.

④ 간단하고 단순한 것부터 시작하여 변화를 이끈다.

⑤ 내담자의 강점과 자원, 건강한 특성을 발견하고 치료에 활용한다. 문제해결을 위해 내담자가 이미 가지고 있는 기술, 지식, 믿음, 동기, 사회적 관계망, 증상과 실패경험까지도 사용한다.

⑥ 현재에 초점을 두며 미래 지향적이다. 과거의 문제의 역사를 다루기보다는 현재 상태와 미래의 해결방안 구축에 관심을 가진다.

⑦ 내담자의 자율적인 협력을 중요시한다. 내담자가 자신의 문제에 관하여 가장 많이 알고, 해결방안을 찾는 능력이 있기 때문에 치료자는 내담자와 함께 협력적으로 해결방안을 구축한다.

(3) 철학 및 관점

해결중심 단기치료에는 다음 세 가지 철학이 적용되었다(Berg & Miller, 1992; 가족치료연구모임 역, 2001).

첫째, 어떤 것이 잘 기능하면 그것을 고치지 않는다.

둘째, 일단 효과가 있는 것을 알면 그것을 좀 더 한다.

셋째, 효과가 없다면 같은 방법이 아닌 다른 방법을 사용한다.

문제와 문제해결, 저항을 보는 관점은 다음과 같다.

첫째, 문제란 어려움을 해결하기 위해 시도한 결과 실패한 것이므로 다른 방법을 실천에 옮기는 것이 중요하다. 잘못이나 과거의 실패를 찾아내 고치려고 하기보다는 과거의 성공이나 예외상황을 발견하여 확대시키는 일이 더 용이하다.

둘째, 문제를 해결하기 위하여 문제내용을 많이 알아야 할 필요는 없다. 문제가 발생한 원인과 문제내용 진행을 자세히 알기보다는 문제해결 방안과 새로운 행동유형을 만들어 내는 일에 관심을 가진다.

셋째, 해결중심 모델에서는 내담자가 진심으로 변화를 원하는 것으로 가정하므로 가족이 변화과정에 저항을 보이는 일은 없다고 믿는다. 만약 저항을 보이는 경우는 그것은 상담자의 개입방법이 자신들에게 적합하지 않다고 보기 때문이며, 이런 면에서 내담자와 협력하기 위한 상담자의 철저한 훈련과 경험이 필요하다. 반면 전략적 모델에서는 내담자가 변화를 원하지 않는 것을 저항이라고 간주하는데 이때 변화의 내용은 치료자의 관점에서 규정된 것이다.

2 치료목표와 치료과정

1) 치료목표

해결중심 단기 가족치료의 목표는 도움이 필요해서 온 가족의 현재 문제를 해결하는 방법을 가족과 함께 구축하고 실천하도록 돕는 것이다. 가족치료자와 내담가족이 첫 면접상담에서 치료목표를 분명하고 구체적으로 정하게 되면 종결을 위한 목표달성 기준이 설정되어 효과적인 상담이 될 수 있다.

치료목표 설정에서 고려할 점은 협동적 치료목표 설정 원칙들과 치료자와 내담가족원의 관계유형이다.

(1) 협동적 치료목표 설정원칙

해결중심 단기가족치료에서 치료목표를 설정할 때는 내담가족과 함께 협동적으로 그들이 원하는 목표를 세우는 것이 필수적이며, 다음의 원칙들을 고려하여야 한다(Walter & Peller, 1992; 가족치료연구모임 역, 1996).

① 가족에게 중요하고 유익한 것을 목표로 한다. 가족에게 중요한 목표일 때 이를 성취하기 위해 집중적으로 노력하고 협조가 잘 되어 상담기간이 단축될 수 있다. 가족원 사이에 목표가 다르고 합의가 되지 않을 때 상담자는 각자의 견해를 자유롭게 표현하고 상호 간에 이해의 폭을 넓혀서 동의할 수 있는 영역을 찾아내도록 돕는다. 그리고 이 목표는 가족과 협상을 통해 상담자에게도 중요한 것이어야 한다. 만약 치료목표에 대해 이견이 있을 때는 상담자가 먼저 목표를 정하고 말하기보다는 목표에 합의하도록 돕는 것이 바람직하다.

② 목표는 작고 간단한 행동이어야 한다. 목표가 작아야 쉽게 성취할 수 있고, 성취감은 가족에게 희망과 자신감을 갖게 해주며 변화하고자 하는 동기를 높이는 효과를 가진다. 그 결과 가족의 작은 변화는 더 큰 변화를 이끌어 낸다.

③ 구체적이고 명확하고 측정할 수 있는 행동용어로 기술한다. 분명한 행동으로 목표를 설정할 때 가족과 상담자가 상담의 진행 정도를 관찰할 수 있고 목표 달성 여부를 확인할 수 있다.

④ 문제의 제거나 소멸이 아닌 성공의 긍정적 지표로 기술된다. 즉, 문제가 되는 어떤 것을 하지 않거나 없애는 것보다 새로운 긍정적인 행동을 시작하도록 돕는 것이어야 한다. 이로써 목표성취를 확인하기가 쉽고, 문제행동을 하지 않는 대신에 무엇을 하는지를 정확하게 알 수 있어서 목표 달성이 용이해진다.

⑤ 목표를 최종 결과가 아닌 처음의 시작이나 신호에 둔다. 천리 길도 한 걸음부터라는 말과 같이 내담자가 원하는 결과를 얻기 위하여 단계가

있고, 시작단계에 필요한 것이 명확하고 구체적으로 설정되면 집중할 수 있고 성취가 용이해진다.

⑥ 현실생활에서 성취 가능한 것이어야 한다. 가족의 생활에서 현실적이고 성취 가능한 것과 그렇지 않은 것을 구별하여 구체적으로 실행할 수 있는 목표를 설정하도록 조정해야 한다.

⑦ 목표달성은 힘들고 어려운 일이라고 인식한다. 가족이 노력을 해야만 할 정도로 목표가 중요하고 힘든 일을 시작하는 것으로 지각되어야 가족이 목표성취에 대해 책임감을 가지게 되고 협동하게 된다.

(2) 치료자와 내담가족원의 관계유형

해결중심 가족치료는 다른 치료모델에 비해 상담자와 내담가족의 협동적 관계를 강조한다. 그러므로 상담자는 초기 면접에서 그들과 인사를 나누고 상담과정을 설명한 다음 그들의 가족상황, 장점과 자원, 성공경험은 물론 그들의 상담동기와 원하는 것을 파악하는 것이 치료적 관계형성에 중요하다.

해결중심 모델에서는 내담가족원의 상담동기와 원하는 것, 그들과 상담자와의 상호작용 특성 등을 기준으로 가족원과 상담자의 관계를 방문형, 불평형, 고객형으로 나누고 이 관계유형에 따라 상담을 진행하는 과정과 과제의 내용을 다르게 해야 한다고 한다(Berg & Miller, 1992; 가족치료연구모임 역, 2001).

이 관계유형은 상담자와 가족원 사이에 일어나는 상호작용과 관계의 본질을 의미하는 것이지 가족의 개인적인 특성, 기질을 의미하는 것은 아니고, 또 상황에 따라 계속 바뀔 수 있음에 유의하여 접근하는 것이 좋다.

① 방문형

이 관계유형은 고민과 갈등만 있고 변화와 해결에 대한 기대나 소원이 적은 비자발적 유형이다. 일반적으로 부모나 배우자, 교사, 법원 등에 의해서 의뢰되어 자신의 의사와 상관없이 상담실에 온 사람이기 쉽다. 이 관계유형에서는 자신의 문제를 인정하지 않고 상담의 필요성도 인식하지 않으며 다른 사람에게 문제가 있다고 생각한다. 따라서 이 관계는 문제해결 동기가 약하고 상담목표에 합의하기 어렵다.

상담자는 이들이 상담실에 온 것 자체를 칭찬하고 따뜻하게 대하며 이들을 수용해야 하고 애로사항과 괴로움을 충분히 이해한다는 것을 알린다. 이들의 의견을 존중하고 자신에게 중요한 것에 대해 판단할 수 있는 능력을 믿어준다. 다른 사람의 관점에서 질문함으로써 치료목표를 협상할 수 있다.

② 불평형

이 관계유형은 상담 중에 목표나 불평을 찾아내고 관찰을 잘하여 구체적인 문제상황을 말한다. 이들은 문제행동과 증상을 보이는 다른 사람 때문에 자신이 희생되었다고 생각하고 자신의 힘든 점에 대해 상담자에게 이해받기를 원한다. 이들 대부분은 다른 사람이 변화해야 문제가 해결될 수 있다고 생각하나 문제해결을 위해 자신이 해야 할 일에 대해서는 생각하지 않는다. 즉, 문제로 인해 고통을 받고 있지만 해결책을 찾는 단계에서는 수동적이고 불분명한 반응을 보이며 불평과 문제 중심의 대화가 특징이다.

이러한 관계유형에 대해 상담자는 문제해결의 방해자로 보기보다 해결을 위해 활용할 자원으로 간주하고 이들이 자신의 역할을 변화시키도록 유도한다.

③ 고객형

이 관계유형은 문제해결과 변화를 위한 자발적인 동기를 가지며, 자신이 해결책 구축의 한 역할을 담당하고 노력해야 할 것을 깨닫고 문제해결을 위해 어떤 일을 하려는 의지를 나타낸다. 이 관계유형은 자발적으로 문제해결을 위해 도움을 요청하는 내담자인 경우에 가장 흔하며 상담동기가 높기 때문에 쉽게 협력적 관계로 발전할 수 있다.

모든 상담자와 내담자가족의 관계가 세 가지 유형 중의 하나에 분명하게 포함되지 않을 수도 있다. 면접과정을 통해 방문형에서 고객형으로 또는 방문형에서 불평형으로 바뀔 수도 있다. 부모와 자녀가 함께 오는 경우에도 그중에 방문형이 있을 수 있고 불평형이 있을 수 있다. 그러므로 상담자는 내담가족과의 관계유형 판단이 확실하지 않을 경우는 신중하게 접근하는 것이 좋고 관찰팀과의 상의가 도움이 된다.

2) 치료과정

치료과정은 크게 세 가지로 구성되고 60분 정도가 소요된다. 첫째, 45분 내외 동안 상담자의 상담이 진행되고 일면경 뒤나 모니터실에 있는 관찰팀은 상담과정을 관찰하면서 필요시 인터폰이나 전화로 개입한다. 둘째, 상담자가 일면경 뒤나 모니터실에 있는 관찰팀에게 가서 10분 정도 함께 상담과정을 검토하고 상담자와 내담가족의 관계유형과 전달할 메시지에 대해 의논한다. 셋째, 상담자가 상담실로 돌아와서 5분 정도 내담가족에게 메시지를 전달한다.

해결중심 모델은 상담자와 관찰팀이 전체 상담과정에 함께 참여하는 것이 특징이다. 이와 같이 함으로써 문제 상황과 상담 목표, 자원 및 해결책 구축에 대한 객관적이고 다양한 관점을 얻을 수 있는 현실적이고 효과적인 접근이 가능해지는 이점이 있다. 또한 상담자와 관찰팀이 10분 정도 의논하는 동안 내담가족은 기다리면서 상담자의 피드백에 대하여 기대와 호기심을 가지게 되고 상담자가 전달하는 메시지를 진지하게 경청할 수 있게 된다(de Shazer & Berg, 1993).

(1) 첫 회기 상담

첫 회기 상담에서는 관찰팀의 존재와 상담진행 방법에 대해 알리고, 일면경 사용과 녹화에 대한 동의를 받는다. 내담가족과 신뢰적 관계형성을 하면서 여러 질문기법을 사용하여 가족상황과 호소문제, 관계패턴, 대처자원, 예외적 행동, 해결노력 정도와 성공경험, 상담동기 수준 등을 탐색하고 내담가족과 협력적으로 상담목표를 수립한다. 휴식시간에 상담자와 내담가족과의 관계유형, 상담목표, 여러 질문에 대한 내담가족의 반응과 과제수행 의지 등을 종합적으로 고려하여 전달할 메시지 내용에 대해 관찰팀과 의논하고 자문을 받는다. 다시 상담실에 돌아가서 내담가족에게 메시지를 전달하고 다음 회기 상담 약속을 한다.

(2) 첫 회기 이후의 상담

2회기 상담부터는 긍정적인 변화를 확인하고 이를 유지·확장시키는 데 초점을 둔다. 구체적으로 개선된 것들과 긍정적인 변화를 확인하기 위한 질문과 지지와 격려, 과제주기 등의 전략을 사용한다. 이러한 방법은 어떠한 변화라도 있다는 것을 전제로 하고 가족이 변화가 없었다고 하면 아주 작은 변화를 발견하기 위하여 일주일 중 하루 그리고 오전과 오후 등으로 구분하여 추적해 나간다. 중요한 질문은 다음과 같다(de shazer & Berg, 1993).

① 지난번 치료 이후 변화를 끌어내기 위하여 질문한다(elicit).
예를 들면, "지난번 상담 이후 아주 작은 것이라도 나아진 것은 무엇인가?", "당신의 아내는 당신에게서 무엇이 좋아졌다고 말할 것 같은가?" 등이다.

② 긍정적인 변화와 노력에 대해 구체화시키고 확대하기 위한 질문을 한다(amplify).
'언제, 누가, 어디에서, 무엇을, 어떻게' 하게 되었고, 그 결과 어떻게 되었는지, 어떤 도움이 되었는지 등에 대해 긍정적인 변화가 충분히 묘사되도록 질문한다.

③ 긍정적인 변화와 노력에 대해 언어적·비언어적으로 인정해 주고 가치를 확인하고 칭찬한다(reinforce).

④ 자신감, 동기, 진행과정, 희망, 변화, 개선의 정도에 대해 질문하고 현재 상태, 실현 가능성, 변화상태 유지 가능성 등을 질문하여 다시 변화를 위한 노력을 하게 한다(stat again). 종료 무렵에는 변화와 유지 가능성과 종료 가능성을 질문한다.

⑤ 가족이 변화하고 개선되다가 후퇴하고 악화되는 경우가 있다. 이때 상담자는 다음 사항을 고려한다.

- 나빠진 상황과 대처방법에 관하여 자세히 질문하고 작은 성공경험과 해결책을 발견한다.
- 치료간격을 늘려서 극복시간을 주거나 면접 요일이나 시간을 바꿔본다.
- 가족과의 관계유형과 치료목표를 검토하고 고객형 관계로 발전시킨다.
- 개선된 점, 달라진 점, 예외상황, 노력방법, 배운 점 등을 확인한다.

예를 들면, "이번의 후퇴는 과거의 그 상황과 무엇이 다른가?", "이번 후퇴경험을 통해서 무엇을 배웠는가?", "좀 더 노력하기 위해 무엇이 필요한가?", "조금이라도 도움이 된 것이 있었다면 무엇인가?", "앞으로 어떻게 하겠는가?", "조금이라도 좋았던 날은 언제였는가?" 등이다.

⑥ 긍정적 변화와 개선의 유무, 변화가 목표와 관련되는 유무에 따라 개입방법이 달라진다. 그 지침은 세 가지 기본 철학(어떤 것이 기능하면 그것을 고치지 않는다. 효과가 있다면 그것을 좀 더 한다. 효과가 없다면 그 방법이 아닌 다른 방법을 사용한다)에 바탕을 둔다.

3 치료자 역할 및 치료기법

1) 치료자 역할

해결중심 치료자는 내담가족이 가지고 있는 힘과 자원을 개발하여 문제해결에 활용하도록 돕는 역할을 하며, 내담가족의 지각과 의견을 존중하면서 함께 목표를 세우고, 해결책을 구상하고 실행하는 것이 특징이다. 그 결과 내담가족은 자신감과 희망을 갖게 되고 자신의 강점과 성공경험에 주목함으로써 사고의 전환과 행동변화가 나타나게 된다.

치료자의 태도는 해결중심 치료의 가정과 원리에서 알 수 있듯이 내담가족의 능력에 대하여 긍정적이다. 즉, 치료자는 내담가족을 자신의 삶, 경험과 지각에 대해서 가장 잘 알고 있는 사람으로서 존중하는 자세를 가져야 한다. 그리고 치료자는 내담자로 하여금 전문가 입장에 서게 하는 것이 필요하다. 즉, 내담자에 대하여 '알지 못하는(not-knowing) 자세'를 취한다(de Shazer & Berg, 1993). 이 자세는 내담자에 대해 진지한 호기심으로 알고 싶어서 '설명을 듣고자 하는' 태도를 수반한다. 그러므로 치료자는 내담자에 대해 선입견과 자신의 전략을 갖기보다는 내담가족의 행동과 말, 문제의 특성, 문제해결 노력과 성공/실패 경험, 원하는 것, 잠재력, 해결책 등에 대해서 존중하고 탐색하는 자세를 가져야 한다.

치료자의 행동 측면에서는 내담가족이 변화를 원하고 문제에 대하여 많이 생각하고 해결책을 연구해 왔음을 인정하고 그들의 한 발짝 뒤에서 문제에 대한 지각과 해결책의 마련을 촉진시킨다. 그리고 치료자는 '해결중심 대화'를 한다. 즉, 내담가족이 문제중심 시각에서 해결중심 시각으로 바뀌어 상황을 긍정적으로 보게 하고, 진심으로 원하는 것들과 문제가 없는 예외상황을 발견하도록 인내하면서 적극적으로 대화를 나눈다. 이를 위해 기본 상담기술인 경청, 개방질문, 공감, 자기개방, 내담자의 용어 모방, 지지 등을 사용하고 해결중심 치료모델 고유의 여러 질문기법과 메시지 전달을 사용한다.

2) 치료기법

(1) 변화와 해결로 이끄는 질문

해결중심 가족치료에서 질문기법은 치료자의 내담가족 사이에 대화를 통해 문제에 대한 지각과 해결노력, 성공경험, 잠재력과 자원 등을 새롭게 인식하도록 영향을 줌으로써 해결방안을 발견하도록 돕는 핵심기법이다. 변화와 해결로 이끄는 질문에는 상담 전 변화에 관한 질문, 기적질문, 예외발견질문, 척도질문, 대처질문, 관계성 질문 등이 있다.

질문기법 활용에서 주의할 점은 해결중심 가족치료의 가정과 원리, 철학을 충분히 이해하고 상담자로서 요구되는 역할과 태도를 충분히 익히는 일이 선행되어야 한다는 것이다. 만일 기계적으로 기법만 사용한다면 이는 해결중심 치료가 아니다(de Shazer & Berg, 1993).

① 상담 전 변화에 관한 질문

상담 전 변화에 관한 질문(pre-session change question)은 해결중심 모델의 가정과 원리인 가족에게서 계속적으로 변화가 일어난다는 것을 전제하고 "가족이 상담을 예약한 후 현재 이곳에 오기까지 달라진 것이 무엇인가요?"라고 질문하는 것이다. 이 질문을 하면 가족의 상당수는 다급함과 불안이 감소되었거나 문제에 대해 생각해 보고 해결노력을 해본 경험을 보고한다. 이처럼 상담 전에 도움이 되는 방향으로 긍정적인 변화가 시작되는 경우 상담자는 그들의 자발적인 해결노력과 능력을 인정하고 강화하여 가족이 미처 지각하지 못한 자원과 해결방안을 찾아내는 데 활용하도록 격려한다.

만일 내담가족이 변화가 없다고 응답하는 경우에는 상담목표를 찾기 위해 "오늘 여기 와서 무엇이 변화하기를 바라십니까?"라고 질문한다.

② 기적질문

기적질문(miracle question)은 "오늘 밤 당신이 잠자는 동안에 기적이 일어나 모든 문제가 해결되었다고 상상해 보십시오. 그런데 당신은 잠자는 동안에 일어난 일이라서 이런 기적을 모르겠지요. 내일 아침에 눈을 떴을 때 무엇을 보면 어젯밤에 기적이 일어나 모든 문제가 해결되었다는 것을 알 수 있을까요?"라고 묻는다. 이때 가족이 긍정적으로 대답하도록 질문하고 유도하는 것이 중요하며, 가족 스스로 기적을 현실로 구체화하기 위해 새로운 행동을 하여야 함을 암시할 수 있어야 한다.

이 질문은 문제가 해결된 상황을 상상해 보고 원하는 것을 스스로 설명하게 하여 해결책을 구체적으로 명료화시키기 위한 기법이다. 이 질문을 통해 내담가족은 문제와 떨어져서 상상을 하므로 문제중심에서 벗어나 변화 가능성에 대한 희망을 갖게 되는 경험을 하게 되며 상담목표를 설정하는 데 도움이 된다.

③ 예외발견 질문

대부분의 내담가족은 항상 문제만 있는 것이 아니고 어려움을 극복하거나 행복했던 경험, 잘하고 있거나 잘 지내는 점이 있는데도 이를 인식하지 못하고 문제만 강조해서 보는 경향이 있다. 상담자는 해결중심 모델의 기본 가정인 '어떤 문제에도 예외는 있다'는 것을 믿고 예외발견 질문(exception-finding question)을 통해 문제가 일어나지 않는 상황을 찾아낸다. 이로써 우연히 발생한 예외상황과 그 구체적인 방법이 밝혀지고 자원을 이용하여 이를 의도적으로 계속하도록 격려하면 내담가족의 문제해결에 대한 자신감이 강화될 수 있다. 그 결과 성공경험이 확대되고 의도적으로 바람직한 행동을 하게 되어 성공은 현실화된다.

예를 들어, "최근에 문제가 일어나지 않은 때는 언제였습니까?" 또는 "언제 바람직한 행동을 하나요?", "어떻게 하면 문제가 발생하지 않나요?"라고 질문한다. 최악의 상황에서는 "문제가 덜 심각하고 문제빈도나 기간이 짧았던 때는 언제였나요? 그때는 어떻게 해서 그렇게 되었나요?"라고 질문한다.

④ 척도질문

척도질문(scale question)은 문제의 심각성, 문제해결의 우선순위, 문제해결 정도, 정서적 관계, 관계개선을 위한 노력 정도, 문제해결 동기, 변화 의지, 자신감과 자존감 등 구체화시킬 필요가 있는 것을 숫자로 표현하여 평가하는 질문이다. 척도질문을 함으로써 현 상태와 변화 가능성, 해결방안 모색에 도움이 될 정보를 얻을 수 있다.

예를 들면, "1점에서 10점까지의 척도에서 1은 가장 문제가 심각한 때이고 10은 문제가 모두 해결된 점수라면 지금 몇 점입니까?", "5점에서 6점으로 올라가려면 무엇을 해야 한다고 생각하나요?", "4점에서 5점으로 되면 무엇이 달라질까요?"라고 질문한다.

⑤ 대처질문

예외적인 상황을 발견하기 어렵거나 만성적인 어려움과 절망적 상황 등으로 희망이 없다고 호소하는 내담가족에게 주로 사용하는 기법이 대처질문(coping question)이다. 이 질문은 내담가족에게 막연한 희망적인 말을 하거나 위로하는 말보다는 작은 것이라도 대처방법을 찾고 노력해 왔음을 깨닫게 하기 위하여 사용한다. 즉, 희망이 없는 상황에서 어려움을 어떻게 관리하고 견디었는가에 초점을 맞춤으로써 내담가족은 자신의 노력과 의지, 자원을 발견하고 또 성공경험과 강점을 발견하는 것이다. 그리고 위기를 견디어내고 더 나빠지지 않게 한 것을 강조하여 이를 문제해결을 위하여 활용하고 확대하도록 격려하는 근거로 사용한다.

예를 들면, "매우 어려운 상황인데 지금까지 어떻게 견딜 수 있었지요?", "어떻게 해서 상황이 더 나빠지지 않고 버틸 수 있었지요?"라고 질문한다.

⑥ 관계성 질문

관계성 질문(relationship question)은 내담가족과 관련된 다른 중요한 사람들의 생각이나 행동에 대하여 묻는 질문이다. 이 질문을 통해 자신의 행동이나 관점뿐 아니라 자신에 대한 다른 사람의 관점이나 행동에 대해 주의를 기울이게 되어 문제해결을 위한 잠재적 자원을 더 많이 활용하고 가족 간의 상호영향과 변화 가능성을 파악할 수 있다.

예를 들면, "지금 아이의 아버지가 지금 여기 앉아계신다고 하고 제가 아이 문제가 해결되면 무엇이 달라지겠냐고 묻는다면 뭐라고 하실까요?", "친정어머니가 여기 계신다면 따님이 어떻게 하는 것이 문제해결에 도움이 된다고 말씀하실까요?"라고 질문한다.

(2) 메시지 주기

해결중심치료에서는 상담회기마다 종료 전에 내담가족에게 메시지를 주는 것을 필수적인 과정으로 여기며 중요한 의미를 부여한다. 내담가족에 대한 상담자의 피드백과 과제를 전달하는 성격의 메시지 주기는 칭찬(compliment), 연결문(bridge), 과제(task)의 세 부분으로 구성된다(de Shazer & Berg, 1993).

칭찬은 추상적인 것이 아닌 상담과정에서 드러난 성공과 강점을 인정하고 작은 것이라도 긍정적인 부분들을 표현하는 것이다. 칭찬을 통해 내담자가족의 자존감을 높이고 상담자의 메시지에 협력적으로 받아들일 수 있게 한다.

연결문은 칭찬 다음에 주는 과제와 연결시켜서 문제를 일반화시키거나 내담가족에게 필요한 것들을 교육하여 과제를 주는 이론적 근거를 제공한다. 이로써 내담가족은 과제를 명확하게 이해할 수 있고 실천 가능성도 높이게 된다.

과제는 상담자와 내담자 관계유형에 따라 다르게 부여한다. 방문형인 경우에는 상담에 온 것을 칭찬하고 다음에 도움이 필요할 때 상담에 오도록 격려한다. 불평형인 경우에는 자신이 변화해야 한다는 생각은 하지 않지만 다른 가족의 변화를 원하는 부분이 많으므로 다른 사람의 긍정적인 부분을 관찰하는 과제를 주거나 문제해결에 대해 생각하는 과제를 준다. 고객형인 경우에는 변화를 위해 행동하는 과제를 주며, 이 외에 필요한 경우에 관찰하는 과제나 생각하는 과제를 함께 줄 수 있다.

흔히 메시지 주기는 10분 정도 관찰팀과 의논하는 시간을 갖고 상담실로 돌아와 주는 것이나 부득이 혼자 상담을 진행할 때는 5분 정도 휴식시간을 가지고 혼자 상담내용을 정리하고 칭찬과 연결문, 과제를 준비하여 메시지를 전달한다.

더 효과적인 해결중심적 개입을 위해서는 메시지의 내용과 전달방법에 유의해야 하는데 그 방법은 다음과 같다(de Shazer & Berg, 1993).

① 가족의 말에 동의한다. 즉, 가족의 말은 진실을 말하는 것으로 항상 옳다고 생각한다.
② 가족의 목표에 동의한다. 긍정적인 용어로 목표를 설정한다.
③ 가족이 사용하는 단어를 모방하여 사용함으로써 가족에게 합류한다.
④ 가족이 목표를 향하여 움직여 온 긍정적이고 성공적인 것이나 노력을 지지하고 칭찬한다.
⑤ 가족의 절박한 욕구를 제일 먼저 거론하고, 목표성취는 어려운 일을 해야 이루어지는 것임을 강조한다.
⑥ 과제를 주는 이유와 논리적 근거를 설명한다.
⑦ 메시지를 전달할 때는 권위를 가지고 신중하게 말하고 주요 철학을 적용한다. 즉, "가족이 문제시하지 않으면 문제로 삼지 않는다. 효과가 있으면 계속 그것을 반복한다. 효과가 없으면 다른 방법을 사용한다."
⑧ 과제주기에서 불평형인지 아니면 고객형인지, 목표나 기적질문에 분명한 대답을 하는지의 여부, 예외상황 여부, 그 예외는 우연적인지 아니면 의도적인지에 따라 과제를 다르게 준다.

가. 고객형

- 목표나 기적질문에 구체적이고 분명한 대답을 하고, 예외상황이 의도적이고 분명한 경우에 그 행동을 더 많이 하도록 하는 과제를 준다.

- 기적질문에 분명한 대답을 하고 예외상황이 우연하게 분명히 있는 경우에 예외상황을 관찰하고 예상하는 과제를 준다.
- 기적질문에 분명한 대답을 하나 예외상황이 최근에 없는 경우에 날을 잡아서 기적이 일어났다고 가정하고 기적이 일어난 것처럼 행동하는 과제를 준다.

나. 불평형

- 기적질문에 분명한 대답을 하고, 예외상황이 의도적이고 분명히 있는 경우에 다른 사람의 예외적인 행동을 관찰하는 과제를 준다.
- 기적질문에 분명한 대답을 하고 예외상황이 우연하게 분명히 있는 경우에 예외상황을 관찰하는 과제를 준다.
- 기적질문에는 분명한 대답을 하나 예외상황이 불분명한 경우에는 다음 상담에 올 때까지 가족 내에서 어떤 것이 달라졌는지 관찰하는 과제를 준다.

다. 방문형

- 상담자가 '알고 싶어 하는 자세'로 내담자를 자신의 삶의 전문가 위치에 서게 한다.
- 내담자의 분노감정을 공감하고 비자발적이라도 상담에 참여한 선택을 격려하며, 상담에 필요한 요소와 목표를 알려주고 명료화한다.
- 내담자를 상담에 의뢰한 기관이나 사람의 의도에 대해 생각하게 하는 질문을 한다.
- 내담자의 현재 비자발적인 상담에 대한 대안을 탐색하고 기대되는 결과를 분명히 말한다.
- 내담자가 원하는 것에 초점을 두고 성취 가능한 목표를 설정한다.
- 내담자의 목표달성에 도움이 되는 구체적인 행동을 찾는다.
- 칭찬과 연결문 및 적절한 과제를 메시지 형태로 전달한다.

4 적용 사례

도벽과 성적부진, 학교부적응, 무단결석, 빈약한 또래관계, 표현력 부족, 우울상태와 복통과 두통 등의 신체증상이 있는 딸(중1)이 어머니의 권유로 상담실에 왔다. 가족으로 오빠(16세), 남동생(12세)은 문제 없이 학교생활을 하고 있고, 부모 사이도 원만하며 어머니가 적극적이고 책임감이 강하다.

상담자는 2회기에 걸쳐 어머니와 딸(IP)을 해결중심 모델을 적용하여 상담하였다. 1회기에는 상담진행 방법, 관찰팀의 존재와 역할 소개, 상담자 소개를 하고 먼저 상담목표를 설정하기 위해 상담을 받은 뒤 바라는 변화에 대해 질문한 결과 어머니는 딸의 도벽이 없어지는 것, 친구와 잘 어울리는 것을 말했고 IP도 이에 동의하였다.

두 번째로 IP의 잠재력을 발견하고 인정하기 위해 좋아하는 과목을 질문하니 IP가 국어, 동화책 읽기라고 하였다. 관찰팀에서 IP가 친구 이야기만 하면 우는 것을 다루라고 자문하여 상담자가 최근 속상했던 일을 질문하니 어머니가 친구 세 명이 IP에게 자신감이 없는 너하고 친구 안 하겠다고 하였고 그때IP는 충격으로 학교에 가지 않았다고 하였다. 그때 어머니의 대처방법은 딸의 친구 부모들에게 전화하여 IP 상태를 이야기하고 협조를 부탁하여 딸의 친구들에게 의도를 질문하니, 충고하려고 했는데 IP가 결석해서 미안했다고 하여 어머니가 다음부터 그렇게 얘기하지 말라고 하였다.

척도질문을 통해 IP의 친구관계에 대해 어머니는 3점, 목표는 5점이라고 하고 IP의 노력은 8점, 성공 가능성은 6점이라고 하였다. IP가 잘하는 것으로 학원에 6개월 동안 개근한 것, 글을 잘 쓰는 것, 동생 또래를 돌보는 것이 어머니에 의해 밝혀졌다.

상담자는 팀과 의논한 후 다음과 같이 메시지를 전달하였다. 칭찬으로 IP가 친구관계를 소중히 여기는 점, 어머니와 IP가 적극적으로 노력하는 점, IP가

사려 깊고 신중하고 강한 의지, 책임감, 성실함과 잠재력이 있어 개근상도 타고 아이들을 잘 보살피는 점을 말하였다. 연결문으로 문제해결 의지가 강하고 적극적으로 노력해 왔기 때문에 새로운 방법으로 계속 노력할 것이므로 매우 희망적이라고 하였다. 과제로 "IP는 생각이 깊고 의지와 책임감이 강하며, 글도 잘 쓰는 잠재력과 강점을 가지고 있기 때문에 다른 아이들에게 알려주고 보여줄 수 있는 방법을 생각하고 왔으면 합니다. 그리고 어머니는 IP가 그렇게 자기 잠재력을 표현하도록 도와주는 방법을 생각해 오시고 IP가 표현할 때를 관찰해 오시기 바랍니다"라고 하였다.

1회기에 도벽을 다루지 않은 것은 IP의 잠재력과 강점을 발견하고 해결방안 구축에 도움이 되지 않기 때문이고 칭찬을 통해 IP의 강점과 장점, 잠재능력을 부각시키고 강화함으로써 자신의 자원을 발전적으로 사용할 수 있도록 하려는 것이었다. 과제의 목표는 IP가 친구들과 다른 사람이 관찰할 수 있도록 의사를 전달하는 방법을 개발하게 하고 어머니가 IP의 작은 변화를 인정해 주고 긍정적 반응을 하도록 하는 것이었다.

2회기는 작은 변화로 IP가 돈을 아껴 썼고 어머니 지갑에 손대지 않았으며, 어머니는 마음이 편해졌다. 기적질문에 IP는 용돈관리를 잘하고 친구관계가 좋아지는 것, 어머니는 화를 덜 내고 마음이 편해지고 IP를 안아주는 것, 아버지는 IP에게 잔소리를 덜하고, 오빠는 IP를 더 인정해 주는 것으로 대답하였다.

척도질문에 IP는 자신이 1회기에 1점, 현재 4점이라고 하고, 목표를 8점으로 말하였다. 어머니는 1회기의 본인의 상태를 2점, 현재 상태를 2점, 현재 목표를 5점으로 응답하고 IP를 관찰한 결과가 긍정적 행동이 많아져서 3점 좋아졌다고 하였다. 어머니는 IP가 그전에는 먹지도 않을 것을 막 사서 친구한테 선물공제를 하느라 돈을 다 써버렸는데 지금은 필요한 만큼만 사고 친구한테 선물공세도 덜하며 마음이 편안해져서 학교에 잘 가고, 학교생활 얘기도 하고 친구들에게 찾아가서 얘기하고 끼어들기도 한다고 하였다. 그리고 IP의 변화는 어머니가 용돈을 한꺼번에 쓰지 말고 필요한 것만 사라고 말하고 오빠도 그렇게 말한 점이 도움이 되었다.

상담자는 IP가 친구들에게 찾아간 것을 칭찬하고 IP가 친구들한테 찾아가는 적극적 행동을 할 때의 기분을 질문하니 IP는 전에는 쓸쓸했고 학교 가기 싫고 맨날 먹기만 했는데 지금은 아침이 와서 학교에 갔으면 하고 이틀째 일찍 학교에 간다고 하였다. 상담자는 용기 있다고 인정해 주었다. 그리고 IP가 돈을 아껴서 쓰고 돈이 아깝다는 생각을 한 것을 칭찬해 주고 어머니가 칭찬하도록 유도하였다.

어머니가 바라는 IP의 상태와 성취 가능성은 8점이었다. 어머니는 IP가 사촌동생을 잘 돌보고 책임감도 있다고 하였다. 상담자는 관찰팀과 의논한 후 메시지를 다음과 같이 전달하였다.

칭찬으로 "IP가 돈을 어머니에게 맡기고 필요한 것만 사고, 자진해서 친구들에게 접근하고 이야기를 듣는 행동을 한 것, 자신에게 도움이 되는 것과 방법을 아는 것 등은 변화하려는 강한 동기와 용기가 있는 것이다. 이 같은 변화는 어머니의 지속적인 관심과 애정 어린 노력 덕분이다. 어머니는 IP의 세밀한 것을 관찰하고, 긍정적으로 반응하고 사촌동생을 IP가 돌보게 하여 자신감과 성취감을 갖게 하였다. 어머니의 이런 노력이 IP의 변화에 힘이 될 것이다. 앞으로 IP가 할 일은 주위 사람이 알아차리도록 노력하고 변하는 방법을 생각하는 것이고 앞으로 조금만 더 용기를 가지고 노력하면 8점까지 성취할 수 있는 희망이 있다. 어머니도 계속해서 관찰하시고 긍정적인 반응을 보이면 IP에게 도움이 될 것이다"라고 하였다.

상담자는 2회기에서 변화는 계속된다는 확신을 갖고 구체적으로, 반복적으로 유사한 질문을 하여 작은 변화를 발견하도록 도와서 어머니가 계속적으로 변화를 발견하게 되었다. 그리고 작은 변화라도 IP의 잠재능력에 대한 신뢰와 변화를 인정함으로써 IP의 자존감이 회복되고 변화의지를 강화시키게 되어 성공적인 종결을 하게 되었다. 특히 척도질문을 함으로써 어머니와

IP의 행동방향을 설정하고 의지와 동기를 강화하며 IP의 돈 관리 문제와 친구관계 개선에서 성공경험을 확인할 수 있었고 이를 근거로 IP의 변화가 계속되리라는 희망과 자신감을 보여주었기 때문에 어머니가 종결을 제안하고 상담자도 동의하여 종결하게 되었다(정문자 외, 2006 : 19-58).

11 CHAPTER 이야기 가족상담 및 가족치료

이야기 가족상담 및 가족치료는 이야기 치료모델을 가족문제에 적용하는 것으로 절대적 진리나 규범과 객관적 사실의 존재를 부인하는 포스트모더니즘과 개인의 행동은 문화와 역사의 산물로 특정한 맥락 속에서 만들어진다는 사회구성주의에 기반을 둔 접근이다. 이야기 치료는 이야기에 대해 단순히 생각이나 감정을 표현하고 의사소통하는 수단을 넘어서 개인의 경험의 의미를 결정하여 삶을 만들어 가는 것으로 본다. 그리고 우리 모두는 사회 · 문화적 맥락 속에서 자신의 의미와 자신이 살고 있는 삶의 의미를 이해하기 위해 이야기를 만들어 가고 다시 그 이야기에 의해 자신의 삶을 살아간다고 믿는다.

이야기 가족상담자는 개인과 가족의 과거 경험에 의한 부정적인 이야기와 제한적 해석을 극복하고 새롭고 보다 긍정적인 이야기를 구성하도록 도움으로써 새로운 삶을 만들어 가게 한다. 이야기 치료는 해결중심 단기치료보다 늦게 발달하였지만 최근 포스트모더니즘의 영향으로 세계적으로 큰 영향을 미치고 있다. 이야기 치료를 가족문제에 효율적으로 적용하기 위해서는 단순히 상담기법만을 익히는 것이 아니라 독특한 기본 가정과 원리, 개념들을 충분히 이해하는 것이 필요하다.

1 발달배경 및 주요 개념

1) 발달배경

이야기 치료 및 상담(Narrative Therapy & Counseling)은 1990년 출판된 화이트(M. White)와 엡스턴(D. Epston)의 『이야기방법을 통한 치료적 결과(Narrative Means to Therapeutic Ends)』를 기초로 하여 이들을 비롯한 몽크(G. Monk), 프리드먼(J. Freedman), 콤(G. Comb), 디커슨(V. Dickerson), 짐머만(J. Zimmerman) 등 여러 치료자가 오스트레일리아 덜리치센터(Dulvich Centre)에서 실시하고 있는 접근법이다.

이들은 사회구성주의의 영향을 받아 사람들이 행동하는 방식보다는 그들이 의미를 구성하고 해석하는 방식에 관심을 갖고, 사람이 자신에 대해 말하고 설명하는 것들이 자신의 경험을 구성하고 행동을 결정한다고 믿는다. 그러므로 이들은 상담자가 가족의 행동을 변화시키기 이전에 그들의 삶을 구성하는 이야기와 그 영향을 탐색하고, 지배적인 이야기와 문화적 신념에서 벗어나 주체적으로 삶을 재구성하도록 도와야 한다고 주장한다(Nichols & Schwartz, 2001; 김영애 외 공역, 2002). 원래 이야기 치료자는 개인이나 가족 안에서 병리를 찾으려 하지 않고 삶을 지배하는 이야기와 문화적 신념의 유해한 영향에 주목하기 때문에 개인, 가족을 대상으로 상담하는 것 외에 사회적 불평등의 해소와 폭력피해자, 정신장애인의 재활을 가로막는 사회적 편견과 문화적 관습을 개선하는 일에도 관심을 갖게 되었다(White, 1991).

우리나라에는 2000년대 초에 화이트가 워크숍을 실시한 이래 여러 차례 덜리치센터 치료자가 내한하여 워크숍을 실시하면서 이야기 치료가 보급되었다.

2) 주요 개념

(1) 기본 가정

전통적인 가족치료는 체계이론과 사이버네틱스에 바탕을 두고 가족체계의 역기능적 특성과 IP의 증상과의 관계를 밝히고 가족체계의 변화를 통해서 증상과 문제를 해결하는 데 중점을 두었다. 반면에 이야기 치료는 포스트모더니즘과 사회구성주의에 토대를 두는 외에 개인의 증상을 가족관계 맥락과 연관지으며, 반복적 패턴을 중시하는 베잇슨(Bateson)의 체계이론, 그리고 상담자의 전문가적 지식이 권력으로 작용하여 내담자에게 상담자의 관점을 주장하고 내담자의 문화적 맥락을 간과하였으나 푸코(M. Foucault)의 견해, 여성주의 관점 등이 혼합되어 하나의 일관성 있는 이론으로 발전하게 되었다(Freedman & Combs, 2002; 허남순 외 공역, 2006; Winslade & Monk, 1999; 송현종 · 정수희 공역, 2005).

그에 따라 이야기 치료의 기본 가정은 다음과 같다.

① 세계와 인간경험은 개인이 해석하는 다양한 방식으로 개인 안에 존재하고 작용한다

사람들의 삶은 여러 층의 이야기로 구성되어 있다. 그리고 사람은 자신에게 일어난 모든 사건과 경험을 그의 이야기로 표현하고 그 안에서 의미를 부여한다. 그러므로 이야기는 인간 자신과 그의 세계를 반영할 뿐만 아니라 다시 그 이야기를 따라 자신의 삶을 구성해 나아가는 기본 틀을 제공하며, 이야기를 말하는 과정을 통해 경험과 사건을 해석하고 의미를 부여하여 삶을 만들어 가는 것이다. 즉, 우리의 경험은 이야기라는 틀을 거치면서 선택되고 이해될 수 있는 형태로 바뀌며, 그 결과 이야기는 그 사람이 경험에 가져다주는 의미를 결정하고 현실을 만들어 내는 것이다(White, 1991).

예로 한 여성은 자신의 삶과 관계성에 대하여 동시다발적으로 일어나는 수많은 이야기들을 가지고 있다. 즉, 자신감과 열등감, 가치관과 신념, 행동,

소망, 결혼생활, 직업, 원가족, 친구관계, 성취와 실패에 관한 이야기들을 가지고 있다. 이 여성이 이야기를 전개시키는 방식은 여러 경험이나 사건 가운데 의미 있는 어떤 것을 선택하여 일정한 순서에 따라 줄거리를 만들어 이야기한다. 만일 이 여성이 결혼생활 이야기를 하는 경우 결혼생활만을 묘사하는 것이 아니고 여성 자신에 대해, 그리고 결혼생활에 대한 경험과 그 의미들이 적극적으로 반영되는 것이다.

② 우리가 살아가는 이야기는 사회적 맥락 속에서 만들어진다

인간의 정신은 객관적 실체가 아니고 사회적으로 구성되는 유연한 흐름이다. 사람들이 삶을 이해하고 의미를 부여하여 삶의 이야기를 만들어 가는 방식은 그 사람들이 속해 있는 역사적 · 사회적 · 문화적 맥락의 많은 이야기에 의해 영향을 받는다. 우리 삶의 이야기가 형성되는 데에는 언제나 관계상황이 있고 이 상황들은 사람들이 사건에 부여하는 의미와 해석을 좌우하게 된다.

예를 들어, 우리의 주관적 경험 대부분은 우리가 살아가고 있는 사회문화 속에 떠돌아다니는 이야기인 성별, 인종, 계층, 관습, 신념 등의 맥락 속에서 만들어지고 이야기 구성에 주요소로 작용한다. 특히 그 사회 · 문화에서 다른 이야기보다 더 큰 힘을 가진 이야기인 지배적 이야기(dominant story)는 흔히 사람과 문제를 동일시하는 이야기인 경우가 많다.

③ 이야기 속에는 사회적 담론과 자기 정체성이 포함된다

담론이란 특정한 사회적 맥락에서 이루어지는 수많은 이야기 이면에 있으면서 당연한 것으로 간주되는 일련의 가정들을 말하며 그 사회의 규범과 가치관이 반영된다. 예를 들면, '현대 사회에서 아무리 바빠도 자녀라면 최소한 명절에 노년 부모를 찾아뵈는 것이 당연한 도리이며 부모에게 용돈을 드리면 더욱 부모를 기쁘게 하는 일이 된다'라는 담론이 존재할 수 있다. 이와 같은 담론은 사람이 자신에 대해 기대하는 것과 주변 사람들에게 기대하는 것을 만들어 내며, 일상의 대화 속에서 삶의 사건에 대한 우리의 행동과 반응을 만들어 내는 사회적 현상이다. 그러므로 이런 담론의 작용에 의해 사람들은 '나는 누구이고 무엇을 할 수 있는가'에 관한 자기 정체성이 만들어지고 자신을 분류하고 범주화하며 평가하는 경험을 하게 된다.

④ 문제는 사회 · 문화적 산물이므로 지배적인 이야기를 해체하는 것은 새로운 가능성을 높여준다

이야기 접근법 상담자는 사람의 이야기 내부에 있는 것은 외부로부터 구성되는 사회 · 문화적 산물이라는 가정을 갖는다. 즉, 문제는 문제를 가지고 있는 사람이 아니라 역사와 문화의 산물인 지배적 담론이자 문제형성에 기여하는 사회 · 문화적 영향력이다. 그러므로 내담자가 자신과 문제가 동일한 것이 아님을 깨닫고 문제를 가지고 있는 사람과 별개로 그 사람의 지배적인 이야기와 정체성을 분리하여 생각하도록 한다. 즉, 문제형성에 기여하는 사회 · 문화적 영향력 및 지배적 담론을 점검하고 평가하는 소위 '해체' 작업을 통해 다른 이야기의 삶으로 바뀔 수 있다고 믿는다. 따라서 이야기 접근법 상담자는 문제에 작용하는 사회 · 문화적 영향을 해체하고 사회적 관계 속에서 인간의 삶의 의미와 정체성을 새롭게 구성하도록 돕는 것이 중요하다.

⑤ 삶의 이야기는 복합적이며, 목적의식에 따라 삶의 방향은 달라진다

인간의 삶은 여러 이야기로 엮어진다. 여러 가지 이야기들이 동시에 발생할 수 있으며, 같은 사건에 대해서도 다른 이야기들이 전개될 수 있다. 즉, 우리의 삶을 이끌어 가는 이야기 속에는 포함되지 않지만 실제로는 있었던 경험들이 항상 존재한다. 그러므로 이야기 접근법 상담자는 이러한 경험들로 구성된 내담자의 대안적 이야기들이 문제로 가득 찬 지배적 이야기의 영향력 밖에 항상 존재한다는 믿음을 토대로 내담자에게서 문제 이야기와 반대되는 사건과 대안적 이야기를 끌어낼 수 있다.

사람이 지향하는 바는 그의 의도, 목적, 희망, 가치, 꿈의 대상과 이를 반영하는 사건과 행동을 살펴봄으로써 알 수 있고, 사람의 행동은 다시 목적의식을 강화하는 과정을 거치면서 자기 정체성을 형성한다. 사람들이 자신에 관한 새롭고 긍정적인 이야기를 구성하는 것은 무엇을 지각하고 기억하며 미래행동을 어떻게 할 것인지를 결정하는 점에서 인간의 삶에 강력한 영향을 미친다.

이야기 접근법 상담자의 과제는 내담자가 좀 더 목적의식과 희망을 드러내고 그것을 반영하는 행동과 사건을 밝혀냄으로써 이야기를 바꾸어 가는 과정을 시작하여 자연스럽게 삶이 변화하는 계기를 마련하는 것이다.

(2) 기본 원리

기존의 가족상담 및 가족치료에서는 가족이 문제발생에 미치는 영향에 관심을 가지며, 증상을 보이는 환자(IP)가 문제가 아니고 환자를 둘러싼 가족구조 체계가 문제라는 인식에 기초하여 가족체계를 변화시키면 증상이 없어진다는 원리로 접근한다.

또한 현대 사회에서 사람들은 사회 · 문화적으로 설정된 '정상'의 기준에 의해 성취나 우월감을 경험하거나 실패나 열등감을 경험하며 이는 전적으로 개별적인 책임으로 간주된다. 그에 따라 대부분의 사람들은 상황을 지배적인 이야기를 지지하는 방식으로 해석하여 문제가 발생하면 '내가 문제다' 또는 '네가 문제야'라고 보게 된다. 그리고 불안, 분노, 자신감, 무력감, 우울, 회복능력, 슬픔, 실패, 성공, 쾌활 등을 사람의 속성으로 간주한다(White, 2004).

그러나 이야기 치료에서는 내담자도, 그 가족도 문제가 아니고 문제가 바로 문제라고 본다. 그러므로 가족의 역동을 탐색하거나 문제를 유지시키는 구조를 재구조화는 것에 관심을 갖지 않는다. 오히려 문제가 가족에 미치는 영향과 그 영향을 지지하는 사회 · 문화적 담론과 맥락에 관심을 갖고, 그의 모든 존재의 진실이 담겨 있는 이야기로 그 사람의 삶을 이해하고자 한다. 즉, 문제의 발생과 해결 역시 사회적 구성물인 이야기 안에 존재한다고 믿는다. 이야기 치료는 인간의 경험이 어떻게 기대를 만들어 내고 그 기대가 이야기를 구성함으로써 어떻게 경험을 다시 만들어 내는가를 이해하는 데 초점을 맞춘다. 그에 따라 이야기 치료의 원리는 다음과 같이 요약할 수 있다(White, 2004).

① 문제는 사람이 아니고 그 사람이 만들어 내는 이야기가 문제이다

기존 가족상담 및 가족치료에서처럼 문제나 가족의 특징을 진단하고 원인을 찾거나 설명하려고 하지 않으며, 내담자와 문제를 이야기 안에서만 다루고, 내담자에게 문제를 바라보는 관찰자로서 대화를 시작하게 한다.

② 인간의 이야기는 사회적으로 구성된 유연한 실체이고 주관적 특성을 가지며, 이야기를 바꿈으로써 현실이 변화될 수 있다

이야기 치료에서는 내담자의 지식도 상담자의 지식과 동등한 가치를 지닌 것으로 인정되며, 상담자는 내담자의 문제 이야기에 잠재된 경험과 소망, 인생관과 가치 등에 부합되는 대안적인 이야기로 대체할 수 있도록 도와준다.

③ 문제와 지배적인 문화적 담론에서 자신을 분리하면 대안적 능력을 갖는 이야기를 개발할 수 있다

이야기 치료에서는 이야기를 내담자와 세계 사이의 관계를 대표하고 규정하는 중재자로 받아들인다. 그리고 세계와 인간의 경험은 이야기라는 틀을 거쳐서 개인에게 이해가 되고 의미 있는 형태로 바뀌어 개인 안에 존재하고 작용한다고 본다. 문제 증상을 나타내는 내담자의 경우 부정적인 정체성과 지배적 이야기에 묻혀 있는 다른 경험을 이야기로 구성하게 하면 자신의 기술과 능력, 지식을 활용하여 자신의 삶을 회복할 수 있게 되는 것이다. 따라서 구제불능의 문제란 있을 수 없고 새로운 희망적인 이야기의 개발은 누구나 가능한 것이다.

2 치료목표와 치료과정

1) 치료목표

이야기 치료의 목표는 단기적으로 내담가족이 호소하는 문제증상을 완화하거나 감소시키는 것이다. 그러나 궁극적 목표는 내담가족 스스로 자신의 이야기를 써 나갈 수 있게 하는 것이다.

흔히 상담실에 오는 사람들은 자신을 문제와 동일시하고 평가절하하며 부인하는 경향을 보이며, 지배적 이야기에 빠져 있는 경우가 많다(Freedman & Combs, 2002; 허남순 외 공역, 2006). 그리고 이들은 자신들이 할 수 있는 긍정적 경험과 대안적 사고를 찾아내지 못하고 문제 외의 다른 경험들을 실제 경험으로 받아들이지 못한 채 삶의 선택을 제한받고 있다.

그러므로 이야기 상담자는 사람들이 문제 속에 빠져 있는 이야기를 버리고 자신에게 힘과 만족을 주는 새로운 대안적 이야기를 가질 수 있도록 돕는 데 초점을 맞춘다. 가족 구성원이 서로 다른 목표를 가지고 있을 경우에는 공통의 목표로 일치시키거나 부모나 상담자가 설정한 목표로 한정시키려고 하기보다 모두를 수용하고 존중한다. 이는 가족 구성원 한 사람씩 다른 문제와 고유한 이야기를 가지고 있으므로 부모나 상담자의 이야기를 강요할 수 없기 때문이다.

2) 치료과정

이야기 치료과정은 문제의 경청과 문제의 정의 해체, 독특한 결과의 탐색, 대안적 이야기 만들기, 대안적 정체성 구축의 네 단계로 구성되며 나선형처럼 진행된다.

치료의 첫 단계는 문제중심 이야기를 경청하고 공감하며 확인하면서 문제를 사람과 분리시키고 문제의 내력과 사회·문화적 맥락을 탐색한다. 두 번째로는 문제 이야기 속에 있는 내담자의 예외적인 독특한 결과인 문제해결 기술과 지식, 유능함을 탐색한다. 세 번째는 독특한 결과를 동원하여 새로운 관계방식과 대안적 이야기를 구성하며, 네 번째로는 대안적 이야기를 계속 써나가 더욱 풍부해지도록 도와서 대안적 정체성을 구축하는 것으로 종결한다. 단계마다 내담자의 이야기를 해체하고 재구성하는 데 필요한 여러 기법들이 활용된다.

흔히 회기는 일주일 정도 간격을 가지며 5~6회기에 종결되나 경우에 따라서 단축되거나 길어지기도 한다. 상담자 단독으로 진행하면 보통 1시간 정도 상담시간이 소요되나 외부증인 집단을 활용하는 경우에는 2시간 이상 진행되기도 한다.

3 치료적 역할 및 치료기법

1) 치료자 역할

이야기 치료자는 다음과 같은 태도를 가져야 한다(Morgan, 2000; 고미영 역, 2003; Winslade & Monk, 1999; 송현종·정수희 공역, 2005).

① 내담자를 자신에 대한 전문가로 간주하고 내담자 각자의 어떤 이야기에도 철저히 존중하는 태도를 가진다.

② 내담자의 이야기에 강한 관심과 호기심을 가지며 답을 알지 못한다는 자세로 질문한다.

③ 내담자에 대해 문제해결에 관한 지식과 능력을 이미 가지고 있는 존재로 여기고, 상담자의 전문지식이나 판단보다는 내담자의 삶의 지식과 기술에 우선순위를 둔다.

④ 상담자와 내담자의 관계는 협력적 관계이고 내담자의 참여와 발언권을 인정하는 관계를 유지한다. 상담이 도움이 되는 정도와 상담의 방향에 대한 내담자의 생각과 소망들을 확인한다.

⑤ 내담자의 역사에서 강인했거나 능력을 발휘하고 자원이 풍부했을 때를 탐색한다.

⑥ 대안적인 이야기를 전개시키기 위하여 먼저 지배적 이야기로부터 분리하도록 돕는다는 자세를 가진다.

2) 치료기법

(1) 문제의 경청과 문제의 정의해체 단계

① 문제 이야기 경청하기

가족원이 문제중심의 이야기를 시작하고 어려움을 호소할 때 상담자는 적극적으로 경청하고 공감해 주면서 마음속으로는 문제로부터 사람을 분리시키는 작업을 한다. 그리고 문제 이야기 속에 내재된 내담자의 능력과 유능함, 긍정적 측면에 주의를 기울이고, 문제 상황에서 가족원, 교사, 문화배경이 어떻게 작용하는지를 파악한다.

② 문제의 외재화

가족은 증상을 보이는 사람이 문제라고 여기고 고통을 주는 사람이 바뀌기를 기대하여 치료자에게 오는 경우가 많다. 이처럼 사람과 문제를 동일하게 간주하고 고통스러운 문제로 인한 피해를 호소하는 가족은 문제를 사람 안에 두는 문제의 내재화가 특징이다. 이야기 치료자는 이와 같은 지배적인 이야기를 해체하기 위하여 문제와 사람의 정체성을 분리하여 생각하게 하는 '문제의 외재화' 기법을 사용한다. 문제의 외재화(externalization)란 사람이 문제가 아니고 문제가 문제라는 사고방식을 갖도록 사람 밖에 있는 존재로 문제를 생각하게 하는 기법이다. 이로써 문제를 개인적 특징이나 속성으로 간주하기보다 문제 상황이나 대인관계의 산물로 이해하게 된다.

지배적 이야기를 해체하여 문제와 사람을 분리함으로써 대안적 이야기로 바꾸기 위한 과정을 '외재화 대화'라고 하며, 이는 문제를 의인화하는 문제 명명하기를 시작으로 문제의 영향 탐색하기, 문제의 영향 평가하기, 정당화하기의 순으로 진행된다.

문제를 외재화하는 작업은 문제에 이름 붙이는 명명하기로 시작한다. 문제 명명하기는 문제를 의인화하여 표현함으로써 증상을 보이는 사람 외부에 있는 독자적 실체처럼 다룬다. 흔히 문제는 주어로 표현되고, 증상을 보이는 사람의 삶은 목적어로 표현된다.

문제의 내재화를 외재화로 바꾸면 다음과 같다.

〈문제의 내재화〉		〈문제의 외재화〉
• 우울증이 있어서 어디에 가고 싶지 않아요.	➡	• 우울이 당신을 어디에도 가고 싶지 않게 하는군요.
• 우리 아들이 난폭해서 걱정이에요.	➡	• 난폭이라는 놈이 아들을 휘어잡고 있어서 걱정이군요.

외재화의 대상은 감정(죄책감, 불안, 두려움, 우울, 걱정, 질투, 분노, 슬픔 등), 대인관계 문제(말다툼, 갈등, 싸움, 책망, 비난, 불신), 문화적 관습과 신념(절약정신, 실용주의, 편의주의, 효 사상, 개인주의, 가부장주의, 양성평등주의, 신앙심) 등이 있다(Morgan, 2000; 고미영, 2003). 이 외에도 개인과 가족에 영향을 미치는 사회 · 경제적 특성도 외재화 대상이 된다.

문제의 영향 탐색하기는 문제가 내담자의 삶과 대인관계에 이제까지 어떤 영향을 주었고 현재 어떤 영향을 미치는지를 질문한다. 그리고 문제가 내담자의 삶의 목적과 꿈과 열망, 기대, 미래 가능성 등을 어떻게 앗아가고 약화시키는지를 알아본다. 그리고 문제를 키우는 사람, 신념, 관습, 제도는 무엇인지를 질문한다. 또한 문제의 조작방식과 속임수 등을 파악한다.

다음과 같은 질문을 할 수 있다.

- 우울증이 당신 보고 무엇이라고 말하나요?
- 그 짜증이라는 벌레가 네가 하려는 것을 어떻게 못하게 하니?
- 분노라는 것이 너를 잡으러 오는 것을 어떻게 아니?
- 두려움의 세력이 더 커지도록 누가 부추기는 것 같니?
- 의심이 어떤 전술로 당신의 힘을 약화시키는지요?
- 3개월 전 당신의 삶 속에 그 문제가 차지한 비중과 당신이 차지한 비중은 어느 정도인가요? 현재는 어떠한가요?
- 질투가 어떻게 당신을 이겨왔나요?

문제의 영향 평가하기는 문제가 미치는 영향에 대해 내담자가 어떻게 생각하고 느끼는지를 질문한다.

- 우울증이 너의 기쁨을 빼앗아 가는 것에 대해 어떻게 생각하니?
- 우울(문제)이 당신에게 그런 영향을 끼쳐도 괜찮은가요?
- 바보벌레(문제)를 가장 다루기 힘들 때와 가장 다루기 쉬울 때는 언제인가요?
- 걱정이 아버지로서 자신을 무력하게 만드는 데 대해 어떤 입장인가요?
- 싸움이 당신의 결혼생활에 미친 영향에 대해 어떻게 느끼나요?
- 습관이 당신과 자녀의 관계를 멀어지게 한 것에 대해 어떻게 생각하나요?

정당화하기는 문제의 영향을 평가한 근거에 대해 알아보는 질문이다.

- 어떻게 해서 그런 생각을 갖게 되었나요?
- 거기에서 벗어나기를 바라는 이유는 무엇인가요?
- 어떻게 그렇게 빨리 그런 생각을 하게 되었나요?
- 왜 그것이 당신에게 도움이 되지요?

이상의 외재화 대화를 하는 동안 내담자는 문제와 동일시되면서 경험하는 수치심과 죄책감, 무력감이 경감될 수 있고 새로운 관점에서 상황을 볼 수 있는 가능성을 갖게 된다. 또한 문제 대처에 도움이 되었던 가족원이나 지지자를 확인하는 것이 쉬워지고 문제의 책임소재를 둘러싼 갈등이 약화되며, 가족들이 힘을 합하여 문제에 대처할 수 있게 된다. 그리고 아동이나 청소년이 문제를 의인화시키는 작업에 상상력을 발휘하여 흥미를 가지고 적극적으로 참여할 수 있게 된다. 아울러 상담자도 문제에 대해 전문가로서 부담을 갖지 않아도 되고, 또 사람 자신을 비난하는 것이 아니고 문제에 대해 그 영향과 책략을 협력적으로 탐색할 수 있게 되는 이점이 있다(Carey & Russell, 2005).

그 결과 내담자는 문제의 영향이 적어지는 상황을 인식하고 삶과 자기 정체성에 대해 바라는 것과 희망들을 생가하고 표현하게 되어 처음의 문제 중심의 지배적 이야기와 상반되는 이야기를 전개시키게 된다. 그리고 내담자는 문제에 빠져 있는 이야기로부터 자신의 가치와 기술, 능력과 새로운 삶에 대한 이야기로 전환할 준비를 하게 된다.

(2) 독특한 결과의 탐색 단계

문제를 외재화하여 사람과 분리시키면 문제의 영향이 강하지 못하고 내담자의 능력이 강해진 순간들인 '독특한 결과(unique outcomes)'가 드러나는데, 이는 지배적인 이야기와 일치하지 않고 문제 밖에 있는 사건들이다. 사람들은 이런 사건들을 별로 중요하게 여기지 않고 지나치면서 슬쩍 말한다. 치료자가 독특한 결과에 특별한 주의를 기울여 관심을 가지고 질문할 때 대안적 이야기의 구성이 가능해진다(Morgan, 2000; 고미영 역, 2003).

치료자는 독특한 결과를 탐색하고 그 내력을 추적하며, 그 근거를 명확하고 탄탄하게 하여 새로운 '대안적 이야기(alternative story)'의 기초를 형성한다. 이러한 독특한 결과에 집중하여 더 많은 독특한 결과들이 발견되고 근거가 확고해지고, 서로 연결되는 의미가 주어질 때 새로운 대안적 이야기는 풍부하게 서술될 수 있게 된다. 즉, 치료자가 문제해체 과정에서 발견되는 독특한 결과를 강조하고 이에 초점을 두어 상세하게 탐색하고 확장하는 작업을 함으로써 내담자가 원하는 긍정적인 새로운 삶의 모습을 풍부하게 이야기하고, 스스로가 의미를 부여할 수 있게 되는 것이다.

독특한 결과를 발견하기 위해 치료자는 내담자의 모든 이야기에 적극적으로 문제해체적 경청을 하는 것이 필요하고 이 밖에 다음과 같은 질문을 할 수 있다.

- 싸움이 더 심각해지지 않도록 어떻게 막을 수 있었나요?
- 짜증이 당신을 덜 방해한 것이 언제였나요? 그때 무슨 일이 일어났나요?
- 우울에 대항해서 당신이 원하는 것을 할 수 있었던 때에 대해 말해줄 수 있나요?

독특한 결과를 탐색하는 질문은 앞 단계와 동일한 과정으로 진행되나 이 단계에서는 문제가 아닌 독특한 결과에 초점을 두고 독특한 결과의 외재화, 독특한 결과의 영향탐색, 독특한 결과의 영향평가, 정당화하기의 순서로 진행된다.

독특한 결과의 외재화는 문제를 외재화하는 것과 동일하게 독특한 결과에 이름을 붙이고 명명하는 것이다.

〈문제〉	〈독특한 결과〉
• 짜증을 부린다.	• 짜증이 당신을 지배하지 않게 되었다.
• 알코올 의존이 문제이다.	• 알코올이 주는 압박감에 저항하였다.
• 아이가 말썽을 부린다.	• 말썽이 하는 말을 아이가 듣지 않는다.

독특한 결과의 영향탐색은 문제의 영향력이 감소한 때인 독특한 결과가 삶에 어떤 영향을 미쳤는지, 그 발생상황이 어떠했는지, 그때 가족의 사고,

행동, 느낌이 어떠했을지 추측해 보는 질문을 한다. 문제가 발생하지 않는 예외적인 상황은 이와 같은 해체과정을 통해 구체화되고 확장되어 가족은 자신의 경험을 폭넓게 인식하며 풍부한 이야기를 쓰게 된다. 이에는 다음의 질문들이 있다.

- 짜증이 당신을 지배하지 않게 될 때가 언제였나요?
- 알코올이 주는 압박감에 저항할 때는 혼자였나요? 다른 사람이 있을 때였나요?
- 말썽이 좋아하지 않는 것은 무엇인가요?
- 분노가 당신한테 항복할 때 그때 전후로 어떤 일이 있었나요?

독특한 결과의 영향평가는 독특한 결과의 영향을 내담자가 정리하고, 그 중요성을 인식하도록 돕는다. 의미를 충분히 살리기 위해서는 독특한 사건의 배경과 장애요인을 탐색하는 것이 필요하다. 다음과 같은 질문들이 그 예이다.

- 이것을 하는 데 무엇이 필요했습니까?
- 그것이 어머니와 아들 관계에 어떤 영향을 준 것 같나요?
- 이런 모습이 긍정적인 것인가요? 부정적인 것인가요?
- 그 점에 대해 어떻게 느끼세요?

정당화하기는 평가의 정당성의 근거를 알아보기 위한 질문으로 다음과 같이 질문할 수 있다.

- 그것이 왜 긍정적 변화지요?
- 어떻게 해서 그런 생각을 갖게 되었나요?
- 그렇게 하는 것이 왜 너에게 도움이 되니?
- 그것이 당신이 원하는 것과 어떤 관련이 있나요?

이와 같이 독특한 결과나 문제해결 기술과 그 영향, 근거 등을 탐색할 때 주의할 것은 치료자가 너무 서두르지 않는 것이다. 치료자가 내담자의 작은 성취나 긍정적인 부분을 계속 강조하고 긍정적 결론을 서두르게 되면 내담자는 치료자가 자신을 이해하지 못한다고 생각할 수 있고, 또 변화에 대한 압박감을 느낄 수 있다(Nichols & Schwartz, 2001; 김영애 외 공역, 2002). 그 결과 내담자의 이야기의 영향력은 상대적으로 약화되고 내담자보다 치료자에게 더 중요하고 의미 있는 결론으로 바뀔 수 있기 때문이다.

(3) 대안적 이야기 만들기

흔히 문제 이야기는 상당한 시간을 거치며 성장해 왔고 익숙하게 사실인 것처럼 경험되고 자기 정체성을 갖게 할 정도로 강력한 것이다. 그러므로 이처럼 강하게 성장하고 확고해진 문제 이야기에 대항하여 긍정적 변화를 가져오기 위해서는 충분히 튼튼한 줄거리의 대안적 이야기가 만들어져야 한다. 이때 치료자의 격려나 지지보다 더 강력한 힘을 가지는 것은 치료자가 기술과 전문성을 발휘하여 활기 있고 재미있게 희망을 주는 줄거리를 내담자와 함께 엮어가는 것이다(Winslade & Monk, 1999; 송현종 · 정수희 공역, 2005).

풍부하고 탄탄한 대안적 이야기를 쓰기 위해서는 치료자가 내담자와 함께 독특한 결과를 탐색하는 것부터 시작하여 적극적으로 대안적 이야기를 지지하는 믿음, 목적, 태도, 희망, 의도, 의미 등에 대해 구체적이고 집중적으로 탐색하는 것이 필요하다. 이때 |그림 11-1|과 같이 하나의 사건을 중심으로 과저, 현재, 미래 행동영역에서 시작하여 정체성, 의도나 목적, 신념이나 가치관, 삶의 철학영역으로 옮겨가면서 대안적 이야기를 구성하는 것이 필요하다. 그 과정에서 대안적 이야기의 내용은 더 풍부해지고 이야기 줄거리에 계속 독특한 결과가 모아지면서 이야기는 구체화되고 확고해지게 된다.

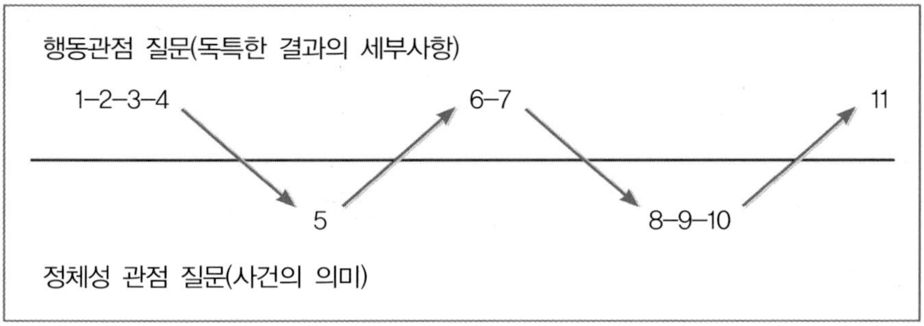

|그림 11–1| 치료자의 대안적 이야기 구성 질문 예

질문1. 너는 정말 친구에게 가서 그렇게 말했구나? 그렇지?
질문2. 좀 더 이야기해 주렴. 어디에서 그렇게 말했니?
질문3. 어떻게 그렇게 할 수 있었니? 그렇게 하기 위해 어떻게 준비했니?
질문4. 네가 그렇게 말하기 전에 얼마 동안 생각했니?
질문5. 그래서 너는 사람들과 잘 지내기 위해 노력하는 특징이 있다고 말할 수 있겠니?
질문6. 그래서 그때 무슨 일이 일어났지?
질문7. 그 애가 또 어떤 말을 했는지 말해줄래?
질문8. 네가 말하고 싶은 것은, 우정에서 중요한 것이 공평이라는 거니?
질문9. 공평 외에도 친구 사이에 중요한 것은 무엇일까?
질문10. 네가 바라는 대로 친구에게 말하는 그 방식에 어떤 이름을 붙일 수 있을까?
질문11. '공평하고 친절하게 말하기'는 처음 써 본 것이니? 아니면 그 전부터 있었니?

출처 : Morgan(2000); 고미영 역(2003). 이야기치료란 무엇인가?, pp. 90-95 발췌.

(4) 대안적 정체성 구축

이야기 치료자는 문제와 관련된 부분으로서만이 아니라 내담자의 전체적인 정체성의 변화를 위해 내담자의 의미 있는 발견과 깨달음, 문제해결 경험 등을 자세하게 탐색한다. 이와 같은 재구성 작업에서 내담자에게 의미 있는 대상을 선정하고 내담자가 그 사람의 삶에 어떻게 기여하였는지, 그리고 그 사람의 정체성 형성에 내담자가 어떤 기여를 했는지를 설명하도록 질문한다. 그 결과 내담자가 과거, 현재, 미래에 관한 풍부한 이야기를 계속 만들어 가고 미래 희망에 초점을 맞추어 변화를 확장시키게 된다.

이와 같은 이야기 다시 쓰기(re-authoring) 작업과정에서 내담자가 새로운 이야기를 유지시키고 더 풍부하게 만들기 위하여 지지집단과 연관을 갖게 하는 것이 필요하다. 내담자는 지지집단과 이야기를 말하고 다시 이야기를 말하는 과정에서 새로 만들어 가는 정체성을 키우고 확고하게 할 수 있다. 또한 편지를 작성하고 문서를 활용하여 더 풍부한 이야기로 만들어 가도록 도울 수 있다.

이야기 치료에서는 정체성이 사회적 지지집단에 의해 영향을 받는다는 신념을 갖고 내담자의 새로운 정체성이 확고해지도록 자신의 삶의 새로운 이야기를 여러 사람, 즉 '외부 증인(outsider-witness)' 앞에서 인정받는 경험을 하게 한다. 그 방법으로 내담자가 먼저 자신의 삶과 관련된 새로운 이야기를 외부 증인이 된 가족이나 반영하는 치료팀 앞에서 말하고, 외부 증인은 그 이야기를 듣고 내담자의 이야기 중에 특정 부분을 중심으로 자신의 삶의 이야기에 어떤 의미를 주었는가를 말함으로써 내담자의 이야기를 인정하고 공명해 준다. 이와 같이 내담자와 외부 증인이 자신의 경험과 관련된 이야기를 교대로 말함으로써 공동의 가치관, 헌신, 선호도 면에서 의미 있는 사람들과 연결되고 연합할 수 있는 결과 대안적 이야기의 내용이 풍부해지고 연결되며 구체화되게 된다. 경우에 따라 반영팀(reflecting team) 두 명이 외부 증인 역할을 하기도 하고, 치료자가 외부 증인과 면접하는 방식으로 진행되기도 한다.

대안적 정체성 구축 대화 예

영이(6세)가 악몽 때문에 잠을 못 자는 문제로 상담실에 왔다. 상담자는 독특한 결과로서 영이가 '골똘한 생각'을 하여 악몽을 물리치고 잠을 잘 수 있는 기술이 있음을 확인하였다. 상담자는 영이에게 '골똘한 생각'이 그전부터 있었던 것인지, 새로 생긴 것인지 질문했다. 영이는 확실히 알 수 없었다. 상담자는 지지집단 재구성 질문을 통해 영이의 기술을 명확하게 확인하였다.

상담자 : 가족이나 네가 아는 사람 중에서 네가 골똘하게 생각할 수 있다는 것을 아는 사람은 누굴까?

영이 : 아마 내 아기인형과 엄마가 조금은 알 것 같아요.

상담자 : 내가 그들에게 물어보면 뭐라고 할까?

영이 : 엄마가 뭐라고 할지 모르겠어요. 내 아기인형은 내가 숙제하는 것을 봤으니까 알고 있을 거예요.

상담자 : 아기인형은 네가 무엇을 하는 것을 보았니?

영이 : 어려운 일이 있을 때 내가 열심히 생각하는 것을 보았을 거예요.

상담자 : 그러니까 너는 어떤 어려운 일이 있으면 열심히 생각하는구나. 그러면 너는 쉽게 포기하니 아니면 계속 버티니? 네 아기인형은 뭐라고 할 것 같니?

영이 : 아기인형은 어떤 어려운 일이 있어도 내가 쉽게 포기하지 않는다고 할 거예요. 나는 아무리 어려워도 포기하지 않고 하니까 덧셈, 뺄셈도 잘하거든요.

상담자 : 어려운 일을 만나도 포기하지 않는 너에게 아기인형이 뭐라고 할까?

영이 : 오뚝이라고 할 거예요.

상담자는 영이의 능력과 정체성이 악몽에서 벗어나게 할 뿐 아니라 전반적 삶에도 유익할 것으로 믿었다. 상담자는 영이 어머니에게 상담에 참여할 것을 제안하고 어머니는 오셔서 영이가 어려운 일을 만나면 골똘히 생각하고 포기하지 않는 것을 아는지를 질문하고, 어머니가 그에 대한 자신의 경험과 의미를 이야기하면서 영이의 장점과 좋은 기술, 정체감에 새로운 이야기들이 덧붙여졌다. 이 과정에서 영이는 악몽에서 완전히 벗어날 수 있게 되었고 행복한 꿈을 꾸게 되었다.

출처 : Morgan(2000); 고미영 역(2003). 이야기치료란 무엇인가?, pp. 111-112 재구성.

치료적 문서 활용은 내담자가 이룬 성취를 축하하고, 새로운 삶으로 전환한 것을 자신과 주위 사람에게 상기시켜서 변화를 계속 유지할 수 있도록 고안된 것이다. 예를 들면, 증서를 만들어 공식적으로 수여하거나, 내담자 가족이 함께 가족평화선언문을 만들어 집에 걸어놓게 한다. 이 외에 불행과 행복 목록, 편지, 메모, 미술작품, 시, 수필, 동영상, 그림 등도 활용된다.

4 적용 사례

IP(11세)가 갓난 아이 때 부모가 이혼하고 이후 계속된 아버지의 방임으로 아버지와 여러 친척집 사이를 11년간 10여 차례 오가며 살았으며 거짓말과 훔치기, 식탐 문제를 가지고 있다가 아버지의 출국으로 보육원에 맡겨질 상황에 놓이게 되었다.

큰엄마가 조카에 대한 연민으로 조카를 양육하기로 하고 아들(11세)과 딸(6세)과 똑같이 하면 나아질 것이라는 희망을 가지고 노력했는데도 아동의 문제행동은 계속되었다. 큰엄마는 양육을 포기하고 싶지만 자녀들에게 포기하는 모습을 보이기 싫어 심각한 갈등을 겪고 있다가 상담실을 찾게 되었다.

상담자는 1회 상담에서 큰엄마와 문제에 대한 이야기를 나누고, 2회기와 3회기에 IP의 훔치기와 거짓말하기를 외재화시키는 작업을 하여, 큰엄마와 조카의 대결구도를 두 사람과 문제의 대결구도로 바꾸었다. 3회부터 IP의 문제행동은 줄어들었고, 아동은 그후 변화를 계속 유지하였다. IP의 문제행동이 줄어들면서 큰엄마가 위탁부모로서의 어려움을 호소하여 5회기 이후에는 이를 중심으로 내담자와 합의한 주제를 중심으로 상담을 진행하였다.

1회기에는 문제중심 이야기를 하여 큰엄마로부터 IP를 양육하게 된 과정과 어려움을 경청하고, 무력감을 공감하였다. 그럼에도 불구하고 독특한 결과로서 세 아이가 잘 지내고, 남편도 같이 노력하고 있고, 큰엄마의 끝까지 조카를 책임지고 싶은 의지를 발견하였다.

2회기부터 3회기에는 IP를 참여시켜서 문제를 아동과 분리시키고, 아동과 큰엄마가 가족이 된다는 공동의 목표를 갖고 문제를 약화시키는 방법을 찾아내는 작업을 하였다. 외재화 대화를 통하여 IP는 거짓말과 훔치기가 자신의 문제이며 이름을 '욕심쟁이'로 명명하였다. 욕심쟁이는 10살이며 악마처럼 생겼고 욕심과 생고기를 좋아하며, 가족이랑 살아야 한다는 마음과 착한 일 하는 것을 싫어하는 것으로 나타났다.

문제의 영향을 알아보기 위해 욕심쟁이가 원하는 것, 욕심쟁이가 오는 것을 알아차리는 방법, 욕심쟁이를 막아내기 위해 큰엄마가 도울 일, 욕심쟁이가 나타나는 빈도들을 확인하였다. 그 결과 문제의 영향이 심각하나 문제에 대처하는 방법이 있고 이미 방법을 활용한 경험이 있음이 확인되었다.

문제의 영향에 대하여 평가하고 정당화하기를 통하여 IP는 가족과 가까워지고 형제와 사이좋게 지내어 가족이 되고 싶다는 것이 모두에게 중요한 것임을 확인하였다. '가족이 된다'는 것은 문제에 대항하고 두 사람의 가치와 소망이 담긴 대안적 이야기 주제가 되었다. 큰엄마는 IP의 대안적 이야기의 청중으로서 외부증인이 되었다. IP는 자신이 문제의 영향을 받고 있지만 문제에 대항할 때도 있음을 확인하면서 문제에 맞서 싸우는 '끈질긴 놈'으로서의 정체성을 보여주었다. IP의 훔치기 횟수는 줄었지만 거짓말하는 것이 문제가 되어 IP가 솔직하게 큰엄마에게 자신이 잘못한 점을 말할 수 있도록 했다. 그 결과 IP의 문제행동을 큰엄마 식구와 한 가족이 되기를 원치 않는 '욕심쟁이'의 책략으로 외재화시켰다. IP와 문제가 분리되면서 IP와 위탁부모가 욕심쟁이를 물리치기 위하여 협력하고, 문제에 대처하는 IP의 경험이 증가하였다.

4회 상담에서는 큰아빠와 큰엄마를 부부상담하면서 조카를 양육하게 만든 동생에 대한 원망, 자녀에게 미치는 악영향에 대한 걱정들을 확인하였다. 큰아빠는 외재화 대화방식을 신뢰하지 않고 거듭 타고난 성격을 강조하였다. 부부는 욕심쟁이에 초점을 맞춰서 노력하기로 동의하였다.

5~7회 상담에서는 IP의 문제행동이 많이 줄고 거의 나타나지 않았다. 큰엄마가 아동의 성격에 대한 불신, 양육방식에 대한 혼란, 위탁양육에 대한 주위의 불신 등을 호소하여 이 문제를 집중적으로 다루었다. 큰엄마의 위탁양육을 둘러싼 지배적 이야기를 해체하는 과정이 진행된 결과 여러 어려움에도 위탁을 결정하고 잘하는 힘이 친정어머니의 영향으로 확인되었다. 친

정어머니가 중요한 타인이 되어 지지집단 재구성 대화를 하였고, 자신이 노력할 테니 IP가 같이 살 수 있게 해달라는 아들도 역시 새로운 이야기(가족되기)의 지지집단이 되었다. IP의 변화와 큰엄마의 걱정 간의 불일치, 포기하고 싶은 생각의 배경을 해체적 질문을 함으로써, 위탁입양에 대한 문제중심 이야기를 해체하여 IP의 행동배경과 문화적 맥락으로 볼 수 있게 하였다.

8회기에는 IP의 문제행동은 사라졌고 큰엄마와 IP가 웃으며 가족으로서의 정체성을 확인하고 가족이 된 것을 축하하며 종결하였다. 상담 결과 IP의 훔치기는 상담 전 주 5~6회에서 상담 초기에 주 2~3회로 줄었고, 6회기 이후에는 전혀 나타나지 않았다. 거짓말도 6회기 이후에 크게 감소하였고 3회기부터 솔직히 말하기가 나타났고 점차 증가하였다. 상담종결 후 1개월과 4개월 후에 확인한 결과 거짓말과 훔치기가 사라졌다. 자신감도 2점에서 8점으로 증가하여 유지되었다. 큰엄마의 IP에 대한 평가는 상담 이전에 1점, 초기에 1점, 7회에 5점으로 증가하였다. 가족과의 긍정적 상호작용도 증가하였고, 큰엄마 또한 조카나 위탁양육을 불신하는 이야기에서 벗어나 자신이 원하는 선택을 확정하였다(이경욱, 2007 : 189-209).

PART **04**

가족상담 및 가족치료의 과정과 실제

가족에게서 나타나는 문제는 흔히 증상을 보이는 한 사람의 문제일 수도 있지만 대부분의 경우 가족체계 문제와 맞물려 있을 가능성이 많다. 그러므로 성공적인 가족상담을 위해서 상담자는 가족상담의 철학과 가정을 토대로 초기 단계부터 가족원과 신뢰적 관계 형성과 상담의 구조화를 위해 노력해야 하고 동시에 가족체계 역동구조를 파악하여 상담목표를 정하고 적절한 상담모델과 기법을 적용하여 개입해야 한다.

여기에서는 가족상담 및 가족치료의 절차와 진행과정에서 유의해야 할 점을 살펴보고 가족문제 유형별로 상담하는 방법들을 이해하여 가족상담 이론을 실제 문제에 적용하는 능력을 기르는 데 도움을 주고자 한다. 그리고 가족상담자의 역할과 자질, 윤리를 살펴봄으로써 가족상담자로서의 정체감과 전문성을 갖고 가족상담 분야의 발전을 위하여 어떻게 노력할 것인지 방향을 모색하고자 한다.

제4부는 제12장 가족상담 및 가족치료 과정, 제13장 가족상담 및 가족치료 실제, 제14장 가족상담 및 가족치료자로 구성되었다.

12 CHAPTER 가족상담 및 가족치료 과정

가족상담 및 가족치료는 모든 상담과 공통적으로 초기, 중기, 종결 과정으로 구성되며 각 단계마다 진행절차와 유의해야 할 지침이 있다. 특히 상담의 초기 과정은 상담의 성공을 좌우할 정도로 중요하며, 상담자와 내담가족이 협력적 관계를 형성하고 상담의 구조화와 상담목표를 정하는 작업이 이루어진다. 그리고 상담의 중기 과정에서 본격적인 개입이 이루어지고 상담의 마무리 과정인 종결에 이르면 상담이 종료된다. 이 장에서는 가족상담 및 가족치료를 실시하는 절차를 과정별로 살펴보고 각 과정에서 유의할 점을 알아보고자 한다.

1 가족상담의 초기 과정

먼저 가족상담을 시작하기 전에 상담실이 쾌적하고 편안하면서 비밀유지가 되도록 분위기를 마련하고 기록지와 상담에 활용할 평가도구 등을 준비한다. 면접상담에서 녹음이나 녹화를 하는 경우에는 내담자의 동의를 받기 위한 서류를 준비한다.

초기단계에서 접수(intake)상담, 치료적 관계 형성, 상담의 구조화, 가족사정, 상담목표 합의, 상담계약 등이 진행된다.

1) 접수상담

가족상담의 접수는 대부분 가족원 한 사람이 전화로 상담에 대한 문의를 하는 것으로 시작한다. 또는 가족 중 한두 명이 직접 방문하거나 다른 사람이나 기관에서 의뢰되어 상담을 접수하기도 한다. 가족상담에서 초기의 전화접수는 가능한 한 훈련받은 전문가가 담당하는 것이 바람직한데, 이는 상담의 방향과 구조를 정하고 상담참가자를 정해야 하기 때문이다.

접수상담을 하는 경우 다음과 같은 내용을 파악하는 것이 바람직하다. 상담을 의뢰한 사람의 이름, 주소, 연락처를 알아보고, 그 사람이 인식하는 가족문제가 무엇인지, 문제의 성격과 지속기간, 가족의 대처방법 등을 확인한다. 그리고 상담자는 가족에 관한 정보를 수집하면서 문제와 관련되는 가족원과 주위 사람의 영향력 그리고 가족체계 특성과 문제와의 관련성을 관찰하고, 가족원의 상담동기와 상담에 참여 가능성이 높은 사람들을 파악하는 것이 중요하다. 전에 상담이나 치료경험이 있는지, 있다면 어떤 문제로 상담을 받았고 효과가 어느 정도 있었는지를 파악한다. 이후에 첫 면접상담에 참여할 사람과 날짜, 시간, 장소를 정한다(김유숙, 2003).

과거에는 최소한 가족상담 첫 회기에 전체 가족이 참여하는 것을 권장하였다. 그러나 구조적 가족상담모델을 제외한 대부부의 가족상담 모델에서는 전체 가족이 상담에 참가하는 것을 요구하기보다는 상담자가 판단해서 문제에 따라 참가하는 가족원과 시기를 융통성 있게 정하는 경향이고, 단기가족치료의 경우에는 문제해결에 관련된 가족원이나 상담동기가 높은 가족원이 참가하는 것을 권한다.

그러나 부부관계 문제나 자녀문제에서 남편과 아버지가 상담에 참여하는 것이 상담효과를 높이기 때문에(Nichols & Everett, 1986) 가능한 한 남편이나 아버지가 상담에 참여하도록 독려하여야 한다. 만약 가정에 폭력이 발생하였거나 자살이나 이혼위기에 있는 경우, 또는 가정불화가 심각하여 상담실에서도 싸움이 발생할 가능성이 높은 경우, 가족원이 따로 상담을 받기 원하는 경우 등에는 가족원을 따로 만나는 것이 좋다. 그리고 상담 외의 개입방법이 필요한 경우나 상담자의 능력을 벗어나는 문제들에 대해서는 타 기관이나 적절한 전문가를 소개하는 것이 원칙이다.

2) 치료적 관계 형성

면접상담 첫 회기는 이후 상담의 방향과 성공 여부를 결정짓는 중요한 단계이다. 상담자가 첫 회기에 제일 먼저 할 일은 가족원들과 치료적 관계를 형성하는 일이다. 치료적 관계가 형성되면 가족원들이 상담자로부터 진심으로 이해받고 존중받는 느낌을 갖게 되고 상담자를 전문가로서 신뢰하게 된다.

상담실에 온 가족원들은 개인적으로 힘든 문제를 가져오고 상담자에 대한 막연한 기대만 가지고 있기 때문에 불안하다. 상담자는 가족원들이 긴장하지 않고 편안한 마음을 가지도록 도와야 한다. 그 방법으로 상담자는 환영인사를 하고 자기 소개를 한 다음 가족 구성원 한 사람씩 인사를 하고 이름과 나이, 직업, 결혼 여부, 동거 여부 같은 배경 정보를 확인하면서 관심사를 같이 나누거나 가벼운 대화를 나누는 것이 필요하다.

가족상담자는 개인상담의 라포형성 기법과 동일하게 다음 기법들을 사용하여 가족원들과 치료적 관계를 형성한다. 즉, 가족원 개개인을 수용하고 존중하고, 경청과 공감적 이해, 요약하기 등을 잘 하여야 하며, 겸손하고 솔직한 태도를 가져야 한다. 그리고 상담자 자신이 편안하고 차분한 자세를 지니면서 온화한 표정으로 대하여야 하며, 가족원들의 생각과 감정은 물론 자신의 감정변화에도 민감해야 한다. 이와 동시에 개개인을 포괄하는 가족체계를 관찰하면서 자연스럽게 그 안에 합류하여 가족원들과 친밀감과 유대감을 형성하는 것이 중요하다.

가족에 합류하기 위해 그들의 상호작용을 적극적으로 지지하고 개개인의 특성과 장점, 잠재력을 인정하며 진심으로 도우려는 태도를 보여준다. 경우에 따라 가족원이 사용하는 표현을 따라 하기도 한다.

이와 같은 치료적 관계 형성은 첫 회기는 물론 초기 2~3회기까지 계속되어야 하고, 온화함과 전문성을 균형 있게 갖춤으로써 가족원과 협력적인 관계를 발전시켜야 한다(Nichols & Schwartz, 2001; 김영애 외 공역, 2002).

3) 상담의 구조화

상담의 구조화란 치료적 관계를 바람직한 방향으로 안정시키기 위하여 상담에서 성취 가능한 범위와 제한점에 관해 가족을 교육하는 것이다. 일반적으로 상담자와 가족이 서로 편안하도록 제한점은 최소한도로 줄이고 면담시간, 가족의 행동규범 등에 관해서는 구체적으로 정하는 것이 좋다(김혜숙, 2003).

상담자 역할의 구조화로서 상담자 역할의 범위와 한계를 설명한다. 상담자는 가족상담이 어떤 과정으로 진행되고 상담목표가 무엇인지를 설명해 주어야 가족이 긴장과 불안에서 벗어나 편안해질 수 있고 상담에 현실적 기대를 가지고 협조적 태도를 보이도록 할 수 있다. 특히 가족원 중 증상을 보이는 IP 한 사람이 문제이고 다른 사람은 문제가 없다고 주장하는 가족에게는 설득을 하거나 그들의 생각을 고치려고 하기보다는 IP의 문제해결을 위해 가족원의 적극적인 도움이 필요하다고 말한다. 그리고 가족상담은 문제에 대해 가족이 함께 해결방안을 찾자는 것이지 한 사람에게 책임을 전가하는 것이 아니며, 다른 사람의 변화를 요구하기보다 가족원 각자의 변화 노력과 상호 지지가 필요하다는 점을 이해시킨다. 그리고 상담자는 누구 편도 아니고 해결사도 아니며 가족이 문제해결을 함께 의논하도록 돕는 사람이라는 것을 알린다.

내담자의 행동과 역할의 구조화를 위해 다음과 같은 내용을 정한다. 상담을 안전하고 원활하게 진행하기 위하여 다른 가족원에게 폭언이나 폭력을 행사하지 않을 것, 말을 차례대로 할 것, 상담에서 듣고 말한 내용에 대해 상담 후에 다투거나 불만을 말하지 않고 상담시간에 말할 것, 상담 중에 음식이나 술, 담배 등을 금할 것, 상담시간의 제한, 여러 회기의 면접상담의 필요성, 상담비용과 지불방법 등을 안내한다. 그리고 상담의 비밀보장과 녹음이나 녹화, 일면경, 기록의 보관 등에 관하여 설명하고 구두나 서면으로 동의를 받는다.

상담의 구조화는 접수상담이나 첫 회기 상담 중에 집중적으로 이루어지나 대부분 초기 과정에 실시된다. 상담의 초기 과정에서의 상담의 구조화는 가족상담 전 과정을 순조롭고 안정되게 진행하기 위한 기본 규칙과 행동규준을 확립하는 것이므로 매우 중요하고 필수적이다.

상담의 구조화 작업을 하는 상담자가 유의할 점은 치료적 관계의 형성과 가족사정 등의 상담진행 과정에 적절하게 수행해야 한다는 것이다. 만약 치료적 관계가 형성되기 전에 지나치게 구조화를 시도하면 상담 분위기는 경직되기 쉽고, 반면 상담의 구조화가 불충분하면 혼란이 발생하여 순조로운 상담의 진행과 상담목표 달성이 어려워질 수 있다. 그러므로 상담자는 적절한 시기에 가족에게 기본 규칙을 설명하고 질문과 논의하는 시간을 가지면서 규칙의 내용과 필요성을 충분히 이해하도록 안내하여야 한다. 시간을 절약하는 방법으로 이에 관한 서류양식을 미리 준비하여 참가자들에게 읽고 서명하게 할 수도 있다.

4) 가족사정

(1) 개념

가족사정(family assessment)은 가족평가, 가족진단이라고도 불리는데, 이 중 가족진단은 병리적 관점이라는 이유로 최근에는 사용되지 않는다. 가족사정이란 가족을 하나의 단위(unit)로 보고 가족 내부 및 외부 체계와 이들 상호작용을 이해하기 위한 것이다. 이에는 관련된 자료를 수집하고 분석, 종합하여 가족에 대한 개입계획을 세우는 일련의 과정이 포함된다(강문희 외, 2006).

상담자는 가족사정을 통해 가족체계와 관계패턴이 어떠하며 증상이나 문제와 어떻게 연관되는지, 그리고 문제해결을 위해 이용 가능한 자원이 무엇인지 등에 대한 정보를 얻을 수 있다. 가족사정에서는 가족원의 문제를 개인의 문제로 보는 것이 아니라 가족의 기능이나 가족을 둘러싼 외적 환경과의 상호작용 맥락에서 보아야 한다.

종래 치료자 중심의 가족을 사정하는 관점은 최근 포스트모더니즘의 영향으로 내담자 중심의 평가로 바뀌는 경향이고 치료자와 내담자의 협동적인 가족평가를 바람직한 것으로 보고 있다(Becvar & Becvar, 2003).

(2) 가족사정 과정

가족사정은 상담의 전 과정에서 이루어진다. 초기 과정에서는 치료적 관계 형성 작업과 함께 문제파악과 목표설정에 초점을 두고 가족사정이 이루어진다. 중기 과정에서는 가족의 상호작용 방식과 의사소통 방식, 관계패턴, 가족원 간의 견해 차이, 가족원의 노력과 변화 등에 대한 가족사정이 실시된다. 종결과정에서는 변화된 가족체계와 관계패턴을 확인하고 상담목표 달성 정도를 알아보기 위해 가족사정을 한다.

상담 초기 과정에서 상담자는 가벼운 대화를 나누면서 가족원의 신상에 관한 기본 정보를 수집하고 치료적 관계를 형성하여 가족과 친밀한 관계가 되는 데 주력해야 한다. 가족원의 상담동기가 모두 높지 않을 수도 있고, 상담에 대한 긴장을 겪는 경우도 있으므로 너무 성급하게 문제를 직면시키려고 하지 않는 것이 좋다.

상담자는 먼저 가족에게 상담에 오게 된 직접적인 동기와 최근에 경험했던 문제를 중심으로 가족원의 정서와 행동, 상호작용 패턴을 탐색하고, 과거의 상담 및 치료경험, 문제해결을 위해 시도했던 방법과 그 결과, 그리고 상담에 바라는 것, 목표 등을 평가한다. 가족상담자들은 공통적으로 문제와 가족의 상호작용 체계와 관련성을 관찰하고 가족체계를 사정하는 것이 특징이다.

이때 가족상담 모델에 따라 가족사정의 초점이 다를 수 있다. 보웬 모델에서는 다세대의 삼각관계 존재와 분화수준을 평가할 것이다. 구조적 모델에서는 경계와 위계, 동맹, 발달단계별 과제수행, 상호교류 유형을 중심으로 평가할 것이고, 전략적 모델에서는 증상을 유지시키는 순환적 고리망을 평가할 것이다. 행동주의 모델에서는 문제행동이 학습된 경로를 평가할 것이고, 사회구성주의 모델에서는 내담자들의 주관적 세계관과 관점을 평가할 것이다.

상담자는 가능한 한 가족원 한 사람마다 무엇이 문제인지를 말하게 하고 각 가족원이 문제를 보는 유사점과 차이점, 가족원 간의 제휴관계를 파악하되 문제 증상을 나타내는 사람(IP)에게는 나중에 물어봄으로써 방어적 태도를 보일 가능성을 줄인다(Nelson, 1993, 한인영, 1995 재인용).

상담 초기의 가족사정에서 가족문제에 대한 평가 외에 포함되어야 할 내용은 다음과 같다(Nichols & Schwartz, 2001; 김영애 외 공역, 2002; 김유숙 외, 2003).

① 가족 역동 사정
- 가족경계 : 구성원 간의 경계, 하위체계 간의 경계, 외부와의 경계
- 가족규칙, 가족의례, 가족신화
- 가족 위계구조, 부부권력 형태, 부모의 권위
- 의사소통 패턴 : 명확성, 일치성, 경청 정도, 감정표현 방식, 의사결정 형태
- 가족의 역할수행 정도

② 가족발달단계와 발달과제 수행 정도
③ 위기와 스트레스 사건 : 자살시도, 가정폭력, 성폭력, 경제문제, 실직 등
④ 갈등해결 및 스트레스 대처방식
⑤ 신체적 · 정신적 건강상태와 질병 여부
⑥ 가족의 강점과 자원
⑦ 외부체계와의 관계망 : 확대가족, 친척, 직장, 학교, 친구, 이웃, 종교단체, 사회시설

(3) 가족사정 방법

① 면접과 관찰방법

가족사정 방법으로 면접과 관찰이 가장 기본적으로 많이 사용된다. 면접은 직접 면담을 통하여 가족의 문제와 대처방법, 가족의 기능과 관계, 가족의 사고와 감정, 변화의지, 상담동기 등을 사정하는 방법이다. 언어를 매개로 면접하기 때문에 경청기술, 공감하기, 인정하기, 요약하기 등의 기술과 더불어 질문을 잘 하는 기술이 필요하다. 상담자는 말을 절제하면서 적극적으로 경청해야 하고 적절한 시기에 개방적 질문을 함으로써 가족이 많은 말을 하도록 해야 한다(정문자 외, 2007).

관찰은 상담자가 가족원 간의 상호작용을 직접 보고 관계패턴과 가족기능 및 가족체계를 사정하는 방법으로 면접방법과 함께 상담 전체 과정에서 가장 기초적인 사정방법이다. 상담실에서 가족원의 물리적 거리, 상호 간의 교류방식을 관찰하는 것 외에 경험적 모델의 가족조각기법, 역할극, 구조적 모델의 실연기법 등을 이용하기도 한다. 최근에는 가족의 상호작용을 정확하게 관찰하고 상담효과를 알아보기 위하여 녹화나 일면경을 활용하기도 한다.

② 도식을 이용한 사정방법

가. 가계도(genogram)

보웬(Bowen)의 다세대 가족상담모델에서 개발된 것으로 3세대 이상의 가족원에 관한 정보와 관계를 기호를 사용하여 도표로 작성하는 방법이다. 현재는 여러 다양한 접근모델을 사용하는 상담자들이 가족을 이해하고 가족체계를 나타내는 보편적인 도구로 사용되고 있다. 대부분 첫 회기에 가계도를 작성하고 다음 회기에 새로운 정보가 나오면 수정된다. 가계도를 작성하기 위해 상담자는 처음에는 부담 없는 질문으로 시작하여 점차 복잡한 질문을 하는 방법을 사용한다.

가계도를 통하여 가족원 개인과 세대를 거치면서 반복적으로 나타나는 가족패턴과 생활사건, 주제, 정서과정 등을 파악하고 다세대 맥락에서 현재의 가족 문제를 이해할 수 있게 된다.

나. 원가족 도표(family map)

사티어(Satir)의 경험적 가족치료모델에서 활용되는 가족사정 방법으로 현재 가족도표와 친가의 원가족 도표, 외가의 원가족 도표 등 3개의 가족도표를 작성한다. 가계도와 유사하게 가족에 관한 정보와 가족원 간의 관계를 나타내나 한 면에 모든 가족에 관한 정보가 보이는 가계도와 달리 각각 3개의 가족도표를 작성하는 것이 다르다. 그리고 가족원 개인별로 3가지 장단점, 특성, 의사소통 유형을 표기하고, 증상을 나타내는 사람을 스타(star)라고 하며 ☆표를 붙이는 것도 다른 점이다.

다. 생태도(ecomap)

하트만(Hartman)이 개발한 것으로, 가족과 그 가족의 생활공간 안에 있는 사람 및 기관과의 관계를 그림으로 나타내는 방법이다(조홍식 외, 2002). 생태도를 통하여 가족의 주요 환경에서 요구와 자원이 어떻게 흐르는지를 알 수 있고, 가족에게 스트레스를 주는 것과 유용한 자원이 되는 것, 가족과 환경의 관계, 가족 내외의 역동 등에 관한 정보를 얻을 수 있다.

생태도 작성방법은 중앙에 원을 그리며, 원 안에 핵가족의 가계도를 그리고 동거하지 않는 가족원이나 친척, 가족에 영향을 미치는 학교, 직장, 동사무소, 문화센터, 취미동호회, 친구 등은 원 밖의 주변에 배치한다. 그리고 가족원과 모든 환경체계 간의 상호교류 상태에 따라 건강한 관계, 보통관계, 갈등관계를 기호로 표기한다.

라. 가족화, 동적 가족화

가족화는 모든 가족원의 평소 모습을 그림으로 나타내는 방법이고 동적 가족화는 가족원 각자의 전형적인 행동을 그리고 간단한 설명문을 적는 방법이다. 두 가지 방식 모두 투사적 기법을 적용하여 선의 길이와 굵기, 인물 묘사, 공간배치, 색 사용 등을 분석함으로써 개인이 주관적으로 인지하는 자기개념이나 가족원의 특징, 가족관계 패턴을 파악할 수 있게 된다.

③ 양적 검사도구

가족원의 특성과 조화 정도, 가족기능과 가족관계 등을 평가하는 여러 양적 검사도구들이 있다. 예로 개인 검사도구로서 성격유형 검사인 MBTI, Enneagram, T-JTA, 현실치료의 욕구강도 파일 등이 있다. 가족체계 및 기능을 사정하는 도구로서 ENRICH(Evaluating Nurturing Relationship Issues, Communication, Happiness), FACES(Family Adaptablity and Cohesion Evaluation Scale), FAD(The Family Assessment Device), SFI(Self-report Family Inventory), FEM(Family Environment Model) 등이 활용되고 있다. 부모-자녀 간 또는 가족 간 의사소통을 측정하기 위한 PACI(Parent Adolescent Communication Inventory), CCI(Couple Communication Inventory) 등과 갈등대처 방법을 측정하는 CTS(Confilct Tactics Scales) 등이 활용되고 있다(김유숙 외, 2003).

5) 문제의 명료화와 상담목표 합의

가족상담의 목표는 대부분 문제를 해결하기 위한 것이므로 먼저 상담자가 가족 문제의 본질과 맥락을 잘 파악하여야 한다. 즉, 문제와 관련된 가족원의 사고, 감정, 행동과 호소증상을 파악하고, 문제를 둘러싼 가족원 및 주변 사람과의 상호작용 패턴, 문제발생과 유지에 기여하는 사건, 가족의 대처기술, 강점과 자원 등을 탐색하는 것이 필요하다. 그리고 가족이 포괄적으로 말하는 문제를 구체적이고 해결 가능한 문제로 바꾸고 가족이 바라는 대안과 이를 성취하기 위한 변화나 기술들을 구체화하고 명료화한다.

첫 회기가 끝날 무렵 상담자는 문제가 무엇인지를 명료화하고 전문적인 관점에서 문제를 재구성(reframe)하며 가족의 강점과 자원을 말해줌으로써 가족의 저항을 줄이고 가족이 새로운 방향으로 문제를 보게 한다. 그리고 상담자가 가족원 각자가 바라는 것과 상담을 통해 얻기를 원하는 것이 무엇인지를 분명히 한다.

상담목표를 설정할 때는 문제에 대한 탐색과 가족사정 결과를 바탕으로 잠정적 가설을 세우고, 가족의 문제해결에 중요하면서 그들이 원하는 것들을 가족과 합의하여 최종목표를 정하며, 또 이를 위해 수행하는 회기별 목표를 설정한다(Nelson, 1983, 한인영, 1995 재인용). 이때 상담목표는 바람직하지 않은 행동을 하지 않는 것(Don't do it)보다는 성공적이거나 긍정적 행동을 증가시키는 것이어야 하고, 특히 가족상담 치료에서는 구체적이고 분명하게 측정할 수 있는 행동용어로 기술되어야 하고 현실적이어야 한다. 상담목표를 명확하게 설정함으로써 가족과 상담자 모두 바람직하고 효과적인 변화가 무엇이고 이를 수행하는 데 기간이 얼마나 소요되는지를 분명하게 이해하게 된다.

일반적으로 가족상담의 최종목표는 가족관계의 기능과 자율성을 증진시키는 것이고 결과목표는 제시된 문제를 해결하는 것이며, 과정목표는 의사소통 촉진, 역할의 융통성 증진, 기능적 대처방식의 습득, 감정표현 등이 있다(김혜숙, 2003). 가족이 상담자가 상담목표 설정에 합의하면 상담계약이 이루어진다.

만일 가족이 바라는 도움이 상담자의 능력을 벗어나거나 기관의 원칙에 어긋나는 경우에는 가족에게 그 사실을 밝히고 다른 전문가에게 의뢰해야 한다.

6) 상담계약

상담계약은 상담목표를 정하고 가족원이 지속적으로 상담에 오도록 구체적 사항에 대하여 계약을 맺는 것이다. 이는 흔히 첫 회기 상담을 종결하기 전에 이루어지는데 상담목표, 상담형태와 시간, 상담간격, 상담비, 참가자 등에 대해 상담자와 가족이 약속을 하는 것이고 계약서를 작성하여 서명하기도 한다. 상담자는 가족에게 실현 가능한 것이 무엇이고 목표에 도달하기 위해 어떤 형태의 상담을 진행하며 기간이 얼마나 걸리는지를 설명해 주며 계약이 변경될 수 있다는 것에 대해 말해준다.

상담자는 상담계획을 세울 때 문제 상황과 가족의 특성, 상담목표에 따라 가족 전체를 상담할 것인가, 아니면 부모상담과 자녀상담을 병행할 것인가, 부부상담만 할 것인가, 또는 개인상담이나 집단상담을 할 것인가를 고려하여 적합한 상담형태를 제안하여야 한다(Nelson, 1983, 한인영, 1995 재인용).

첫 상담회기의 마무리 단계에서 상담자는 가족과 다음 상담회기 약속을 정하고 과제를 주기도 한다. 초기 면접상담을 종료할 때 가족은 다음에 무슨 일이 일어나고 무엇을 하는지를 알아야 하고 상담에 참가하는 가족원이 누구인지를 알아야 한다.

초기 과정에서 흔히 나타나는 가족의 상담에 대한 저항과 상담동기의 저하에 상담자는 잘 대처할 수 있어야 한다. 또 초기 상담과정 중 정신건강 문제나 폭력문제, 자살시도 문제가 발견되는 경우에는 정신과의사, 피해자 보호기관, 교정기관, 다른 전문기관 등에 의뢰하는 등의 필요한 조치를 취해야 한다.

2 가족상담의 중기 과정

이 단계는 변화를 위한 주된 작업이 이루어지는 실행단계로서 가족상담의 핵심 부분이다. 가족의 특성과 문제의 성격, 상담자의 능력과 전문적인 판단에 따라 설정된 상담목표 달성을 위해 적절한 이론과 기법을 선택하고 적용하게 된다.

이때 가족은 문제에 대한 자각이 늘어나고 표면적인 문제행동이 완화되며, 문제해결을 위한 동기가 커지고, 다른 사람을 수용하며 기능적인 방식의 상호작용이 증가하게 된다. 상담자는 변화를 촉진하는 역할을 담당하여 가족이 긍정적인 변화를 자각하고 자율적인 문제해결 능력을 습득하도록 돕는다. 간혹 가족에게 퇴행현상이나 변화에 대한 저항도 나타날 수 있다. 상담자는 이를 잘 대처하여 긍정적인 변화에 초점을 두고 상담을 이끄는 것이 바람직하다. 이 시기에 고려할 사항은 다음과 같다.

1) 가족사정과 개입방향 검토

가족상담이 진행되면서 가족사정은 계속적으로 이루어진다. 이 단계에서는 가족원 간의 상호작용이 활발해지고 상호 이해하는 부분이 증가하므로 상담자는 개입의 효과를 확인하기 위해 가족사정을 한다. 사정 결과 가족에게 변화가 나타나지 않거나 개선이 없으면 상담자는 다음 사항을 점검하고 선배나 동료의 지도·감독을 받는 것이 바람직하다(Thomas, 1992).

- 전이와 역전이
- 상담자의 중립성 유지 문제
- 상담자의 지나친 주도성
- 상담자의 저항
- 가족의 저항

2) 공통적 개입방법

중기단계에서 가족상담자는 다음의 개입방법을 공통적으로 적용하여 가족원과 가족을 변화시키도록 노력한다(Gladding, 2002, 이영분 외, 2008 재인용).

① 주변적인 가족원 참여시키기

② 가족원들을 적절하게 연결시키기

③ 계약과 교환관계 형성시키기
④ 가족체계 내의 특정 변화 강조하기
⑤ 가족원의 새로운 행동 강화하기
⑥ 변화 가능성에 대해 낙관적 태도 유지하기
⑦ 가족을 적절한 외부체계와 연결시키기
⑧ 과정에 초점두기
⑨ 적절한 때에 유머 사용하기
⑩ 가족 내에서 변화 단서 찾기

3) 공동상담자

대부분의 가족상담은 상담자 혼자서 진행하지만 상담모델에 따라 공동상담자(co-therapist)와 함께 진행하기도 한다. 공동상담자가 같이 상담을 진행하면 차이점을 개방적으로 다룰 수 있고, 바람직한 의사소통 모델이 될 수 있으며, 상담의 균형 유지나 역할 보완에 도움이 될 수 있다는 점이 긍정적인 면이다. 그러나 공동상담자 사이에 역할분담이 모호하거나 분열이 일어날 가능성이 있고, 상담 전후로 별도의 협의시간이 필요한 점들이 제한점으로 지적된다.

공동치료를 성공적으로 하기 위해서는 상담자 간에 충분한 이해가 이루어져야 하고, 상담에 관하여 의논하고 검토하고 계획을 세우는 시간을 가져야 하며, 상호보완적 특성을 존중하고 개발을 격려할 수 있어야 한다. 전략적 모델과 단기치료모델을 적용하는 경우 공동상담자를 활용하는 팀상담이 주류를 이루고 있다. 이 외에도 상담자를 훈련시키기 위한 목적으로 팀상담을 하기도 한다.

4) 다른 치료방법이나 다른 기관과 병행하여 상담하는 문제

문제에 따라 정신과적 치료나 집단치료, 개별 행동치료, 개별상담 등을 가족상담과 병행해야 하는 경우도 있고 복합적인 문제를 가진 가족의 경우 복지관이나 보호기관, 병원, 학교 등의 기관과 연계하여 개입하는 것이 효과적일 수 있다. 이 경우 상담자나 기관들 사이에 원활한 의사소통이 이루어져서 협력적 관계를 형성하는 것이 바람직하며, 폭력문제 등을 외부에 보고하여야 하는 경우가 있다. 이때 상담내용에 대한 비밀보장의 원칙보다 인권보호라는 상위원칙에 따르고 감독자와 합의를 거쳐서 보고가 이루어져야 한다.

3 가족상담의 종결 과정

이 단계는 상담을 마무리 짓고 통합하는 시기이다. 종결 시기를 판단하는 기준, 종결과정에서 가족사정, 조기 종결에 대해 살펴보면 다음과 같다.

1) 종결 시기를 판단하는 기준

가족상담자는 상담을 종결해야 할 적절한 시기가 언제인지를 판단할 수 있어야 한다. 이 시기에 도달하면 다음의 구체적인 단서나 변화가 나타나게 된다(노혜련, 1995; Glick & Kessler, 1994; Nelson, 1983).

① 제시된 문제가 해결되고 증상이 완화되거나 소멸된 경우
② 초기에 설정한 상담목표가 이루어진 경우
③ 가족원들이 상담을 통하여 새롭게 습득한 대처방법이나 행동방식을 계속 유지하는 경우
④ 가족원 간의 의사소통에서 비생산적인 다툼이나 갈등이 감소되고 의사표현이 솔직하고 갈등을 협상할 수 있는 능력을 가지게 된 경우
⑤ 가족의 구조와 규칙이 융통적이고 기능적이 되는 경우
⑥ 가족원의 가족 내외의 상호작용이 긍정적이고 관계가 개선된 경우
⑦ 가족의 발달단계에 적합하게 가족원의 역할과 기능이 수행되는 경우

⑧ 미래에 비슷한 문제가 발생하더라도 잘 처리할 자신감을 보여주고 자발적인 활동이 증가하는 경우

⑨ 상담의 진행이 부진하거나 가족원이 상담에 소극적으로 된 경우

2) 종결과정에서 가족사정

상담자는 중기과정 후반부터 상담목표에 근접하는 변화가 보이면 미리 종결 계획을 세운다. 이때 상담자는 종결에 대한 자신의 감정(성취감, 실패감, 시원함, 아쉬움, 허탈감, 분노, 불안 등)에 직면하고, 가족들이 종결할 준비가 되어 있는지를 평가하며, 그들의 반응을 예측하고 종결방법을 계획한다. 다음과 같은 단계로 종결한다(노혜련, 1995; 최규련, 1991; Nelson, 1983).

① 도입단계

종결을 2~3회기 앞두고 종결을 할 예정이라고 말한다. 그리고 회기 간격을 일주일에서 2주, 3주 정도 연장하면서 상담회기의 간격을 넓히는 방법으로 종결을 준비한다.

② 변화 확인단계

상담자는 가족과 함께 상담 초기와 현재의 상태에 대하여 비교하고 그동안의 상담과정을 되돌아보면서 상담목표에 얼마나 근접해 있는지 이야기를 나눈다. 그리고 종결 시기에 대해 가족과 합의하고, 남은 시간 동안 달성해야 할 목표를 설정하여 가족의 종결에 대한 감정표현을 수용하고 인정해 준다.

③ 종결단계

종결 시점에서 가족이 상담과정에서 노력하고 변화된 것들에 대한 평가작업을 함으로써 가족이 성취감과 자신감을 갖게 한다. 이 단계에서 상담자는 상담종결이 가족의 참여와 노력의 결과이며 자기이해와 성장의 시작임을 말

한다. 그리고 가족으로 하여금 상담 종결 후 가족에게 예상되는 어려움과 그에 대한 대처방법을 생각하고 또 현재의 변화를 계속 유지하기 위한 장기적 목표를 세워 과제를 수행하도록 격려한다. 그리고 추수면접을 하는 이유와 일정을 예고하고 작별인사를 나눈다.

④ 추수면접단계

상담이 종결된 후 1개월이나 3개월, 6개월 또는 1년 후에 상담자는 가족과 추수면접을 하여 가족이 계속 변화를 유지하고 있는지를 확인하게 된다. 이때 면접은 보통 상담보다 짧게 이루어지는데 이는 전화나 편지, e메일을 통해서 확인할 수 있다. 상담자는 가족의 근황을 듣고 그들의 성공적 대처와 노력을 축하하고 격려해 준다. 상담의 재개는 가족이 요구할 때 한시적으로 가능하다.

상담이 종결된 후에 가족이나 상담자가 서로 전화 연락하는 것은 추수목적으로는 가능하나 미해결된 감정에 의한 전화연락은 종결의 의미가 없어지므로 바람직하지 않다.

3) 조기 종결

가족상담을 하다 보면 상담이 성공적으로 종결되지 못하고 도중에 중단되거나 조기 종결되는 경우가 종종 있다. 상담자는 상담의 종결을 고려하지 않는데도 가족이 중단을 제안하거나 조기 종결의 조짐을 보여주는 경우에는 당황하지 말고 그 의도와 이유를 파악하고 가족이 가장 바람직한 방향으로 가도록 상담자가 줄 수 있는 도움을 주어야 한다(Nelson, 1983).

대체로 가족이 조기 종결을 제안하는 이유는 상담자와의 신뢰관계 미흡, 시간이나 비용부담, 기대했던 성과에 미흡, 감정적 부담, 상담을 방해하는 사건이나 주위 사람 등 때문이다. 때로는 가족이 이사를 가야 하거나 외국에 가야 하는 등의 정당한 이유로 종결을 원하기도 한다.

조기 종결로 가는 표시로는 내담자가 상담시간에 자주 늦거나 연락 없이 상담에 불참하는 경우, 상담을 계속 해야 하는지 질문할 때, 상담시간을 자주 변경하는 경우 등이 있다. 조기 종결을 줄이기 위해서는 초기 단계부터 상담의 구조화 작업과 가족과의 신뢰적인 관계형성이 잘 이루어져야 한다. 그리고 상담기간을 계약하는 방법과 상담회기가 끝날 때마다 내담자의 현재 감정과 생각을 표현하게 하고 그 회기 상담목표의 달성 정도와 도움이 되는 정도를 피드백 받는 방법이 있다. 이 외에 불분명한 문제점이 작용할 수도 있으므로 상담자는 사례분석과 지도·감독을 받는 등 늘 배우는 자세로 자질향상과 자기이해 노력을 하여야 한다.

만약 상담자의 능력을 벗어나는 문제인 경우에는 가족에 필요한 것과 그들이 원하는 것이 무엇인지를 고려하여 적합한 다른 상담자를 소개하여야 한다. 가족이 조기 종결을 원하는 경우에 상담자는 그들의 의견을 존중하고 언제 어떤 이유로 종결하고자 하는 결정을 내렸는지 솔직히 이야기하게 한다. 그리고 가족이 제시한 이유를 인정해 주고 건설적인 방법으로 대처하여야 한다. 이러한 방식으로 상담을 조기종결하게 되면 상담자와 가족 사이에 미해결된 부분을 마무리할 수 있고 가족과 상담자 모두 성취한 것과 배운 것을 생각할 수 있으며 상담자의 성장에 도움이 될 수 있다.

13 CHAPTER 가족상담 및 가족치료 실제

가족상담 및 가족치료는 흔히 가족 전체를 대상으로 상담하는 것으로 인식되나 실제로는 다양한 형태로 실시되고 있다. 따라서 이 장에서는 가족문제를 해결하기 위한 다양한 형태의 가족상담 및 가족치료와 문제유형별 가족상담 및 가족치료의 실제에 대해 살펴보고자 한다.

1 가족상담 형태

1) 개인대상 가족상담 및 가족치료

개인대상의 가족상담 및 가족치료는 개인 한 사람을 대상으로 하는 점에서 개인치료와 유사하나, 가족체계의 일부로 개인을 이해하고 체계 맥락과 순환적 관점에서 문제를 진단하고 개입하여 개인의 변화를 통한 가족체계의 변화를 목표로 한다는 차이점이 있다. 또한 전체 가족이 참여하지 않기 때문에 가족원 간의 역동적 관계구조를 파악하고 문제를 진단하여 가족체계 구조를 변화시키는 것이 용이하지 않다. 그러나 상담에 참여하는 가족원 한 사람이 상담동기가 높고 꾸준한 노력을 적절하게 하는 경우에 다른 가족원도 변화하는 파급효과가 나타나 가족문제가 해결되기도 한다.

2) 부부상담 및 치료

부부상담 및 치료는 결혼생활 상담과 같은 의미를 갖는 것으로 주로 부부관계 문제에 개입한다. 다른 가족원과 분리시켜 부부만을 대상으로 치료를 해야 하는 경우는 다음과 같다(Brown & Brown, 2002; 김영희 외 공역, 2005).

① 현재 문제가 다른 가족으로부터 부부의 사생활을 보호할 필요가 있을 때
② 현재 문제가 부부관계에 특징적으로 관련되는 것일 때
③ 부부와 다른 가족원 사이의 경계를 명확하게 하여 부부 하위체계를 강화시켜야 할 필요가 있을 때

만약 가족들이 부부 문제에 대하여 알고 있고, 현재 문제가 다른 가족원에게 영향을 미치며, 가족체계 전체의 변화를 위해 부부 외의 다른 가족원이 포함되어야 하는 경우는 모든 가족원을 대상으로 상담하는 것이 더 효율적이다.

3) 전 가족 대상의 가족상담 및 가족치료

가족치료의 전형적인 형태로서 한 가족 전체가 참여하는 방법이다. 전체 가족원을 대상으로 하기 때문에 가족원 간의 역동적 상호작용을 정확하게 파악할 수 있어 문제 진단이 용이한 점이 있다. 또한 여러 가지 치료기법들을 사용하여 상담실에서 직접 가족원 간의 개방적 의사소통을 촉진시키고, 가족원들에게 새로운 경험을 하게 하여 체계변화를 촉진시킬 수 있다. 그 결과 개인대상의 가족상담이나 부부상담보다 전 가족원을 대상으로 개입하는 경우에 가족체계의 변화가 용이하고 상담효과가 좋다는 이점이 있다. 다만, 여러 가지 이유로 전 가족이 참여하기가 쉽지 않고 또 참여해도 가족원 모두가 문제의식과 상담동기가 동일하지 않아서 상담실에서 의견대립과 갈등이 발생할 수 있다.

그러므로 전 가족에게 개입하는 상담자는 이들 모두와의 치료적 관계를 형성하여야 하고, 상담과정에서 부딪히는 문제상황에 잘 대처하고 긍정적인

결과로 이끄는 능력을 갖추어야 한다.

그러나 실제로 상담 전체 회기 동안 전 가족원이 계속 참여하는 경우는 많지 않고, 가족원 상황이나 상담자의 필요에 의해서 일부 가족원들이 참여하는 사례가 대부분이다.

4) 다중 가족치료

원래 병원에 입원한 정신분열증 환자와 그 가족에 대한 치료에서 발달하게 된 것으로 집단치료 기법을 여러 가족을 대상으로 하는 치료에 적용한 것이다. 다중 가족치료(Multiple Family Therapy)에서는 개인이나 한 가족을 대상으로 할 때보다 여러 가족의 상호작용으로 인해 바람직한 행동변화가 더욱 빨리 이루어진다.

보통 네다섯 가족이 매주 만나 서로 자기 가족의 문제를 이야기하고 문제해결 과정에서 서로 돕는다. 가족은 부모, 형제, 배우자, 자녀 모두를 포함하며 열린 집단의 형태로 가족을 치료하여 가족 상위체계를 치료에 끌어들이는 치료방법이다. 보통 일주일에 1번, 1시간 30분 동안 치료자, 공동치료자, 훈련생인 관찰자가 치료에 참여한다.

다중 가족치료는 기본적으로 가족의 의사소통 향상, 역할의 명료화, 가족기능의 개선을 목적으로 하며 비행청소년, 약물중독 문제 가족 등 다양한 유형의 가족문제를 치료하는 데 널리 활용된다. 장소도 병원 외에 정신건강센터, 아동보호센터, 낮병원에서 사용되며 정신장애나 문제행동의 재발방지와 가족 의사소통 향상에 효과적이라고 평가된다(양옥경, 1995).

이때 상담자는 촉진자 역할을 하며 토론을 지도하고 면담이 종결될 무렵 관찰한 상호작용 과정 패턴을 지적하고 검토한다. 이러한 접근방법은 집단 간의 동일시와 지지, 각 가족의 문제인식과 신속한 개입, 시간과 인력의 절약, 다른 가족의 의사소통 문제 관찰, 다른 가정의 문제해결 방법 학습 등을 장점으로 가진다.

5) 다중 부부치료

다중 가족치료를 변형시킨 방법으로 대개 3~5쌍의 부부를 한 집단으로 구성하고, 여성과 남성으로 이루어진 공동 상담자에 의해 치료가 이루어진다. 이 다중 부부치료(Multiple Marital Couple Therapy)는 부부가 가진 문제가 자기들만의 독특한 문제가 아니고, 어떤 갈등은 부부관계에서 필연적으로 발생하며, 모든 부부가 여러 가지 영역에 적응하기 위하여 노력하여야 한다는 사실을 배우는 기회가 된다. 이 접근방법은 비용이 저렴하고 부부간의 차이와 갈등요소를 극복하는 방법을 배우며, 참여부부에게 지지체계와 문제해결 모델을 제공함으로써 변화를 촉진시킨다는 이점이 있다.

6) 다중 영향가족치료

다중 영향가족치료(Multiple Impact Family Therapy)는 위기상황에 직면한 가족을 단기적이고 집중적으로 치료하는 방법이다. 이 치료는 2~3일 동안 전문가들이 하루 6~8시간을 연속하여 정신과의사, 사회복지사, 임상심리사, 가족상담사 등으로 팀을 이루어 번갈아 가며 전체 가족을 면담한다. 먼저 정보 수집을 위한 첫 면담이 끝나면 각 가족원에 대한 상담자의 개별면담이 이루어진다. 그 후 상담자들이 모여서 발견한 사실을 토의하고, 가족들이 함께 모여 대화하며, 다시 개별면담이 이루어진다. 그 후 상담자들이 모여서 발견한 사실을 토의하고, 가족들이 함께 모여 대화하며, 다시 개별면담이 이루어진다. 이때는 상담자가 맡는 대상을 바꾼다. 계속 이런 방법으로 치료팀의 토의와 중복 면담과정을 거친 후, 나중에는 치료팀과 전 가족이 공동으로 면담을 실시하고 치료팀으로부터 문제대처를 위한 실천전략에 대해 조언을 듣는다.

다중 영향가족치료는 신경증 문제를 가진 청소년가족을 대상으로 학제적 전문가 집단이 다양한 관점으로 개별상담과 집단상담을 진행하며 건전한 상호작용 모델을 보여줌으로써 가족의 건강한 상호작용과 의사소통을 촉진시키는 기능을 한다는 특징이 있다(박인선, 1995).

최근 미국에서는 가족상담 내에서도 개인의 위치가 중요시되고 정신분석학, 자아심리학 등 개인상담 이론이 가족상담 및 가족치료에 통합되는 추세에 있다. 따라서 가족의 문제에 따라 개인상담, 집단상담, 가족상담을 선택할 수 있고 가족상담의 경우에도 여러 가지 형태를 선택적으로 실시할 수 있다는 견해가 지배적이다.

2 문제유형별 가족상담 실제

가족상담이 필요한 문제 중 부부문제, 자녀문제, 노인문제의 대표적인 유형을 중심으로 개입방법을 살펴보고자 한다.

1) 부부문제 상담

일반적으로 부부문제는 원인과 과정, 결과가 순환적이고 또 결혼 전과 후의 개인적 문제와 가족집단의 문제가 중복되어 결혼생활 기간 동안 복잡하게 얽혀 있는 경우가 많기 때문에 분명하게 구분하는 것이 쉽지 않은 점이 있다. 부부문제의 일반적인 유형은 주로 상담실에 의뢰된 문제나 협의이혼 사유통계, 일반부부 조사결과를 중심으로 구분된다. 이에는 성격차이 및 갈등문제, 경제문제, 폭력문제, 배우자의 부정 문제, 성 문제, 이혼문제, 배우자의 습관 문제 등이 있고 이 중 공통적으로 가장 빈도가 높은 문제가 성격차이 및 갈등 문제로 보고된다(최규련, 2005).

여기서는 부부간의 성격차이 및 갈등 문제와 폭력문제, 이혼문제를 중심으로 가족상담 적용실제를 보기로 한다.

(1) 부부갈등 문제 상담

① 부부갈등의 특징

부부갈등은 남편과 아내의 의견이나 욕구가 상충되고 대립되어 해결에 곤란을 느끼는 상태를 의미하는데, 부부갈등이 존재하는 것은 자연스러운 현상으로 불가피하다. 부부가 사랑하는 관계이지만 계속적으로 매우 친밀한 접촉을 하는 과정에서 각자의 가치관이나 사고방식, 느낌, 행동이 서로 일치하지 않음을 경험하고 서로의 단점을 발견하게 된다. 또한 결혼생활 자체가 계속 변하고 개개인도 계속 변하므로 상호 간의 이해 부족이나 역할수행 관련 불만 등이 발생할 수 있고 의사결정 과정에서 부부간에 힘겨루기가 작용하는 측면도 있다.

갈등 자체는 긴장을 유발하므로 흔히 부정적인 것으로 생각할 수 있다. 그러나 이를 원만하게 해결하면 부부 상호 간의 이해에 도움이 되고 활기와 역동적 자극을 주어 개인의 발전과 자기개발, 관계의 결속과 성장을 촉진시키는 긍정적 효과가 있다. 반면 갈등을 초기에 해결하지 못하고 누적시키거나 잘못 해결하는 경우에 갈등이 더 증폭되어 부부관계를 악화시키고 그 과정에서 폭력이 발생할 수 있으며 결과적으로 문제가 악화되어 별거나 이혼을 초래할 수도 있다. 그러므로 갈등 자체를 문제시하거나 기피할 것이 아니라 건설적인 해결방법을 찾도록 돕는 것이 중요하다.

② 부부갈등의 유발요인

부부갈등이 발생하는 요인은 다양하다. 예를 들어, 부부 상호 간의 행동, 지각, 가치관, 규칙, 힘의 균형 등에서의 차이, 일 관련 스트레스, 역할기대와 수행의 불일치, 의존과 독립의 부조화, 비현실적 기대, 바람직하지 않은 행동, 정신건강 문제, 상호 불신과 비협조적 태도, 의사소통 기술 부족 등이 갈등을 유발하고 심화시킨다.

가. 성격 차이의 부조화

많은 부부들에게서 '성격의 차이'가 부부갈등을 유발하는데, 이는 성격 차이라기보다 부부의 차이점이 상호 보완기능을 하는 효율적 관계가 되지 못하고 상호 비난을 하는 부정적 관계가 되었기 때문이다. 그런데 이런 부부들의 경우 배우자 선택 과정에서 자신의 보완욕구를 충족시켜 줄 수 있는 상대방에게 매력을 느끼고 결혼하지만 결혼 후 상대방의 매력 부분의 이면이 관계의 걸림돌과 불만이 되어 비난하는 양상을 보이기 쉽다.

임상경험을 통한 관찰 결과 부부간의 매력요인과 그 이면의 갈등요인을 다음과 같은 조합으로 구성할 수 있다.

- 결단과 추진력-독선적, 과도한 책임감, 일 중심적
- 사교적, 외향적-수다스러움, 산만함, 책임감 부족
- 알뜰한, 경제적인-인색한, 주변 사람을 챙기지 않는
- 멋있는-자기중심적인, 사치하는
- 소탈한, 대범한-멋없는, 유행이 지난, 불결한
- 친절한-결단력 부족, 의지가 약한, 사생활 부족
- 낭만적인-충동적, 비현실적
- 정확한, 계획적인-답답한, 경직된, 융통성 부족

또한 신앙관, 물질관, 직업관, 여가생활 등에서 부부간에 취향과 추구 목적이 달라서 부부간의 갈등이 발생하고 서로를 비난하기도 한다. 그러므로 성격과 가치관 차이 문제는 단순한 차이 문제라기보다는 차이점이 부부체계에 대립과 역기능으로 작용하는가 아니면 상호보완과 조화로 작용하느냐의 문제이다.

나. 결혼과 상대방에 대한 기대 및 귀인

갈등의 유발원인이 부부의 비합리적 사고방식이나 비현실적 기대, 고정된 성역할 관념 등에 있는 경우가 있고, 또 귀인작용에서 상대방의 의도, 성품,

가계전통의 부정적 측면을 부각하는 데 원인이 있는 경우가 있다.

예로 다음과 같은 사고방식이 부부갈등을 유발한다.

- 부부는 사랑하니까 의견이 일치해야 한다.
- 배우자로부터 인정을 받지 못하면 너무 끔찍한 일이다.
- 나를 사랑한다면 내가 원하는 것을 들어주어야 한다.
- 나를 사랑한다면 나의 부모님도 사랑할 것이다.
- 남편은 언제나 강하고 유능하여 아내를 보살펴야 한다.
- 아내는 남편의 말을 잘 듣고 헌신적이어야 하고 다소곳하여야 한다.
- 아내는 항상 미소 지어야 하고 화를 내어서는 안 된다.
- 배우자의 문제행동은 원래 나쁜 성품과 잘못된 가정교육 때문이다.
- 문제의 원인은 배우자의 나쁜 의도와 무책임, 무성의에 있다.

다. 의사소통 기술 부족

부부간의 갈등과 불화는 부부 일방 또는 양방의 부정적인 자극과 반응의 교환 작용이라고 볼 수 있다. 이 경우 대개 한쪽이 상대방을 비난하거나 부당한 요구를 하면 다른 쪽도 맞받아치는 반응으로 이어지고 다시 한쪽의 방어와 공격이 이어지는 등 부정적인 상호작용 패턴이 순환적으로 나타난다.

불화가 많은 부부는 대부분 대화기술이 부족하고 갈등상황에서 문제해결 능력이 미흡하다. 대개 상대방의 주장을 경청하거나 상대방의 입장에서 인정해 보는 노력이 부족하다. 또한 주제로부터 이탈하거나 감정대립을 일으키는 언쟁을 하고 회피를 하며, 타협이나 협상능력이 부족한 경우가 많다. 특히 폭력을 행사하는 당사자는 분노조절 능력이 미흡하다. 부부간의 대화가 싸움의 형식이나마 활발한 경우도 있지만 어떤 부부는 대화가 단절되어 분위기가 얼어붙어 있는 경우도 있다. 그리고 이 두 가지가 순환적으로 반복되는 부부도 있다.

라. 가족체계 문제

우리나라에서 특히 효와 형제간 우애를 강조하는 부계중심 문화, 아들 선호, 엄격한 위계구조, 장남의 과중한 역할, 경직된 가족규칙, 친척의 과도한 의존, 가족 내 삼각관계 형성, 원가족에서 형성된 낮은 자아분화 수준 등의 가족체계 문제가 부부갈등의 유발요인이 되기도 한다.

마. 상호 간의 이해부족 문제

상대방의 문화와 개인적 성향, 성차 등에 대한 이해 부족 때문에 갈등이 유발되기도 한다. 예를 들면, 가사분담, 가족행사, 대화방법, 분노 표현방법, 일상의 스케줄, 예절, 일가 사회활동, 취미생활, 싸운 후 화해방법, 친밀감의 표현, 애정표현 등에서 자신에게 익숙한 방식을 주장하며 대립할 수 있다.

이 밖에 개인의 습관과 선호문제인 음주문제, 흡연, 게임 등이 부부갈등을 유발할 수 있다.

③ 부부갈등의 내용과 해결유형

우리나라 부부들의 주요 갈등내용으로 '일상생활 문제', '대화방법 문제', '성격문제'가 가장 많았고, 이 외에 '경제문제', '자녀문제', '시댁 · 처가 문제' 등이 보고되었다(강학중 · 유영주, 2003; 김갑숙 · 최외선, 1992).

부부갈등 해결을 방해하는 요인은 개인의 미성숙, 인내심 부족, 무의식적 왜곡과 경쟁심, 원망과 분노, 적대감, 피해의식, 불안 등의 부정적 감정, 과음이나 피로 등이 있다(유영주 외, 2002). 갈등해결 과정에서 이런 요인이 작용하면 갈등이 더욱 심화되고 해결 자체가 불가능해질 수 있으므로 갈등이 발생 시에는 이들 방해요인을 사전에 없애는 것이 선결과제이다.

부부갈등을 해결하는 방법을 유형화하면 회피형, 설득 및 언쟁형, 겉돌기형, 타협형, 협동형 등이 있고 부부들은 문제와 상황에 따라 여러 방법을 활용한다. 실제 연구에서 부부의 갈등대처방식 유형을 분류하는 방법은 다양하다. 이성형, 공격형, 회피형 3가지로 구분하거나 이 외에 행동표출, 외부도움 요청, 순응 및 체념, 의견강요를 추가하여 7가지로 구분하기도 한다. 대체로 이성형을 사용하는 경우 결혼만족도가 높게 나타났으나 공격형인 경우와 공격형과 회피형이 병행될 때 낮은 결혼만족도를 보였다(강학중 · 유영주, 2003; 이선미 · 전귀연, 2005; 최규련, 1995). 이성형은 협동적 갈등해결 방법과 동일한 것으로 간주된다.

④ 부부갈등 문제의 일반적 상담과정

부부갈등 문제를 협동적으로 해결하도록 돕는 전체적 과정은 다음과 같이 진행된다(Miller, et al., 1991; 최규련, 2001).

첫째, 갈등문제의 내용을 확인하고 발생경위 및 기존의 대처방법을 사정한다. 그리고 갈등해결을 방해하는 부부의 태도와 감정, 사고방식, 환경, 분노표현 방식 등을 점검한다. 이때 가정폭력, 자살시도, 가출경험 등을 확인하고 재발방지 대책을 점검하는 것이 필요하다.

참고 부부문제 진단 예

- 가정폭력이 있는가? → 있다면 발생빈도와 위험도는? → 대처방법은?
- 부부의 자실시도 경험은? → 있다면 언제, 왜, 회복과정은? → 자살 가능성은?
- 부부 한쪽의 가출경험은? → 있다면 언제, 왜, 얼마나, 귀가과정은? → 가출 가능성은?
- 부부의 가장 시급한 문제는? → 부부 각자의 문제에 대한 이해 정도와 대처방식은? → 대처방식이 관계에 도움되는 정도는?
- 부부간의 유대감과 관계유지 노력 정도는? → 지지집단과 자원은 어떤 것인가?
- 남편과 아내의 신체적 · 정신적 질환이 있는가? → 있다면 그 영향과 치료 정도는?
- 부부의 이혼고려 정도는? → 이혼을 누가 더 원하는가?
- 상담동기가 높은 배우자는?
- 세대 간의 문제, 자녀문제 등의 문제가 복합되어 있는가? → 있다면 문제들 간의 관계는? → 해결의 실마리는 어디에서부터 가능한가?
- 이전에 부부간의 위기나 가족위기 경험은? → 극복했던 방법은?

둘째, 분노조절 방법을 훈련하고 '타임아웃' 규칙을 준수하게 한다.

셋째, 배우자에 대한 부정적 사고, 불신과 원망, 적대적 감정들이 긍정적 사고, 신뢰, 존중, 이해하는 태도가 되도록 변화시킨다. 그리고 갈등문제 대처과정과 부부불화에서 자신의 책임 부분을 인정하고 자신이 노력할 부분을 인식하게 한다.

넷째, 말하기 기술(자신에 대해 말하기, 감각정보 말하기, 생각 말하기, 감정 말하기, 소망 말하기, 자신의 행동에 대해 말하기)과 경청기술(주의 기울이기, 배우자의 경험 인정하기, 정보 요청하기, 요약하기, 질문하기)을 코치하고 연습하게 한다.

다섯째, 갈등문제 한 가지를 중심으로 문제의 소유권자가 된 사람이 대화 계획을 구체적으로 세우게 한다.

여섯째, 갈등문제에 대한 부부 각자의 구체적인 입장을 말하기 기술과 경청기술을 이용하여 교대로 나누게 하여 문제와 배우자를 정확하게 그리고 충분히 이해할 수 있게 한다. 즉, 부부 각자가 문제와 관련하여 무엇을 보고 들었는가, 그리고 그에 대처하기 위해서 자신의 과거 행동은 어떠했고 그 결과는 무엇이며 현재 행동은 어떠한가, 그리고 자신의 계속되는 생각과 감정은 어떠한가에 대해서 대화를 나누게 한다. 문제에 대하여 충분히 이해하고 상호 간 이해와 폭이 커질 때까지 교대로 계속 이야기한다.

일곱째, 문제와 관련하여 자신의 소망과 바라는 것을 교대로 말하게 하거나 목록으로 작성하게 하여 교환한다.

여덟째, 자신과 배우자가 바라는 것을 바탕으로 자신이 할 수 있는 것들과 해결방안을 대안으로 제시하게 한다. 그리고 부부 각자가 여러 대안의 실천 가능성을 검토하여 언제부터 무엇을 할 것인지 결정하여 배우자 앞에서 약속하게 한다.

아홉째, 행동계획이 현실적으로 실천 가능성이 있는지를 검토하고 실천에 옮기게 한다.

열째, 3~4주 지난 후 부부가 모여 행동계획이 잘 실천되고 있는지 평가한다. 이상의 갈등해결 방법 중 5~8단계를 예시하면 다음과 같다.

가. 대화 계획하기

남편은 아내의 잔소리가 심해서 귀찮다고 하고, 아내는 남편의 사전 연락 없이 늦는 귀가가 문제라고 해서 갈등을 겪는 부부가 있다. 먼저 아내가 문제의 소유권자가 되어 남편에게 대화를 제의한다. 이번 주말에 저녁 식사 후에 안방에서 30분간 대화하기로 정하고 그 시간에 대화를 하기로 하였다.

나. 문제 완전히 이해하기

먼저 아내가 남편에게 말한다. "당신이 사전 연락 없이 밤 12시가 넘어 귀가하면(감각정보) 내 생각에는 당신이 가정에 관심이 없고 나에게도 무심하다고 생각되어(생각) 서운하고 화가 나요(감정). 그래서 전화를 하고 잔소리도 해보았지만(과거행동) 당신은 내가 전화해서 잔소리를 하는 것이 문제라고 하고 전화를 끊어버리고 화만 내니까(감각정보) 나를 무시한다는 생각이 들어서(생각) 화가 무척 나고 한편으로 어디서 뭘 하는지 몰라 염려가 돼요(감정)." 그러자 남편이 아내의 말을 경청하고 "그랬었어요?, 더 할 얘기는 없어요?" 아내가 "없어요"라고 하자 남편이 "당신 얘기는 내가 연락 없이 늦게 귀가하면 염려가 되어 나에게 전화하면 내가 화를 내니까 당신을 무시한다는 생각이 들어서 화가 난다는 것이지요?"라고 요약한다. 아내가 "맞아요"라고 한다. 다음에 남편이 아내에게 말한다. "내가 처음부터 연락도 없이 늦지는 않았지요. 내가 늦는다고 전화하면(과거행동) 당신은 어디냐, 언제 오냐, 누구와 함께 있냐는 말을 계속 말하니까(감각정보) 당신한테 사사건건 간섭받고 매여 산다는 생각이 들어(생각) 자존심 상하고 화도 나고(감정), 그래서 한동안 전화도 안 하고 늦게 귀가하고 그랬는데(과거행동), 당신이 내게 전화를 여러 번 하고 화내고 따지니까(감각정보) 당신이 나를 조정하려 하고 내 뜻이 존중되지 않는다는 생각이 들어(생각) 사람들 보기에 창피하고 화도 나서(감정) 전화를 끊었지요(과거행동). 지금은 당신한테 미안한 마음이 있네요(감정)"라고 한다. 이 말에 아내가 인정해 주고 남편의 말을 요약한다.

다. 소망 말하기

소망을 말하는 단계에서 아내는 "당신이 늦게 올 때 미리 전화를 하고 늦어도 12시 이전에 왔으면 해요"라고 하고, 남편은 "내가 늦을 때 계속 전화를 하거나 누구 만나느냐 왜 만나느냐 등 캐묻지 않았으면 좋겠어요"라고 하였다.

라. 대안과 행동계획 말하기

대안과 실천행동을 말하는 단계에서 남편은 "앞으로 늦으면 미리 전화해서 내 상황을 설명하겠고 12시 내로 귀가하도록 노력하겠어요"라고 했다. 아내는 "그러면 내가 먼저 전화하지 않을 것이고 당신이 늦는다고 전화하면 알았다고 하겠어요"라고 하였다. 부부는 약속한 행동을 내일부터 실천하기로 하였다.

⑤ 갈등유발 요인별 상담접근법

가. 부부가 성격 차이로 갈등을 겪는 경우

상담자는 성격유형 검사를 실시하여 부부의 성격 차이를 이해하게 한다. 그리고 인지행동주의 모델을 적용하여 왜곡되고 자동화된 사고와 기대에서 벗어나 상호 간에 긍정적 강화와 보상을 주는 보완적 관계가 되도록 돕는다. 정확하고 구체적인 진단을 위하여 여러 측정 자료를 이용하며, 상담자 면전에서 문제해결을 위한 토론이나 부부싸움을 재연하게 하고 이에 대한 적극적인 수정을 상담자가 해준다. 주로 활용되는 방법으로 서로 동등하게 조건부로 할 일을 약속하는 계약하기, 역할 바꾸기 방법이 있다.

나. 비현실적 기대나 비합리적 사고방식을 가진 경우

인지행동주의 모델을 적용하여 부부의 인지와 사고방식을 바꾸고 태도와 행동변화가 나타나도록 하여야 한다. 이로써 경쟁적·적대적 태도와 부정적 감정에서 벗어나 협동적 태도와 긍정적 감정으로 바뀌도록 하는 것이 부부를 함께 효율적으로 상담하기 위한 전제조건이다. 이때 문제행동과 갈등을 재정의하기, 배우자와 결혼생활의 긍정적인 면을 목록으로 작성하고 칭찬하기, 배우자에게 잘못한 점들을 인정하고 사과하기, 상호 간에 잘못을 용서해 주기, 부부관계의 희망과 자원, 애정의 잔고 발견하기, 사랑의 날 정하기 등이 활용될 수 있다.

다. 남성의 가부장적 사고방식과 권력 불균형이 갈등유발 요인이 되는 경우

여성주의 관점을 적용하거나 구조적 가족치료를 실시하여 양성평등적 관계와 상호존중적 태도를 목표로 개입하는 것이 바람직하다.

라. 의사소통 기술이 부족한 경우

행동주의 모델을 적용하여 대화기술을 교육하고 시범을 보이는 것이 바람직하다. 그리고 동시에 분노조절과 표현방법을 훈련하는 것이 폭력방지를 위해 필수적이다. 대화기술에서 말하기 기술, 경청기술, 갈등해결기술 등이 있으므로 상담자가 이에 대해 교육하고 훈련하는 방법을 익혀서 숙달된 대화기술을 실제로 보여주면서 당면 문제를 해결하는 과정을 진행한다.

만약 성장기의 자존감 문제가 발견되거나 감정표현에 어려움이 있는 경우에는 사티어(Satir)의 경험적 모델을 적용하는 것이 도움이 된다. 이로써 경험의 확대와 표현능력을 개선시키고 자아존중감과 자유, 자아성장을 증진시키게 된다.

참고 남편의 성공 금연을 부르는 아내의 '대화기술'

해마다 '새해 결심 리스트'에 빠짐없이 등장하는 금연, 남편이 담배를 피우는 경우 금연은 아내의 오랜 숙원사업이다. 남편의 흡연으로 가정 불화가 생기는 일도 다반사.

남편을 금연 성공의 길로 이끌려면 대화의 기술이 필요하다.

남편의 금연을 도우려면 우선 '흡연'에 대해 제대로 알아야 한다. '담배를 끊는 일이 뭐 그리 어려울까' 생각하는 데서 대화의 괴리와 단절이 생기기 때문이다. 한국금연운동협회 최진숙 사무총장은 "흡연은 단순히 나쁜 습관이 아닌 니코틴 중독 질환이다. 집 안에 환자가 있으면 정성껏 간호하듯이, 남편이 니코틴 중독에서 벗어나도록 도와야 한다"고 조언한다. 충격 요법도 금연을 돕는 보조적인 기능을 할 수 있다. 최 사무총장은 "담배의 타르는 태안 기름 유출 사고 때문에 발생한 타르 덩어리와 동일 성분"이라며 "남편에게 흡연으로 폐암 진단을 받은 폐 사진을 보여주며 담배를 피울 때마다 몸속에 타르가 차곡차곡 쌓인다는 사실을 환기시켜야 한다"고 덧붙였다.

사례별 실전 대화법

사례 1 밖에 나가서 피우는데 뭐 어때!

주부 정지연 씨(37세, 고양시 주엽동)는 금연 작심삼일의 '3일'은커녕 아예 '작심'을 하지 않는 남편의 태도가 불만이다. 결혼 8년 차인 정 씨는 "이젠 담배를 피우러 나가는 남편의 뒷모습만 봐도 짜증이 난다"며 "네 살 된 딸을 위해 담배를 끊으라고 말하지만 남편은 '집에서 피우는 것도 아니고 밖에 나가서 피우는데 무슨 문제냐'며 자리를 피한다"고 불평했다.

⇒ 성공대화법

흡연을 남편의 약점으로 생각하기보다 남편이 가족에게 본인의 흡연으로 불편을 주지 않으려고 노력하는 점을 인정해 주는 것에서부터 출발한다. "날씨가 추워서 집 안에서 피우고 싶을 텐데, 밖에 나가서 피우는 거 고맙게 생각해", "식구들에게 피해 주지 않으려고 나름대로 애쓴다는 거 잘 알아"처럼 실내에서 담배를 피우지 않는 점과 아이들 앞에서 흡연을 자제하는 점 등을 구체적으로 칭찬한다.

대화 분위기를 조성하고 "당신은 가족을 아끼는 사람이니까 우리한테 당신이 얼마나 소중한지도 잘 알 거야. 옷에 밴 담배 냄새조차 맡기 싫은 내 입장도 이해해 줘", "자기도 금연을 꼭 시도하리라 믿어"와 같이 아내의 의견을 전달한다.

사례 2 마누라 없인 살아도 담배 없인 못 살아

사업가 한 아무개 씨(45세, 서울 서초구 양재동)는 요즘 금연을 권하는 아내 때문에 죽을 맛이다. 한 씨는 아내가 "담배를 건강의 적"이라고 말을 꺼내면 "그냥 이렇게 살다 죽으련다"로 맞서기 때문에 싸움만 커진다. 아내가 대화의 주도권을 쥐려고 말을 많이 할수록 남편은 대화에서 멀어질 뿐이다.

⇒ 성공대화법

신뢰가 어느 정도 쌓이면 남편의 행동 중에서 긍정적인 부분을 찾아 "당신만큼 집안일에 협조적인 남편도 없을 거야", "자기는 아이들한테도 참 자상한 아빠야"라고 말해주며, 남편 스스로 아내에게 존중받는다고 느끼도록 배려한다.

"일 때문에 쌓인 스트레스 푸느라 담배 피우는 거 이해해. 앞으로 당장 끊으라는 말 하지 않을 테니까 운동하면서 건강 잘 챙겨", "몸에 해로운 거 알잖아. 하루에 피우는 개수를 줄이려고 노력해 보면 어떨까" 등 점진적으로 문제에 접근하는 것이 현명하다.

사례 3 금단현상에 짜증내는 남편, 차라리 다시 피워!

맞벌이 부부 박수정 씨(35세, 경기 광명시 철산동)는 요즘 남편의 비위를 맞추느라 힘들다. 얼마 전 금연을 시작한 후 줄곧 금단현상을 보이기 때문이다. 박 씨는 "남편이 눈만 마주치면 '담배를 안 피우니까 졸리고 업무에 집중을 못 하겠다'고 사소한 일에도 화를 내는 통에 '차라리 다시 피우라'고 말하고 싶다"고 토로한다.

⇒ 성공대화법

남편에게는 금연을 결심하는 것 자체가 엄청난 고통이다. 금단증상을 보이며 힘들어한다고 해서 "정신상태가 그것밖에 안 되냐"고 몰아붙이는 언행은 삼간다.

금연 상담실을 운영하는 금연나라(www.mosmkongnara.org) 김인기 사무국장은 "금단증상은 3주 정도 지속되는 일시적인 현상이다. '이 고비만 넘기면 담배를 완전히 끊을 수 있을 거야'라고 격려하며 자신감을 주라"고 조언했다. 실제로 금연을 시작하면 신진대사가 활발해져 살이 찌고, 가려움증이 생기는 등 짜증을 유발하는 신체 변화가 뒤따른다.

아내가 금연을 당연히 여기면 남편은 금연에 따른 불편을 이해받지 못한다는 생각에 화를 낸다. "좋아하던 담배를 끊었으니 정말 힘들겠다", "벌써 일주일째인데 잘 견디네"처럼 남편의 노력을 고맙게 생각하고 수고를 인정해 줄 필요가 있다.

예민해진 남편이 집 안에서 편안하게 쉴 수 있도록 신경을 쓰는 것은 성공 금연으로 가는 지름길이다. "담배 생각날 때마다 마시라고 보리차 끓여봤어", "입맛이 없을 텐데, 먹고 싶은 것 있으면 말해봐", "요즘 잠을 푹 못 자는 것 같아서 베개를 편한 것로 바꿨어"라는 말 한마디가 남편의 금연 성공 의욕을 고취한다.

출처 : 미즈네일(2008. 1). 남편의 성공 금연을 부르는 아내의 대화기술, pp. 52-53.

마. 원가족과의 관계체계가 문제유발 요인이 되는 경우

보웬의 다세대 가족치료를 적용하여 원가족의 가계도를 작성하고 자신이 받은 영향과 원가족의 정서체계를 이해하게 한다. 그리고 삼각관계에서 벗어나고 자아분화 수준이 높아져서 결혼생활이나 배우자와의 관계에서 연결감과 독립성이 균형을 이루고 이성적으로 갈등에 대처하는 자율적 존재가 되도록 돕는다.

사티어(Satir)의 경험적 가족치료의 빙산탐색 기법을 적용하여 자신을 정확하게 이해하고 원가족의 부정적 영향에서 벗어나 성장하도록 도울 수 있다.

또는 구조적 가족치료모델을 적용하여 가족 내의 모호하거나 경직된 경계를 변화시키고 동맹관계와 왜곡된 위계구조, 역할구조를 변화시킴으로써 부부체계가 강화되고 강한 유대감을 갖도록 하여 부부가 친밀한 동반자이자 한 팀으로 기능하도록 돕는다.

원가족에서의 애착문제가 있는 경우는 대상관계 가족치료를 적용하는 것이 바람직하다.

바. 갈등 유발요인이 복합적이거나 악순환적인 상호작용에 있는 경우

문제가 복합적이고 만성화된 경우에는 해결중심 단기치료모델을 적용하여 부부가 가지고 있는 문제해결 자원과 능력을 발견하고 성공적 경험을 증가시키도록 과제를 주고 확인한다. 과제를 줄 때 긍정적인 면을 칭찬하고 어려움을 인정해 주는 것이 성공적인 상담에 도움이 된다. 또한 이야기 치료모델을 적용하는 것도 도움이 될 수 있다.

또는 전략적 모델을 적용할 수도 있는데 이 접근은 증상에 주목하고 증상의 완화나 제거를 목표로 한다. 증상은 현재의 문제를 회피하거나 해결하려는 시도이고 일종의 의사소통적 속성을 지닌다고 간주된다. 기법으로 역설적 지시가 특징적이며 여러 번의 치료에도 효과가 나타나지 않거나 변화에 저항이 강한 내담자 등에 도움이 된다.

참고 부부상담에서 활용되는 질문 예

- 처음에 만났을 때 상대방의 어떤 점이 좋았나? 배우자로 선택하게 된 동기는?
- 현재 상대방에게 긍정적인 면과 힘든 점은 어떤 것인가?
- 부부 사이에 유사점과 문화적 차이가 어떠하며 관계에 어떤 영향을 미치나?
- 부부관계 그려보기 : 현재 부부의 친밀감 규칙과 지지 정도, 권력균형 정도는 어떠한가?, 원하는 부부 모습을 방해하는 것은 무엇인가?, 부부 각자의 결혼생활 노력은 어떠한가? 부부가 무엇을 어떻게 해야 하나?
- 이 시기에 이러한 문제를 제기하는 이유는 무엇인가?, 어느 사건과 행동이 그 문제를 촉발했는가?
- 현재의 어떤 상호작용 패턴이 그 문제를 촉발했는가?
- 이 상호작용 패턴은 시간에 따라 어떻게 변화되어 왔는가?
- 부부가 이 문제를 어떻게 대처해 왔는가?, 그 방법은 문제 지속에 어떻게 영향을 미쳤는가?
- 문제가 계속된다면 앞으로 이 가족에게 무슨 일이 일어나겠는가?
- 부부가 현재 원하는 것은 무엇인가?

출처 : Brown & Brown(2002). Marital therapy; 김영희 외 공역(2005). 부부치료 : 효과적 임상을 위한 개념과 기술, pp. 104-105.

(2) 부부폭력 문제 상담

① 부부폭력의 개념

부부폭력은 부부간에 의도적으로 물리적인 힘을 사용하거나 정신적 학대를 통하여 고통을 주는 행위로 정의되며 넓은 의미의 가정폭력에 포함된다. 폭력은 흔히 정신적 폭력, 신체적 폭력, 성적 폭력으로 구분되며 어떤 폭력이든 관계를 파괴하고 인권을 침해하는 범죄행위로 간주된다. 관련법으로 「가정폭력 범죄의 처벌에 관한 법률」과 「가정폭력방지 및 피해자 보호 등에 관한 법률」이 있다.

② 부부폭력과 영향

남편에 의한 신체적 폭력인 아내구타가 다수를 차지하고 그 폐해가 크다. 이 경우에 주변에서 부부싸움이라고 생각하여 적극적으로 도와주지 않는 경우가 많아 매맞는 아내들은 신체적 상해만이 아니라 긴장과 불안, 공포감을 경험하고 있고 무조건 빌거나 도망치며 적극적으로 대처하지 못하는 경우가 많으며 우울증 경향을 보인다(정춘숙, 2003).

부부폭력이 자녀에게 미치는 영향은 신체적 상해와 사망까지 이를 수 있고, 불안과 증오, 집중력 결핍, 공격적이거나 위축된 행동을 보이고, 가출, 학교폭력, 성인범죄, 폭력의 세대전수 문제가 발생할 수 있다(이영숙 외, 2004).

③ 폭력 행위자의 특징과 유형

아내에게 폭력을 사용하는 남편들 대부분은 남성우월사상과 가부장적 가치관을 지니고 아내에게 권력행사와 통제를 하려는 경향이 있다. 이 외에 폭력 행위자들은 스트레스, 음주, 사회적 고립, 폭력적인 원가족, 분노조절 문제를 가지고 있는 경우가 많다.

폭력행위자 유형에 따라 접근방법을 다르게 해야 한다. 표현적 폭력유형은 싸우는 과정에서 분노를 폭력으로 표출하고 만성화되지 않은 상태로 상담과 교정 프로그램을 통해 폭력재발 가능성을 낮출 수 있다. 그러나 만성화되고 습관화된 도구적 폭력유형의 경우에는 더 장기간의 정신과 치료를 요한다(권영상 외, 2004).

④ 부부폭력 상담자의 유의사항

부부폭력 문제에 개입하는 상담자는 다음과 같은 치료적 신념을 가져야 한다. 즉, '부부간의 갈등이 악화되는 것은 부부 공동의 책임이지만 폭력을 행사하는 것은 전적으로 그 사람의 책임이고 범죄행위라는 것'이다.

그리고 가해자와 피해자가 흔히 가지고 있는 가정폭력 문제 해결을 방해하는 통념을 인식하고 반박할 수 있어야 한다.

예를 들면, '부부가 싸우다가 때릴 수도 있다', '맞을 짓을 했으니까 맞는다', '아이들을 위해서 참고 산다', '화가 많이 나면 몇 대 때릴 수도 있다'는 등의 통념에 대해 폭력의 폐해와 범죄적 성격을 강조함으로써 반박하여야 한다.

그리고 부부폭력 문제에 개입할 때는 피해자의 안전을 최우선 과제로 하여 폭력재발 가능성을 염두에 두어야 하고, 피해자 보호를 위한 긴급전화와 쉼터, 그리고 가해자 처벌 관련 조항 등 가정폭력 관련법 운영체계를 알고 있어야 한다.

예를 들면, 긴급전화 1366은 24시간 피해자가 긴급한 폭력으로부터 벗어나도록 법이나 의료 관련 정보를 제공하고, 쉼터를 소개하거나 의뢰한다. 피해자들은 쉼터에서 일시적으로 폭력을 피하게 되고, 심신의 안정과 치료를 받게 되며, 독립적인 삶을 위해 법적 · 경제적 지원을 받는다. 가해자 처벌체계로서 폭력신고를 받은 경찰의 사건송치, 응급조치, 법원조사, 소환 및 동행영장, 임시조치(격리, 접근금지, 위탁, 유치 등), 보호처분 결정(접근제한, 사회봉사, 수강명령, 보호관찰, 감호위탁, 치료위탁 등) 등의 절차가 있다. 가해자는 초범이나 경미한 경우에 가정보호사건으로 처리되고 보호처분결정을 받지만 죄질이 중한 경우나 보호처분을 이행하지 않을 경우에는 일반 형사사건으로 처리된다.

⑤ 부부폭력 상담자의 개입방법

부부간에 갈등과 다툼이 있는 경우에 상담자는 반드시 폭력발생 여부를 검토하여야 하고 폭력이 의심되는 경우에 부부를 따로 면접하는 것이 바람직하다. 만약 부부폭력 문제를 처음부터 가족체계 문제로 간주하여 가족상담을 하는 것은 위험하다. 왜냐하면 범죄행위는 처벌을 받아야 하고, 권력을 가진 가해자와 보호가 필요한 무력한 상태의 피해자에게 상담자가 동시에 도움을 줄 수는 없기 때문이다.

상담자는 폭력의 피해자에게 다음 단계로 대처하도록 돕는다.

1단계 : 첫 폭력발생에 단호하게 대처한다.

상담자는 피해자의 폭력의 정황과 피해를 파악하고, 폭력에 대해 본인의 잘못이라는 인식과 수치감을 갖는 것이 만성적인 폭력을 초래하는 것임을 인식시키고, 가해자에게 폭력의 재발방지를 요구하도록 돕는다. 그리고 만약 폭력이 재발하는 경우에는 주위에 모두 폭력사실을 알릴 것이며, 상담참여를 의무적으로 한다는 약속을 받아내게 한다.

2단계 : 폭력 재발 시 주위에 알리고 상담약속 준수를 요구한다.

폭력이 재발하는 경우에 폭력의 본질이 통제와 남성우월사상에 있고 이외에 갈등과 스트레스, 음주 등이 작용하므로 전문가에 의한 가해자 치료가 필요하다는 것을 알리고, 또 폭력의 근절과 관계 개선을 위해 상담약속을 준수할 것을 요구하게 한다. 그리고 피해자도 심신의 상처치료와 안전대책을 위해 상담을 받도록 한다.

3단계 : 상담에 비협조적이거나 폭력 재발 시 경찰에 신고한다.

가해자가 상담에 대해 거부하거나 비협조적인 경우, 또 폭력이 재발하는 경우에는 자발적인 상담이 불가능하므로 국가의 개입에 의해 가해자가 변화하도록 하기 위하여 폭력을 경찰에 신고한다. 그 결과 보호처분결정에 따라 교정 프로그램에 참가하여 가해자의 의식과 행동이 바뀌는 기회를 준다. 이때 피해자도 자존감 향상을 위한 상담 프로그램에 참여하는 것이 바람직하며, 폭력의 위험이 완화된 경우에는 결혼생활 개선을 위한 부부상담과 가족기능 강화를 위한 가족상담에 참여하도록 하는 것이 바람직하다.

4단계 : 폭력이 반복되는 경우는 이혼을 심각하게 고려한다.

폭력이 반복되고 만성적인 폭력이나 도구적 폭력이 계속되는 경우는 더 이상 아이들이나 체면 때문에 결혼생활을 유지하고 참고 사는 것의 의미가 없으므로 이혼을 고려하고 독립적으로 사는 방법을 찾게 하는 것이 좋다.

만약 여러 치료과정을 통하여 본인의 의지로 가해자의 폭력행위가 중단될 가능성이 있고 결혼생활 지속을 원하는 경우에 부부상담이나 가족상담을 실시하여 관계회복과 문제해결을 도울 수 있다. 폭력의 재발 가능성이 높다고 판단되면 부부를 따로 집단상담과 폭력예방 프로그램에 참여시키는 것이 바람직하다.

⑥ 가해자와 피해자 상담방법

폭력의 가해자를 상담하는 경우에 폭력의 원인이 되는 권력과 통제의 욕구, 공격성과 분노 통제, 원가족의 문제, 각종 스트레스, 사회적 고립, 자동화된 사고방식 등의 작용을 먼저 파악하여야 한다. 그리고 개인상담이나 집단상담을 통하여 가해자의 특성을 바꾸기 위해 다음 주제를 다룬다. 즉, 폭력의 본질, 폭력의 결과에 대한 이해, 성격차이 이해, 음주와 폭력의 관계, 분노관리기술과 타임아웃, 가부장적 사고와 폭력, 권력과 폭력, 갈등과 스트레스 대처방법, 관계증진 기술, 의사소통 기술, 평등한 부부관계 등을 주로 다룬다. 그리고 알코올 문제나 도박문제, 의처증 문제 등이 있으면 따로 치료를 받게 한다. 흔히 아내를 구타하는 남편들은 상담을 거부하거나 저항을 보이는 경우가 많으므로 상담자는 이들과 상담자로서 신뢰관계 구축에 유념하고 가치관과 의식이 바뀌고 폭력이 근절되도록 많은 노력을 기울여야 한다.

그리고 피해자의 경우도 폭력상처의 치유, 무기력 탈피와 자존감의 증진, 자기주장 훈련, 의사소통 훈련, 대처능력 향상 훈련, 폭력의 사이클(긴장누적–폭발–화해) 소거 등을 위해서 치료와 교육이 필수적이다.

가해자상담과 피해자상담에 여러 상담모델이 효과적인 것으로 보고된다.

여성주의 상담모델은 여성차별적이고 남성중심적 사고방식과 행동에서 벗어나 평등하고 협조적인 역할과 의사결정을 하고 자녀양육에서도 평등하고 긍정적인 부모모델이 되도록 상담하고 교육을 한다. 또한 보웬(Bowen)의 다세대 가족상담모델은 폭력의 세대전수 문제를 다루는 데 유용하다. 사티어(Satir)의 경험적 가족상담모델은 자존감 향상과 감정표현, 일치형 의사소통 교육에 유용하고 스트레스 이론도 스트레스 대처방법을 다루는 데 도움이 된다(권영상 외, 2004). 해결중심모델도 가해자나 피해자 상담에 효과가 있다는 보고가 있다(노혜련, 2003; 정 은 · 이경욱, 2005; 황혜숙 · 신선인, 2003).

부부상담은 남편과 아내를 각각 상담한 후에 마지막 단계로서 필요하다. 부부상담의 목표는 상호 존중하고 평등한 부부관계를 정립하는 것이다. 이

때도 역시 이상의 상담모델을 적용하는 것 외에 행동주의 상담모델이나 인지행동주의 모델을 적용한다. 즉, 비합리적 사고방식을 합리적 사고방식으로 바꾸고 부부관계의 개선에 도움이 되는 행동계획표를 작성하고, 보살피는 날을 정하여 배우자를 배려하고 긍정적 강화를 주는 행동을 하게 하며 의사소통기술을 교육한다(최규련 외, 1999).

참고 가정폭력 상담 예

남편과 아내는 정반대 성격에 이끌려 결혼했으나, 결혼생활을 지속하면서 성격 차이로 인해 서로에 대한 불만이 쌓이게 되었다. 아내는 술과 친구를 좋아하는 남편이 가정생활에 성실하지 못하다는 점에 불만을 가지고 있었으며, 남편은 그런 자신의 성격을 이해해 주지 못하는 아내를 못마땅하게 생각하면서 갈등이 증폭되었다. 사건은 술을 마시고 늦게 귀가하여 자고 있던 남편을 아내가 깨워 시비를 걸었다는 이유로 남편이 폭력을 행사하여 아내가 경찰에 신고함으로써 남편은 가해자 교정 프로그램에 참가하게 되었다. 사건 이후 남편과 아내는 합의이혼을 하였고, 남편이 자녀를 양육하였다.

남편은 50시간의 교정 프로그램과 개인상담 5회, 부부상담 7회, 부부캠프 등을 통해 자기 성찰이 이루어졌고 부부관계를 새롭게 정립해 보고자 하는 의지가 생겨서 아내와 재결합하게 되었다. 두 사람은 모두 가정을 유지하려는 의지가 강하고, 자녀에 대한 애정이 각별하여 부부관계 개선을 위한 변화 동기가 있었으며, 이는 상담과정에서 중요한 자원으로 활용되었다.

부부가 함께 부부상담과 부부캠프 등 부부화합을 도모할 수 있는 프로그램에 참여함으로써 점차 자신의 문제와 부부문제 가족의 문제를 새롭게 바라보게 되었고 자신의 책임을 인식하게 되었다. 또한 배우자와의 갈등원인, 효과적인 의사소통 방식, 폭력가정에 노출된 자녀 문제 등을 인식하고 극복방법을 배워나감으로써 보다 건강한 가정생활을 해 나가는 준비를 하게 되었고 부부 모두 현재의 개선된 부부관계를 더욱 건강하고 행복하게 발전시키기 위해서 지속적인 노력이 필요하다는 점을 이번 기회에 알게 되었다고 말하며 노력을 하기로 약속하여 상담을 종결하였다.

출처 : 한국가정법률상담소(2007). 가정상담, 6, 115-117 발췌.

(3) 이혼문제 가족상담

최근 부부불화의 해결대책으로 별거나 이혼을 결정하는 사례가 증가하고 있다. 당사자가 오는 경우는 결혼생활에 따른 갈등을 해결하고 싶은 욕구와 이혼에 따른 어려움과 손해 그리고 그 대책에 관한 정보수집이 목적인 경우가 많다. 또 자신은 결혼생활을 지속하기 원하는데 배우자가 이혼을 요구하고 역할에 소홀한 문제를 해결하기 원하여 상담소를 찾는 경우가 많다. 이들은 매우 혼란된 감정과 실패감, 분노, 자존심의 손상을 경험하며 극도의 스트레스를 겪는다.

이혼 전후 가족상담은 이혼을 고려 중이거나 이혼절차를 진행 중인 가족을 대상으로 이혼과 관련한 당사자들의 정서적 문제와 의사결정을 돕고 대처능력과 적응력을 개발하여 개인의 복리와 가족의 행복이 증진되도록 지원하는 상담활동이다(전영주, 2000; 최규현, 2007). 즉, 이혼이 불가피한 경우에는 평화롭고 합리적이고 자녀의 복리를 우선하는 이혼을 함으로써 이혼 후 생활이 성공적이 되도록 돕고, 갈등해결과 관계회복을 할 수 있는 경우에는 위기를 변화와 성장의 기회로 만들도록 도울 수 있다.

① 이혼 전후 가족상담의 목적

이혼 전후 가족상담은 다음 네 가지 목적을 가지고 실시된다.

가. 이혼 숙려 및 부부관계 재구성

이혼과 관련된 부부의 심리 · 정서 · 경제적 문제에 효율적으로 대처하고, 부부갈등과 결혼위기를 해결하는 방안을 모색하며, 부정적 감정을 조절하고 의사소통을 잘하여 이혼 여부를 합리적으로 결정하도록 돕는다. 그 결과 부부관계가 바람직하게 재구성되도록 한다.

나. 자녀양육책임과 부모역할 강화

부모의 이혼 전후 상황이 자녀에게 미치는 영향을 이해하여 부모로서 책임 있는 양육과 부모역할을 수행하도록 돕는다.

다. 자녀의 부모이혼에 대한 적응 지원

자녀가 부모의 이혼 전후 변화에 따라 받을 수 있는 영향을 최소화하고 환경 변화에 잘 적응하도록 지원한다.

라. 이혼 위기를 개인의 성장기회로 활용

부부 모두 이혼 위기에 잘 대처하고 자기 이해와 배우자 이해의 기회로 삼고 성장하도록 돕는다. 즉, 부부가 이혼하지 않는 경우에는 관계 재정비 기회가 되도록 활용하고, 이혼하는 경우에는 자기성장과 발전의 기회로 삼도록 지원한다.

② 이혼 전후 가족상담의 과정

이혼 전후 가족상담은 다음 3단계로 진행된다(김소야자 외, 2006; 전영주, 2012; 유계숙 외, 2006; 유계숙 · 최성일, 2005; 최규련, 2007).

가. 이혼 전 의사결정 단계

먼저 부부갈등의 원인과 기존의 대처방법을 파악하고 부부체계를 사정한다. 그리고 부부간에 상호 기대와 불만, 현재 감정, 미래계획 등을 의사소통하고 문제를 해결하기 위한 대화체계를 구축함으로써 결혼생활 개선과 이혼의 두 가지 선택에 따른 득실을 비교하여 합리적 의사결정을 하도록 돕는다.

나. 이혼 재구성 단계

• 이혼을 보류하는 경우

부부의 역기능 문제에 대한 자기책임을 인식하고 문제해결과 관계회복을 위한 상담동기를 갖게 하여 감정조절, 분노 다스리기, 대화기법, 스트레스 대처, 갈등해결 기술, 관계증진 등을 훈련받을 수 있는 기회를 갖게 한다.

• 이혼을 결정한 경우

이혼에 따른 주거, 경제, 자녀양육 등의 실제적 문제들에 대해 합의를 하도록 돕고 자녀에게 이혼을 알리는 방법과 이혼에 자녀에 미치는 부정적 영향을 최소화하는 방안을 모색한다. 그리고 공동부모 역할을 수행하는 방안을 합의한다. 이혼에 수반되는 부정적 감정과 스트레스를 관리하고 정신적·신체적 건강을 유지하기 위해 자기 돌보기를 하도록 돕는다. 아울러 결혼생활에 대한 통합적 사고와 지지체계 활용을 통하여 이혼 후 생활설계가 잘 이루어짐으로써 이혼과정과 이혼 후 기간에 적응을 잘 하도록 돕는다.

다. 이혼 후 적응단계

이혼 후 적응에 도움이 되는 요인과 해야 할 과업을 인식하고 실행하게 한다. 또한 긍정적 사고와 의사소통 능력의 향상, 자존감 향상과 문제해결 능력의 증진을 통하여 전 배우자와의 관계를 재정립하고 자녀의 적응을 지원하게 한다. 그리고 대인관계와 사회활동을 확대하고 사회적 지지망을 활용함으로써 이혼 후 삶이 성공적일 수 있게 한다.

참고 이혼문제 상담과정 예

1. 원리

공감적 경청 → 내담자의 분노, 불안, 자책감 등의 감정 해소, 이혼고려의 원인 파악 → 이성적인 대처능력, 문제해결 능력 증진 → 후회 없는 결정 지원

2. 단계별 접근방법

① 이혼 결정 전 정보수집단계의 상담

부부의 결혼생활과 가족에 대한 평가 → 핵심문제, 대처방법 파악 → 간접질문을 통하여 상황에 대한 객관적인 이해 촉진 → 이혼이 당사자와 자녀에게 미치는 영향에 관한 정보

제공 → 이혼의 득실 및 이혼 후의 문제와 대책 고려 → 이혼 판단을 돕기 위한 이혼 관련 법률정보 제공 → 이혼의사 파악

② 이혼의사가 부부간에 차이나는 경우 상담

- 이혼의사가 적거나 없는 배우자에게 → 결혼생활 노력 정도와 강점, 자원, 더 노력할 의사를 확인(예 대처질문과 척도질문 이용) → 긍정적인 경우에 부부상담 시작
- 이혼의사가 있는 배우자에게 → 배우자에 대한 긍정적인 감정과 자신의 대처노력, 활용 가능한 자원 확인(예 예외발견질문, 대처질문과 척도질문 이용) → 배우자가 바뀌면 이혼 의사를 유보할 수 있는지?, 배우자에게 변화와 노력 기회를 줄 수 있는지? 질문 → 이혼 의사결정이 유보되면 부부상담 시작

③ 이혼하기로 결정하는 경우 상담

부부관계가 종결되었음을 인식 → 자녀에게 부모의 이혼을 알리는 방법, 자녀발달에 도움이 되는 자녀양육권 결정(부, 모, 공동양육 중), 양육비, 면접교섭권, 원만한 재산분할, 이혼 절차 등에 관한 정보 제공 → 이혼 수용, 이혼 후 홀로서기, 일상복귀, 이혼부모교육 프로그램, 이혼가정 자조모임에 관한 정보제공 및 상담

참고 이혼하는 부모의 자녀지도 유의점

- 자녀가 이해할 수 있는 범위 내에서 명료하게 중립적으로 이혼에 대해 설명한다. 부모가 함께 자녀가 있는 자리에서 말한다.
- 부모의 이혼은 부모의 갈등문제일 뿐이므로 자녀가 이에 대해 자기 잘못으로 책임을 느낄 필요가 없다는 것을 말하고 안심시킨다.
- 자녀가 부모의 이혼에 대해 가지는 생각과 감정은 자연스러운 것임을 인정하고 수용한다.
- 자녀 앞에서 배우자의 자녀 사랑을 인정해 주고 비난하지 않는다.
- 이혼 후에 같이 사는 사람과 따로 살 사람이 누구인지, 어디서 살지, 방문 등에 관해 분명히 말한다.
- 자녀들이 어른처럼 행동하기를 기대하지 않는다.
- 이혼 후 부모의 삶이 행복하고 성장하는 것이 자녀들의 적응에 중요함을 인식한다.

참고 이혼문제 사례

일용노동자인 남편(52세)이 판매업에 종사하는 아내(48세)가 이혼해달라는 요구를 받고 고민 끝에 상담실에 왔다. 둘 사이에는 전문대생인 두 딸이 있고 늦둥이 아들(10세)이 있는데 두 딸은 어머니 편이어서 부모의 이혼에 찬성하고 이혼하면 어머니와 같이 살기 원한다. 아들은 아직 부모의 이혼을 모르고 있다. 이 부부는 남편이 돈벌이가 시원찮은 데다 화투를 좋아하고 친구들과 음주가무를 즐겨서 가정에 불충실하고 아내와 자녀에게 무관심하여 집밖에서 많은 시간을 보내는 문제로 10년 전부터 갈등이 심하였다. 아내가 7년 전부터 백화점에서 일하면서 가정살림은 전적으로 아내 주관이 되고 두 딸은 아르바이트를 하면서 대학에 다니고 있는 형편이다. 현재는 남편이 자기 용돈 정도만 벌고 집에 돈을 가져다주지 못하는 형편이다.

그동안 갈등을 겪던 아내는 남편과의 관계가 소원해짐에 따라 직장동료 소개로 이혼하고 남매를 키우고 있는 연하(35세)의 남성과 1년 전부터 사귀게 되었고, 석 달 전부터 깊은 관계가 되어 결혼을 약속한 사이가 되었다. 이 남성은 중소기업에 성실하게 근무하고 있고, 자상하고 대화가 잘 통하여 아내가 호감을 갖고 있다. 남편이 이 사실을 알게 된 것은 3개월 전으로 그 남성을 만나고 설득하였으나 오히려 아내를 양보하라는 말을 듣고, 아내를 설득하여 마음을 돌이키려고 하였으나 이제 내 인생 찾겠다고 하면서 이혼만 요구한다고 한다. 아이들도 모두 엄마 편이고 이혼만 하면 자녀들도 엄마하고 살겠다고 하는데 어떻게 하면 좋은가? 그동안 식구들에게 살뜰하게 잘하지 못하여 이제부터 잘해보려고 아내한테 사과하고 잘 할 테니까 마음을 돌리도록 설득하였는데 아내는 내 제의를 거절하고 마음이 그 남자한테 가버렸으니 어떻게 하면 좋은가? 그 남자가 너무 어리고 믿음도 가지 않아서 이혼 후 아내가 그 남자와 사는 것이 불안하고 살아도 얼마 못 살고 헤어질 것 같은데 자녀들에게 나쁜 영향을 줄까 걱정이라고 한다.

- 부부가 상담에 온다고 가정하고 어떻게 상담을 해야 할지 생각해 보자.
- 이 가정의 자녀가 상담에 온다면 어떻게 도와야 할지 생각해 보자.

2) 자녀문제 가족상담

가족상담이 필요한 문제 중 상당수가 자녀문제인 경우가 많다. 자녀문제 중 비행 및 학교폭력 문제, 정신건강 및 인터넷 중독 문제를 중심으로 가족에 개입하는 방법을 살펴보고자 한다.

(1) 비행 및 학교폭력 문제 상담

아동 · 청소년의 거짓말, 가출, 도벽, 폭력 등이 대표적인 비행행동이다. 이 문제는 흔히 어머니와의 애착이 안정적으로 형성되지 못하였거나 모성실조나 부성실조 등 심리적 결손과 경제적 결손으로 자녀에 대한 지원역할이 결여된 가족에서 많이 발생한다. 대체로 부모 한쪽이 자녀에 대한 최소한의 감독과 지도를 소홀히 하거나 또는 지나치게 엄격하게 훈육하여 폭력이나 폭언을 행사하고, 자녀를 거부하는 태도를 보이고 대화가 단절되어 있다. 즉, 아버지는 권위적이고 엄격하며 융통성이 적고 자녀와의 대화가 부족하나 자녀에 대한 기대는 높다. 그리고 이들은 아내를 통해서 자녀의 생활을 파악하는 경우가 많고 문제에 대한 대처방법으로 억압, 회피 또는 폭력을 흔히 사용한다(남영옥, 1999; 박태영, 2007; Vidair & Vidair, 2005). 어머니는 자녀에게 돌봄이 부족하거나 과잉보호하며 자녀의 요구대로 다 해주는 경우가 많고 아버지와 자녀의 가교역할을 하며 문제에 대한 대처방식으로 외부의 도움을 구하거나 종교에 의지하는 방법을 사용한다(문유선 · 김도훈, 2001; 최규련, 1996).

또한 부부간의 불화와 폭력이 있거나 부부간의 유대와 결속이 강하지 못하고 가족 내 갈등과 긴장감이 크며, 부부갈등이 오래 지속되면서 가족 내 삼각관계가 형성되어 자녀가 희생양이 되거나 가족갈등이 투사되기도 한다(김준호 · 김순형, 1995; 김진희 · 김영희, 2007; 이지희 · 문혁준, 2007; 최선남, 1995).

이와 같이 가족의 기능에 많은 문제점이 있다 해도 부모 모두 아니면 최소한 한 부모라도 자녀에게 사랑과 관심을 가지고 포기하지 않으며 전문가의 도움을 받아 부모역할을 적절하게 수행하면 자녀는 시간이 지나면서 회복될 가능성이 높다.

비행자녀 가족을 상담하는 것은 매우 어렵다. 다른 가족에 비해 상당 기간 자녀가 일탈행동을 해왔기에 가족들이 지쳐서 더 이상 자녀에게 관심을 보이지 않고, 가족의 일체감을 기대하기 어렵기 때문이다. 또한 비행자녀도 무기력한 생활방식이 고착되어 친구관계와 일상에서 비행을 대체할 대안이 없으며, 학교와 사회의 낙인 때문에 비행을 청산하기가 쉽지 않고 행동변화의 절박성을 느끼지 못함에 따라 상담에 비협조적인 점이 있다.

비행자녀 가족을 상담하기 위해서는 문제행동의 심각성과 발생배경, 지금까지 가족이 시도한 해결책, 가족의 상호작용 양식을 파악하여야 하고, 가족의 취약점과 스트레스, 강점과 자원을 파악하고 관찰할 필요가 있다. 비행행동 자녀와 가족을 사정하기 위해서는 가족의 구조·심리적 특성만이 아닌 또래 특성 및 놀이문화, 학교생활, 지지체계 및 생태환경 등도 파악하여야 한다(정수경, 2000).

비행자녀 가족을 상담할 때 유의할 점은 다음과 같다.

첫째, 비행문제 해결을 위해서 상담자는 자녀의 전체 생활영역에 대한 포괄적 접근과 개입을 하고 자녀의 행동문제와 가족체계 연관성을 파악하여야 하며, 부모와 자녀 간의 대화증진과 문제해결 능력을 증진시키도록 도와야 한다. 그리고 주변의 지원체계를 이용하는 것이 필요하다. 대체로 비행문제가 있는 자녀들은 자아존중감이 낮고 자아개념이 부정적이며, 부모에 대한 분노와 좌절을 경험하고, 가족에 대해 소속감을 갖지 못한다. 그러므로 자녀들을 상담할 때는 수용적 존중, 믿어주기, 기다려 주기, 지지해 주기, 모범 보이기, 상담회기 내에서 지켜야 할 행동 정하기, 힘겨루기 피하기 등을 유념해야 하며, 자녀가 자신의 행동에 책임을 갖고 자존감을 높이도록 도와야 한다.

둘째, 자녀의 비행 정도와 부모-자녀 관계에 따라 상담자는 개입을 다르게 해야 한다. 비행이 경미한 경우에 부모와 자녀의 생산적인 갈등해결에 초점을 두고 상호 이해를 통한 대화증진과 부모와 자녀 간의 관계 개선, 자녀의 발달적 특성에 따른 자녀지도 지침을 제공한다. 비행이 다소 심각한 경우에는 부모가 인내하면서 자녀와의 정서적 유대를 회복하도록 돕고 자녀 행동을 효과적으로 통제하고 부모의 권위를 강화하는 데 초점을 둔다. 비행이 아주 심각한 경우에는 자녀를 소외시키지 않으면서 부모의 통제력을 강화하고 생산적으로 문제를 해결하며 부모와 자녀가 함께 최선의 선택과 결정을 하도록 돕는다(김광수, 2000).

셋째, 부모를 상담할 때 자녀의 문제행동에 대한 다각적인 이해를 함으로써 부모와 자녀 간의 관계를 객관화시키고 자녀의 변화를 긍정적으로 볼 수 있게 한다. 또한 부모–자녀 간에 대화가 되고 부모의 자녀에 대한 영향력과 통제력이 강화되도록 돕는다. 그리고 비행행동의 통제능력, 바람직한 행동 대안의 마련, 자녀와의 관계회복에 필요한 지원을 해주며 부모와 자녀가 함께 최선의 선택과 결정을 하도록 도와야 한다. 만약 부모가 자녀에게 무관심하고 폭력적이거나 자녀의 비행이 심각한 경우는 개별상담을 병행하는 것이 바람직하다. 또한 자녀의 문제행동이 정신병리에서 비롯된 것인지도 파악할 필요가 있다.

넷째, 자녀에 대한 개인상담과 가족상담을 병행하는 것이 바람직하다. 자녀를 개인상담하는 경우 긍정적 자아개념과 자아정체감 형성, 진로방향의 설정 및 학업스트레스에 효율적으로 대처하는 방식, 가족과 부모에 대한 책임 있는 행동과 자세를 갖도록 도와주는데, 이때 인지행동주의 접근모델을 적용할 수 있고, 또는 해결중심모델을 적용할 수 있다. 흔히 학교교사와 진로지도 담당자 등과 연계해서 돕기도 한다.

동시에 부부상담과 가족상담을 통하여 부부체계를 강화시키고 부부간의 유대감과 결속감을 높이며, 의사소통을 개선하는 일 등을 통하여 부모가 분열되지 않고 제대로 기능을 수행하도록 도울 필요가 있다.

가족상담 적용모델로는 부모와 자녀 하위체계 간의 경계를 분명히 하고 부모의 위계구조를 강화하는 구조적 가족치료와 의사소통을 개선하고 자아존중감을 향상시키는 사티어(Satir)의 경험적 접근이 유용하다. 그리고 성공경험을 확대시킴으로써 바람직한 행동을 증가시키고 관계개선과 단기 문제해결을 돕는 해결중심모델과 이야기 치료 등이 유용하다(최정은 · 김성천, 2006). 만약 부모의 자녀지도 문제가 부모의 원가족문제와 연관된 경우에는 보웬의 다세대 가족치료모델과 대상관계 가족치료모델을 적용할 수 있다. 또한 인지행동주의 모델을 적용하여 부모로 하여금 효과적으로 자녀를 직접 지도하는 경험을 하게 하고 상담자 자신이 모델시범을 보여줄 수도 있다(김진숙, 1999). 이 외에 현재 문제를 둘러싼 가족원 간의 반복적인 행동 연쇄과정의 변화를 통해 자녀 문제 해결을 돕는 단기 전략적 모델도 사용될 수 있다.

학교폭력 문제는 집단따돌림과 폭력이 중복되어 있는 경우가 많다. 학교폭력은 힘의 불균형에 의하여 한 학생에게 한 명 또는 여러 명의 학생이 반복적으로 의도적인 신체적, 정신적인 고통을 주는 행위로서 신체폭행, 금품갈취, 따돌림, 괴롭힘, 위협 및 협박, 강제 심부름, 욕설과 비방 등의 언어폭력, 사이버폭력, 성추행 등의 행동을 하는 것이다(박혜영, 2012). 이는 피해학생에게 외상(trauma)으로 작용하여 성인기에 이르기까지 인지, 행동, 정서 면에서 치명적인 영향을 줌으로써 자신감 저하, 대인관계 부적응, 적응장애, 우울증, 외상 후 스트레스 장애를 일으키고 자살까지 유발하게 되어 사회문제가 되고 있다.

피해자와 가족에 상담자가 개입하는 경우 우선 피해학생에게는 심각한 증상과 우울 증상을 완화시키기 위한 정신과 약물치료가 필요하고 외상 후 스트레스 장애치료를 위한 인지행동치료를 실시하여야 한다(김현수, 2007). 피해자 가족에 대해서는 위기가족 상담이 필요하고 가족역량 강화를 위하여 학교와 지역사회를 포괄하는 생태구조적 가족치료 모델을 적용할 필요가 있다. 그리고 집단가족치료를 통하여 피해자 가족끼리 상호 지지를 주고받으며 지역사회 기관들에 잘 대처하고 공통의 이슈에 대해 옹호집단으로서 집단적 행동을 하도록 도와야 한다. 피해자 중 특히 가정불화나 가정폭력 등으로 성장환경이 열악한 경우에, 그리고 부모와의 관계가 소원하거나 적대적인 경우에, 아동의 회복탄력성이 적은 경우에 그 피해가 치명적으로 나타난다(조영범, 2012). 그러므로 부모에게 개입할 때는 자녀를 동참하게 하여 부모가 피해자녀를 충분히 지지할 수 있도록 하고 부모와 자녀가 외상과 그에 따른 감정을 표현하고 공유하며 공감하도록 하여야 하며, 부모와 자녀가 함께 결속하여 대처할 수 있는 방안도 찾도록 도와야 한다(박혜영, 2012).

한편 가해자와 가족에 상담자가 개입하는 경우 가해자와 가족의 특성에 대한 이해를 기반으로 개입계획을 하여야 한다. 대부분의 가해자 학생은 충동적이고 반항적이며, 타인에 대한 공감능력이 부족하고, 좌절에 대한 인내심이 부족하며, 타인을 지배하고 힘을 과시하려는 성향을 보인다. 그 가족은 대부분 부모의 애정이나 관심이 결여되어 있고, 방임적 태도, 체벌 사용, 갈등적 부모-자녀 관계, 의사소통 부재가 특징으로 나타난다. 그러므로 가해자를 치료하는 경우에 반드시 부모에 대한 개입이 필요하며, 이때 부모의 정신과적 문제(우울, 음주문제 등), 방임이나 학대적 양육태도, 의사소통 부재, 자녀의 대인기술 부족 문제를 다루어서 부모가 자녀에게 건강한 관심과 애정을 가지게 하고, 자녀와 개방적 의사소통을 하여 부모-자녀 관계가 개선되며, 자녀를 효율적으로 지도 감독할 수 있도록 부모의 기능을 강화시켜야 한다.

학교부적응은 주로 학교 수업시간에 교사의 말에 집중하지 못하고 산만한 행동을 보여 교사로부터 지적을 자주 받고, 또래관계에서 위축되거나 공격적 행동 등을 하여 학교에서 소외, 불안, 자신감 결여를 보이는 것을 의미한다. 이는 초등학생이나 중학생 자녀에게 빈번하게 발생하는 문제 중의 하나이다. 대표적인 증상으로는 학업부진, 사회적 고립, 수업산만, 과민한 감정표현, 등교거부 등이 있다. 원인으로는 가족요인으로 부모의 갈등관계, 부모의 거부적 양육행동, 부모-자녀 간 의사소통 부족이 있고, 친구로부터의 거부 등이 작용한다. 그러므로 원인이 가족에 있는 경우에는 가족상담을 하여 가족관계를 개선시키는 것이 우선적으로 요구된다. 왜냐하면 가족상담자들은 가족체계의 문제로 인해 자녀문제가 유발된다고 보고 있으며, 자녀문제는 취약한 가족체계 문제가 표출된 것이라는 전제를 가지고 있기 때문이다.

임상경험에 의하면 학교부적응과 등교거부 문제를 보이는 사례의 경우 가까운 친구가 없고 학교에서 소외되어 있는 경우가 많다. 가족체계의 특징으로 아버지는 권위적이고 엄격하며 융통성이 적고 자녀에게 비난형 의사소통을 사용하며 자녀와 대화가 부족하고, 가족에서 소외되어 있다. 또한 아버지는 문제에 대한 대처방식으로 억압이나 회피, 폭력을 많이 사용한다. 이 경우 어머니는 자녀에게 과잉보호적이며, 소원하거나 갈등적인 부-자녀관계의 가교역할을 하게 된다. 어머니의 대처방식은 회유나 인내, 외부에 도움 구하기, 종교에 의지하는 방법 등을 사용한다. 따라서 자녀의 경우 대부분 아버지와 갈등관계이고 어머니와는 밀착관계이며 우울 정도가 높게 나타나는 특성을 보인다. 부모의 결혼생활 대부분의 경우 의사소통이 부족하고 유대감과 결속감이 강하지 못하며, 자녀지도에서 부부간에 불일치한 태도를 보인다. 또한 형제관계에서 유대감이 약하다(김광수, 2000).

이러한 가족에 대한 접근법으로 먼저 부부체계를 강화시키고 부부간 유대감과 결속감을 높이며, 모-자 간의 밀착관계를 분리시키고 부자관계를 개선하며, 형제관계를 강화시키는 방법 등을 사용하여 가족의 재구조화를 목적으로 하는 구조적 가족치료 방법이 효율적이다.

이 경우에 전학이나 휴학을 하느냐, 자퇴하고 다른 길을 준비하느냐, 계속해서 학교에 다니느냐를 결정해야 한다. 또한 자녀의 문제행동이 정신병리에서 비롯된 것인지 확인해 보는 일과 자녀의 자아정체감과 자아개념, 희망진로, 학업성적, 학업성취 가능성, 교사나 친구와의 관계에 대해 파악할 필요가 있다.

그러므로 청소년 자녀에 대한 개인상담을 병행하고 긍정적 자아개념과 자아정체감 형성, 진로방향의 설정 및 학업 스트레스에 효율적으로 대처하는 방식, 가족과 부모에 대한 책임 있는 행동과 자세를 갖도록 도와주며, 또한 부부상담을 통하여 부부간의 유대와 일치, 의사소통이 개선되도록 도울 필요가 있다.

이 외에 경험적 접근으로 가족원과 IP의 자존감을 높이며 강점과 자원을 활용하여 가족규칙의 확립과 가족원의 의사소통의 개선을 도와서 문제를 해결할 수 있다.

해결중심모델은 자녀의 성공경험을 확대하고 자원과 강점을 활용하기 때문에 아동기와 청소년 자녀의 학교부적응과 사회적 고립 문제 해결에 효과가 있는 것으로 보고된다(김희정, 2007; 이영분, 1995; 정문자, 1995; 정문자 · 어주경, 2004; 최인숙, 1994).

(2) 정신신경장애 및 인터넷 중독 문제 상담

아동과 청소년의 대표적인 정신신경장애에는 틱(tic)장애, 강박장애, 불안장애, 우울증, 스트레스성 각종 통증, 거식증, 정신분열증이 있다. 이 문제는 가족문제의 반영인 경우가 흔하게 발견되고 자녀만이 아닌 부모를 상담하는 것이 효과적인 경우가 많다.

이 문제는 특히 다음 특징을 지닌 가족에게서 흔히 나타나는 것으로 보고된다. 예로 부모의 결혼생활이 원만하지 못하고 소원하거나 결혼분열, 결혼왜곡 현상을 보이는 경우, 아버지와 자녀의 관계가 소원하거나 의사소통이 부족하여 친밀감이 낮을 때이다. 특히 청소년의 우울과 적개심에 가족의사소통은 가장 설명력이 큰 변인으로 보고된다(박현숙 · 구현영, 2005; 이은아 · 정혜정, 2000; 최규련, 2010a, 2010b).

그러므로 문제증상을 없애기 위해서는 문제와 맞물린 가족체계 문제를 해결하는 것이 필요하므로 화목한 부부관계, 어머니와 자녀의 병리적 애착관계 벗어나기, 아버지와 자녀의 개방적인 의사소통과 친밀감 증진에 상담목표를 두고 개입하여야 한다.

특히 아동 · 청소년 인터넷 중독 문제는 인터넷이 광범위하게 보급됨으로써 증가하게 된 문화 관련 증후군이다. 인터넷 중독은 심각 정도에 따라 과도한 인터넷 사용으로 현실생활에 어려움이 생겨 자신이나 주변 사람들이 문제가 있다고 인식하는 단계, 인터넷에 과도한 시간을 사용하거나 현실세계에서의 인간관계가 가상공간에서의 표면적인 관계로 대치되는 단계, 인터넷 사용에 대한 자기조절 능력이 현저히 약화되어 사용을 금할 경우 심리적 혼돈과 무기력, 초조, 불안, 백일몽 등의 금단증상이 나타나는 단계로 구분된다(박태원, 2012).

인터넷 중독에는 생물학적 요인도 작용하지만 가족요인에서 더 크게 유발된다. 인터넷 중독을 유발하는 가족의 특성으로는 가족 결속력이 낮고 가족 갈등이 높으며, 가족과 의사소통이 부족하거나 부재하여 가족에 대한 소속감을 갖지 못한다. 부모가 폭력, 별거, 알코올 중독 문제가 있거나 부모나 모와 안정적 애착관계가 형성되지 못하고 부모가 통제적이고 처벌적인 지도 방식을 사용하는 것 등이 있다(박태원, 2012). 대개 아동과 청소년에게 인터넷 중독 문제가 있을 때는 수면패턴이 변하고, 자신의 공간을 요구하고, 집안일에 소홀하며, 반복적 거짓말, 성격이 충동적으로 바뀌고, 일상생활의 흥미와 관심, 관계노력이 감소하는 징후를 보인다.

그러므로 아동·청소년 인터넷 중독 문제를 예방하고 치료하기 위해서는 자녀에 대한 개인상담과 병행하여 근본원인인 가족문제를 해결하는 가족상담이 필요하다. 이를 위해서 부부의 불화, 가족 의사소통 부재, 가정폭력 문제에 개입하여 가족 결속력과 가족 의사소통을 강화하여야 하고, 또한 부모-자녀 관계의 개선과 부모의 효율적인 자녀지도를 위한 부모상담 및 부모교육이 필요하다.

이를 위하여 여러 가족상담 모델을 적용할 수 있다. 최근에는 통합적 모델을 사용하기도 한다. 대부분의 자녀문제에 도움이 되는 것으로 해결중심 치료와 행동주의 상담이 있다.

해결중심모델의 접근은 청소년과 부모의 장점, 강점, 자원, 능력, 성공적인 대처방식, 해결목표 등을 독특한 방식으로 파악하여 내담자의 작은 성공경험을 확대시키고 자아존중감을 개선시킴으로써 관계개선과 문제해결을 가져오는 것이다. 단기에 문제가 해결되고 전체 가족이 오지 않아도 상담동기가 높은 사람과 상담이 가능하다는 점에서 최근 각광을 받고 있는 접근방법이다. 여러 연구(de kemp & Van Acker, 1997; Diamond & Liddle, 1996)에서 부모가 자녀에 대해 통제를 멈추고 그들을 이해하기 시작하고 긍정적이고 해결중심적 말을 하는 경우에 자녀는 덜 저항하고 더 협조적이 된다고 하여 부모의 태도와 행동변화가 중요함을 시사한다.

행동주의 상담모델은 아버지의 건강한 역할수행과 부부관계 강화, 그리고 부모자녀의 의사소통 개선, 부모상담과 교육에 널리 활용될 수 있다.

이 외에 사티어(Satir)의 경험적 가족상담은 이런 가족의 의사소통 문제해결에 적합하다. 이 상담모델은 부모의 자존감 부족과 누적된 열등감, 마음속의 분노와 공격성이 바른 의사소통을 방해한다는 것을 전제로 우선 자신과 다른 사람을 존중하는 태도를 갖게 하고, 솔직한 의사소통을 하도록 돕는다. 특히 자신이 감정의 주인이 되어 자유롭게 적절히 감정을 표현하는 것, 스트레스 상황에서 일치적 의사소통을 하는 것들을 상담목표로 설정한다. 상담 장면에서 개방적이고 수용적인 분위기를 조성하여 부모와 자녀 간에 솔직한 표현을 하게 하고 상대방의 이야기를 경청하고 존중하도록 돕는다. 언어로 표현하기 어려운 억압된 감정을 '가족조각 기법', '역할극' 등의 기법으로 표현하고 상호 간에 감정과 소망을 이해하게 하여 관계개선과 문제해결을 돕는다. 상담자가 부모에게 좋은 의사소통 모델을 보여줌으로써 자녀와 효율적인 의사소통을 하도록 돕는다. 의사소통을 방해하는 부모의 미해결의 문제가 있는 경우에는 '빙산탐색' 기법을 사용하여 문제해결을 하는 것이 필요하다.

삼각관계, 경계문제, 연합문제 같은 구조적 문제와 역할의 불균형 문제, 경직된 역할문제가 불안과 관련되는 경우 구조적 가족치료모델을 적용하는 것이 바람직하다(최지영, 2005). 상담목표는 부모와 자녀의 경계를 분명하게 설정하고 연합이나 삼각관계를 제거하며, 부모 양쪽의 역할이 균형 있게 수행되고, 경직된 역할이 유연하게 되도록 하는 것이다. 그리고 부모가 팀으로서 부모역할을 하며 자녀에게 고정된 역할을 강요하지 않음으로써 부모와 자녀 모두 제자리를 찾고 관계회복과 문제해결이 되게 한다.

대부분의 자녀의 정신신경장애 문제가 부부불화나 부모-자녀 간의 경계의 모호함과 연관되어 있기 때문에 부부체계를 강화하는 상담이 필요하다(최지영, 2005; Brown & Brown, 2002; 김영희 외 공역, 2005). 결혼분열 상태의 부부는 공격과 비난을 중단하고 차이점을 수용하며 상호 배려와 서로에 대한 존중을 하게 하고, 결혼왜곡 상태의 부부는 솔직히 문제를 인정하고, 터놓고 문제를 이야기하며 관계개선을 위한 노력을 하도록 돕는다. 이때 대화기술과 갈등해결 능력, 친밀감을 맺는 기술이 부족한 경우는 교육과 훈련을 통하여 기술을 습득하게 한다.

만약 자녀문제가 부모의 낮은 자아분화 문제와 연관되는 것으로 확인되면 보웬의 다세대 가족치료모델을 적용하는 것이 바람직하다. 우선 부모를 대상으로 원가족 3대의 정서적 체계를 파악하는 가계도 작업을 통하여 원가족의 삼각관계에서 벗어나 독립적인 존재가 되고 자아분화가 향상되도록 돕는다. 그 결과 자율적이고 건강한 부모가 되어 자녀에게 집착하지 않게 되고 자녀문제가 해결되는 것이다.

이 외에도 이야기치료모델이나 현실치료모델을 사용하여 부모와 자녀가 사고방식과 가치관을 바꾸어 합리적인 행동을 하고 배우자나 자녀의 인격을 존중함으로써 관계가 좋아지고 역할기능이 개선되도록 개입할 수도 있다.

참고 청소년 가족상담 사례

중학교 2학년 딸(14세)이 학교폭력과 흡연, 장기결석, 가출문제로 학교를 더 이상 다닐 수 없는 문제로 부모와 함께 상담실에 왔다. 상담자가 문제발생 경위를 파악하고 가족을 사정한 결과 공무원인 아버지(43세)가 딸이 갓난아이일 때 지배적인 할머니의 강요로 생모와 이혼하고 새어머니(40세)와 재혼하여 남동생(6세, 5세)을 낳고 사는 계부모가족이었고, 아버지와 계모는 학력 차와 성격 차이 문제로 불화가 심각한 상태였다. 문제발생 경위를 보니 딸이 초등학생일 때까지는 계모라는 사실을 숨겨서 몰랐고 공부 잘하고 전교회장을 할 정도로 모범생이었는데, 중학교 입학 무렵 친구 집에서 놀다가 늦게 귀가하니 부모가 부부싸움을 하는 것을 보았고 딸을 생모한테 데려가게 하라는 이야기를 듣게 되어 충격을 받은 데다 화가 난 아버지가 딸을 골프채로 마구 때려서 첫 가출을 하게 되었다고 한다. 그 후에도 부부싸움이 계속되어 딸은 집보다 마음 맞는 친구들과 늦게까지 노래방, 공원 등을 배회하며 불량한 친구들과 어울리고 새벽에 귀가하거나 며칠씩 집에 들어가지 않고 학교에도 가지 않는 일이 반복되었다. 2학년이 되면서 폭력조직의 짱이 되어 패싸움을 벌이고 학생들 돈을 빼앗고 학교규칙을 위반하는 일이 많아져서 처벌을 받게 되었다.

아버지는 딸의 버릇을 고치기 위해 폭력을 사용하며, 용돈을 주지 않고 비난하였고, 딸을 감싸는 계모를 위선자라고 비난하였다. 계모는 가출하거나 집에 있으면 불량친구들과 담배를 피우며 남자친구들과 놀기 바쁜 딸의 마음을 붙잡기 위해 달래보기도 하고 고함을 치고 폭력을 사용하지만 딸을 통제하지 못하였다.

상담자는 부모와 IP에게 해결중심모델을 적용하여 8회기 상담을 진행하였다. 상담자의 기적질문에 대해 IP는 부모가 싸우지 않고 화목하게 지내고, 아버지와 어머니의 폭언과 폭력이 없어지는 것, 본인이 학교에 잘 다니고 공부 잘하는 사람으로 인정받는 것이라고 했고, 아버지는 딸이 집에 12시 안에 귀가하고 학교에 잘 다니는 것이라고 하였다. 어머니는 이에 동의하였으며 딸이 반항하지 않고 고분고분했으면 좋겠다고 하였다.

예외질문을 한 결과 딸이 친구들이 하는 본드흡입을 하지 않고, 남자친구들과 잠을 자는 일을 하지 않으며, 담배를 줄이기 위해 노력하는 것으로 나타났다. 그 이유는 건강과 장래를 생각해서라고 하였다. 부모는 딸이 머리가 아주 좋고, 책읽기를 좋아하고 글쓰기를 잘하여 상을 받았으며 공부하지 않아도 국어 과목은 성적이 좋다고 하고, 통솔력이 있고 강한 의지가 있다고 하였다. 척도질문을 한 결과 상태와 노력 정도에 대해 아버지는 2점, 어머니는 3점, 딸은 2점으로 답했다.

1회기를 마치면서 아버지와 계모가 딸에게 폭언과 폭력에 대해 사과하고, 앞으로 부부싸움과 딸에 대한 폭력을 하지 않겠다고 다짐하였으며, 딸은 부모가 싸우지 않으면 집 나가는 행동은 하지 않겠다고 약속하였다. 상담자는 아버지와 계모, 딸을 칭찬하고 노력을 1점 더하고 오도록 과제를 주었다.

2회기에 와서 그동안 부모의 부부싸움과 딸의 집 나가는 일이 없어졌고 그에 따라 IP가 학교를 계속 출석하였다. 또한 학교규칙상 전학을 가야만 하는 상황에서 이전에 관심이 없던 아버지가 직접 전학 수속을 하고, 용돈을 주는 등 부드럽게 대하는 변화가 있게 되었다. 계모도 딸이 좋아하는 간식을 만들어 주고 친구들의 전화를 끊지 않고 폭언도 하지 않으며 부드러운 태도를 보이게 되었다.

그 후 3~6회기에는 딸에 대한 개인상담을 가족상담과 병행하였다. 개인상담에서는 딸의 흡연과 밤외출, 불량친구관계 정리, 음성화된 폭력조직에서 나오는 일, 교사의 낙인찍힘에서 벗어나기, 생모에 대한 감정, 장래 소망과 진로계획 등을 다루면서 자율적으로 장점과 강점을 살려서 미래를 준비하는 방안을 탐색하도록 도왔다. 그리고 가족상담을 통해 부모와 딸이 서로의 노력을 지지하고 격려하며 관계개선 노력을 하도록 도왔으며, 회기마다 척도질문을 통하여 상태를 확인하였다. 이때 딸이 자신의 적성을 살려서 작가가 되어서 사춘기에 방황하는 아이들에게 자신의 극복경험을 이야기해 주는 영향력 있는 사람이 되겠다는 포부를 밝혔고, 그러기 위해서는 대학교에 가야 하고 현재 학교생활을 충실히 해서 고등학교에 진학해야 한다는 생각을 하게 되는 변화가 나타났다. 더불어 부모에 대한 감정도 긍정적이 되었다.

7회기에는 딸이 불량친구집단과 거리를 두게 되었고, 밤외출이나 흡연이 많이 줄었으며, 학교에 결석하지 않게 되었다. 그리고 학교에서 교칙을 위반하는 일을 하지 않게 되었다. 부모와 딸이 상태를 7~8점으로 대답하여 종결을 준비하였고, 8회기에 종결되었다. 담임교사가 딸의 변화를 칭찬하는 편지를 보내와 확실한 효과를 확인할 수 있었다. 1년 6개월 후 추수면접에서도 변화가 유지되어 무사히 중학교를 졸업하고 고등학교에 진학했음을 확인하였고, 3년 후에 아버지로부터 연락이 와서 추수면접 한 결과 고등학교 3년간 우수한 성적의 모범학생으로 서울의 명문대학에 합격하였다는 소식을 듣게 되었다.

3) 노인문제 가족상담

노인인구가 증가하고 부부중심의 가족형태와 부모부양 기피현상이 늘어나면서, 노인의 경제적 · 신체적 · 정서적 문제와 부양, 자녀와의 갈등문제 해결을 지원하는 상담의 필요성이 커지고 있다. 노인문제 상담에서는 주로 노인의 보호와 주거, 정서적 친밀감 등의 욕구충족과 관련되는 문제해결을 돕고, 건강악화와 은퇴, 재정적 변화에 잘 대처하며 가족원의 관계가 강화되도록 돕는다.

(1) 노인문제 상담 시 유의할 점

첫째, 노년기의 공통적 성격 특성과 심리적 욕구를 이해하고 존중하여야 한다. 대부분의 노인들은 자존감과 자기 유용감을 원하는데 그렇지 못할 때 상처를 받기 쉽고, 노년기 특유의 우울해지는 경향, 과대망상 경향, 과민한 건강염려, 내향성의 증가, 과거 지향, 조심성, 애착심과 살다 간 흔적을 남기려는 경향이 있다(홍숙자, 1999).

둘째, 과거에 대한 회상을 격려하고 활기차고 건강하며 안정된 노후생활을 할 수 있도록 건강, 주거, 경제, 가족관계 면에서 통합적 도움을 주어야 하고, 노인기의 사회 · 심리적인 특성 외에 법적, 경제적, 지역사회의 서비스와 자원, 의료와 건강 등의 문제에 관해서도 대처할 수 있어야 한다.

셋째, 노년기는 가족관계 측면의 적응에 관심이 집중되는 시기인 만큼 가족상담자는 노인의 부부관계나 배우자 상실 및 치매문제 등의 상담에 준비되어 있어야 하고 가정 내 노인학대나 홀대 가능성, 우울과 자살의 위험 등을 주의해야 한다.

넷째, 노인 내담자와의 상담관계 형성에 세심한 주의를 기울여야 한다. 노인 내담자의 가치관이 상담자와 다를 수 있고 성 문제나 재혼, 이성문제 혹은 재정문제 등에 관하여 솔직하게 드러내기를 거부할 수 있다. 이때 상담자는 경청하기와 솔직한 공감적 이해를 통하여 신뢰적 분위기를 조성하고, 노인의 감정을 수용하며 비밀보장에 관해서 명료히 해야 한다.

다섯째, 성공적인 노화, 재혼, 일자리, 성인자녀와의 관계, 성 문제, 자살 등 여러 문제를 원만하게 해결하도록 하기 위해 성인자녀, 친척, 종교기관 등의 자원을 활용하는 것이 중요하다.

여섯째, 발달단계상 노년기는 노화에 따르는 제반 적응의 어려움을 가지고 있고, 동시에 체면을 중시하여 다른 사람에게 본인의 어려움을 말하는 것이 쉽지 않기 때문에 보다 세심하게 노인의 상황, 사건, 사고, 감정 상태를 파악하고 욕구를 배려하여야 한다. 그리고 젊은 내담자와 달리 체면과 자존심을 살릴 수 있도록 인내심을 가지고 지지적인 기법을 사용하는 것이 바람직하다.

(2) 노인문제 유형별 가족상담

노인문제와 관련된 가족상담은 보호 · 주거에 대한 욕구가 충족되도록 돕는 거주 · 부양 문제 상담과 부부관계 문제 상담, 세대갈등 문제 상담, 치매노인 문제 상담 등으로 구분할 수 있다(최규련, 2005).

① 거주 · 부양 문제 상담

노년기의 쾌적한 거주환경과 주택만족도는 신체적 · 정서적 건강과 생활의 질을 높이는 점에서 매우 중요하다. 노인의 거주지 선택 조건은 노인의 신체적인 제한점에 맞춰 경제능력에 무리가 없고 의료기관이나 노인정, 종교기관, 시장과 가깝고 친한 이웃 등이 있는 곳을 고려한다. 거주환경 유형에는 성인 자녀와 동거와 별거가 있고, 별거에서도 노인 단독거주형태와 노인 특수거주형태가 있다. 특수거주에는 그룹홈, 실버타운, 요양시설 등이 있다.

노부모를 돌보는 일은 전통적으로 장남이나 아들 그리고 며느리의 몫이었으나 성인자녀의 개인주의화와 사회활동 증가 등으로 부모님 부양을 기피하는 것이 노인가족 갈등의 많은 부분을 차지한다. 또 노부모 부양을 둘러싼 가족의 갈등은 가족원 간의 다툼, 상처를 주고받은 관계 문제, 세대차이 문제 등 이전부터 가족원 간의 문제들이 작용한 결과이기도 하다. 어떤 형태의 거주지로 결정을 내리든지 상담자는 그것이 노인 자신의 요구와 필요에 가장 적합한 것이 될 수 있도록 의사결정에 도움을 주어야 한다.

상담자는 자녀들 간에, 자녀와 노부모 간에 경직된 사고방식과 가치관에서 벗어나 유연한 사고를 하도록 돕고 가족원 사이에 의사소통이 원활하게 되도록 돕는 것이 가장 중요하다. 그리고 가족상담 모델로서 구조적 가족치료모델과 경험적 가족치료모델을 적용할 수 있고, 그들의 강점을 활용하는 해결중심 가족치료모델도 적용할 수 있다. 그리고 세대 간 관계문제 해결이 필요한 경우는 보웬의 다세대 가족치료모델을 적용할 수 있다.

② 부부관계 문제 상담

노인 부부는 동반자로서 감정적 유대가 깊어질 수도 있지만 반대로 부부가 더욱 많은 시간을 함께 보냄으로써 만성적인 문제가 표출되어 부부갈등과 별거, 황혼이혼이 발생할 수 있는 시기이기도 하다. 최근 우리나라 이혼율은 약간 감소하고 있지만 전체 이혼 중 황혼이혼이 차지하는 비율이 증가하고 있어 대책 마련이 필요하다. 그러므로 당사자들의 문제예방 노력과 아울러 가족과 전문가들이 이들 노년 부부들의 친밀감과 유대감이 증진되고 의사소통을 개선하며, 부부 공동의 활동을 증가시키고, 경제 관리와 일의 협력 및 분담과 부부역할을 상황에 맞게 유연하게 재조정하도록 돕는 것이 필요하다.

상담자는 노인의 부부관계 개선을 위해서 우선 부부가 과거 사건과 지나온 인생, 배우자에 대해 원망과 불평, 분노와 감정들을 경청하고 존중하며 공감적으로 이해함으로써 노인이 부정적 사고에서 벗어나 통합적 사고를 할 수 있도록 해야 한다. 그 결과 노인이 배우자에 대한 부정적 감정에서 벗어나 용서와 측은하게 여기는 태도를 갖도록 도울 수 있다. 또한 부부 사이에 소통을 할 수 있도록 경청기술과 자기표현 기술을 훈련하고 친밀감과 신뢰감, 즐거움을 회복하여 관계개선이 되도록 함께 노력하는 방법들을 실천하게 한다. 이를 위해 상담자는 경험적 가족치료모델, 인지행동주의 가족치료모델, 이야기 가족치료모델, 해결중심 가족치료모델 등을 적용할 수 있다.

③ 세대갈등 문제 상담

고부갈등 문제 대부분은 며느리가 경험하는 시댁에 대한 부담과 스트레스 문제가 부부갈등과 동시에 존재한다. 특히 효와 형제우애, 가정화목, 전통적인 장남 역할과 며느리 역할을 강조하는 집안 분위기가 작용하면서 시댁의 과잉기대와 간섭이 있을 때, 그리고 남편이 가부장적 사고를 지닌 경우 아내는 스트레스가 증가한다. 최근에는 처가댁과 관계가 긴밀해지는 결과 지배적인 장모가 딸과 사위의 결혼생활을 통제하고 간섭하는 경우 장모와 사위의 갈등이 발생하기도 한다. 특히 부부와 한쪽 배우자의 부모 사이에 삼각관계가 있는 경우에, 그리고 아내가 시댁에 대한 부정적인 선입견과 피해의식이 있는 경우에는 문제가 악화되며, 부부가 시부모나 처가 부모에게 경제적인 면이나 가사, 자녀양육 면에서 의존적인 경우에 문제가 더 복잡해진다.

이에 대한 치료적 접근으로 다세대 가족치료모델, 구조적 가족치료모델, 인지행동주의 가족치료모델 등이 적용될 수 있다. 즉, 기법으로 남편과 시모, 아내의 삼각관계를 없애는 탈삼각관계 기법, 자아분화를 향상시키는 코칭기법, 부부가 동등하게 부모로부터 경제적, 가사와 자녀양육 면에서 독립적이 됨으로써 부모의 간섭을 받은 원인을 없애는 것, 부부가 부모와 자율적이 경계를 유지하기 위해 부모를 존중하면서 예의 바르게 그러나 분명하게 경계를 긋는 것, 인척들을 만나는 횟수를 줄이고 부부간의 친밀감과 유대를 강화시키는 것, 남편이 가부장적 사고방식에서 탈피하는 것, 아내는 시가친척과 시가문화에 대해 나쁘다고 규정하지 않고, 피해의식을 갖지 않는 것, 시가친척들이 완벽하거나 변화할 수 있다는 생각을 하거나 본인이 노력하면 시가에서 인정을 받을 것이라는 비현실적 기대를 버리는 것, 가능한 한 시가의 장점과 배울 점을 찾는 것, 스트레스 관리를 하는 것, 적절한 자기표현을 하는 것 등이 있다.

참고 자녀와 갈등문제를 겪는 노인상담 사례

할머니(64세)는 25년 전에 남편을 사별하고 온갖 궂은 일을 하면서 시부모를 모시고 3남매를 잘 키워 현재 부부교사인 큰아들(38세), 큰 며느리(34세), 자영업을 하는 작은아들(35세), 전업주부인 작은 며느리(32세), 그리고 학원을 같이 운영하는 외동딸(32세)과 사위(36세)를 두고 있다. 오랫동안 시골에서 혼자 살던 할머니는 퇴행성관절염 증상으로 병 치료를 위해 3개월 전부터 큰아들 집에 오셔서 병원에서 수술을 마치고 현재 계속 큰아들 집에서 살고 계신다. 그러나 큰아들과 며느리가 어머니 모시는 문제에 의견이 달라서 아들은 당연히 모셔야 한다고 주장하고, 큰 며느리는 직장에 나가기 때문에 할머니를 돌봐드리지 못하는데 계속 모시라고 하면 이혼하겠다고 하여 가정불화가 발생하였다.

할머니가 작은아들과 딸에게도 전화해 보니 작은아들은 며느리가 몸이 약해서 어머니를 모시지 못한다고 하고 또 큰아들에게는 집을 사주었지만 작은아들은 받은 것도 없는데 큰아들 집에서 어머니 부양책임을 져야 한다고 주장하고, 딸은 맞벌이하고 또 학원 경영이 도산 직전이어서 어머니 부양이 불가능하다고 답변을 하였다.

이에 실망한 할머니는 큰아들 집에서 나와 혼자 사는 친정언니 집에 가서 며칠 묵고 있다가 두통과 현기증, 가슴 두근거림으로 병원에 가게 되었고, 친정언니의 연락으로 자녀들이 오면서 문제해결을 위해 가족상담 전문가를 찾게 되었다.

상담자는 통합적 모델을 적용하여 자녀들만 모여서 상대방을 비난하거나 원망하는 말을 하지 않기, 인신공격적인 말을 하지 않기, 차례차례 자신의 말을 하고 다른 사람이 말을 경청하기를 규칙으로 정하고 아들과 딸이 어머니의 노후생활을 위해 할 수 있는 일과 분담방법, 어머니의 건강과 행복을 위한 바람직한 거주형태가 어떤 것인지에 대한 각자의 입장을 차례로 말하게 하였다. 그리고 어머니의 건강상태, 질병치료, 동산과 부동산, 노후생활에 필요한 비용, 원하는 생활방식, 원하는 거주형태, 지인과의 교류방식, 주위의 활용 가능한 자원들을 탐색하였다.

그 결과 상담자의 중재로 할머니는 시골에 있는 부동산을 처분하여 큰아들 집에서 가까운 곳에 전세를 얻어 혼자서 독립적으로 생활하며, 남은 돈은 어머니가 은행에 입금하여 관리하고 자녀는 매달 용돈으로 큰아들, 작은아들, 딸이 2 : 1 : 1의 비율로 분담하기로 하였다. 그리고 전업주부인 작은 며느리는 주중에 한 번, 큰 며느리와 딸은 토, 일요일에 각각 한 번씩 반찬을 만들어 어머니를 방문하기로 하였다. 그럴 때 할머니는 며느리를 비교하거나 푸념하지 않고, 긍정적이고 감사하는 표현을 자주 하며 수고를 인정하는 반응을 하기로 하였다. 그리고 노인종합복지관에 가서 운동과 취미생활, 사람들과 어울리기로 약속하였다.

④ 치매노인 문제 상담

치매는 뇌의 질환으로 인해 기억력 등 지적 능력이 감퇴하는 만성적인 질병이다. 치매환자를 돌보는 가족원은 환자뿐 아니라 다른 가족원과도 긴장관계에 있기 쉽고 사회활동에 제한을 받으며 재정적 부담감과 우울과 불안 등의 심리적 고통 그리고 만성두통 같은 건강상의 어려움을 겪는다. 상담자는 가족이 환자와의 의사소통 방법과 가정간호 요령을 알고 정신·신체적인 어려움에 대응하도록 힘을 키워주어야 한다.

그리고 간병을 하는 가족 구성원이 자기 자신을 관리하게 하며 동시에 신뢰할 수 있는 사람이나 지지집단, 주간보호센터 등을 활용하여 간병의 의무로부터 벗어나 적절한 휴식을 취할 수 있도록 돕고, 간병을 가족원들이 분담할 수 있도록 도와야 한다. 치매환자를 부양하는 문제는 치매 정도에 따라 의사결정이 달라질 수 있으며 중증이 되면 가족보호가 어렵고 치매전문 요양시설이나 단기보호시설을 이용할 수 있다. 그러나 모실 수 있는 범위 내에서는 가족이 모시면서 따뜻한 인간관계를 갖도록 하는 것이 좋다. 상담자는 구조적 가족치료모델, 인지행동주의 가족치료모델, 해결중심 가족치료모델 등을 적용할 수 있다.

참고 고부갈등 문제 가족상담 사례

시어머니가 전화를 하여, 결혼해서 손자도 있는데 며느리가 시어머니 때문에 아들과 이혼하겠다는 문제로 도움을 요청하여 아들과 며느리, 시어머니를 대상으로 가족상담이 시작되었다. 이 시어머니(65세)는 초등학교 교장으로 근무하시다 2년 전에 정년퇴직하신 매우 정확하고 지배적이며 깐깐한 성격을 지녔고, 같이 초등학교 교장으로 근무하다 5년 전에 정년퇴직하신 시아버지(68세)와 연금으로 여행도 다니면서 여유 있게 생활한다. 가까운 곳에 회사원인 큰아들은 전업주부인 며느리와 3개월 된 손자와 부모님이 마련해 주신 아파트에 전세로 살고 있다. 아들은 4년제 대학을 졸업하고 직장 친구 소개로 며느리를 사귀다가 결혼하게 되었는데, 시부모는 며느리가 전문대 출신이고 얼굴이 못생겼다는 이유로 결혼을 반대하였으나 아들이 결혼을 강행하려고 며느리가 혼전임신을 하였다고 거짓말을 하여 결혼하게 되었다.

상담자가 며느리에게 이혼을 하려는 이유를 질문하니 시어머니가 결혼 초부터 지금까지 태교에 좋다, 건강에 좋다, 살림의 지혜라고 하면서 수시로 전화를 하고 책을 사주고, 불쑥 방문하여 냉장고도 들여다보고 살림을 못한다, 남편을 부려먹으려고 한다, 게으르다, 친정에서 잘못 배워왔다고 계속하니 이 모든 일이 며느리에게는 전문대를 나와 시어머니에게 무시당한다는 생각과 시어머니의 일방적인 간섭과 압박으로 받아들여졌다. 그런 부당한 대접을 받고 남편에게 원망을 하고 화를 내면 남편은 어머니 편만 들어서 화가 머리끝까지 나서 물건을 던지고 소리를 지르고 싸우는 것이 다반사이다. 남편이 중간 역할을 못하고 아무 힘도 없이 마마보이처럼 사는데 바뀔 희망이 없고, 아이에게도 정서적으로 나쁜 영향을 주는 것 같아 헤어지려고 한다고 하였다.

남편의 입장을 들으니 어머니와 아내를 비교하는 버릇이 생겼고, 어머니를 아내보다 더 신뢰하고 더 의견을 참고하는 면이 많다고 고백하였고, 본인이 중간 역할을 어떻게 해야 할지 상담자의 도움을 받아 노력할 기회를 갖기 원하며 아내도 이혼의사를 보류하고 결혼생활 노력을 제대로 하기를 원한다고 하였다. 상담자는 구조적 모델, 다세대 모델, 행동주의 모델을 적용하여 며느리와 시어머니 각각 개별상담 1회기씩, 부부상담 5회기와 세 사람에 대한 가족상담 2회기를 진행하였다.

구조적 가족상담모델을 적용하여 시어머니와 아들 부부간의 경계를 분명하게 하는 작업으로 시어머니는 상담을 받는 동안 며느리에게 전화하거나 방문하지 않도록 하였고, 아들에게도 연락하거나 전화나 간섭하지 않도록 하였다. 그리고 시어머니와 시아버지는 다니던 성당 모임과 봉사활동에 더 시간을 내게 하였다. 동시에 아들 부부 사이의 관계가 친밀하게 되도록 상담실에 올 때 아들을 시부모에게 맡기고 상담 후 1시간씩 부부만의 시간을 갖게 하였다. 또한 시어머니와 며느리의 자기 이해와 상호 이해를 돕기 위해 보웬의 다세대 가족상담모델을 적용하여 원가족으로부터 받은 고부관계 이미지와 영향을 탐색하였다. 그리하여 시어머니와 며느리 상호 간의 기대, 상대방의 긍정적인 면을 보게 하고 자신으로 인해 며느리, 시어머니가 어떻게 힘들었는가를 생각할 수 있도록 도왔다. 시어머니와 며느리가 자신의 시행착오와 본의 아닌 실수를 인정하고 상대방에게 사과하고 앞으로 자신의 노력방향 등에 대해 편지를 적어 교환하게 하였다. 그리고 부부상담을 통하여 상호 간에 자신의 입장을 충분히 말하게 하고 적어 교환하게 하였다. 그리고 부부상담을 통하여 상호 간에 자신의 입장을 충분히 말하게 하고 상대방의 말을 경청하고 인정하도록 도왔고, 재구성 기법을 통하여 긍정적인 의도와 행동 측면을 볼 수 있게 하여 관계개선과 친밀감 향상을 도왔다. 그리고 세 사람이 함께한 가족상담을 통하여 상호 간의 노력을 인정하고 존중하며 앞으로 잘해보자는 다짐을 하게 하여 상담을 종결하였다.

상담 결과 시어머니의 며느리에 대한 간섭과 지배와 불신행동은 많이 없어졌고, 남편이 아내의 말을 경청하고 생각을 존중하고 어머니와 비교하지 않으며 아내의 장점과 노력하는 점을 인정하고 격려하며 어머니와 거리를 두게 되었다. 아내는 남편과의 관계가 개선되고 시어머니로부터 스트레스를 받지 않게 되어 마음이 편안해지고, 최소한의 며느리 역할로 명절날, 생신날은 시댁에 가고, 손자를 보고 싶어 하는 시부모님께 주말에 한 번 가는 것으로 규칙을 정하여 관계를 지속하게 되었다. 그리고 부부가 식생활, 육아, 청소, 돈관리 등을 분담하고 협조하는 규칙을 정하게 되어 싸움이 줄었다. 결국 아내의 자율적인 노력과 남편의 도움, 그리고 갈등해결기술 훈련을 통한 부부 공동의 의논과 협력이 증가하여 부부관계가 개선되었다.

14 CHAPTER 가족상담 및 가족치료자

상담자의 자질과 훈련은 상담과정에서 흔히 결정적인 역할을 한다. 상담자는 원만한 인격과 인간에 대한 관심을 필요조건으로 갖추어야 하며, 감수성, 이해력, 의사소통 능력 등을 충분조건으로 갖추어야 한다. 이 장에서는 가족상담자에 관한 것으로 가족상담자의 역할과 가족상담 효과연구, 가족상담자 훈련에 대하여 살펴보기로 한다.

1 가족상담 및 가족치료자의 역할

가족상담 및 가족치료자의 역할은 개인상담자의 경우와 공통적으로 치료적 관계를 기초로 가족의 행동변화를 촉진시키고 대인관계 기술과 적응능력을 향상시키기 위해 전문적인 방법으로 가족과 개인을 돕는 역할을 수행한다. 그러나 기본 전제에서 가족상담자는 한 개인의 증상이나 문제가 가족역기능의 표현이라고 보고 문제해결의 초점을 가족체계의 변화에 두는 것이 개인상담자와 다르다.

일반적이고 공통적인 가족상담 및 가족치료자 역할을 살펴보고 주요 가족치료모델별 상담자 역할의 특징을 보기로 한다(송성자, 1985; 최규련, 1991; Goldenberg & Goldenberg 2001; 김득성 외 공역, 2003).

1) 일반적인 가족상담 및 가족치료자의 역할

(1) 객관적인 지각자 역할

상담과정에서 가족에게 객관적인 지각을 제공하는 것으로 가족이 그들의 관계체계 내에서 일어나고 있는 것을 보다 명확하게 보도록 한다. 상담자는 상담장면에서 나타나는 가족원 간의 상호작용 역동을 관찰하고 가족이 상황을 객관적으로 인식하도록 돕는다. 그 결과 가족이 가족체계의 문제와 문제해결을 위한 목표를 동일하게 인식하고 변화 동기가 촉진된다.

(2) 교사로서의 역할

상담자는 교사와 마찬가지로 정보를 제공하고 새로운 행동방식을 학습할 수 있는 적절한 시기를 잘 조정한다. 상담자는 가족이 정서적 · 인지적인 면에서 자신의 가족체계와 문제가 되는 행동방식에 대해 자각하여 새로운 기능적인 행동방식으로 변화할 수 있도록 교육하는 기능을 한다. 경우에 따라서는 상담자가 모델이 되어 의사소통 방법을 가르치는 역할을 하기도 한다.

(3) 환경조정자로서의 역할

상담자는 변화가 허용될 수 있는 안전한 환경과 분위기를 만들어 주고 이를 촉진하고 지속시키는 일을 맡는다. 변화가 일어날 수 있는 안전한 환경이란 사람들이 새로운 행동을 시도하는 모험을 할 수 있고 이제까지 표현할 수 없었던 생각과 감정을 표현할 수 있는 환경이다. 상담자는 상담장면에서 상담자와 가족이 하나의 기능적인 체계로 작용하도록 함으로써 가족원들이 새로운 태도와 의사소통 방식을 시도하고 기능적인 관계를 유지하는 방법을 행동화하도록 돕는다. 그 결과 가족들은 상담장면에서의 새로운 경험을 통하여 이후 일상생활에서 변화를 계속 유지할 수 있게 된다.

(4) 안내자 또는 지도자 역할

상담자는 여러 이론과 기법을 적용하여 가족원의 역기능적인 행동이 새로운 기능적인 행동방식으로 바뀌도록 돕는 변화를 촉진시키며, 이러한 변화를 가족단위 속에 통합하는 일을 통해 가족의 변화를 위한 안내자와 지도자 역할을 하게 된다.

2) 가족상담 및 가족치료 모델별 가족상담 및 가족치료자 역할의 특징

가족상담 및 가족치료자 역할이 상담모델별로 어떤 특징을 보이는가를 알기 위해 가족상담 및 가족치료 모델별 중심 주제, 개념, 목표, 기법, 단위, 기초이론 등을 비교하면 다음 〈표 14-1〉과 같다.

〈표 14-1〉 가족상담 및 가족치료 모델 비교

구분	정신역동적	다세대	경험적	구조적	전략적	인지행동	사회구성주의
중심 주제	과거의 모와의 애착형성, 과거 미해결의 갈등	미해결의 원가족과의 정서적 애착	자유선택, 자기결정, 자아성장, 성숙	가족구조, 교류패턴	의사소통, 가족규칙 문제가 역기능의 원인, 관계통제전략	개인의 기능은 행동의 호혜적 상호작용과 사회적 조건통제 결과	성공경험, 현실에 대한 주관적 관점과 의미, 자신에 대한 이야기 창조
주요 개념	연동병리, 희생양, 애착, 역할상보성, 투사적 동일시	자아분화 vs 융합, 삼각관계, 다세대전수과정, 가족유산	순간에 대한 지각, 자존감, 의사소통 명료화, 내적 경험 탐색	경계, 하위체계, 연합, 속박, 유리, 교류, 위계구조	대칭적, 보완적 의사소통 유형, 역설, 가족위계	조건화, 모델링, 도식, 비합리적 사고	고정된 진리 없음, 다양한 관점, 의미 구성
목표	투사의 제거, 부모수용, 개별화	불안감소, 자아분화, 공평, 윤리적 책임	결속감과 자율성의 균형, 긍정적 경험 확대, 자기표현, 자존감 형성, 개인성장	가족의 재구조화, 역기능적 교류패턴의 변화, 증상제거	증상제거, 현재문제 해결, 가족체계 변화, 새로운 의미변화, 파괴적 가족게임 중지	부적응행동 제거, 인지변화, 긍정적 행동의 학습	성공경험의 확대, 새로운 의미부여와 구성을 통한 새로운 관점 학습 및 창조

주요 기법	해석, 무의식적 의미 통찰	가계도, 나-입장코칭, 확대가족과 화해, 가족원장 수지균형	자아발견, 환기, 직면, 재정의, 가족조각, 빙산탐색, 가족재구성	합류, 적응, 재구조화, 경계선 및 통합하위체계 창조	역설적 개입, 가장기법, 고된 체험기법, 순환질문, 긍정적 함축, 불변의 처방	강화, 기술훈련, 유관계약, 긍정적 호혜성, 인지변화	예외질문, 기적질문, 척도질문, 외재화, 이야기의 재구성
단위	개인 : 현재의 개인의 심리내적 갈등	3인 : 타인과의 관계속박에 의한 문제발생, 유지	2인 : 역기능적 상호작용과 의사소통 문제	3인 : 전체 가족체계, 하위체계, 포함, 가족속박과 유리	2~3인 : 상호 의사소통, 가족원 간 행동연쇄 유형	개인 : 증상을 가진 사람 문제, 선형적 인과관계	2~3인 : 자신에 대해 말하도록 동의한 구성원 이야기
시간 준거	과거 : 초기 내면화된 가족갈등이 상호관계 갈등 초래	과거와 현재 : 현재의 부부관계는 배우자의 원가족 융합에 연유	현재 : 즉각적, 지속적인 상호작용에 연유한 지금-여기의 경험	현재 : 가족구조에 의한 부적응적 상호작용, 가족주기 전환 문제	현재 : 가족원 간 반복적인 연쇄고리, 가족원 간 지속적인 순환 문제	현재 : 개인의 부적응 행동은 타인의 강화로 유지	과거와 현재 : 현재 문제는 과거의 이야기와 경험에 기초하며 현재 선택과 행동에 영향
강조	감정	사고	감정	사고, 행동	행동지향	사고, 행동	사고, 행동
이론	정신분석이론, 대상관계이론	가족체계이론, 맥락적 치료	인본주의 이론, 게슈탈트이론, 경험주의, 정서중심 의사소통이론	구조주의 가족이론	의사소통이론, 전략적 가족이론, 가족체계론	학습이론, 사회학습이론, 인지이론	사회구성이론, 해결중심이론, 이야기치료

출처 : Goldenberg & Goldenberg(2001); 김득성 외 공역(2003), pp. 528-531; Nichols & Schwartz(2001); 김영애 외 공역(2002), pp. 535-602 재구성.

가족상담 및 가족치료 모델별 상담자 역할의 특징과 강조점을 정리하면 다음과 같다.

(1) 정신역동모델 가족상담 및 가족치료자의 역할

상담자는 가족 구성원들이 투사할 수 있도록 빈 스크린 역할을 수행한다.

① 개인이나 가족원 간, 가족과 상담자 간에 심리내적 역동과 전이, 역전이, 투사적 동일시를 중시한다.

② 배우자 선택과정과 현재의 가족관계를 개인이 초기 원가족에서 내면화된 자아상과 대상이미지와 연관시켜 접근한다.
③ 자연스럽게 가족 내 그리고 가족 간의 숨은 갈등을 드러내어 개인 및 가족의 행동과 기능에 미치는 무의식적 영향을 해석한다.
④ 자신에 대한 이해와 통찰을 통해 개인의 심리내적 변화와 체계변화가 이루어져 개인과 가족 간의 갈등이 감소되도록 중립적으로 접근한다.

(2) 다세대모델의 가족상담 및 가족치료자의 역할

상담자는 가족원과의 관계에서 균형을 유지할 수 있도록 높은 수준의 자아분화가 되어 있어야 하며, 다음과 같은 일을 하는 모델, 교사, 친구, 안내자, 코치 역할을 수행한다.

① 가족융합으로부터 탈삼각화를 코치한다.
② 정서적 체계의 기능에 대해 교육한다.
③ 객관적인 위치와 입장을 취하도록 한다.
④ 공평한 관계의 발달을 돕는다.

(3) 경험적 모델의 가족상담 및 가족치료자의 역할

상담자는 치료적 만남을 통한 새로운 경험을 제공하는 적극적인 촉진자 역할을 하고 의사소통의 방법과 기술을 가르치는 교사이며, 이를 위해 다음과 같은 일을 수행하는 모델, 지도자, 관찰자가 된다.

① 상담자는 삶에 대한 긍정적 사고를 갖고 인간의 가능성을 믿으며 기법 이전에 가족과 따뜻하고 정감 어린 정서적 관계를 중시한다.
② 상담자는 자신을 개방적이고 솔직하며 자발적인 정서표현 모델로 활용한다.
③ 가족이 자존감이 높고 분쟁과 갈등에 잘 대처하도록 일치적 의사소통을 교육한다.

④ 상담자는 가족원 간의 상호작용 저변에 있는 역동과 잠재력을 파악하기 위해 적극적으로 질문하고 직면을 시키며, 여러 구조화된 기법을 활용하여 상담장면에서 정서적 경험을 하게 하는 지도자 역할을 한다.

(4) 구조적 모델의 가족상담 및 가족치료자의 역할

상담자의 역할은 매우 적극적이고 활동적이어서 가족구조 내에 자연스럽게 들어가 가족의 조직에 적응하고, 가족의 재구조화와 기능개선을 통하여 가족원의 증상개선과 문제해결에 초점을 두는 것이 특징이다. 상담자가 가족을 돕는 단계는 세 단계로 구분된다.

① 1단계에서 상담자는 지도자 역할을 하며 상담과정에서 일어나는 일에 대한 책임을 진다. 또한 합류는 가족에게 도전하지 않고 가족과 상담자 간의 간격을 좁혀주는 결과를 가져오므로 위로자, 지지자 역할도 수행한다.

② 2단계에서 상담자는 전체적인 가족구조를 평가하고 평가를 기초로 상담목표를 세워야 하므로 객관적 지각자와 관찰자 역할을 수행한다.

③ 3단계에서 상담자는 상담과정에서 실연을 통해 가족의 재구조화를 만들어 낸다. 즉, 경계선을 변화시키고, 하위체계를 재배치하며, 가족 외부체계와의 경계선도 변화시키는 안내자, 촉진자가 된다.

(5) 전략적 치료모델의 가족상담 및 가족치료자의 역할

상담자는 적극적으로 행동적인 전략을 계획하는 특징이 있고 다음 기능을 수행하는 교사, 전문가, 지도자가 된다.

① 상담자는 문제중심적으로 접근하여 전문적인 지도자로서 상담자가 필요하다고 생각되는 시기에 가족에게 개입하고 상담결과를 책임진다.

② 상담자는 현재 그리고 지금 상황에서 문제를 둘러싼 일련의 가족원 간의 행동연쇄를 관찰하여 가족원 간에 관계 맺는 방식을 변화시키는 객

관적 관찰자, 교사역할을 수행한다.

③ 가족원 간에 반복되는 파괴적 행동유형과 잘못된 대처방법을 탐색하여 전략을 세우고 처방하는 전문가 역할을 수행한다.

④ 상담자는 동기가 높고 합리적인 반면 가족은 정체되어 있고 저항을 하기 쉽다는 전제를 가지며, 상담자는 중립적인 입장에서 가족과 거리를 두는 자세를 유지하고 가족원의 행동에 긍정적 의미를 부여하거나 재구성을 하고 역설적 처방을 하는 전략이다.

(6) 인지행동주의 모델의 가족상담 및 가족치료자의 역할

상담자는 현재 문제행동에 초점을 두어 이를 제거하고 긍정적 행동을 증가시키기 위해 사고방식과 인지의 변화와 더불어 효과적인 행동방식을 학습하도록 돕는 역할을 수행한다.

① 상담자는 잘못 학습된 행동을 관찰하고 구체적인 문제점을 명료화시키기 위하여 정교한 사정과 평가를 하는 객관적 관찰자, 합리적인 과학자이다.

② 상담자는 현재 문제행동의 제거와 바람직한 행동의 학습을 촉진하는 촉진자이며 변화에 대한 책임을 자신들이 떠맡는다.

③ 부부관계를 개선하는 방법과 자녀를 효과적으로 지도하는 방법을 부부나 부모를 대상으로 교육하고 훈련시키는 교사와 훈련가이다.

④ 상담자는 내담자와 거리를 두는 관계를 유지하며 주도적으로 질문을 하고, 원칙을 설명하며 과제를 내주는 등 전문가 역할을 수행한다.

(7) 사회구성주의 모델(해결중심 치료, 이야기 치료)의 가족상담 및 가족치료자의 역할

상담자는 문제중심보다는 해결중심, 건강한 것, 성공경험에 초점을 두고 다음의 기능을 수행하는 협력자, 촉진자, 안내자, 지도자 역할을 수행한다.

① 상담자는 내담자가 자신의 문제에 관하여 많이 알고 있고 해결방법도 찾을 수 있는 능력이 있는 존재라고 보고, 내담자와의 협동을 중요시하여 협력자 역할을 수행하며, 치료결과에 대한 책임이 상대적으로 적다.
② 상담자는 내담자의 견해를 존중하고, 알지 못한다는 자세로 호기심을 가지고 접근하여 효과적인 해결책의 확대를 촉진하는 역할을 수행한다.
③ 상담자는 내담자가 자신의 문제에 대해 이전과 달리 긍정적으로 말하게 하는 것이 긍정적 생각과 기능적 행동을 하게 한다는 믿음을 가지며, 내담자의 문제해결력과 자원을 활용하도록 안내하는 역할을 수행한다.
④ 상담자는 내담자의 말을 주의 깊게 경청하면서도 적극적으로 다른 관점 쪽으로 질문을 계속함으로써 해결방안과 변화를 유도하는 주도적인 지도자 역할을 한다.

가족상담 모델별로 가족상담자 역할이 상이한 점이 있고 기법에서도 차이점이 있으나 실무에서는 격차가 좁혀지고 있다. 가족문제는 다양하고 복잡해서 어느 한 이론만을 적용시키기보다 문제상황에 따라 여러 상담모델들을 적절하게 통합하여 사용하는 경향이 있다(송정아 · 최규련, 2002). 즉, 상이한 몇 가지 모델을 통합하거나 개인상담의 개념과 기법까지도 함께 활용하는 추세이다. 그러나 통합적 접근을 효과적으로 적용하려면 여러 가족상담 모델의 이론과 임상 면에서 충분히 훈련되어 있어야 하고 상담자 자신에게 잘 맞고 자신 있게 사용할 수 있는 한 가지 이상의 상담모델을 가지고 있어야 한다.

2 가족상담 및 가족치료자의 훈련

1) 가족상담 및 가족치료자의 자질

가족원의 상담 참여도와 상담효과에 영향을 미치는 것은 가족원들이 상담자를 어떻게 보느냐에 달려 있다고 한다(Bischoff & McBride, 1996; Christensen, et al., 1998). 즉, 상담자의 대인관계 기술과 의사소통 기술 특성이 상담효과와 매우 밀접한 관계를 보인다. 예를 들어, 상담실에 온 가족원들은 상담자에게 긴장을 풀어줄 수 있는 온화함과 수용, 신뢰감, 안전감, 진실성, 가족의 감정 표현을 격려하고 촉진시키는 능력, 치료적 분위기 등이 어느 정도 있는지에 대해 느끼게 된다. 이것은 상담과정 중에 가족의 중도탈락을 방지하는 데도 매우 중요한 역할을 하는 것으로 나타났다.

상담자와 관련된 특성으로 적극적인 상담자가 소극적인 상담자보다 내담자들의 중도 탈락률이 낮았다. 치료 도중 증상의 악화현상이 나타나는 것은 상담자 요인과 가족과 상담자 사이의 관계요인에 더 크게 기인한다(Gurman & Kniskern, 1981). 이에는 상담자가 가족과의 치료적 관계형성 기술이 부족할 때, 상담 초기단계에서 상담이 구조화가 결여되고 안내자 역할이 미흡할 때, 가족의 방어기제를 너무 일찍 공격할 때, 상담장면에서 가족원 간의 갈등과 충돌을 조정하는 능력이 부족할 때, 변화해 가는 가족원을 지지해 주지 않을 때 등이 작용된다.

그러므로 가족상담자는 대인관계 기술과 의사소통 기술, 그리고 내담자와의 치료적 관계형성 기술 및 지지기술에 숙달하도록 노력해야 할 것이다. 유능한 가족상담자의 특성으로 전문적인 지지능력, 건강한 자존감, 정서적 공감능력, 융통성, 자신감 및 유머 등이 보고된다(Menne, 1975; Perez, 1979, 최규련, 1991 재인용; Skovhott & Ronnestad, 1992).

아울러 가족상담사가 되기 위해서는 상담자 자신의 가족체계와 자신의 능력, 갈등영역에 대해 잘 인식하고 있어야 한다. 이로써 상담자 자신의 인격과 전인적인 반응이 상담의 도구로 작용할 수 있고, 효과적 상담을 방해할 수 있는 자신의 미해결된 문제를 파악하여 내담자와 자신의 욕구를 구별할 수 있게 된다.

2) 가족상담 및 가족치료자의 훈련과정

가족상담자가 되기 위해서는 성격발달, 인간발달, 가족관계와 역동, 가족주기와 발달과제, 체계이론 등의 기초이론과 상담이론, 가족상담이론 및 기법, 연구방법, 법과 윤리, 복지 등에 대한 체계적 지식을 습득하여야 한다. 특히 가족상담자는 가족체계가 개입대상이 되고 또 자신이 체계의 일부로서 활동해야 하며 가족의 역기능적 상호작용을 변화시키는 것을 목표로 하므로 가족체계에 대해 잘 파악할 수 있어야 한다. 그리고 현장실습과 가족을 직접 다루는 상담경험을 쌓아야 하고, 전문가의 감독하에 상담실무 훈련과정을 이수해야 한다. 이러한 요건들은 외국이나 우리나라의 학회 자격규정에 구체적으로 명시되어 있다(www.aamft.org; www.familtherapyp.or.kr; www.kamfc.or.kr 참조).

가족상담자로서 훈련은 지식과 상담실무를 습득하는 것 이외에 사회적 책임을 인식하는 일이 포함된다. 사회적 책임에는 가족상담자의 전문적 실무를 규제하고 보호하는 것과 윤리기준의 준수 등 두 가지가 있다.

전문적 실무규제 및 보호는 전문기구에서 자격규정을 두어 실무자가 공인받은 교육과정을 이수하였고, 지도 · 감독하에 일정한 시간 동안 훈련을 받은 전문적인 능력이 있는 사람인 것을 일반인에게 확인시키는 것이다. 대부분 교육과 실무경험의 기준을 정해서 자격시험을 시행하고 자격을 준다. 자격(certification)은 보통 갱신기간을 정해서 그 조건으로 재교육과정을 이수하는 것을 필수로 하고 있다.

미국에서 현재 가장 널리 알려진 가족치료사 자격을 주는 단체는 미국 부부 및 가족치료학회(AAMFT)이다. 이 단체는 가족치료사 훈련 프로그램을 인증하고, 승인된 지도감독자로부터 훈련받은 사람들에게 자격증을 수여하여 회원윤리강령을 제정하고 주정부 및 연방정부의 공공정책 결정에 유관 정신건강단체와 제휴하여 일자리 창출 등의 활발한 활동을 하고 있다.

AAMFT는 유능한 가족치료사 인력양성을 위한 교육 프로그램을 인증하기 위한 조직으로 교육인증협의회(COAMFTE)를 구성하여 미국 내 47개 주에서 가족치료사 자격을 관리하고 있다. 프로그램 인증범위는 석사학위 프로그램, 박사학위 프로그램, 학위 후 임상훈련 프로그램 등 세 가지 유형이 있다(신혜종 외, 2005).

인증유형에 따른 기준은 각 유형의 목적에 따라 차이가 있고 그 목적에 맞게 프로그램을 구성하게 되어 있다. 석사과정에서는 실무능력을 키우기 위해, 박사과정에서는 가족치료연구 및 이론의 개발을 위해서, 학위 후 과정에서는 특별한 이론에 대한 심층적 경험을 위해서 훈련받는 교육과정을 운영한다. 이로써 전문가에게는 질 높은 훈련을 보장하고, 내담자에게는 질적으로 우수한 전문가에 대한 보장을 의미하며, 인력양성기관에게는 프로그램의 우수성을 입증할 기회를 제공하고 있고 그 결과 가족상담 및 가족치료 전문직에 대한 사회적 인식을 높이고 있다.

우리나라의 경우는 한국가족관계학회, 한국상담학회 부부·가족상담분과학회, 한국가족치료학회 등에서 자격규정을 정하여 자격증을 수여하고 있다. 2005년 신혜종 등의 연구에서는 대학교나 대학원의 교과과정 프로그램을 인증하는 시스템이 없어서 사회적으로 공신력을 인정받기 어려운 점을 지적하면서 더욱이 이론과 실제를 같이 훈련받을 수 있는 기관도 부족하고 정규학위과정이 아닌 사설 협회나 연구소 등에서 가정상담원, 가정문제 상담원, 가족상담사, 가정사역자 등의 이름으로 훈련과정을 개설하고 자격을 주고 있어서, 공신력이 있는 기관의 질 관리가 필요하다고 보았다. 2018년 가족치료학회 창립 30주년 연구(최중진 · 고정은, 2018)에서 정규학위과정에 가족상담 관련 학과 학사과정을 운영하는 대학이 4개 대학이었으며, 석사과정의 경우 총 27개교 25개의 대학원에서 28개의 가족상담 관련 학과 및 전공을 개설하고 있는 것으로 나타났다. 그러나 박사과정을 개설한 곳은 2개교 2개 대학원에 2개 학과 및 전공으로 운영되고 있다. 또한 2025년 한국직업능력개발원의 민간자격 정보시스템에서 '가족상담'을 주제로 검색한 결과 167개의 민간자격증이 있었는데, 2018년 132개보다 35개 늘어난 것으로 부부가족상담 전문가, 가족상담사, 가족상담지도사 등의 용어를 사용하고 있었다.

가족상담 및 가족치료에 관한 전문인력 양성 분야는 2005년에 비해 큰 성장을 이루고 있으나 윤리교육과 실습, 슈퍼비전이 함께 유기적으로 연계될 수 있도록 해야 하며, 사회적 변화에 민감하게 반응하는 문화적 다양성을 갖춘 가족상담사를 양성하기 위한 노력이 필요하다(최중진 · 고정은, 2018).

따라서 우리나라에서 가족상담 및 가족치료가 전문직으로 성장 발전하기 위해서는 미국의 예를 참고로 하여 당면한 문제들을 하나하나 해결해 나가야 할 것이다. 이를 위해 학회마다 수여하고 있는 자격증을 공신력 있는 기구에서 일정한 규정을 정하여 상담훈련 프로그램을 인증할 필요가 있고, 임상실습을 강화하는 등 자격관리제도를 정비할 필요가 있다(전영주 · 최연실, 2005; 최중진 · 고정은, 2018).

3 가족상담자 및 가족치료자의 윤리

가족상담 및 가족치료자가 지켜야 할 윤리기준은 일반 상담자의 경우와 유사하다. 가족상담자가 전문직 윤리를 위배하는 행동을 했을 때 가족에게 주는 부정적인 영향은 매우 크다. 많은 경우 증상이 악화되고 당시에 도움이 될 것 같은 개입도 시일이 지난 후에 심각한 해를 가져올 수 있다. 그러므로 윤리규정을 두어 엄격하게 준수하도록 하고 있다. 우리나라에서도 가족상담사 윤리규정을 학회마다 제정하여 시행하고 있다. 참고로 2008년 제정되고 2022년 개정된 한국가족치료학회 부부가족상담 윤리강령을 통해 부부가족상담자 윤리에 대해 살펴보면 다음과 같다.

윤리강령 전문

한국가족치료학회의 부부가족상담 윤리강령은 가족치료학회회원의 가족치료 전문직에 대한 의무를 정의하고 회원의 실천현장에 대한 윤리적 결정 기준을 설정하여 회원이 사회로부터 공적 신뢰를 얻을 수 있도록 하고자 한다. 국가의 법률과 이 윤리강령은 가족치료 실천현장에서 유효하게 적용된다. 회원은 가족치료의 전문 행위에 대한 의사결정을 할 때 법률과 그에 상응하는 학회의 윤리강령을 고려해야 한다. 회원은 윤리적 행위에 대한 법률상의 규정을 준수하고 학회의 윤리강령을 지킬 의무가 있다. 회원은 마땅히 학회의 윤리강령 준수에 책임감 있는 태도를 가지고 노력을 기울여야 한다. 비윤리적 행동에 대한 심의과정은 학회 윤리위원회의 절차에 의해 진행된다.

(1) 내담자에 대한 책임

회원은 내담자와 가족의 복지를 최우선의 목표로 설정하여 가족체계 안에서 상충하는 목표들을 적절하게 안배하는 합리적인 노력을 하며, 내담자와의 전문적 관계를 이용하여 부당한 이득을 취하지 않는다.

① 회원은 내담자의 인종, 국적, 성, 종교, 사회경제적 지위, 장애 등을 이유로 내담자를 차별하지 않는다.

② 회원은 내담자에게 영향력 있는 위치에 있음으로 인식하고 내담자의 신뢰나 의존성을 부당하게 이용하지 않는다.

③ 회원은 전문적 판단을 해치거나 부당하게 이용할 가능성이 있는 다중관계가 내담자 및 그 가족과의 사이에서 발생하지 않도록 노력한다. 이러한 다중관계는 사업상 관계, 내담자와 부적절한 관계 등을 의미한다. 다중관계를 피할 수 없을 경우에 판단을 저해하거나 부당한 이득을 취하는 일이 일어나지 않도록 예방조치를 취한다.

④ 회원은 상담 종료 시점 이후 2년이 경과하지 않은 내담자와는 성적 접촉 및 행위를 해서는 안 된다.

⑤ 회원은 내담자의 자기결정권을 존중하며 그 결정이 가져올 결과에 대해 이해하도록 돕는다.
⑥ 회원은 타당한 이유로 내담자에게 전문적 도움을 제공할 수 없을 경우, 다른 유익한 서비스를 받을 수 있도록 돕는다.
⑦ 회원은 합리적 관점에서 내담자의 유익이 확실한 경우에만 상담 관계를 지속한다.

(2) 비밀유지

회원은 상담에 참여하는 각 내담자의 사생활과 비밀을 보호하고 존중해야 한다.

① 회원은 상담 과정에서 알게 된 내담자의 사생활에 대하여 비밀을 유지해야 한다. 특히 내담자의 비밀과 사생활이 드러날 수 있는 녹화, 녹음, 그 외의 기록, 제3자의 관찰 등을 하기 위해서는 반드시 문서로 내담자의 사전 동의를 받아야 한다.
② 회원의 이동, 폐업, 사망 등으로 인하여 내담자의 정보를 저장, 이동, 폐기할 경우에 내담자를 보호하고 비밀유지를 위해 노력한다.
③ 회원은 문서로 작성된 동의서에 의해 내담자의 비밀을 공개할 때 내담자의 신분 및 신상정보를 적절한 수준에서 보호하도록 해야 한다.
④ 회원은 자문 및 수련감독을 받는 경우에 내담자, 연구대상자 등의 사전 동의 없이 내담자의 개인정보나 신상의 정보가 공개되지 않도록 주의해야 한다. 또한 목적에 필요한 정도에 한정하여 정보를 공유하도록 한다.
⑤ 회원은 상담에 참여하는 사람들에게 비밀유지에 대한 한계를 미리 알리고 그에 대한 동의서를 받아두도록 한다. 다음 경우에 내담자의 비밀유지에 대한 권리가 제한될 수 있다.
첫째, 법률에 의해 신고의무자인 상담자가 아동학대를 알게 되거나 의심되는 경우, 가정폭력 혹은 성폭력 등의 범죄를 알게 된 경우, 감염병 혹은 긴급복지 대상자를 알게 된 경우 등
둘째, 법원에 의해 상담 관련 정보의 공개를 명령받은 경우
셋째, 내담자 및 상담에 관련된 사람이 즉각적인 위험에 처해있다고 판단되는 경우
넷째, 상담과 연루된 소송을 겪는 경우(소송과정에서만 내담자의 비밀을 공개할 수 있다)
다섯째, 내담자의 정보공개 동의서가 있는 경우(이때는 명문화된 사항에 대해서만 공개할 수 있으며, 여러 사람이 상담에 포함된 경우에는 해당사항이 있는 가족구성원들의 정보공개 동의서를 받아야 한다)
⑥ 법적 권한을 가진 가족구성원으로부터 비밀유지권리에 대한 포기 동의서를 받아두지 않았을 경우, 가족구성원으로부터 받은 어떤 정보도 공개할 수 없다.

(3) 전문가로서의 능력과 품위 유지

회원은 높은 수준의 전문적 능력과 품위를 유지하도록 노력해야 한다.

① 회원은 교육, 훈련, 수련감독의 경험을 통하여 상담자로서의 전문적 능력, 지식, 기술, 태도를 개발하고 유지해야 한다.
② 회원은 가족치료나 임상적 판단에 손상을 줄 수 있는 개인적 문제나 갈등을 해결하기 위하여 적절한 전문적 지원을 받아야 한다.
③ 회원은 관련된 법률과 윤리, 전문가로서의 기준에 대한 적절한 지식을 갖추고 준수해야 한다.
④ 회원은 상담자, 교사, 수련감독자, 자문가, 연구자로서 높은 수준의 학문적 소양을 갖추도록 해야 한다.
⑤ 회원은 수련생, 교육생, 피고용인, 연구대상자와 성적 접촉 및 행위를 해서는 안 된다.
⑥ 회원은 내담자, 수련생, 교육생, 피고용인, 동료, 연구대상자를 부당하게 이용해서는 안 된다.
⑦ 회원은 내담자와 관계에서 상담 관계의 품위와 상담 효과에 지장을 줄 수 있는 정도로 지나친 선물을 주고받지 않는다.
⑧ 회원은 자신의 임상이나 연구 결과가 왜곡되거나 잘못 이용되지 않도록 노력해야 한다.
⑨ 회원은 자신의 능력 한계에서 벗어난 문제에 대하여 진단, 상담, 조언을 제공하지 않는다. 전문가로서 자신의 능력과 정보의 한계를 내담자에게 밝혀야 한다.
⑩ 회원은 타인의 삶에 영향을 미칠 수 있는 위치에 있으므로 공적 자리에서 증언이나 진술을 통해 전문적 조언이나 추천을 할 때 특별히 주의해야 한다.
⑪ 회원은 아래 해당 행위를 했을 때는 윤리위원회의 판정에 따라 회원자격이 영구박탈 혹은 정지될 수 있다.
첫째, 법률상 중범죄로 유죄판결을 받았을 때(살인, 방화, 강도, 강간 등 흉악범죄 등)
둘째, 상담자로서의 자질과 기능에 관련된 범죄로 유죄판결을 받았을 때
셋째, 상담자로서의 자질과 기능에 관련된 유죄판결을 받을 수 있는 행위를 하였을 때
넷째, 다른 전문가 조직으로부터 추방되거나 징계를 받았을 때
다섯째, 법적 단속기관에 의해 상담자격이 정지, 취소 및 유사한 수준의 징계를 받았을 때
여섯째, 전문가로서 능력수행에 지장을 초래할 수 있는 신체적, 정신적 장애나 알코올 및 물질 남용에도 불구하고 상담자로서 실천을 계속할 때
일곱째, 제기된 윤리적 문제에 관하여 학회의 결정에 따르지 않을 때와 협조하지 않을 때
⑫ 회원은 임상과 재정에 대하여 정확하고 적절한 방식으로 기록하고 보존해야 한다.
⑬ 새로운 상담기법을 사용하려는 회원은 효용성과 활용방법을 숙달한 후에 적용하며 내담자를 잠재적 위해로부터 보호해야 한다. 회원은 새로운 전문영역을 실천하기 위해 적절한 교육, 훈련, 수련감독을 받도록 해야 한다.
⑭ 회원은 직업수행이나 임상적 판단을 해칠 수도 있는 이해관계의 갈등을 초래하는 서비스

를 제공하지 않는다.

⑮ 가족을 상담할 때 이해충돌 문제가 발생할 수 있는 법적 평가를 수행하지 않는다. 다만 법원의 명령이 있을 때에는 수행 가능하다.

(4) 수련생, 교육생, 피고용인에 대한 책임

회원은 수련생, 교육생을 부당하게 이용하지 않으며, 책임감을 가지고 지도, 교육, 성장시키는 역할을 수행한다.

① 회원은 자신의 위치가 미치는 영향력을 인식하고 수련생, 교육생, 피고용인을 존중하면서 이들의 신뢰와 의존을 부당하게 이용하지 않아야 한다.

② 회원은 전문적 판단을 해치거나 부당한 이용의 위험이 있는 다중관계를 피하기 위해 모든 노력을 다해야 한다. 다중관계를 피할 수 없을 경우에 회원은 전문적 판단의 손상이나 부당한 이용을 피할 수 있는 적절한 전문적 예방조치를 취해야 한다.

③ 수련생, 교육생, 피고용인에게 상담을 제공하는 것은 금지된다.

④ 회원은 수련생, 교육생, 피고용인에게 그들의 훈련이나 경험 및 능력 수준에서 벗어나는 전문적 서비스를 수행하도록 허용해서는 안 된다.

⑤ 회원은 문서화된 권한 부여나 동의서가 있는 경우, 또는 법에 의해 위임되었거나 법적으로 허용된 경우를 제외하고는 수련생, 교육생, 피고용인의 비밀을 공개하지 않는다.

⑥ 회원은 과거 및 현재의 관계로 인해 상담자의 객관성을 침해할 수 있는 개인과 수련감독 관계를 수락해서는 안 된다(예 가족 등). 그러한 상황을 피할 수 없을 때는 객관성 유지를 위한 적절한 주의를 기울여야 한다.

⑦ 회원은 수련생, 교육생, 피고용인이 제공한 서비스가 전문적임을 확인할 수 있는 합리적인 평가를 수행해야 한다.

(5) 연구 대상자에 대한 책임

회원은 조사 및 임사 연구자로서 연구대상자들의 존엄성과 복지를 존중하며 연구를 수행할 때 법적, 전문적 기준을 지켜야 한다.

① 회원은 연구를 계획할 때 윤리적으로 문제가 없는지 면밀히 검토하고, 연구에 직접적으로 참여하거나 관련되지 않는 전문가의 윤리적 조언을 구하며, 연구대상자의 권리를 보호해야 한다.

② 회원은 연구대상자가 참여를 거절하거나 철회할 자유를 존중한다. 이 의무는 연구자가 권위나 영향력이 있는 지위에 있을 경우 특별히 고려해야 한다. 따라서 회원은 전문적 판단을 손상시킬 수 있거나 부당한 이용의 위험이 있는 다중관계를 피하기 위한 모든 노력을 기울여야 한다.

③ 연구과정 동안 연구대상자에 대해 수집한 정보는 사전에 문서화된 동의서를 받아두지 않은 한 비밀유지를 해야 한다. 관계자가 아닌 사람이 정보에 접근할 가능성이 있는 경우를 대비하여 비밀유지를 위한 계획을 세워야 하며 동의서를 얻는 절차에 대하여 설명해야 한다.

④ 회원은 본인이 참여하여 실질적 기여를 한 경우를 제외하고 타인의 노력으로 진행된 연구 출판물에 대한 저작권이나 대가를 요구하거나 받아서는 안 된다. 연구, 논문, 프로젝트 등에 참여한 공동저자의 지위는 공정하고 정의로운 원칙에 따라 결정짓도록 한다.

⑤ 이 외의 연구윤리 관련 사항은 한국가족치료학회지의 투고규정을 따른다.

(6) 비대면 상담 및 수련감독에 대한 책임

회원은 상담이나 수련감독을 비대면으로 진행할 경우 이에 따르는 법적, 윤리적 문제를 인지하고 법률과 윤리강령을 따라야 한다.

① 회원은 전화, 화상, 이메일과 그 외의 수단 등을 이용하여 비대면 상담을 할 때에 먼저 해당 서비스 제공에 대한 관련 법률을 확인한다.

② 회원은 상담 및 수련감독에 참여하는 사람의 지적, 정서적, 신체적, 상황적 수준이 비대면 매체에 적합한지 전문적 판단을 내려야 한다.

③ 회원은 비대면 상담 및 수련감독을 위한 매체 사용의 위험을 대상자에게 미리 알리고 위험을 최소화하기 위해 상호 최선을 다할 책임이 있음을 알리고 동의서에 관련 문구를 포함시킨다.

④ 회원은 전문가로서 비밀보장, 양질의 상담을 보장할 수 있는 비대면 매체를 선택할 책임이 있다. 내담자와 수련생에게 비대면 상담에 사용되는 비대면 매체의 안전장치와 한계에 대해 서면으로 설명을 해야 한다.

⑤ 회원은 비대면 상담의 기록물 및 기기 관리에 책임이 있으며, 관련 법적 요구를 충족할 수 있는 지식과 기술을 가지고 있어야 한다. 또한 비대면 상담기록물의 보존 방법과 보존 기간에 대하여 내담자 및 수련생에게 서면으로 고지하고 동의를 받아야 한다.

(7) 전문가로서의 의견진술에 관한 책임

회원은 면접, 컨설팅, 평가, 보고, 사정 등의 형태로 법이 적용되는 범위 안에서 공식, 비공식적으로 의견을 진술할 수 있다. 또한 법적 증언을 해야 할 다양한 상황을 고려하여 높은 수준의 전문적 증언을 할 수 있어야 한다.

① 회원은 전문가 자격으로 법정에서 증언하게 될 경우 객관적 자료에 근거한 의견과 결론을 사용하며 판단을 흐리게 하지 않도록 해야 하고 오류를 최대한 피할 수 있어야 한다. 증언은 정확하고 객관적이고 공정하며 독립적이어야 한다.

② 회원은 평가 대상이 되는 내담자에게 평가가 이루어지고 있음을 서면으로 알려야 하고 내담자의 서면 동의를 얻기 위해 합리적인 노력을 해야 한다. 정보제공 동의서는 평가과정, 정보 이용 및 추천서, 재무 문제, 법이 정하는 범위 안에서 상담자의 역할 등을 포함해야 한다.

③ 회원은 법적으로 요구되지 않는 한 법적 평가를 했던 사람을 내담자로 받지 않으며, 미성년자나 양육권 분쟁이 있는 성인 상담에 있어서 이해충돌 관계를 피하기 위해 법원의 요구가 없는 한 미성년 자녀의 친권, 양육권, 면접교섭권 등을 위한 평가에 관여하지 않는다. 또한 회원은 가족치료의 실천과 평가 사이에는 명확한 구분이 있어야 하며, 소송절차에서 이해충돌 가능성이 있는 내용은 공개하지 않는다.

④ 회원이 전문가 관점에서 미성년자에 대한 정보를 법원에 제공하거나 정신건강 평가를 할 때는 미성년자와 보호자의 정보제공 동의서가 있어야 한다.

⑤ 회원은 자신이 직접 상담하지 않은 사람에 대해 전문적인 의견을 제공하지 않는다.

(8) 다른 전문직과의 관계

회원은 협력관계에 있는 다른 분야 전문직의 권리와 책임을 존중하며, 전문직의 공동목표를 발전시키기 위한 활동에 참여하며, 가족치료전문가로서 자신의 능력, 교육, 훈련, 경험을 정확하게 제시할 수 있어야 한다.

① 회원은 기관에 소속되어 활동할 시 전문직의 기준에 따를 책임이 있다. 회원은 소속된 기관의 요구가 학회의 윤리강령과 충돌할 때에 윤리강령을 따라야 하는 자신의 의무를 알리고 윤리강령을 준수하는 것이 허용되는 수준에서 갈등을 해결하려는 노력을 해야 한다.

② 회원은 자신의 전문성 발전을 위해 동료 전문가들과 협력하고 교류에 힘쓴다.

③ 회원은 경제적 보상이 적은 분야에 전문적 활동을 제공하며 지역사회발전을 위한 활동에도 참여한다.

④ 회원은 자신의 전문적 신분에 대하여 진술할 때(명함, 사무실 간판, 편지지 인쇄문구나 전화번호, 주소록, 홍보 웹사이트, SNS 등) 사실이 아닌 내용을 포함시키지 않는다.

⑤ 회원은 출판에 기여한 사람들에게 전문 출판관례에 따라 합당한 보상을 한다.

⑥ 회원은 다른 상담기관을 이용하는 내담자에게 중복되는 서비스를 제공하지 않도록 주의하며, 공동으로 서비스를 제공할 때는 타 전문가와 적절한 협의를 거쳐 역할과 관계를 명확히 하도록 한다.

⑦ 회원은 자신의 접근방식과 다른 타 전문가의 접근을 존중하며, 자신의 이익을 위해 타 전문가의 전문성을 손상시키는 언어 및 행동을 삼간다.

⑧ 회원은 동료 전문가의 비윤리적 행동이 발생하였을 때 그러한 상황을 시정하려는 노력을 할 책임이 있다.

(9) 윤리문제의 해결

회원은 윤리강령과 시행세칙을 숙지하여 윤리강령이 잘 시행되도록 협조할 의무가 있다.

① 학회에 소속된 모든 회원은 윤리강령을 준수해야 할 의무가 있다.

② 윤리강령을 위반한 것으로 지목된 사람은 윤리위원회의 조사, 요청, 소송절차에 협력하여야 한다.

③ 회원에게 윤리적 문제에 대한 의문이 제기되었을 때 윤리위원회는 본 윤리강령 및 시행세칙에 따라 적절한 조치를 취할 수 있다.

④ 윤리위원회는 자체적으로 심사하기 어려운 특수한 사안에 대하여 이해관계가 없는 상담 전문가, 해당 권위자로 구성된 별도의 상벌위원회를 구성할 수 있다.

⑤ 윤리강령에 포함되지 않는 윤리적 사안들도 내담자의 권익보호를 위한 사회의 보편적 가치에 준하여 준수하여야 한다.

출처 : 한국가족치료학회(https://www.familytherapy.or.kr/society/sub1_6.php).

참고문헌

강말숙 · 전영주(2003). 인지-행동적 상상력 프로그램이 신혼기 여성의 성생활 적응에 미치는 효과. 한국가족치료학회지, 11(1), 1-40.

강문희 · 박 경 · 강혜련 · 김혜련(2006). 가족상담 및 심리치료. 신정.

강학중 · 유영주(2003). 한국 도시부부의 부부싸움 및 부부싸움 대처행동이 결혼만족도에 미치는 영향. 한국가족관계학회지, 8(2), 61-84.

고미영(2000). 이야기치료의 한국적 적용에 관한 연구. 한국가족치료학회지, 8(2), 111-136.

______(2005). 학대받은 아동들을 위한 이야기 치료. 한국가족치료학회지, 13(2), 115-147.

권영상 외(2004). 가정폭력전문상담. 시그마프레스.

김갑수 · 최외선(1992). 아내가 인지한 부부갈등에 관한 연구. 한국가정관리학회지, 10(2), 133-143.

김계현(1997). 상담심리학. 학지사.

김광수(2000). 부모상담의 유형별 접근. 한국청소년상담원 편, 청소년 가족 · 부모상담, pp. 137-138.

김성천(1993). 가족치료이론에 나타난 양성평등주의자의 비판에 관한 연구. 한국가족치료학회지, 1, 89-104.

김성천 · 노혜련 · 최인숙(1996). 한국의 가족문제를 해결하기 위한 해결중심적 단기가족치료기법의 적용효과에 관한 연구. 한국사회복지학, 28, 101-133.

김소야자 · 송성자 · 김윤희 · 양 수(2006). 이혼상담 3회기 모델. 한국상담전문가연합회 편. 제2회 전국상담전문가 교육대회 자료집.

김영화 · 이진숙 · 이옥희(2002). 성인지적 가족복지론. 양서원.

김요완(2022). 사티어 모델에서의 일치성과 자존감 : 마음챙김의 매개효과와 인지적 공감의 조절된 매개효과. 차세대컨버전스정보서비스기술논문지, 11(6), 667-680.

김용태(2019). 가족치료이론. 학지사.

______(2000). Jay Haley이론의 한국적 적용에 관한 연구. 한국가족치료학회지, 8(1), 131-158.

김유숙(2000). 구조적 가족치료이론의 한국적 적용에 관한 연구. 한국가족치료학회지, 8(1), 113-130.

______(2000). 여성주의 가족치료의 실천적 원리에 관한 연구. 한국가족치료학회지, 8(2), 23-44.

______(2002). 가족치료(제2판). 학지사.

______(2003). 가족상담. 학지사.

______(2003). 놀이를 활용한 이혼가족의 해결중심단기치료 사례연구. 한국가족치료학회지, 11(2), 77-99.

김유숙 · 전영주 · 김수연(2003). 가족평가핸드북. 학지사.

김은영(2007). 해결중심 단기가족치료의 국내연구동향 분석 : 1988-2006. 한국가족치료학회지, 15(1), 1-18.

김준호 · 김순형(1995). 가정환경과 청소년비행. 한국형사정책연구원.

김진숙(1998). 가족치료이론에서 문화적 차원이 갖는 의미와 주요 쟁점. 한국가족치료학회지, 6(2), 131-150.

_____(1999). 비행청소년을 자녀로 둔 가족을 위한 가족치료적 접근. 한국가족치료학회지, 7(2), 3-26.

_____(2000). 대상관계 가족치료이론의 한국적 적용에 관한 연구. 한국가족치료학회지, 8(2), 137-163.

김진희 · 김영희(2007). 부모의 갈등과 적대적 태도, 분노가 아동의 적응에 미치는 영향. 한국가족관계학회지, 12(3), 149-175.

김태현 · 김순옥 · 임춘희 · 조은숙(2000). 가족상담서비스의 현황과 정책적 방향에 관한 연구. 한국가족관계학회지, 5(1), 161-186.

김현수(2007). 학교 내 위기개입전략. 대한소아청소년정신의학회 2007년 추계학술대회 자료집.

김혜련 · 김성희 · 이경희 · 곽인숙(2008). 가족지원경영의 관점에서 본 코칭의 적용 가능성에 관한 연구. 한국가정관리학회지, 26(1), 137-147.

김혜선 · 고성혜(2002). 가족상담 및 치료. 한국방송통신대학교출판부.

김혜숙(2003). 가족치료이론과 기법. 학지사.

김희정(2007). 문제아동을 위한 해결중심가족치료의 효과에 관한 연구. 한국가족치료학회지, 15(2), 277-299.

남영옥(1992). 비행청소년을 위한 가족치료에 있어서 구조적 접근의 유용성에 관한 연구. 경북대학교 대학원 석사학위논문.

_____(1999). 청소년의 가출행동에 영향을 미치는 가족의 심리역동적 환경. 한국가족치료학회지, 7(1), 97-128.

노혜련(1995). 가족치료실천 : 말기과정. 이화여대사회사업학과 편, 가족치료총론. 동인, pp. 435-453.

_____(2003). 가정폭력가해자에 대한 해결중심적 개별상담의 효과 가능성에 대한 모색. 한국가족치료학회지, 11(1), 179-215.

문유선 · 김도훈(2001). 청소년자녀가 지각한 부모양육태도와 문제행동의 연관성. 소아 · 청소년정신의학, 12(2), 237-244.

미즈네일. 2008년 1월호.

박은숙(1996). 해결중심 단기가족치료 접근방법의 효과. 가정의학회지, 17(12), 1392-1403.

박인선(1995). 다중충격 가족치료모델. 이화여대사회사업학과 편, 가족치료총론. 동인, pp. 328-343.

박정윤(2007). 건강가정지원센터 가족상담과 가족의 미래. 한국상담학회 연차대회 자료집, pp. 48-60.

박정희(1998). 주부우울증에 영향을 미치는 개인 및 가족관계 변인. 경희대학교 대학원 박사학위논문.

박정희 · 최연실 · 도은숙 · 서신화 · 안연주(2007). 국내의 주요 학술지들에 나타난 가족치료 연구의 주제별 경향–2000~2005년에 발표된 논문들을 중심으로–. **한국가족치료학회지**, 15(1), 47-74.

박태영(2002). **가족생활주기와 가족치료**. 학지사.

______(2007). 도박과 거짓말을 하는 청소년 자녀를 둔 재혼가족에 대한 사례연구. **한국가족치료학회지**, 15(1), 143-158.

______(2022). **가족치료 이론과 실천**. 학지사.

박태영 · 신원정(2011). 대인관계 갈등을 경험하고 있는 여고생에 대한 가족치료 사례연구. **한국가족치료학회지**, 19(3), 233-265.

박태영 · 정선영(2004). 고부 갈등으로 인하여 우울증을 겪고 있는 부인의 부부치료 사례연구. **한국가족치료학회지**, 12(1), 141-177.

박태원(2012). 아동 · 청소년 인터넷 중독과 가족치료. 한국가족치료학회 2012년 춘계학술대회 아동 · 청소년과 가족치료 자료집, pp. 197-218.

박현숙 · 구현영(2005). 청소년의 우울과 적개심 예측요인. **상담학연구**, 6(3), 875-886.

박혜영(2012). 아동 · 청소년 집단 따돌림 및 학교폭력과 가족치료. 한국가족치료학회 2012년 춘계학술대회 아동 · 청소년과 가족치료 자료집, pp. 173-194.

배현정(2004). 자아분화 및 의사소통유형이 가정폭력에 미치는 영향에 관한 연구. 숭실대학교 사회복지정책대학원 석사학위논문.

변영인(2005). 어머니의 촉진적 의사소통, 가족의 적응성 및 응집성과 청소년 자녀의 학업성취와의 관계. **한국가족치료학회지**, 13(2), 89-114.

서현미 · 전혜성(2019). 우울경험 대학생을 위한 사티어변형체계치료 집단프로그램의 효과. **예술인문사회 융합 멀티미디어**, 9(5), 107-116.

송성자(1985). **가족관계와 가족치료**. 홍익사.

______(1995). **가족과 가족치료**. 법문사.

______(1995). 한국문화가 가족관계에 미치는 영향. 한국가족치료학회 학술대회 발표자료.

______(1997). 한국문화와 가족치료 : 해결중심 가족치료 적용. **한국사회복지학**, 32, 160-180.

______(2000). 해결중심치료의 한국적 적용 : 한국가족에 대한 해결중심치료 언어게임의 입장. **한국가족치료학회지**, 8(1), 87-112.

______(2001). 한국가족문화와 가족치료접근. **한국가족치료학회지**, 9(1), 1-20.

송성자 · 정문자(1994). **경험적 가족치료**. 중앙적성출판사.

__________(2002). 보호처분을 받는 비행청소년에 대한 해결중심 집단프로그램의 효과성

연구. **한국사회복지학**, 48, 302-332.

송정아 · 최규련(2002). **가족치료 이론과 기법**(개정판). (주) 하우.

송지은 · Marks(2006). 성인자녀와의 관계가 부모의 정신건강에 미치는 영향. **한국노년학**, 26(3), 581-599.

신윤희 · 이 숙 · 문현숙 · 정덕유 · 이혜순(2018). 사티어모델 기반 의사소통 교육프로그램이 공공병원 간호사의 의사소통 능력, 정서지능, 우울 및 행복이 미치는 효과. **한국보건간호학회지**, 32(1), 122-134.

신혜섭(2002). 보웬 가족치료모델의 한국적 적용에 대한 고찰. **생활과학연구**, 7, 193-201.

신혜종(2007). 가족상담 효과성 연구 고찰. 한국상담학회연차대회 가족상담 분과학회 논문발표 자료.

신혜종 · 노치영 · 김은영(2005). 한국 가족치료 인력양성의 현황과 과제. **한국가족치료학회지**, 13(2), 29-60.

심혜숙 · 김수연(2000). Satir의 가족조각기법 집단상담이 인생태도에 미치는 효과 및 상담효과 요인 분석. **한국가족치료학회지**, 8(2), 3-22.

안양희(1995). 금연을 위한 간호중재 : 해결중심 단기가족치료 모델의 적용. **한국가족치료학회지**, 3, 65-84.

양승은(1995). 전략적 가족치료모델. 이화여대사회사업학과 편, **가족치료총론**. 동인, pp. 179-209.

양옥경(1995). 다중가족치료모델. 이화여대사회사업학과 편, **가족치료총론**. 동인, pp. 311-327.

엄예선(1994). **한국가족치료개발론**. 홍익재.

여성부(2003). 가정폭력 행위자 교정 · 치료 프로그램 실무자 매뉴얼.

유계숙 · 장보현 · 한지숙(2006). 이혼 전후 가족상담운영모형 및 전략에 관한 연구. **한국가족관계학회지**, 11(2), 59-96.

유계숙 · 최성일(2005). 이혼숙려부부들을 위한 상담 프로그램 모형개발. **한국가족관계학회지**, 10(2), 57-92.

유수경(1996). Satir가족치료 이론을 바탕으로 한 집단상담효과 분석. 부산대학교 대학원 석사학위논문.

유영주(1984). 한국도시가족의 가족생활주기모형설정에 관한 연구. **한국가정관리학회지**, 2(1), 111-129.

______(2001). **건강가족연구**. 교문사.

유영주 · 김순옥 · 김경신(2002). **가족관계학**(개정판). 교문사.

유영주 · 정민자(1993). 가족생활교육 및 상담. 한국가족학연구회 편, **가족학**. 하우출판사, pp. 367-368.

윤순임 외(1995). **현대 상담심리치료의 이론과 실제**. 중앙적성출판사.

윤영숙(1992). 가족상담사업의 활성화 방안에 관한 연구. **여성연구**, 34.

윤종희(2001). 가족복지의 생태학적 접근. **대한가정학회지**, 39(8), 93-105.

이경욱(2007). 위탁가정 모자 이야기치료 사례연구. **한국가족치료학회지, 15**(1), 189-209.

이명홍(1986). 우리나라 가족치료 현황과 임상사례를 통해 본 가족치료모델 활용에 관한 연구. **한국문화연구원논총, 49**, 201-232.

이부영(1988). Evaluation Criteria for Family Therapist Performance. Ohio State University. 이화여대평생교육원 주최 가족상담 워크숍 자료.

이상미 · 전귀연(2005). 결혼 초기 남편과 아내가 인지한 갈등대처방식의 상호작용 패턴이 결혼만족도에 미치는 영향. **대한가정학회지, 43**(7), 93-107.

이선혜(1998). 한국에서의 Bowen 이론 적용에 대한 고찰 : 자아분화개념을 중심으로. **한국가족치료학회지, 6**(2), 151-176.

______(2000). Bowen 이론의 문화적 보편성과 특수성에 관한 一考. **한국가족치료학회지, 8**(1), 159-188.

______(2008). 내러티브접근의 가족치료자적 의의와 한국가족치료 발전에 대한 함의 – 고 마이클 화이트의 작업에 대한 재조명. **한국가족치료학회지, 16**(1), 43-62.

이선혜 · 신영화 · 서진환(2005). 한국 가족치료의 현장과 인력 : 전국기관 조사연구. **한국가족치료학회지, 13**(1), 79-123.

이소희 · 서우경(2007). 부모교육에서의 코칭접근의 효과. 한국부모교육학회 추계학술대회 자료집, pp. 2-16.

이영분(1995). 청소년 자녀문제 치료를 위한 해결중심 단기가족치료 모델의 적용성에 관한 연구. **한국가족치료학회지, 3**, 21-40.

이영분 · 신명화 · 권진숙 · 박태영 · 최선경 · 최현미(2008). **가족치료모델과 사례**. 학지사.

이영숙 · 박경란 · 전귀연(2004). **가족문제와 복지**. 신정.

이은아 · 정혜정(2000). 가정환경변인에 따른 청소년의 심리적 부적응. **한국가족복지학, 5**(2), 69-86.

이정연(1999). 구조적 가족치료를 적용한 우울증 주부사례 연구. **한국가족치료학회지, 7**(2), 27-43.

이지희 · 문혁준(2007). 아동이 지각한 부모갈등과 아버지의 양육행동 및 아동의 공격성과의 관계. **대한가정학회지, 45**(6), 77-88.

이창숙 · 유영주(1998). 부부갈등해결 프로그램 개발 연구 : Baucom과 Epstein의 인지-행동적 치료모델에 기초하여. **한국가족관계학회지, 3**(1), 46-71.

이현숙(1999). 인지행동적 부부 의사소통 프로그램 개발. **한국가족치료학회지, 7**(1), 5-29.

이화여대사회사업학과 편(1995). **가족치료총론**. 동인.

이화자 · 최연실(2003). 중년기부부 관계증진 집단상담 프로그램 개발 및 효과성 연구-Satir 가족치료모델을 중심으로. **한국가족치료학회지, 11**(2), 49-76.

임지혜(2005). 중년기 여성의 자아분화와 우울 간의 관계 연구. 서울여자대학교 대학원 석사학위논문.

임춘희(2007). 상담실무자가 지각한 건강가정지원센터의 상담업무와 근무환경. **한국가정관리학회학술대회자료집**, pp. 103-134.

임태섭(1995). **정, 체면, 연줄, 그리고 한국인의 인간관계**. 도서출판 한나래.

장혜경 · 민가영(2001). 재혼가족의 적응실태와 지원방안에 관한 연구. 한국여성개발원.

전영주(2000). 이혼치료. 한국가족치료학회 제26회 학술대회 자료집, pp. 1-8.

전영주(2012). 위기가족 아동 · 청소년을 위한 가족치료–자녀중심 이혼치료를 중심으로. 한국가족치료학회 제32회 춘계학술대회 자료집, pp. 27-51.

전영주 · 최연실(2005). 가족치료에서의 자격제도화 : 현황과 과제. **한국가족치료학회지**, 13(2), 61-77.

전효정(2007). 생태학적 가족복지 모형을 적용한 가족생태체계에 따른 심리적 복지. **대한가정학회지**, 45(5), 121-133.

장성숙(2003). **무엇이 사람보다 소중하리**. 나무생각.

정명선 · 심혜숙(2007). 부모의 자아분화 수준에 따른 아동의 자아분화와 아동이 지각한 세대관계. **한국가족치료학회지**, 15(2), 225-245.

정문자(1995). 십대소녀의 가족치료에 적용된 해결중심적 치료기법 및 치료내용 분석. **한국가족치료학회지**, 3, 1-20.

______(2000). 한국가족 문제해결을 위한 Satir치료모델의 적용. **한국가족치료학회지**, 8(2), 65-87.

______(2007). **사티어 경험적 가족치료**(제2판). 학지사.

정문자 · 김영희(2000). 가족생활주기별 내담자의 문제와 가족치료기법분석. **한국가족치료학회지**, 8(1), 3-30.

정문자 · 송성자 · 이영분 · 김유숙 · 김은영 · 어주경(2006). **해결중심가족치료사례집**. 학지사.

정문자 · 어주경(2004). 학교 부적응 아동을 위한 해결중심 집단상담의 개발 및 평가. **한국가족치료학회지**, 12(1), 107-139.

정문자 · 정혜정 · 이선혜 · 전영주(2007). **가족치료의 이해**. 학지사.

정수경(2000). 청소년비행에 미치는 생태학적 환경과 가족기능의 영향에 관한 연구. **한국가족치료학회지**, 8(2), 45-64.

정 은(2006). **가족치료 이론과 실제**. 창지사.

정 은 · 이경옥(2005). 가정폭력 피해 모녀에 대한 해결중심 가족치료 사례연구. **한국가족치료학회지**, 13(1), 1-29.

정춘숙(2003). 가정폭력실태와 대책. 한국여성의 전화연합토론회자료집.

정혜경(2004). 가족치료의 태동과 발전과정에서 본 인식론의 변화에 관한 연구. **한국가족치료학회지**, 12(1), 1-36.

정혜정 · 공미혜 · 전영주 · 정현숙(2009). **가족과 젠더**. 신정.

정혜정 · 조은경(2007). 한국형자기분화척도개발과 타당성에 관한 연구. **한국가족치료학회지**, 15(1), 19-46.

제석봉(2002). 자아분화와 부부적응의 관계. **상담학연구**, 3(1), 171-184.

조영범(2012). 성폭력피해로 인한 외상 후 스트레스 장애에 대한 법정 심리평가 및 심리치료. 여성가족부 위탁 성폭력피해자 무료법률구조사업 상담가 실무자 워크숍자료집.

조은영 · 정혜정(2002). 기혼남녀의 자아분화수준과 갈등대처행동 및 결혼적응에 관한 연구. **한국가족치료학회지**, 10(1), 1-15.

조은유 · 김영미 · 김서연 · 이미희 · 허영주(2023). **가족상담 및 가족치료**. 동문사.

조흥식 · 김인숙 · 김혜란 · 김혜련 · 신은주(2002). **가족복지학**. 학지사.

중앙건강가정지원센터(2006). 건강가정지원센터사업보고서.

최규련(1988). 가족치료에 관한 이론적 고찰. **수원대학교 논문집**, 6, 305-318.

______(1991). 가족상담의 과정과 상담자역할에 관한 고찰. **수원대학교 논문집**, 9, 171-186.

______(1994). 해결중심적 단기가족치료를 적용한 부부상담사례연구. **한국가족치료학회지**, 2, 17-40.

______(1995). 맞벌이 가족의 부부관계. 한국가족학연구회 편, **맞벌이 가족의 가정문제**. 하우.

______(1995). 가족의 기능성, 부부 간 갈등 및 대처방법과 부부의 심리적 적응과의 관계. **대한가정학회지**, 33(6), 99-113.

______(1996). 가족학적 관점에서 본 청소년문제와 대책. **대한가정학회지**, 34(1), 147-160.

______(1997). 부부대화법 프로그램의 한국에서의 적용 효과. **한국가족관계학회지**, 2, 141-166.

______(2001). **행복한 결혼생활을 위한 부부대화법**. 신정.

______(2004). 한국의 문제가족진단과 기능강화방안. **수원대학교 논문집**, 22, 543-555.

______(2005). 이혼의 심리사회적 원인과 상담적 함의. **상담학연구**, 6(3), 1025-1040.

______(2005). 가족상담실제. 중앙건강가정지원센터 건강가정시상교육자료집.

______(2007). 이혼 전후 가족상담실제. 중앙건강가정지원센터 가족상담자보수교육자료집.

______(2010a). 가족구조, 부모와의 의사소통, 학업문제와 친구관계가 청소년의 행복에 미치는 영향. **대한가정학회지**, 48(7), 33-48.

______(2010b). 가족환경과 학업 및 친구요인이 청소년의 우울에 미치는 영향. **한국가정관리학회지**, 28(6), 95-111.

최규련 · 유은희 · 홍숙자 · 정혜정(1999). 가정폭력예방 및 대처 프로그램모형 개발–배우자 학대를 중심으로. **대한가정학회지**, 37(2), 159-173.

최명민(1999). 대상관계 부부치료의 이론적 고찰 및 활용. **한국가족치료학회지**, 7(1), 31-51.

최상진(2002). **한국인 심리학**. 중앙대학교출판부.

최선남(1995). 도박아동의 가족미술치료사례연구. **한국가족치료학회지**, 3, 119-135.

최송식(1986). 정신분열증환자의 가족치료에 있어서 Minuchin이론과 그 적용에 관한 연구. 부산대학교 대학원 석사학위논문.

최연실(1994). 한국가족에서의 성불평등적 문제들과 여권론적 가족치료에 관한 고찰. **한국가족치료학회지**, 2, 145-160.

______(2002). 한국 가족치료에서의 질적 방법론의 활용. **한국가족치료학회지**, 10(1), 101-129.

최인숙(1994). 주의산만한 아동의 가족치료 사례-해결중심적 단기가족치료 모델 적용. **한국가족치료학회지**, 2, 57-76.

최정은 · 김성천(2006). 해결중심집단상담이 시설거주 가출소녀의 자아존중감과 생활태도에 미치는 영향. **한국가족치료학회지**, 14(2), 23-52.

최지영(2005). 수험생어머니의 불안과 가족경계에 관한 연구. **한국가족치료학회지**, 13(1), 31-55.

최홍기(1991). 유교와 가족. **가족학논집**, 3, 207-227.

한경혜 · 성매애 · 진미정(2006). **가족발달**. 한국방송통신대학교출판부.

한국가정법률상담소(2007). 가정상담, 6.

한국가족상담교육학회협의회(1999). 종합가족상담체계구축 및 프로그램 개발보고서. 한국가족상담교육단체협의회 사업보고서.

한인영(1995). 가족치료실천 : 초기과정. 이화여대사회사업학과 편, **가족치료총론**. 동인, pp. 387-403.

한재희(2006). 한국의 가족문화와 다문화상담. 한국가족상담학회지 · 한국가족치료학회 공동학술대회 자료집, pp. 1-15.

허남순(1995). 아내구타-해결중심 단기가족치료 모델의 적용. **한국가족치료학회지**, 3, 41-64.

홍숙자(1999). **노년학 개론**. 하우출판사.

황영택(1999). 한국가족의 문화지체현상과 가족치료적 접근. **한국가족치료학회지**, 7(1), 53-74.

황혜숙 · 신선인(2003). 법명령을 받은 가정폭력 가해자에 대한 해결중심 가족치료. **한국가족치료학회지**, 11(1), 41-75.

Beavers, W. B., & Hampson, R. B.(1990). *Successful family : Assessment and intervention*. NY : Norton.

Beavers, W. B., & Voeller, M. N.(1983). Family models : Comparing and contrasting the Olson Circumplex Model with the Beavers System Model. *Family Process, 22*, 186.

Becvar, D., & Becvar, R. J.(1988). *Family therapy : Systematic integration*. Boston : Allyn & Bacon. INC. 정혜정 · 이형신 공역(1997). **가족치료 : 체계론적 통합**. 하우.

____________________(2003). *Strategic approach in family therapy*(5th ed.). Allyn & Bacon.

Berg, Insoo Kim.(1991). *Family based services-A solution focused approach-*. BFTC Press.

Berg, Insoo Kim., & Miller, S. D.(1992). *Working with the problem drinker : A solution focused approach*. New York : Norton. 가족치료연구모임 역(2001). **해결중심 단기가족치료**. 하나의학사.

Bischoff, R. J., & McBride, A.(1996). Client perceptions of couples and family therapy. *American Journal of Family Therapy, 24*, 117-128.

Bodin, A.(1981). The interactional view : Family therapy approaches of the mental research institute. In Guerin, S., & Kniskern, P.(Eds.), *Handbook of family therapy*. New York : Brunner/Mazel Publishers.

Bowen, M.(1966). The use of family theory in clinical practice. *Comprehensive Psychiatry, 7*, 345-374.

_________(1972). Being and becoming a family therapist. In Kaplan, H., & Sadock, B.(Eds.), *Comprehensive group psychotherapy*. Baltimore : Williams and Wilkins.

Breunlin, D., & Schwartz, R.(1986). Sequences : Toward a common denominator of family therapy. *Family Process, 25*, 67-87.

Bronfenbrenner, U., & Morris, P. A.(1998). The ecology of developmental process. In Damon, W., & Lerner, R. M.(Eds.), *The handbook of child psychology*(Vol. 1). NY : John Wiley & Sons.

Brown, J. H., & Brown, C. S.(2002). *Marital therapy : Concepts and skills for effective practice*. Thomson Learning, Inc. 김영희 · 최규련 · 홍숙자 공역(2005). **부부치료 : 효과적 임상을 위한 개념과 기술**. 박학사.

Burks, H. M., & Stefflre, B.(1979). *Theories of counseling*(3rd ed.). New York : McGraw-Hill.

Carey, M., & Russell, M.(2005). Externalising-Commonly asked questions. www.dulwichcentre.com.au

Carter, E. A., & McGoldrick, M.(Eds.)(1989). *The changing family life cycle : A framework for family therapy*. Boston : Allyn & Bacon. 정문자 공역(1996). **가족생활주기와 가족치료**. 중앙출판사.

_______________________(Eds.)(1999). *The expanded family life cycle : Individual, family, and social perspectives*(3rd ed.). Needham Hights, MA : Allyn & Bacon.

Cashdan, S.(1988). *Object relations therapy*. 이영희 · 고향자 · 김해란 · 김수형 공역(2005). **대상관계치료**. 학지사.

Christensen, L. L., Russell, C. S., Miller, R. B., & Peterson, C.(1998). The process of change in couples therapy : A qualitative investigation. *Journal of Marital and Family Therapy, 24*, 177-188.

Chung, H. J., & Gale, J.(2006). Comparing self-differentiation and psychological well-being between Korea and European American students. *Contemporary Family Therapy, 28*, 367-381.

Corcoran, J.(1998). Solution-focused practice with middle and high school at-risk youths. *Social Work in Education, 20*, 232-243.

Cummings, E. M., & Davies, P. T.(2002). Effects of marital conflict on children : Recent advances and emerging themes in process-oriented research. *Journal of Child Psychology and Psychiatry, 43*(1), 31-63.

Curran, D.(1983). *Traits of a healthy family*. MI : Winston Press, Inc.

Dattilio, F. M., Epstein, N. B., & Baucom, D. H.(1998). An introduction to cognitive-behavioral therapy with couples and families. In F. M. Dattilio(Ed.), *Case studies in couple and family therapy : Systemic & cognitive perspectives*. NY : Guilford Press.

de Kemp, R. A. T., & Van Acker, J. C. A.(1997). Therapist-parent interaction patterns in home-based treatments : Exploring family process. *Family Process, 36*, 281-295.

de Shazer, S.(1985). *Keys to solution in brief therapy*. New York : Norton.

de Shazer, S., & Berg, I. K.(1993). *Training manual*. Milwaukee : BFTC.

________________(1997). What works? Remarks on research aspects of solution-focused brief therapy. *Journal of Family Therapy, 19*, 121-124.

Diamond, G. M., & Liddle, H. A.(1996). Resolving a therapeutic impasse between parents and adolescents in multidimensional family therapy. *Journal of Consulting and Clinical Psychology, 64*, 481-488.

Doherty, W. J.(1995). Boundaries between parent and family education and family therapy : The levels of family involvement model. *Family Relations, 44*, 353-358.

Duvall, E. M.(1997). *Marriage and family development*. Lippincott Co.

Duvall, E. M., & Miller, B. C.(1985). *Marriage and family development*(6th ed.). New York : Harper & Row.

Epstein, N. B., Schlesinger, S. E., & Dryden, W.(Eds.)(1988). *Cognitive-behavioral therapy with families*. NY : Brunner/Mazel.

Fisch, R.(1978). Review of Problem-solving therapy by Jay Haley. *Family Process, 17*, 107-110.

Fisch, R., Weakland, J., & Segal, L.(1982). *The tactics of change*. San Francisco : Jossey-Bass.

Framo, J. L.(1992). *Family-of-origin therapy : An intergenerational approach*. NY : Brunner/Mazel.

Freedman, J., & Combs, G.(2002). *Narrative therapy : Theory and practice*. 허남순 · 이경욱 · 여혜숙 · 오세향 공역(2006). **이야기 치료의 이론과 실제**. 학지사.

Gelcer, E., & Schwartzbein, D.(1989). A Piagetian view of family therapy : Selvini Palazzoli and the invariant approach. *Family Process, 28*, 439-456.

Gingerich, W. J., & Eisengart, S.(2000). Solution-focused brief therapy : A review of the outcome research. *Family Process, 39*, 477-498.

Glick, I. D., & Kessler, D. R.(1994). *Marital and family therapy*. NY : Grune & Stratton.

Goldenberg, L., & Goldenberg, H.(2001). *Family therapy : An overview*(5th ed.). California : Brooks/Cole Pub. Co. 김득성 · 윤경자 · 전영자 · 조명희 · 현은민 공역(2003). **가족치료**. 시그마프레스.

Greenberg, J. R., & Mitchell, S. A.(1983). *Object relations in psychoanalytic theory*. NY : Basic

Books. 이재훈 역(1999). 정신분석학적 대상관계이론. 한국심리치료연구소.

Guerin, P. J.(Ed.)(1976). *Family therapy : Theory and practice*. NY : Gardner Press.

Guerin, P. J., Fay, L., Burden, S. L., & Kautto, J. B.(1987). *The evaluation and treatment of marital conflict : A four stage approach*. NY : Basic Books.

Gurman, A. S., & Kniskern, D. P.(1981). Family therapy out-come research : Knowns and unknowns. In A. S. Gurman & D. P. Kniskern(Eds.), *Handbook of family therapy*. NY : Brunner/Mazel.

Haley, J.(1984). *Ordeal therapy*. San Francisco : Jossey-Bass.

Kaplan, H. S.(1995). *The sexual desires disorders : Psychological and medical aspects*. NY : Brunner/Mazel.

Keeney, B. P., & Sprenkle, D. H.(1982). Ecosystemic epistemology : Critical implications for the aesthetics and pragmatics of family therapy. *Family Process, 21*, 1-19.

Kerr, M., & Bowen, M.(1988). *Family evaluation*. New York : Norton. 남순현 · 전영주 · 황영옥 공역(2005). 보웬의 가족치료이론. 학지사.

McGoldrick, M.(2005). Use of Genograms to Transform Family Legacies. 한국가족치료학회 제27회 워크숍 '보웬가족치료 : 가족갈등의 이해와 치유' 자료집.

McGoldrick, M., Gerson, R., & Shellenberger, S.(1994). *Genograms : Assessment and intervention*. NY : Norton. 이영분 · 김유숙 · 정혜정 공역(2005). 가계도 : 사정과 개입. 학지사.

Miller, S., Miller, P., Nunnally, E. W., & Wackman, D. B.(1991). *Minnesota couple communication program : Talking and listening together*. Interpersonal Communication Programs, Inc.

Minuchin, S.(1974). *Families and family therapy*. MA : Harvard University Press. 김종옥 역(1988). 가족과 가족치료. 법문사.

Morgan, A.(2000). What is narrative therapy?. 고미영 역(2003). 이야기 치료란 무엇인가. 청목출판사.

Nelson, J. C.(1983). *Family treatment : An interactive approach*. NJ : Gardner Prentice Hall. Inc.

Nichols, M. P.(1984). *Family therapy : Concepts and methods*. New York : Gardner Press.

Nichols, W. C., & Everett, C. A.(1986). *Systemic family therapy : An integrative approach*. New York : Guilford Press.

Nichols, M. P., & Schwartz, R. C.(2001). *Family therapy : Concepts and methods*(5th ed.). Allyn & Bacon. 김영애 · 정문자 · 송성자 · 제석봉 · 심혜숙 · 김정택 · 정석환 · 김계환 공역(2002). 가족치료 : 개념과 방법. 시그마프레스.

Norsworthy, K. L.(2000). Feminist family. In A. M. Horne(Ed.), *Family counseling and therapy*. Itasca, IL : Peacock Publishers.

Patterson, G. R.(1976). The aggressive child : Victim or architect of a coercive system. In Mash, E. J., Hamerlynck, L. A., & Handy, L. C.(Eds.), *Behavior modification and families*.

Brunner/Mazel.

Pinsof, W. M.(1995). *Integrative problem-centered therapy : A synthesis of family, individual, and biological therapies*. NY : Basic Books.

Pinsof, W. M., Wynne, L. C., & Hambright, A. B.(1996). The outcomes of couple and family therapy : Finding, conclusions, and recommendations. *Psychotherapy, 33*, 321-331.

Ransom, J. W., Schlesinger, S., & Derdeyn, A.(1979). A stepfamily in formation. *American Journal of Orthopsychiatry, 49*(1).

Rodgers, K. B., & Rose, H. A.(2002). Risk and resiliency factors among adolescents who experience marital transition. *Journal of Marriage and the Family, 64*(4), 1024-1038.

Satir, V.(1964). *Conjoint family therapy*. Palo Alto : Science and Behavior Books.

_______(1972). *Peoplemaking*. 성민선 · 송 준 공역(1991). **가족의사소통의 새로운 기법 : 사람만들기**. 홍익재.

Satir, V., Banmen, J., Gerber, J., & Gomori, M.(1991). *The Satir model : Family therapy and beyond*. Palo Alto, CA : Science and Behavior Books. 한국버지니아사티어연구회 역(2000). **사티어 모델**. 김영애 가족치료연구소.

Scharff, D. E., & Scharff, J. S.(1991). *Object relations couple therapy*. 이재훈 역(2003). **대상관계부부치료**. 한국심리치료연구소.

Shadish, W. R., Ragsdale, K., Glaser, R. R., & Montgomery, L. M.(1995). The efficacy and effectiveness of marital and family therapy : A perspective from meta-analysis. *Journal of Marital and Family Therapy, 21*, 345-360.

Skovholt, T. M., & Ronnestad, M. H.(1992). Themes in therapist and counselor development. *Journal of Counseling & Development, 70*, 505-515.

Stinnett, N., & DeFrain, J.(1985). *Secrets of strong families*. Boston : Little, Brown.

Stinnett, N., Scanders, G., DeFrain, J., & Parkurst, A.(1979). A nationwide study of families who perceive themselves as strong. *Family Perspectives, 16*.

Sue, D. W., Ivey, A. E., & Pedersen, P. B.(1996). *Theory of multicultural counseling and therapy*. Belmont, CA : Cengage Learning. 김태호 외 공역(2008). **다문화상담의 이론과 실제**. 태영출판사.

Thomas, M.(1992). *An introduction to marital and family therapy*. NY : Merrill.

Vidair, G., & Vidair, H. B.(2005). Marital adjustment, child-rearing disagreement, and overactive parent : Predicting child behavior problems. *Journal of Family Psychology, 19*, 208-216.

Walsh, F.(1998). *Strengthening family resilience*. NY : Guilford Press.

Walter, J. L., & Peller, J. E.(1992). *Becoming solution-focused in brief therapy*. 가족치료연구모임 역(1996). **단기가족치료 : 해결중심으로 되어가기**. 하나의학사.

Watzlawick, P., Beavin, J., & Jackson, D.(1967). *The pragmatics of human communication*. NY : Norton.

Watzlawick, P., Weakland, J., & Fisch, R.(1974). *Change : Principles of problem formation and problem resolution*. NY : Norton.

Weakland, J., Fisch, R., Watzlawick, P., & Bodin, A.(1974). Brief therapy : Focused problem resolution. *Family Process, 13*, 141-168.

White, M.(1991). Deconstruction and therapy. *Dulwich Centre Newsletter*, No.2.

________(2004). *Narrative practice and exotic lives*. Adelaide, Australia : Dulwich Centre Publications.

White, M., & Epston, D.(1990). *Narrative means to therapeutic ends*. NY : Norton & Company.

Williams, G. R.(2000). The application of solution-focused brief therapy in a public school setting. *The Family Journal : Counseling and Therapy for Couples and Families, 8*, 76-78.

Winslade, J., & Monk, G.(1999). *Narrative counseling in school*. New York : Corwin Press, Inc. 송현종 · 정수희 공역(2005). 이야기 상담. 학지사.

※ 참고 웹사이트(Web References)

http://www.aamft.org/about/Aboutaamft.asp

http://www.asiacoach.co.kr

http://www.counselors.or.kr

http://www.dulwichcentre.com.au

http://www.familycounselling.co.kr

http://www.familytherapy.or.kr

http://www.kafr.or.kr

http://www.kamfc.or.kr

http://www.thefamilycoach.net

찾아보기

인명

내용

저/자/약/력

■ **최규련**

서울대학교 가정대학 가정관리학과 졸업
서울대학교 대학원 교육학과 가정교육학 석사
고려대학교 대학원 가정학과 가정학 박사
전 수원대학교 아동가족복지학과 교수

■ **신원정**

수원대학교 아동가족학과 졸업
숭실대학교 대학원 사회복지학 석사
숭실대학교 대학원 사회복지학 박사
현 강동대학교 사회복지학부 교수

가족상담 및 가족치료

|**공저자**| 최규련 · 신원정

|**1판 1쇄**| 발행 2025년 9월 30일

|**발행인**| 김동훈

|**발행처**| **공 동 체**

|**주소**| 경기도 고양시 일산동구 호수로 358-39, 동문타워 I 905호(백석동)
|**전화**| 031) 814-3000(대표)
|**팩스**| 031) 814-3100
|**홈페이지**| www.compub.co.kr
|**전자우편**| compub@naver.com
|**출판등록**| 2005년 10월 6일
|**등록번호**| 제396-2005-36호

|**ISBN**| 979-11-7554-044-6
정가 23,000원